新旅游　新思想

旅游学术思想流派

（第三版）

邹统钎　等著

南开大学出版社

天　津

图书在版编目(CIP)数据

旅游学术思想流派 / 邹统钎等著. —3版. —天津：
南开大学出版社, 2019.7
（新旅游　新思想）
ISBN 978-7-310-05806-8

Ⅰ.①旅…　Ⅱ.①邹…　Ⅲ.①旅游理论－研究
Ⅳ.①F590

中国版本图书馆 CIP 数据核字(2019)第 130880 号

版权所有　侵权必究

南开大学出版社出版发行

出版人：刘运峰

地址：天津市南开区卫津路 94 号　　邮政编码：300071

营销部电话：(022)23508339　23500755

营销部传真：(022)23508542　　邮购部电话：(022)23502200

﹡

三河市同力彩印有限公司印刷

全国各地新华书店经销

﹡

2019 年 7 月第 3 版　　2019 年 7 月第 1 次印刷

230×170 毫米　16 开本　27.5 印张　2 插页　506 千字

定价：95.00 元

如遇图书印装质量问题，请与本社营销部联系调换，电话：(022)23507125

作者简介

邹统钎，男，1964年生，江西省吉安市人，南京大学商学院管理学博士，旅游学、战略学教授，博士生导师。现任北京第二外国语学院校长助理、研究生处处长、学科规划与建设办公室主任。历任旅游管理学院副院长、院长。先后赴美国夏威夷大学、昆士兰大学、伯恩茅斯大学访学。重点研究方向为旅游休闲开发规划、遗产旅游、健康养生旅游、"一带一路"投资与安全。社会职务包括世界旅游城市联合会专家委员会副主任、中国国土经济学会副理事长、中国旅游协会旅游教育分会副会长、国家社会科学基金委员会管理科学规划专家、国务院学位委员会全国 MTA 教育指导委员会委员、教育部旅游管理类专业教育指导委员会委员。教育部首批全国高校"黄大年式教师团队"旅游管理教师团队负责人、教育部国家级精品资源共享课程《旅游景区经营与管理》负责人、旅游管理国家级特色专业负责人。曾获得"北京市高层次创新创业人才支持计划领军人才""北京市长城学者""北京市级高校教学名师""北京市优秀教师"和"四个一批"人才等荣誉称号。

担任陕西师范大学、中国矿业大学、福建师范大学、西安外国语大学兼职教授，陕西师范大学、韩国大邱大学与澳大利亚昆士兰大学博士生导师，北京旅游发展研究基地首席专家，《旅游导刊》副主编，《今日国土》副总编辑，《遗产旅游》《旅游目的地营销与管理》《旅游科学》《遗产与保护研究》《世界遗产》编委，浙江省旅游智库专家，内蒙古自治区旅游智库专家。

主持过联合国教育科学及文化组织（UNESCO）基金课题、世界旅游城市联合会（WTCF）基金课题、国家自然科学基金课题（71673015）、国家社会科学基金课题（10BGL049）、教育部人文社会科学基金课题（09AbJG291）、国家科技支撑计划项目课题（2009BAH50B03）、北京市自然科学基金课题面上项目（9132006）、北京市哲学社会科学规划重点课题（09AbJG291）、教育部"优秀青年教师资助计划"课题等。

联系电话：13910835130
电子信箱：zoutongqian@bisu.edu.cn
　　　　　ztq64@126.com

序言：旅游矛盾论

贾法里和里奇（Jafari & Ritchie，1981）指出，就像顾客没有地理边界一样，旅游研究没有学科边界。特赖布（Tribe，1997）把旅游研究描述成"跨学科和多学科性的（Interdisciplinary and Multidisciplinary）"与"幼稚自明的（conscious of youthfulness）"。博德韦（Bodewe，1981）的话代表了许多旅游学者的心声："旅游还只是一种对已建立学科的应用，还没有足够的学说支撑其成为一门成熟的学科。"特赖布甚至认为应该放弃对把旅游作为一门学科的追求，研究领域的多元化值得颂扬。[①]旅游仅仅是一种经济现象的观念在国外早已被抛弃了，从地理学、社会学、文化学、人类学、历史学、环境学、经济学等多学科看待旅游现象已经被越来越多的人所接受。在今天的中国，即使作为产业，旅游的创汇与经济收入远远不能同制造业相比，但它对扶贫、社区发展、文化遗产保护、弱势群体就业、平衡外汇、文化交流、生态环境改善、公民素养提升的效应越来越明显。无论是外国的贾法里还是中国的申葆嘉都强调旅游的综合性，然而综合就意味着困惑。

一、Place 与 Placelessness

> 渡边："我在什么地方？连我自己也不知道这里是什么地方。我辨不清方向。这里到底是什么地方？眼前有许多人走过，但却不知他们走向何方。我是在不知是什么的地方呼唤绿子。"——村上春树《挪威的森林》。

计算机时代最伟大的发明莫过于 Replace 了。全球化与交流促进了社会的进步，同时也加速了文化多样性的消失。作为旅游目的地灵魂的地格（Placeality）却在开发中蒸发。塑造旅游目的地大众脸谱的重大机制是 replace 与 copy＋paste。当地格被旅游开发者置于旅游目的地管理的边缘，旅游目的地就像没有灵魂的躯干。开发者与规划者对旅游目的地地格的缺失负有不可推卸

---

① Alan, A., Lew, C., Michael Hall and Allan[M]. A companion to tourism. Blackwell Publishing, 2004.

的责任。浙江奉化溪口有蒋介石的替身，莫斯科克里姆林宫有斯大林、普京的替身，丽江大研古镇每天有马锅头的替身穿着纳西服装骑马过街。真实在替代中消灭殆尽。

差异就是美，地格的差异是旅游发展的基础。尽管韦弗（Weaver）和劳顿（Lawton）认为那些由于现代文化的入侵而濒临灭绝的传统习俗和文化将会因为旅游者的需求重新得到保护和发扬，人们还是发现旅游发展大大加速了文化的趋同。麦金托什（Mcintosh）、戈尔德纳（Goeldner）和菲戈罗拉（Figuerola）指出，旅游会改变当地居民的生活方式、对待游客的态度、文化价值观、思想与行为方式。努涅斯（Nunez）提出较弱势的社会常要被迫接受强势社会的许多文化要素，产生广泛的文化假借过程，即涵化（acculturation），双方通过"借鉴过程"使文化趋同。格林伍德（Greenwood）提出"文化商品化"概念。福驰（Fotsch）指出旅游会导致标准化、商品化、历史扭曲与乡绅化（gentrification）。

科特勒（Kotler）、海德尔（Haider）和莱恩（Rein）指出："我们生活在一个'地方战（place war）'的时代，一个地方同别的地方为经济生存而竞争。"在地方发展上，海德格（Heidegger）推崇"地方精神（Genius loci）"，哈维（Harvey）倡导"场所感（Sense of place）"，段义孚主张"地方（Place）"与"地方情结（Topophilia）"，麦坎内尔（MacCannell）指出现代化最后的胜利并不是一个非现代世界的现实，而在于它的人工保存与重建。雷尔夫（Relph）警告说，地方正在被摧毁，由于组织的力量与市场的渗透导致了非真实（inauthentic），甚至是无地方（placeless）。地方即是斗争的目标，也是斗争的场所。只有有抵抗的斗争，才可以制造空间的独特性与差异性。

在国内，陈传康先生强调文脉的重要性，本人主张地格（Placeality）差异是地方旅游发展的命脉。而我们的规划者、开发者对这些警示置若罔闻，勤勤恳恳地、不遗余力地制造"无地方悲剧"，大量的洋建筑不伦不类地引进中国，大量的洋景点原封不动地搬进中国，中国的旅游业正在变成了西方旅游巨头的一个连锁店！防止地方缺失是规划者义不容辞的责任，要时刻牢记地方精神原则：每一地方都有其自然和文化的历史过程，两者相适应就形成了地方特色及地方含义，目的地要体现地方个性与差异。

没有地格就无法确认身份（Identity）。一个景点没有自己独特的地格，在现代也是个赝品。我们今天的开发制造了一片又一片的难以看到阳光极易迷失方向的挪威森林。回归线内就应该有立竿不见影的特质，在北极圈内就应该有极昼与极夜。见面问候在夏威夷是 Aloha，在坦桑尼亚是 Jumbo，到吉安就是"你吃了吗"。北京的四合院、永定的土楼、川西的碉楼、珠三角的蚝壳屋、湘西的吊脚楼，因为差异才有美。地格的丧失就是地方文化主权的丧失，如果黄果树瀑布像尼亚加拉大瀑布，长江三峡像科罗拉多大峡谷，拉萨像上海，旅游业也就"寿终正寝"了。依托标准化与特许经营的福特主义应该 over 了。

二、时间与空间

时空规律是旅游研究的核心问题之一。"时空压缩（Time-Space Compression）"是当今社会的重要特点，也是当今旅游发展的一个重要前提假设。新马克思主义者戴维·哈维（David Harvey）在其《后现代的状况》（*The Condition of Postmodernity*）一书里提出"时空压缩"这一个重要概念。一方面是我们花费在跨越空间上的时间急剧缩短，以至于我们感到现存就是全部的存在；另一方面是空间收缩成了一个"地球村"（Global Village），使我们在经济上和生态上相互依赖。这两方面"压缩"的结果是：我们在感受和表达时空方面面临着各种新的挑战和焦虑，以及由此引起的一系列社会、文化和政治上的回应。前一个方面的"压缩"可以叫作"使时间空间化"（即"存在"），后一个方面的"压缩"可以叫作"通过时间消灭空间"（即"形成"）。

厄里（Urry）宣称，20世纪社会理论的历史也就是时间和空间观念奇怪缺失的历史。苏贾（Soja）称此为历史决定论下空间性的失语，即时间（或历史）消解了空间。赖布菲尔（Lebfeve）指出，资本主义正是通过不断地生产和再生产空间关系与全球空间经济，才存活到20世纪。

中国地理学史上有两篇里程碑式的论文，这两篇文章是揭示地理时空规律的杰出代表。一篇研究人文，研究空间；另一篇研究自然，研究时间。一篇是1935年胡焕庸先生在《地理学报》（3卷2期）发表的开拓中国人口地理学的重要论文《中国人口之分布》，并附有中国第一张人口密度图。该文指出中国人口分布存在着极端的地区不平衡，大致从黑龙江省的爱辉到云南省的腾冲画一斜线，可以清楚标识以此线分出的东南半壁和西北半壁人口密度悬殊的情况。东南半壁虽只占土地面积的36%，而人口却占96%；西北半壁虽土地面积占64%，而人口仅占4%。这个现象主要是由于地理环境和农业基础的地区差异所造成。这条东北—西南斜线被称为"胡焕庸线"。"胡焕庸线"揭示了中国人口分布的最基本地区差异。另一篇是1973年6月19日，我国著名气象学家竺可桢在《人民日报》上发表了《中国近五千年来气候变迁的初步研究》，划分出了中国气候的温冷及其波动幅度与波动周期。所用方法有历史文献资料、物候学、树木年轮、生物学、自然地理因子等，指出了从仰韶文化到安阳殷墟暖期，在公元前1000年、公元400年、公元1200年和公元1700年的小冷期，以及以50年至100年为周期的气候小循环，温度升降范围是 $0.5℃\sim1℃$。

像这样的经典论文在旅游学界从来没有出现过。长期以来，人们缺乏对旅游的规律性探讨的意识。比如，中国旅游波动周期的研究，如 1998 年洪水、2003 年非典型性肺炎（SARS）、2008 年地震，是否存在 5 年周期？旅游目的地存在生命周期吗？旅游业是敏感性行业吗？娱乐设施环城市布局是否存在"杜能环"？旅游经济是否同中国地形一样存在三级台阶？中国旅游的功能从经济转向社会文化与环境了吗？中国旅游从观光转向度假了吗？休闲制度如何影响旅游发展？为什么京津冀旅游合作总是雷声大雨点小？大型节事活动（如奥运）如何影响旅游目的地？旅游学界"鹦鹉"太多，方法的缺乏也是旅游学科没有新观点的关键，记得当年学古地理还有碳 14 测年、孢粉、树木年轮、考古物候、遥感技术、微量元素分析与石英砂晶面分析等方法确定气候与水文特征，可旅游研究依然停留在思辨与简单的统计分析上。研究方法的落后与对现代技术的无知成为制约旅游研究的致命瓶颈。

三、遗产与创意

应坦桑尼亚国家旅游局长皮特·蒙戈（Peter Mwengou）邀请，2007 年 5 月至 6 月我赴坦桑尼亚全面考察了它的旅游业，包括旅游资源、基础设施、服务管理与旅游教育。尤其重点考察了坦桑尼亚的自然与文化遗产，包括世界第八大奇迹塞伦盖蒂（Serengeti）大草原、恩格罗恩格罗（Ngorongoro）火山口、非洲最高峰乞力马扎罗山、东非大裂谷奥德威古人类遗址、玛雅拉湖、梅鲁火山、马塞人村落、桑给巴尔等世界著名旅游胜地，见证了成千上万角马、野牛、斑马、羚羊等动物大迁徙，参观了中坦友谊的见证——坦赞铁路（TAZARA）。乘小飞机、越野车真正体验了草原猎游（Safari）的惊险与刺激，也是第一次同大量的只有在《国家地理》《大发现》《动物世界》等电视节目上才能见到的大型草原动物零距离。我确实为这些世界遗产所感动，也深知遗产是旅游发展最重要基础。

历史很重要（History matters）！这是旅游界形成的共识。2007 年联合国世界旅游组织尤利西斯（Ulysses）杰出学术贡献奖就是授予了遗产旅游专家法国索邦（Sorbonne）大学傲慢的巴纳德·莫鲁奇（Bernard Morucci）教授，可见遗产旅游已经成为显学。开发与保护、继承与发展是遗产旅游永恒的话题。多样性、真实性与完整性准则仍然处于遗产旅游的核心地位。联合国教科文组织（UNESCO）与世界旅游组织（UNWTO）一再强调保护优先于旅游（Conservation precedes tourism），以及寻找平衡（Finding a balance）是遗产旅游发展的基本原则。当人们欢呼把徽州地区改名为黄山市带来的经济效应时，自然不清楚这是对徽文化的蔑视与践踏。我曾经提出遗产旅游可持续发展的 ASES 模型，即以真实的遗产（Authentic heritage）为基础，进行舞台化包装（Staged package），塑造游客体验（Experience），从而实现可持续发展（Sustainability）。在遗产保护上，主张地格是保护的核心；在保护方式上，我和李飞提出了生态博物馆、文化大舞台与景观嘉年华模式。对于遗产我们要尽可能多"延年益寿"，少"返老还童"。

中国的遗产旅游承受了过多的指责，如果旅游局加强与 UNESCO、ICOMOS、IUCN 等国际组织合作，以及同国内的教育、文化、建设与环境等部门合作，完全可以树立世界遗产旅游的典范。与人们的指责相反，旅游完全可以成为遗产保护的主力军。

旅游的基础一方面是遗产，另一方面是创意。目前越来越多的是两者的融合，在遗产的背景中创意，如印象刘三姐、印象丽江、印象西湖、大雁塔北广场、什刹海、德夯，都是在遗产的大舞台上嫁接创意文化。碧峰峡是在风景名胜区这个遗产上嫁接了野生动物园，漠河县旅游局的常彬局长在中国的北极缔造了极富创意的"中国四极论坛"，叶文智在凤凰古城嫁接了一系列文化节事活动。但是当上海大力引进迪士尼之时，如果北京也紧随其后将是件丢人的事。作为首都时刻要把文化主权放在心中。我们不但要传承过去，还要把今天的故事留下，作为遗产给予后人。我们不但要把别人的故事讲给我们本国人听，更要给外国人讲故事。

四、城市旅游与乡村旅游

多年来中国的旅游是以城市旅游为主体的，城市旅游也是改革开放后国际旅游的起点。然而在中国优秀旅游城市建设已经把红旗插遍了全国的今天，城市旅游开始走向成熟，重新定位（Reposition）与引进大型节庆事件成了城市旅游发展的新任务。

随着市民休闲的兴起，乡村旅游进入 21 世纪后就爆发了，近年乡村旅游大有盖过城市旅游的势头。2006 年起，国家旅游局先后启动了"中国乡村旅游年"（2006）、"和谐城乡游"（2007）等主题旅游促销活动，组织了农业旅游示范点评定以及一系列乡村旅游标准的制定与实施。农业部通过国家旅游局还联合推进乡村旅游的"百千万工程"。乡村旅游在带动农民脱贫致富，促进城乡和谐上产生了重要影响。在北京，一些"上访村"变成了"民俗村"，农民实现了"零距离就业""足不出户赚钱"。贵州上百万人因为旅游脱贫。我一直认为"农游合一"是新农村建设的重要机制之一，旅游对于农业就像"拱猪"中的"草花 10"，具有加倍功能。一头羊原本卖 100 元，做成烤全羊就卖 500 元；市场上一斤草莓卖 8 元，游客采摘就卖 60 元。我这些年从事乡村旅游研究最大的欣慰是看到了大都市郊区的农民确实从旅游中受益匪浅。在乡村旅游发展中不可忘记的是许多地方行政官员。江西婺源的鲍庆祥是乡村旅游的先知先觉者，1999年就慧眼看出旅游将改变婺源，在经济十分困难的条件下，力邀我们制定了婺源旅游发展规划，缔造了"中国最美乡村"，从而建立了中国乡村旅游的典范。河北涞水野三坡的王宝义以开发旅游带动农民脱贫致富而赢得"翻身不忘共产党，致富不忘王宝义"的赞誉。贵州黔东南旅游局的张远卿在建设巴拉河乡村旅游示范区时为全世界乡村旅游扶贫与文化保护树立了一面旗帜。北京市旅游局的安金明局长推动北京市乡村旅游升级的策略足以让全国乡村旅游马首是瞻。

在乡村旅游中我倡导"分"与"家"理念，分就要有差异，要有特色，要体现地格。"家"即把乡村建设成市民的"第二个家"。在乡村旅游发展政府规制过程中，我们发现分级管理远不如分类管理重要。在乡村旅游管理中，我们应该更重视特色，而非等级。2006年我在昆士兰大学做客座教授时，专程到黄金海岸的格里菲斯大学（Griffith）拜访了生态旅游与探险旅游学家拉尔夫·巴克利（Ralf Buckley）。我询问他有没有必要建立国家级乡村旅游标准时，他肯定地说没必要。"北京的乡村旅游没文化"是我对北京乡村民俗旅游的最深刻的批评。我一再警告切莫让新农村建设成为乡村遗产的粉碎机。由于游客经常以貌取人，我一直认为乡村建筑景观特色的塑造是乡村旅游发展的关键。

升级成为当前乡村旅游发展的主题。当中国有越来越多的"小资""BoBo"与"乐活族（LOHAS：Lifestyle of Healthy and Sustainability）"时，传统的农家乐已经无法满足现代休闲族的需求了。为此，在学习成都"五朵金花"（幸福梅林、花香农居、江家菜地、东篱菊园、荷塘月色）的基础上，我们一直致力于推动北京的民俗游开始向国际驿站、民族情园、采摘篱园、乡村酒店、养生山庄、山水人家、休闲农庄、生态渔村八大新兴业态升级。目前全国的乡村旅游正经历从"农家"升级为"庄园"的过程。在农家阶段，乡村旅游成功的关键是家有"阿庆嫂"；而在庄园阶段，成功需要现代经理人。我认为文化升级、生态升级与科技升级是乡村旅游升级的三大方向。在乡村旅游产业升级中，土地制度、外来投资、社区受益问题成为新的难题。

五、国际化与本土化

国际化（Internationalization）与本土化（Localization）就是顶天与立地问题，在当今学术界两派非常明显：一些人是鹦鹉学舌式的国际化，在国际上发表了很多论文，但没有自己的思想，甚至仅仅停留在为西方学者提供数据，缺乏主权意识；另一些人却无法了解国际旅游学术前沿理论，总是在低层次重复，缺乏新方法与新视角，对旅游本质的认识十分肤浅。坚持国际化与产学研一体化相结合是实现国际化与本土化相结合的必由之路。

每年 4500 万名出境旅游者和 140 多个出境旅游目的地国（Approved Destination Status，ADSs）的出境旅游规模使中国成为亚洲最大的旅游客源输出国，大量的外国旅游组织纷纷争夺中国客源市场。在这种大形势下，输出导向的旅游教育国际化成为新趋势。

近年来，我们多位学者分赴南太平洋、非洲、欧洲协助当地进行目的地营销，我也应邀请指导坦桑尼亚旅游开发与目的地推广，这就是输出导向的旅游教育与研究国际化的例证。由于大力倡导国际化，北京第二外国语学院（以下简称二外）有了从英国美国回来的海归博士做老师，有了从美国回来的海归硕士做教秘，每年派出 6~8 人出国长期学习与工作。所有办公室配备音响设备，随时打开英国广播公司官网就可听英语。近年来我们先后举办了非洲国家旅游部长培训班、东盟国家旅游部长培训班、葡萄牙语国家旅游部长培训班、越南全国旅游局长培训班、China-ASEAN Tourism Workshop 等；承办了国际旅游科学院双年会、第三届亚太旅游管理研究生论坛、第 5 届亚太旅游教育理事会与第 13 届亚太旅游协会联会等一系列国际顶尖旅游研讨会；聘请了世界旅游组织教育理事会主席克里斯·库珀（Chris Cooper），《旅游管理》（Tourism Management）主编克里斯·瑞安（Chris Ryan）等人为客座教授；邀请了《旅游研究纪事》（Annals of Tourism Research）主编贾法·贾法里（Jafar Jafari）、亚太旅游教育理事会（APCHRIE）主席、世界旅游组织（UNWTO）教育理事会副主席凯耶·肖恩（Kaye Chon）等人来二外讲学；派遣学生赴丹麦实习，争取到了达沃斯巅峰奖学金、港中旅维景奖学金、华盛国际（HVS）奖学金、励展奖学金、Annette and Gerd Schwandner 科学文化基金奖学金，并大力推进加入世界旅游组织教育理事会并接受 Ted-Qual 评估。

目前二外已经有了来自蒙古、韩国、日本、越南、叙利亚、黎巴嫩、巴勒斯坦、汤加、南非、佛得角、塞拉利昂、马达加斯加、毛里求斯、津巴布韦、巴拿马、智利、乌兹别克斯坦、摩尔多瓦等国 30 多个国家的近百名的在校留学生，并长期开办全英文授课的外国留学研究生班。

我们已经出现了一批在国内上大学，在欧美就业的著名国际旅游学者，包括乔治·华盛顿大学的于良（Larry Yu），普渡大学的蔡利平（Liping Cai），俄克拉荷马大学的屈海林（Hailin Qu），萨里大学的宋海岩（Haiyan Song），内华达大学拉斯维加斯分校（UNLV）的谷铮（Zheng Gu），以及佛罗里达国际大学（FIU）的赵金林（Jinlin Zhao）。相信今后将会有更多的本土中国旅游学者能与克莱尔·甘恩（Clare Gunn）、纳尔逊·格拉伯恩（Nelson Graburn）、埃里克·柯恩（Eric Cohen）、理查德·巴特勒（Richard Butler）、约翰·厄里（John Urry）、约翰·康普顿（John Crompton）、布伦特·里奇（Brent Ritchie）、比尔·福克纳（Bill Faulkner）、杰弗里·沃尔（Geoffrey Wall）、唐纳德·盖茨（Donald Getz）、迈克尔·霍尔（Michael Hall）和戴维·韦弗（David Weaver）齐名。语言与研究方法是目前中国旅游学者国际化最难跨越的鸿沟。引领今后30年旅游学术界的必定是用西方的研究方法研究中国的旅游发展历程的人。

近年来国内一些机构花巨资为外国学术机构、外国学者提供一切费用召开国际旅游学术研讨会，而且乐此不疲，这非常可悲。国际化的根本是思想的国际化，要把中国方式输向国际，绝不能成为西方文化的掮客。中国旅游发展的经验、中国出境客源市场的需求特征是中国旅游科研与教育输出的重点。中国在1999年就开展了生态旅游年，联合国2002年才发起国际生态旅游年。当我们在学习迪士尼（Disney）、通用（Universal）、万豪（Marriott）、麦当劳（McDonald）的同时，已经创造了"宁波经验""焦作现象"与"栾川模式"。

六、男与女

在这个Ladies first 的时代，超级女声必然比快乐男声早诞生。旅游业是个细节决定成败的行业，女多男少成为旅游产业的生存之道。这个以Hospitality为基础的行业为女士提供了比许多其他行业更多的成功机会，因为Hostess总是比Host更善于待客。2003年我邀请《旅游研究纪事》主编贾法·贾法里来二外讲学时，一进教室他就惊呼：感情天下的旅游院校都是三八部队！旅游学生军团是典型的红色娘子军，男生只是其中的党代表。在二外这个特别养眼的学校本科生男女比在1∶10至1∶8，研究生为1∶8至1∶5。但在旅游行业管理层，男士远远多于女士。这说明即使是急需女性细腻的旅游圈，男人们也不敢给女士足够的成功空间。

对于男女的解说在80后中存在明显的差别，《奋斗》中米莱说："男人主要用来对女人使坏，女人主要用来对男人好。"而向南说："我是你的丈夫，我是你的钱包，我是你生活舒适的工具，永远为你服务！"言下之意，男人是为女人服务的，是使女人快乐的工具。在旅游业中，无论男女都是为旅游者生产快乐的Gentils Organisateurs。

近来学术界开始涌现一些杰出的女学者，其中有曾获过Ulysses奖，以研究旅游信息管理见长的夏威夷大学旅游学院的保利娜·谢尔登（Pauline Sheldon）教授；还有倡导用个性化代替标准化，新旅游（New tourism revolution）替代大众旅游（Mass tourism）的德国学者阿莉娜·蒲恩（Auliana Poon）博士。在我国学界，女学者在生态旅游、旅游人类学、旅游环境学、旅游服务学等领域一路领先。在政界，像娜日苏、杨胜明、顾晓园、熊玉梅、张慧光、杜一力等女局长们推动着中国旅游业从胜利走向更大的胜利。有意思的是，在国内旅游图书的出版编辑界确实是一个实实在在的"女士领先"世界：这里有通过出版引领中国学术发展方向的南开大学出版社的孙淑兰老师，"中国的 Annals of Tourism Research"——《旅游学刊》的主编宋志伟老师，带领旅游类出版社向市场化运作成功转型的旅游教育出版社唐志辉社长，还有出版了一大批反映中国本土旅游研究动态图书的中国旅游出版社的付蓉老师。

七、泊里优的盟主与怀卡托的侠客

我们习惯简称香港理工大学为泊里优，泊里优的掌门凯耶·肖恩（Kaye Chon）先生无疑是世界旅游学界的盟主之一，国际旅游科学院、亚太酒店、餐馆与机构教育理事会等重要机构秘书处都设在香港理工大学。凯耶在任何场合都要求香港理工大学做 World-class global centre of excellence in hospitality and tourism education and research。香港理工大学的座右铭就是 Leading Asia in Hospitality and Tourism Education，彰显亚洲霸主气概。中国内地非常缺乏凯耶·肖恩这样学贯东西、充满盟主豪气的学者。他借助中国香港这个东西方的桥梁构建了世界旅游教育与研究的帝国。香港理工大学的运行机制确实是我们学习的榜样，诸如铺天盖地地组织国际学术会议，连绵不断地在一流刊物上发表文章，广泛高层次参与国际旅游组织，深入地介入产业实践，尤其是广泛地招徕人才。中国内地旅游学术研究缺乏团队（Team）成为一个不争的事实。许多旅游研究队伍，充其量就算个"团伙"，团队带头人除了自己的学生，几乎很难带领其他人。国内旅游盟主往往缺乏凯耶这样敏锐的国际学术眼光、深厚的学术理论功底、严谨的本土研究作风，以及"但开风气不为师"的学术气节。反而总以自己为上限，迷恋"一日三会、空中飞人、丛书主编、替人作序、好为人师、批量生产、专业通吃"的福特主义成功哲学。

如果说凯耶是一位显者，瑞安就是一位隐者。2007 年夏天，我考察了新西兰的怀卡托（Waikato）大学，一个名不见经传的大学，却有一位旅游学的大家克里斯·瑞安（Chris Ryan）教授，作为《旅游管理》（Tourism Management）的主编，他是一个全球公认的世界顶尖的旅游理论学者。他在世界顶尖的旅游三大刊物，《旅游研究纪事》（Annals of Tourism Research）、《旅行研究杂志》（Journal of Travel Research）和《旅游管理》（Tourism Management）上发表的论文数排名第二，却供职于一个特别偏远的怀卡托小镇哈密尔顿（Hamilton），距离奥克兰还有 2 小时车程。对这个经常参加国际会议的学者来说，这里的交通十分不便。圣者总是在山洞中长期修炼的，"若要成功，需要自宫"的精神是必需的。作为二外兼职教授的他每次来二外讲学都受到热烈的欢迎，他对旅游学前沿的把握以及对旅游研究方法的创新让青年旅游才俊顶礼膜拜。

总体来说，旅游学界名家众多，大师寥寥。旅游的学术创新大多来自视角的变换，像墨菲（Murphy）从社区视角、拉斯卡瑞（Ceballas-Lascurain）从生态行为视角、厄里从凝视视角来看旅游的人很少。像贾法·贾法里这样既有理论思想（尤其是他关于人们对旅游的态度的4个平台理论），又能够通过创立一本集成世界旅游最高智慧的杂志的显者更是凤毛麟角。中国急需像弗吉尼亚理工大学的迈克尔·奥尔森（Michael Olsen）、夏威夷大学的查克·吉（Chuck Y. Gee）、泊里优的凯耶·肖恩（Kaye Chon）这样纵横捭阖的学术盟主，更需要戴维斯大学的迪安·麦坎内尔（Dean MacCannell）、怀卡托大学的克里斯·瑞安和得克萨斯农机大学的约翰·康普顿（John Crompton）这样开宗立说的学术侠客。

八、层次与特色

由于体制因素，博士点申请权配额制与一级学科申报学位点的新规则让不少旅游院校面临断臂式的转型。非常有趣，今年5月，一位中佛罗里达大学的华裔教授来二外访问，我们很熟悉，他递给我一张新名片，上面用中英文对照写着自己的头衔：副教授、博士生导师。我当时就挖苦他很有中国特色。在美加，一个刚毕业获得博士学位的助理教授就可以做博导，不知这在中国如此重要。在高校，"突贡""特贴""跨世纪""长江"等都要博导头衔。人们纷纷在做博导，实在不行了，像我这类无点单位的老师也开始联系在外校做博导，但所有大学都以调入为条件，最后只好跑到某个外国大学做个兼职博导，号称"洋奶妈"。

一些学说在自己没有被广大读者接受时只好以"非主流"（Non-main stream）自居。记得郭德纲出名以后经常戏称自己为非著名相声演员。强调层次的人必然认为高学位点是主流。看来，没有博士点的院校的老师可能就得以非博导、非主流自居了。有90后倡导非主流就有80后的反非主流，就像有人做"芙蓉姐姐"就有人争当"芙蓉姐夫"一般。夏威夷大学旅游学院没有博士点，依然闻名世界，不是博导的查克·吉教授是国际公认的旅游大家，他自身就没有博士学位。根据他的观点，旅游管理根本没有必要培养博士。这个学校的保利娜·谢尔登教授，不是博导，却身居国际旅游科学院（International Academy for Tourism Study）主席与世界旅游组织教育理事会副主席等要职，因其在旅游信息管理这个非主流研究领域的突出贡献而荣获2008年度第六届世界旅游组织Ulysses杰出学术贡献奖。因为吉在旅游上的杰出贡献，他的母校丹佛大学（Denver）给他授予了荣誉博士学位。据说，夏威夷大学旅游学院目前也在准备设立博士点了。

层次很重要,特色更重要。没人会认为没有博士授予权的洛桑酒店管理学院(Ecole Hoteliere Laussane)就逊色于具有博士授予权的康奈尔酒店管理学院(Cornell School of Hotel Administration)。别人总以为洛桑特色是务实的实践操作,可它实质上依赖的是一种创新与企业家精神。当前全球16家大型酒店集团中,就有9家酒店集团的总裁或董事长是洛桑酒店管理学院的毕业生。洛桑的宣传口号是"一所培养创新与创业精神的学院(Institute of Innovation and Entrepreneurship)"。没有博士点未必就要悲观,只要有特色必然能够引领行业,有特色博士点还会远吗?得克萨斯农工大学培养了众多的世界顶尖旅游学者,萨里大学、香港理工大学、詹姆斯·库克大学、卡尔加里大学和亚利桑那州立大学拥有众多世界一流学者,洛桑与康奈尔培养了众多的旅游业界精英,中国最需要就是这种特色鲜明的旅游大学。

九、走与留

在学者的职业生涯中,不断面临走与留的难题。历史上有范蠡走而三致千金,文种留而被王赐死。"树挪死,人挪活"成为职场名言。克里斯·库珀从萨里走向昆士兰,可谓一走成名,成为世界旅游组织教育理事会的主席,达到个人事业的巅峰。走更多是为了留,喊走是为了留升。游侠宜走,盟主宜留,先走后留为最上。当年哈佛要留彼得·德鲁克(Peter Drucker)时,德鲁克说不需要借哈佛之名来提升自己,相反克莱尔蒙特(Clarement)会因自己而名扬世界。地处偏僻的新西兰怀卡托大学因克里斯·瑞安而"香火极盛"。职场上的走和留就像雅典奥运会上美国射击选手埃蒙斯(Emmons)一样,射了10.6环,射中的却是别人的靶心,丢失了金牌却收获了爱情。

由于没有博士点,多所重点大学都是我向往而且调令在手的院校,但最终难舍定福庄这个中国旅游教研重镇,不仅因为这里需要我,更多的是一种使命。我对定福庄,由段义孚称道的地方情节(Topophilia)发展为莱特(Wright)归纳的敬地情节(geopiety)。生命中总得要留点缺憾,博导可能就是我终生难圆的梦。我每每自喻为皮特·圣吉(Peter Senge)《第五项修炼》中讲的那只"釜中蛙",水凉时不跳走,最终的命运必然是被热水烫熟。诱惑没有间断,给我印象最深的是某大学的新农村研究中心因我的乡村旅游研究颇有影响,准备聘请我做中心主任。中心成立时,副市长、社工委书记、农工委主任、教委主任、社科联主席、社科规划办主任全部出席。该校校长希望我能领衔,房子、孩子、博导都给解决,但庄主的一句"老九不能走"就把我留下来了。其实,在定福庄除了没有博士点,几乎什么都有,而其他学校往往是除了博士点几乎什么都没有。看来我这辈子就算折在定福庄了。

★ ☆ ★ ☆ ★

2005年中国香港凤凰卫视作了一期专题节目"赌场包围中国",指出在中国的周边地区,一张从俄罗斯、朝鲜、韩国、日本、泰国、缅甸、马来西亚到菲律宾、新加坡、印度尼西亚,并延伸至澳大利亚及欧美的庞大境外"赌博网"正在迅速形成,吸引中国游客去赌博,导致大量中国财富流到国外。这一网络每年吞噬亚洲国家约140亿美元(约合人民币1100亿元)的资金。我们国内不少旅游学者曾经参观考察过越南、马来西亚、朝鲜、俄罗斯、澳门的赌场,除了慨叹中国为什么不开放博彩业,对此没有发表任何积极有效的政策建议。政府最后不得不做出关闭边境旅游这种"把孩子和脏水一起倒掉"的决策。这反映了我国旅游学者存在集体的"高原反应",麻木、昏沉与迟钝。当我明白多年爆炒的神秘概念"旅游卫星账户"其实同卫星一点关系都没有、生态旅游主要是一种行为而非一种产品、反刍动物打嗝放屁产生的甲烷才是温室效应的元凶时,才发现我们的旅游研究再也不能随波逐流了。轰轰烈烈的黄金周休闲制度的改革居然不是旅游专家提出的,困扰多年的零负团费依然纵横东南亚,这难道不是我们的耻辱吗?能否在旅游研究中凸显"中国元素"成为我们这一代旅游学者的使命。

2008年"五一"草拟于承德围场

2008年8月24日北京奥运闭幕式后定稿于北京市朝阳区定福庄

目 录

作者简介 ··· 1
序言：旅游矛盾论 ·· 1

第一篇　总论篇

第一章　旅游学术历程与理论体系 ·· 3
　　第一节　旅游研究起源与发展历程 ·· 3
　　第二节　基于多学科路径的旅游体系研究范例 ·· 12
　　第三节　跨学科视角下旅游体系研究范例 ·· 17
　　第四节　旅游理论新趋势 ··· 31

第二篇　需求篇

第二章　旅游动机 ·· 55
　　第一节　动机理论演变 ·· 55
　　第二节　旅游动机学说门派 ·· 64
　　第三节　旅游动机理论评价 ·· 70

第三章　旅游体验 ·· 73
　　第一节　旅游体验理论的缘起 ··· 73
　　第二节　代表人物与理论观点 ··· 80
　　第三节　主要分析工具 ·· 87
　　第四节　旅游体验理论评价 ·· 100

第四章　游客凝视 ·· 103
　　第一节　凝视学说的起源与演变 ·· 103
　　第二节　游客凝视理论的核心思想 ··· 106
　　第三节　游客凝视理论评价 ·· 113

第三篇　发展篇

第五章　可持续旅游 ·· 119
　　第一节　可持续发展 ·· 119
　　第二节　生态旅游 ·· 129
　　第三节　低碳旅游 ·· 140
　　第四节　可持续旅游评价 ··· 143

第六章　地方、地格与社区 ·· 146
　　第一节　地方 ··· 146
　　第二节　地格 ··· 155
　　第三节　社区 ··· 161

第七章　空间与时间 ·· 177
　　第一节　游憩机会谱 ·· 177
　　第二节　空间引力 ·· 184
　　第三节　旅游枢纽与旅游目的地 ·· 194
　　第四节　空间布局 ·· 201
　　第五节　旅游地生命周期 ··· 219

第四篇　管理篇

第八章　目的地管理 ·· 239
　　第一节　推拉效应 ·· 239
　　第二节　可持续竞争力 ·· 250
　　第三节　品牌形象与品牌个性 ·· 256
　　第四节　危机管理 ·· 270

第九章　服务管理 ·· 277
　　第一节　标准化 ··· 278
　　第二节　个性化 ··· 285
　　第三节　服务补救 ·· 287
　　第四节　旅游服务质量评估模型 ·· 292

第十章　节事管理 ·· 298
　　第一节　节事管理发展概述 ··· 298
　　第二节　节事组织管理 ·· 300
　　第三节　节事对目的地的影响 ·· 309

第十一章　遗产管理 ... 322
第一节　多样性（Diversity） ... 322
第二节　真实性（Authenticity） ... 329
第三节　完整性（Integrity） ... 340
第四节　文化景观保护模式：
生态博物馆、文化大舞台与景观嘉年华 ... 346

第十二章　旅游影响 ... 351
第一节　旅游影响研究的演进 ... 351
第二节　经济影响 ... 353
第三节　社会文化影响 ... 358
第四节　环境影响 ... 370
第五节　旅游影响评估 ... 377
第六节　旅游影响研究评价 ... 382

第五篇：人物篇

第十三章　旅游学术大师思想综述 ... 387
第一节　社会学派 ... 387
第二节　心理学派 ... 391
第三节　地理学派 ... 399
第四节　人类学派 ... 404
第五节　生态学派 ... 409
第六节　其他代表人物 ... 413

后记 ... 419

第一篇 总论篇

第一章 旅游学术历程与理论体系

考察旅游学术历程，目的在于探究旅游研究各时期、各阶段的动向与特征，以便深入理解这个过程中各种思想、观点的因果相承和发展演进关系。旅游活动古已有之，但在理论层面上对旅游现象进行探讨，迄今却仅有100多年的时间。由于旅游是一个纷繁复杂的社会现象，涵盖了方方面面，因此很难从一个角度对旅游进行全面的诠释，学术界也从未停止对于旅游学科的研究与争论，在对旅游本质及属性的不断探究中，逐渐形成了百家争鸣、学派林立的局面。

第一节 旅游研究起源与发展历程

将旅游研究过程进行恰当的分期非常必要，但是由于旅游研究长期处于分散、独立的状态，思想承袭的脉络不清，不同学科的介入和发展又为旅游研究注入了新鲜血液，要做好分期确实是一个难题。本书在分期问题上，根据《旅游研究纪事》（Annals of Tourism Research）对于各学科的专辑综述文章[1][2][3][4][5]，以及国内学者对国外旅游研究历史发展过程的总结[6][7][8][9][10]，将旅游研究分为四个阶段，旨在归纳出各阶段的理论产生背景以及摘要大事记。

---

[1] Nash, Smith. Anthropology and tourism[J]. Annals of Tourism Research, 1991, 18(1): 12-25.
[2] Farrell, Runyan. Ecology and tourism[J]. Annals of Tourism Research, 1991, 18(1): 26-40.
[3] Eadington, Redman. Economics and tourism[J]. Annals of Tourism research, 1991, 18(1): 41-56.
[4] Mitchell, Murphy. Geography and tourism[J]. Annals of Tourism Research, 1991, 18(1): 57-70.
[5] Dann, Cohen. Sociology and tourism[J]. Annals of tourism research, 1991, 18(1): 155-169.
[6] 申葆嘉. 国外旅游研究进展[J]. 旅游学刊, 1996（1、2）：62-79, 48-52.
[7] 厉新建. 旅游经济学：理论与发展[M]. 东北财经大学出版社, 2002.
[8] 保继刚, 楚义芳. 旅游地理学（修订版）[M]. 高等教育出版社, 1999.
[9] 李伟清. 旅游经济学[M]. 上海交通大学出版社, 2002.
[10] 张广海, 方百寿. 旅游管理综论[M]. 经济管理出版社, 2004.

一、早期旅游时期（1890s—1950s）

旅游学的研究始于欧洲，产生于当时重要的旅游接待地——意大利。随后，意大利、德国、瑞士和奥地利等国家相继出现了一些从事旅游研究的学者，这些学者在旅游研究发展的早期和中期，分别进行了许多开创性的工作，形成了不少有意义的成果，有些成果至今仍具有影响力。如1899年意大利政府统计局博迪奥（Bodio）发表了《外国人在意大利的移动及其消耗的费用》[①]。

第一次世界大战结束后，欧洲参战各国急于恢复和发展受到战争创伤的经济，纷纷瞩目于日益增长的北美游客带来大量美元的旅游活动，旅游活动被普遍视为一种具有重要经济意义的活动，这种认识在当时深刻地影响着学术界的思想。

1923年，意大利尼切福罗发表了《在意大利的外国人流动》。

1926年，意大利贝尼尼发表了《关于旅游游客的移动计算方法的改良》等论文，从统计学角度对游客人数、逗留时间和消费能力等方面进行研究，反映了人们早期对旅游现象的经济层面的认知以及取得经济利益的需要。

1927年，意大利罗马大学讲师马里奥蒂（Mariotti）出版《旅游经济》一书，是第一次对旅游经济进行系统化的研究。该书不仅对旅游地区的开发、旅馆业和旅游接待业进行了系统研究，而且首次提出了需要吸引中心地理论，主张将旅游分为"能动旅游"和"被动旅游"。他认为旅游活动是属于经济性质的一种社会现象。1928年出版了该书的续编，1940年出版了经过修订的同名书，最终完成了该书的理论体系。该书认为旅游的本质是经济现象，其内容涉及国内旅游状况、旅游统计、旅游接待以及旅游中心等问题[②]。

随着旅游活动逐渐活跃，地理学者除了利用自己特有的关于地理环境的知识积累和区域研究的成果撰写导游材料和旅行指南之外，最有价值的工作集中于旅游的土地利用研究方面。麦克默里（McMurry）是其中的代表人物，20世纪30年代初，麦克默里发表了《游憩活动与土地利用的关系》一文，被公认为旅游地理学的开端[③]。但这一时期地理学者对旅游的研究是不自觉的，多是个别旅游地的研究。

1931年，德国学者博尔曼（Bormann）发表《旅游论》，认为"旅游论的所

---

① Bodio. Sul movimento dei forestieri in Italia e sul denaro che vi spendono[J]. Giornale degli economisti, 1899: 54-58.

② Mariotti. Lezioni di Economia Turistica[M]. 1927.

③ McMurry. The use of land for recreation[J]. Annals of the Association of American Geographers, 1930, 20(1): 7-20.

属是经济学，它的根本问题不只属于国民经济学及经营经济学领域，不能不运用各种学科的成果"[①]。

1933年，英国学者奥格威尔（Ogilvie）出版《旅游活动》，用数学统计方法科学地研究了旅游者的流动规律，并从经济的角度给旅游者下了定义[②]。

1935年，德国的格吕斯曼（Glucksmann）发表《一般旅游论》，从经济、社会等多角度对旅游的发生、基础、性质及经济和社会影响进行研究。但德国学者博尔曼认为格吕斯曼的《一般旅游论》缺乏方法论，并且认为将与之相关的学科放到旅游论中去研究必将把旅游现象的研究极端广泛起来，并且更不同意将心理学引入旅游研究，认为这样做并不符合当时旅游研究的目的[③]。

早期学者论证了旅游活动是一种经济性质的现象后，旅游活动被看作一种旅游业的经营活动，就成了许多人对旅游现象根深蒂固的认识，这种看法在以后漫长的岁月中影响着几代人对旅游现象性质的认识，极大地限制了旅游研究向纵深层次发展的可能。

二、大众旅游时期（1960s— ）

第二次世界大战正酣时，多数国家的旅游研究处于停顿和沉寂状态，在当时的中立国瑞士，旅游研究发展却出现了具有重大意义的理论突破。

1942年，瑞士圣加伦大学的汉克泽尔教授和伯尔尼大学的克拉蒲教授出版了《旅游总论概要》，该书从经济学和社会学两个方面对旅游进行了研究。该书认为旅游现象本质是具有众多相互作用要素和方面的复合体，这个复合体是以旅游活动为中心，与国民、保健、经济、政治、社会、文化、技术等社会中的各种要素和方面相互作用的产物。在这个基础上，亨泽克尔和克雷夫提出了旅游现象多方位、多层面结构的思想，并且认为需要通过多学科进行综合研究。从这一点出发，他们还得出旅游现象不具有经济性质的结论，而认为更接近于社会学的范围，并且进一步证明了旅游经济也不应该是经济学分支的论断。

第二次世界大战结束后，随着经济的快速发展、家庭可自由支配收入的增加、人口的增长，以及可自由支配时间的增加、消费水平的提高、科学技术的提高和交通工具的更新换代，大众旅游呈现蓬勃发展的势头。

伴随着大众旅游的发展，学术界对于旅游的研究也蓬勃发展。旅游被普遍看作一种恢复和发展经济的手段。北美学术界开始了对旅游现象的研究。有更

---

① Bormann. Die Lehre vom Fremdenverkehr: ein Grundriss[M]. Verlag d. Verkehrswiss. Lehrmittelges. bei d. Dt. Reichsbahn, 1931.

② Ogilvie. The tourist movement: An economic study[M]. PS King & son, ltd, 1933.

③ Glucksmann. Fremdenverkehrskunde[M]. Stampfli, 1935.

多学科加入了研究阵营。但直到 20 世纪 60 年代，还很少有人对发展旅游可以促进接待地经济发展这一点产生怀疑。在这个时期中，不仅旅游业界和政府中人士持有这种看法，在学术界亦都认为旅游是一个劳动力密集型行业，对经济不发达的国家和地区以及发达国家的边远地区，都可以带来显著的经济效益。

1950 年，日本学者田中喜一教授的《旅游事业论》问世，从经济的角度研究国际旅游，从而深化了旅游经济的研究。

1953 年，史密斯（Smith，1953）提出了在大学中开设旅游地理学方面课程的建议。

1954 年，法伯（Farber）对旅游活动中的心理现象和心理学方法进行了探索。

1954 年，德国学者克拉普特出版了《旅游消费》一书，对旅游消费的动力和过程进行了专题研究。

1955 年，意大利学者特罗伊西出版了专著《旅游及旅游收入的经济理论》，对旅游经济概念、旅游收入及旅游经济效益进行了比较深入的探讨。此时的日本也非常重视旅游研究工作。

20 世纪 50 年代中期，世界范围的旅游大发展，也带来了大量前所未有的问题，促使旅游研究也进入了一个迅速发展的新时期。

1957 年，旅游活动在欧洲和地中海地区已经有了相当大的恢复和发展，大量外来游客涌入接待地，文化差异造成的一些问题，开始为学者所注意（Tilden，1957）。

1963 年，努涅斯发表了一篇关于墨西哥山村周末旅游的论文，这是人类学者真正意义上参与旅游研究。

1969 年，迈克尔·彼得斯出版的《国际旅游业》一书，1974 年英伯卡特与梅德里克教授合写的《旅游的过去、现在和未来》，都用作英美大学教材。

进入 20 世纪 60 年代，各国学者开始在经济学、社会学、人类学、心理学、地理学、环境和生态科学等各自的专业领域内展开了对现代旅游现象的研究。全球性旅游大发展对接待地的各种不同影响开始表现，对于经济发展水平相差悬殊的接待地，这种强烈影响的反差则表现得更为显著。由于旅游活动的迅速发展带来的关系和问题也远比过去年代复杂，旅游研究工作也开始了运用多个学科理论和方法的综合研究。这种主要起源于英语国家的新研究动向，后来被称为"旅游的影响研究（impact study of tourism）"。

在初期的影响研究中，很多学者着眼于旅游发展对接待地社会经济发展的意义以及所造成的负面影响，并且表示出了他们的忧虑。虽然在这个时候旅游发展使一些接待地的国际收支平衡，就业和税收都有了增长，但是仍旧出现了对旅游可以促进接待地经济发展论点的批评。这种批评中，特别指出了旅游经济"乘数效应（multiplier effect）"低于实际情况，以及"漏损（leakage）"的存在、大量游客涌入接待地引起的物价上涨等问题，使预期的经济利益落空。此外学者们也从心理学、社会学、人类学、地理学和环境与生态科学方面对游客大量涌入目的地进行了批评。

这个阶段，在北美和其他英语国家展开的旅游影响研究给国外旅游研究的进程开辟了一个新的领域，并为它的新发展奠定了基础；欧洲仍旧继续它传统的经济学方面的研究，但后来也注意了应用研究，并且延伸到管理和其他学科的研究。

进入 20 世纪 70 年代，旅游活动在全球范围内迅速发展，使接待地社会和环境受到了空前巨大的压力，引起了社会和学者的严重关注。由于大众旅游是在"旅游是无烟工业"的理念指导下发展起来的，因此当时的旅游开发缺乏保护环境的意识。在这种理念的指导下，开发商对旅游资源进行掠夺性开发、对旅游景区实行粗放式管理，从而破坏了旅游赖以存在的自然环境。旅游对社会文化的影响也十分突出。大众旅游给旅游地带来了如犯罪增加、游客与社区居民关系紧张、广告引导的游客畸形消费、文化的商品化等突出的社会问题。为此，在前一时期发展起来的"旅游影响研究"，这时已经成为学者们研究旅游现象的热点所在，并逐渐形成旅游经济、旅游社会文化和旅游环境与生态三个影响研究领域。

1975 年，特纳（Turner）和阿什（Ash）提出了"中心对边缘的控制理论（domination by the center over the periphery）"，即以发达国家为中心的国际化旅游输出系统对以发展中国家为边缘的旅游接待系统的控制[①]。

1976 年，麦坎内尔出版了旅游社会学力作《旅游者：休闲阶层的新理论》（*The Tourist: A New Theory of the Leisure Class*）。麦坎内尔从全新的角度，深入探讨了旅游吸引物的社会学特质及其社会表现形态，系统地提出了旅游吸引物的结构差异、社会功能、旅游空间、舞台真实（staged authenticity）、文化标记，以及实现指向（signifier）和被指（signified）功能的符号象征等观点[②]。

1977 年史密斯主编的《主人与客人：旅游人类学》出版，标志着英语国家学者对旅游的社会文化影响领域内的研究取得了突破性的发展，提出了"旅游人类学"的概念。这本书曾被《旅游研究纪事》的编者称为旅游社会文化影响研究的里程碑。

---

① Turner, Ash. "The" Golden Hordes: International Tourism and the Pleasure Periphery[M]. Constable Limited, 1975.
② MacCannell. The Tourist: A New Theory of the Leisure Class[M]. New York: SchockenBooks, 1976.

20世纪70年代末，南斯拉夫学者马思科维奇出版了《旅游经济学》一书。

三、可持续旅游阶段（1980s—　）

进入20世纪80年代，英语世界的旅游研究开始重视研究方法的应用，这标志着旅游研究进入了一个较高的层次，上升到了探索内涵实质的本质研究。

1989年在澳大利亚成立了跨国的旅游研究组织"国际旅游研究科学院（International Academy for the Tourism Studies）"，并于次年出版了院刊《旅游研究杂志》，标志着这一时期旅游研究的新发展。该组织的宗旨是要在跨国活动的基础上，开展多学科、多层面的旅游研究活动。

由于人类经济活动，特别是工业化进程的快速发展，使得环境状况日益恶化，直接威胁到人类的生存和发展。经济发展、资源利用以及环境保护所构成的矛盾已成为当今世界各国共同面临的重大挑战。各种环保组织，如绿色和平组织的兴起及其游说活动对许多其他组织产生影响。世界银行组织和世界旅游组织在这种影响下开始强烈要求有利于保护环境的发展。人们越来越意识到需要一种经济发展、资源利用和环境保护相互融合的协调发展方式。

这一时期产生的可持续发展理念为可持续旅游发展奠定了理论基础。旅游中的环境和生态问题何时引起学术界的注意已不可考，大约在20世纪70年代以前就已经有个人和组织注意到了这方面的问题。20世纪80年代是旅游与环境生态问题研究十分活跃的发展时期，有更多的学者参与到这个领域中来。

为了保持环境和生态质量有利于旅游的持续发展，20世纪80年代后期，开始有人将旅游带到自然环境的研究中去，出现了"科学旅游（Science tourism）""自然旅游（Natural tourism）"和"生态旅游（Ecotourism）"的概念（Laarman & Perdue，1989；Hill，1990；Wall，1991；Hitchcock & Brandenburgh，1990；May，1991；Johnston，1990；Boo，1990）[1][2][3][4][5][6]。

总之，与可持续发展密切联系的旅游影响分析在20世纪80年代是一个引起浓厚兴趣的领域。在这一领域中做出令人瞩目的贡献的有：马西森和沃尔

---

[1] Laarman, Perdue. Science tourism in Costa Rica[J]. Annals of Tourism Research, 1989, 16(2): 205-215.

[2] Hill. The paradox of tourism in Costa Rica. La paradoja del turismo en Costa Rica[J]. CS Quarterly, 1990, 14(1): 14-19.

[3] Heath, Wall. Marketing tourism destinations: a strategic planning approach[M]. John Wiley & Sons, Inc., 1991.

[4] Hitchcock, Brandenburgh. Tourism, conservation, and culture in the Kalahari Desert, Botswana[J]. Cultural Survival Quarterly, 1990, 14(2): 20-24.

[5] May. Tourism, environment and development: Values, sustainability and stewardship[J]. Tourism Management, 1991, 12(2): 112-118.

[6] Johnston. Save our beach dem and our land too! The problems of tourism in "America's paradise"[J]. Cultural Survival Quarterly, 1990, 14(2): 31-37.

(Mathieson & Wall，1982)，他们分析了旅游对经济、自然和社会的影响；贾法里（Jafari，1987)、墨菲（Murphy，1985)和史密斯（Smith，1989)探讨了社会因素；柯恩（Cohen，1978)以及谢尔比和赫伯里恩（Shelby & Heberlein，1984)分别专注于自然环境的承载能力问题；经济合作与发展组织（OECD，1984)探讨了环境问题；皮尔斯（Pearce，1989)对旅游影响的多种形式提供了有用的回顾。但是近年来，可持续旅游研究的价值也遭到一些学者的质疑，如布哈里斯和迪亚曼迪斯（Buhalis & Diamantis，2001)认为可持续旅游与可持续概念的主要原则相背离，斯沃布鲁克（Swarbrooke，1999)对可持续旅游的可操作性产生了怀疑。但是，以保护环境为原则的可持续旅游研究仍在稳步推进。

四、体验旅游时期（1990s— ）

体验旅游是体验时代的产物，是人类旅游的一种新需求。当经济发达到一定程度之后，人类的消费重点将从产品和服务向体验转移。随着人类社会从服务经济转向体验经济，旅游业随之发生了一系列深刻且富有深远意义的巨大变化。旅游者的消费经验日趋丰富，对旅游产品更加挑剔，要求享有更高层次的旅游消费。首先，全球生态环境的恶化引起人类社会对环境质量的普遍关注和对传统大众旅游方式的反思。旅游者变得具有环保意识。他们会主动避开过于商业化以及遭受污染的目的地。其次，旅游者对大众旅游产品感到厌倦，开始追求一种回归自然、自我参与式的旅游活动。喜欢知性之旅，即在旅游过程中继续接受知识和文化的洗礼，在大自然的怀抱中陶冶情操、放松身心、增长知识、开阔视野。

此时，学者们研究的注意力开始从旅游供给方开始向旅游需求方过渡。研究的领域包括旅游者本质、旅游体验、旅游社会、环境、经济效应等方面，更加关注游客这个利益体。

1993年，国际旅游研究学会（International Academy for the Study of Tourism）编辑出版了一系列旅游研究丛书。这一系列丛书针对国际间有关旅游的重点争论话题，涉及快速发展给社会、经济和环境带来的影响，以及旅游的现阶段发展状况和未来发展趋势。

1994年，德国学者蒲恩（Poon）提出了"新旅游"的概念，她认为"新旅游"是未来的旅游。"新旅游"的特征是灵活性、细分化和更加真实的旅游体验。她指出当今的旅游正在发生着这样的变化：大众化、非人性化的旅游转为高科技、亲密接触、更多人性关怀、关注和保护自然环境的"新旅游"。蒲恩所指的

"新旅游"就是体验旅游①。

西方理论界对体验理论设计的五种模型在这一时期已经比较成熟：层级式体验模型、类型学理论模型、"畅"理论模型、有目的行为模型、局内人和局外人理论。

在体验旅游时代，游客的旅行模式发生了变化：以感受和经历为目的的旅游的兴起表明更多的旅游者更注重旅游过程中的个人感受，而不只是对某个旅游目的地的选择。因此近几年来，求知性旅游、观赏旅游、园艺旅游、美食旅游等都有很大的发展。进入 21 世纪以来，旅游研究更呈现出多样化的发展趋势，随着个性化旅游的要求越来越明显，各种特种旅游的研究开始受到学者的广泛青睐，例如海滨旅游、乡村旅游、生态旅游、文化与遗产旅游、保健旅游等，此时开始各种跨学科研究，这一阶段各类专著也纷纷问世。

1990 年，阿什沃斯（Ashworth）和顿布德吉（Tunbrdge）的著作《历史旅游城市》（*The Tourist-historic City*）关注了城市旅游遗产的管理②。1990 年，约翰·厄里的《旅游凝视——当代社会的休闲与旅游业》（*The Tourist Gaze: Leisure and Travel in Contemporary Societies*），将旅游业与社会科学研究更紧密地结合在一起③。1991 年，英斯基普（Inskeep）的《旅游规划：一种综合与可持续的发展途径》（*Tourism Planning: An Integrated and Sustainable Development Approach*）为可持续旅游规划提供了深入实用的指导方针④。1995 年，皮尔斯（Pearce）的《今日旅游：地理学分析》（*Tourism Today: A Geographical Analysis*）是用传统地理学方法来研究旅游现象的总结性专著⑤。1996 年，史密斯（Smith）的《旅游分析（第二版）》（*Tourism Analysis*）为旅游分析提供了方法论基础⑥。1998 年，穆沃夫斯（Mowforth）和曼特（Munt）的专著《旅游与可持续发展：第三世界的新旅游》（*Tourism and Sustainability: New Tourism in the Third World*）对新时代的旅游做出了总结⑦。

2001 年，贾法里（Jafari）总结出了与旅游交叉研究的农业、人类学、商业、生态学、经济学等 18 个学科门类。

2003 年，布彻（Butcher）基于"旅游道德化（the moralization of tourism）"

---

① Poon. Competitive strategies for a "new tourism"[J]. Classic reviews in tourism, 2003: 130-142.
② Ashworth, Tunbrdge. The tourist-historic city[M]. London: Belhaven Press, 1990.
③ Urry. The tourist gaze: leisure and travel in contemporary society[M]. London: Sage, 1990.
④ Inskeep. Tourism planning: an integrated and sustainable development approach[M]. New York: Van Nostrand Reinhold, 1991.
⑤ Pearce. Tourism today: a geographical analysis[M]. Harlow: Longman, 1995.
⑥ Smith. Tourism analysis: a handbook[M]. New York: Longman, 1995.
⑦ Mowforth, Munt. Tourism and sustainability: new tourism in the third world[M]. London: Routledge, 1998.

概念，试图从生态环境和文化环境等方面对大众旅游提出更高要求。

五、共享旅游时期（2010s— ）

近年来，随着信息技术和互联网产业的飞速发展，"共享经济"（Sharing Economy）模式迅速崛起。各个领域的共享经济平台发展迅速，与共享经济天然契合的旅游业是受其影响最早和最深刻的行业之一。共享经济与旅游业的深度融合不仅改变了游客的出行方式，甚至更新了游客的旅游理念。为了满足更加多样化的游客需求，旅游供给方式也在不断创新，更加注重开发个性化、精品化的旅游产品，试图为游客打造全新的旅游体验。

（一）旅游供给的共享

共享经济的蓬勃发展正在引领旅游业优化升级，旅游供给方式不断推陈出新。在旅游基础设施、资源等方面的高效深入共享不仅优化了游客的出行方式、住宿方式，而且可以使游客享受到真正的全流程服务。

在共享经济条件下，游客的旅行方式更加人性化、智能化，能够实现交通供给与游客需求的精准、高效对接。比如，共享交通平台能够针对游客个性化的出行需求，游客可以随时通过移动智能终端呼叫专车服务，也可以与他人共享交通工具。这不仅可以盘活闲置的社会交通供给资源，还节约了时间成本。

共享住宿能够为游客打造个性化的旅游新体验。在传统旅游模式下，游客的住宿仅限于标准化酒店。而在共享经济条件下，游客的住宿选择增添了在线短租、家庭互换等多种新兴模式。游客可以通过O2O平台实现线上交易和线下消费的完美结合。

同时，共享平台还能够为游客量身定制私人旅游线路。私人定制旅游主要有两种模式：（1）旅行顾问模式。该模式下，游客只需要向旅行顾问平台提交自己的旅行计划要求并按流程进行线上交易，待平台旅游设计师设计出满意的方案后确认线路方案，就可以按照为自己量身定制的旅行计划踏上旅程。（2）旅游地达人伴游模式。利用互联网为游客和旅游达人搭建沟通的渠道，对接旅游达人的经验技能和游客的旅游需求。这两种私人定制旅游模式将"专业化"和"个性化"完美结合，可以使游客的旅游体验实现质的飞跃。

（二）旅游体验的分享

在共享旅游时期，共享消费理念越来越多地被游客接受。其中，搭车旅行和"沙发客"是早期共享旅游体验的典型代表。搭车旅行是通过在路上搭乘陌生人的顺风车来完成旅程的旅行方式。搭车在20世纪六七十年代的欧美是一种常见的交通方式，至今欧美地区每年仍有数万人选择这种方式旅行。"沙发客"指"睡别人的沙发"，即利用别人家中的闲置空间解决旅行中的住宿问题。2003

年1月,范特创立了名为 Couchsurfing 的全球"沙发客"自助游网站。"沙发客"通过该平台互相交流,查找旅游地住宿信息。这种方式不仅节省旅行费用,可以融入当地生活,还为旅行带来了更多的不可预知性和奇妙性。在这两种共享方式中,搭车旅行具有随机性,搭乘车辆的主人可能是当地人也可能是路过此地的人;"沙发客"则依托网络平台提前预约当地人,更多地体现了共享经济的特征,称之为旅游共享经济的雏形。

随着通信技术进一步发展,旅途体验分享的形式也日趋多样化。不少旅行经验或专业知识丰富的游客通过互联网平台无偿分享旅游地信息、游记、旅游攻略等旅游体验,在这类群体的推动下,一些网站开辟了专门的 UGC(User Generated Content)型旅游网站,游客可以无偿浏览这些旅游信息,并可以针对旅游的相关问题进行咨询。Couchsurfing 供游客、探险者和想要学习的人分享各自的旅行经历,Dream Scanner 为游客搭建了付费了解当地人的旅行经验的平台,Gidsy 则提供在线预订旅程、当地活动和研讨会等服务。

在旅游学产生、发展的一个世纪以来,人们的旅游活动和旅游体验越来越多样化、复杂化、个性化,旅游研究议题所涉及的学科领域越来越多,其理论也越来越丰富。这表明它已经接近成熟了,虽然独立的旅游学科尚未完整地形成,但是方法论基础已经露出了它的萌芽,学科面貌已露端倪,旅游研究正面临着一个全新的发展时代。但是,西方特别是北美地区,对于旅游的研究存在重视解决问题、产生效益的应用性研究,而忽视基础理论研究的现象。目前,旅游学还是一门年轻的学科,其概念系统和理论体系还远未丰富和成熟。研究的方法也欠规范,需要深入探究以促进其不断完善。

第二节 基于多学科路径的旅游体系研究范例

格拉伯恩和贾法里(Graburn & Jafari,1991)认为,"没有一个单一学科可以容纳、处理或理解旅游,只有当学科边界被跨越、多学科视角被找到并形成,它才能被研究"。不同学科在旅游研究中产生了有益和多元化的融合[①]。

一、旅游学研究的"前范式"阶段

美国科学哲学家库恩(Kuhn,1962)在其所著《科学革命之结构》一书中

---

① Graburn, Jafari. Introduction: Tourism social science[J]. Annals of tourism research, 1991, 18(1): 1-11.

指出，科学的发展是由于周期性科学思想的演变；而科学思想演变的动力，除科学方法之进步外，主要是由于人类世界观的改变。科学思想发展到某种程度时，就会形成一种众所共识的世界观，进而对科学上研究的主题、目的、方法等亦采取相似的取向[①]。库恩称此种科学思想的共识为范式（paradigm）。范式形成后对同领域的科学家具有规范作用，大家均遵从范式去思考问题、研究问题并建构理论。而他同样提出了所谓的"前范式"（pre-paradigm）时期，科学工作者分裂成为许多互相竞争的学派，每一派都声称自己有能力通过不同方式的出路解决同一问题。"前范式"阶段典型的症状包括多元化和无序的研究、随机事实搜集、缺乏基本的法则和理论假设、范例和模式的稀缺，以及对合理方法的讨论。

从第一节对旅游研究起源与发展历程的总结来看，由于旅游学是一门年轻的学科，其基础理论与方法研究相对薄弱，且研究者的专业背景不一，使旅游学总体研究上仍处于"前范式"研究阶段，有关旅游的基本概念、基本理论与基本方法的运用常常混淆，众说纷纭，莫衷一是。

但库珀（Cooper）认为，当今旅游研究趋势已经可以消除库恩的忧虑，实际上，基于下面的两个理由足可以做到这一点：

（1）最近涌现的旅游研究有着各式各样的学科背景，这使得旅游研究的范围因为这些不同学科的视角而得到拓展。

（2）随着研究的商业化进程受到重视和发展，学院派和基于旅游业的实践派等传统两派现在已经渐渐结合共同发展[②]。

二、贾法里-里奇（Jafari-Ritchie）基于多学科方法的旅游学框架体系

贾法里和里奇（1981）[③]基于超学科的方法来研究旅游学，在一篇关于旅游研究和教育的文章中，采用了多学科的研究方法，以 16 种有用的学科为例，构建如图 1-1 所示的旅游学科框架体系。

该体系中，包围在外面的各个大圆代表的是旅游相关学科，与之相对应的里面的各个小圆代表的是旅游学的研究领域。这个模型体现了旅游学的复杂性和丰富性，其实质上就是对社会学、经济学、人类学、地理学等学科基本理论和研究方法的借鉴和延伸，并试图将它们融为一体，形成旅游学科独特的理论框架体系。

---

① Kuhn. The structure of scientific revolutions[M]. 1970.
② （澳）克里斯·库珀主编. 旅游研究经典评论[M]. 钟林生，谢婷，译. 南开大学出版社，2006.
③ Jafari, Ritchie. Toward a framework for tourism education: Problems and prospects[J]. Annals of Tourism Research, 1981, 8(1): 13-34.

该体系通常应用于旅游教育中，为大学课程的设置提供教育方案，旅游学位于模型的中心，表示其是整个框架的核心，但是在现阶段，其重点和难点是如何结合外圈这些分散的学科方法、如何从中心点（旅游学）发散性地看待其他各学科的作用，以及如何将它们整合为一种旅游的知识来重新定义和理解。

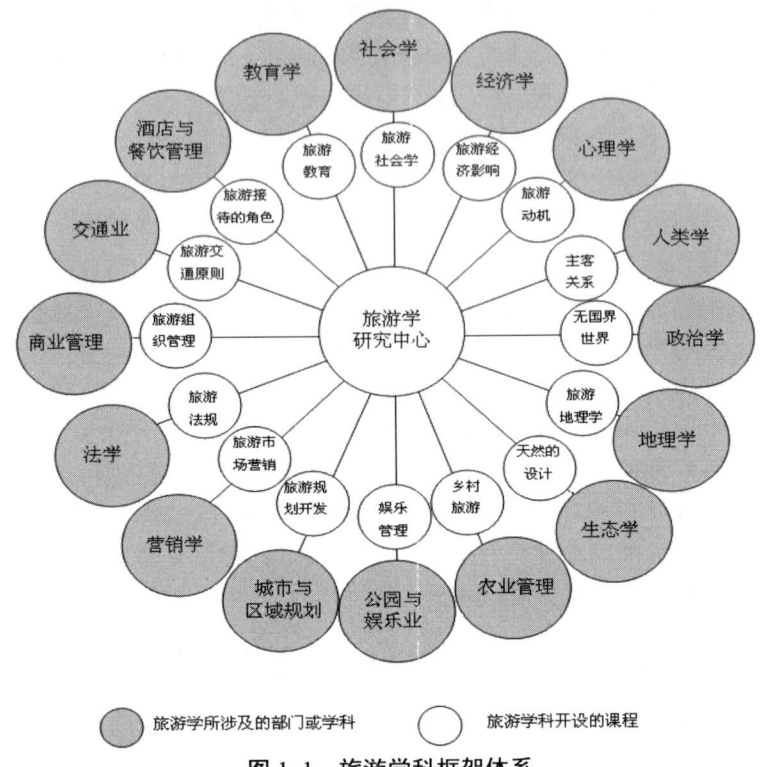

图 1-1　旅游学科框架体系

资料来源：Jafari, Ritchie. Toward a framework for tourism education: Problems and prospects[J]. Annals of Tourism Research, 1981, 8(1): 13-34.

三、特赖布（Tribe）的学院派与实践派研究框架体系

旅游研究历来面临着学院派与实践派的争论与矛盾，为了解决这一矛盾，与贾法里等学者把旅游当作一个学科进行分析不同，特赖布（1997）[①]的研究摒弃了单一用多学科方法来构建的理论体系，认为旅游知识是一组同心圆，为构建旅游学的理论体系做出了贡献，用传统的模型重新研究了旅游中的学科之争，如图 1-2 所示。

---

① Tribe, J. The indiscipline of tourism[J]. Annals of Tourism Research, 1997, 24(3): 638-657.

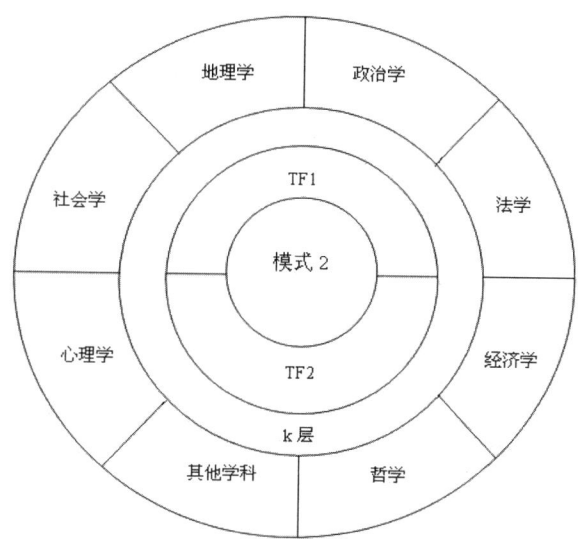

图 1-2　学科体系同心圆模型

资料来源：Tribe, J. The indiscipline of tourism[J]. Annals of Tourism Research, 1997, 24(3): 638-657.

外圈是对旅游知识和理论发展起作用的关键学科和分支学科。

中间圈层是对旅游领域的研究，其又可以被分为两层。其中，TF1 是与商业相关的旅游主题研究（如旅游营销、旅游企业战略、旅游法等），TF2 是与商业无关的旅游主题研究（环境影响、承载力、社会影响等）。但是作者也指出 TF1 和 TF2 并非毫无重叠，例如旅游环境影响原来是在 TF2 层里，但是由于其直接影响了旅游业的经营，所以在此与 TF1 层也有了交集。

在外圈层和内圈层之间是 k 层，是抽离出来的理论和概念，首先它是各学科和对应 TF 旅游领域研究互动的平台，体现了多学科性（Multidisciplinary）。另外，这里还是一个跨学科（interdisciplinary）知识相互融合的地方，对创建新的旅游知识和研究方法做出贡献。

吉本斯（Gibbons，1994）把 k 层这种产生知识的过程称为"模式 1"，主要产生于一个学科领域，大多数理论及知识来源于高等学校的研究机构，可以看作学院派的研究方式。

模型中的核心圈层被称为"模式 2"，它代表着旅游知识产生的另一种途径。特赖布引用吉本斯等人的研究（1994：168）来支持他的观点：基于特殊应用需求而产生的知识体系，有其自身独特的理论结构、研究方法和实践模式，并不拘泥于现行的学科体系，适合研究独立于学科框架之外的特定问题。在旅游业中，它主要指的是实际产业中产生的研究，一般由政府、顾问、业界和职业团体来完成，代表实践派的研究方式，是一种超学科（extra disciplinary）的研究。

特赖布理论体系重要贡献就是认识到模式 2 的知识在高等教育机构里是学不到的，因此如何平衡学院派与实践派的矛盾、如何取长补短就成了旅游研究需要重视的一个问题。

四、维尔（Veal）的旅游研究框架结构

旅游研究具有多学科性，但是由于各个不同学科的性质不尽相同，在旅游研究体系中所起的作用也不同。维尔提出了一种简单的旅游学研究模式，他认为，在休闲和旅游活动发生的现实世界中存在着五个主要相关因素，如图 1-3 所示。

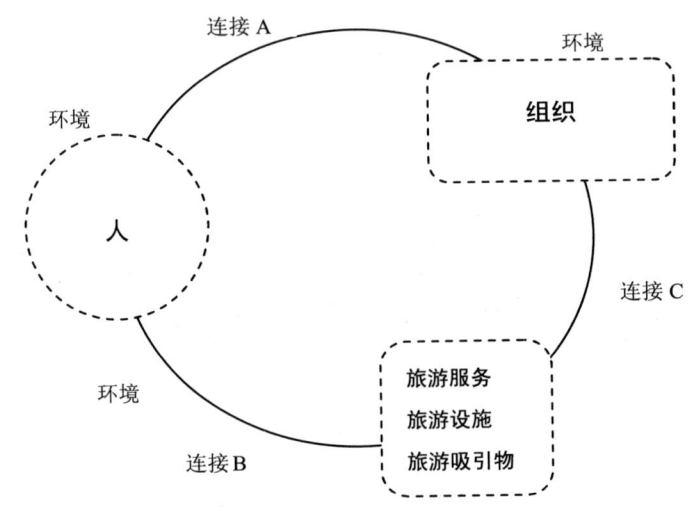

图 1-3　旅游研究的框架结构

资料来源：Veal A J. Research methods for leisure and tourism: A practical guide (2nd Ed) [M]. London, UK: Pearson Education Limited, 1997, 17.

人、组织和旅游服务/旅游设施/吸引物之间存在着三种联系过程。其中，连接 A 为市场研究和政治活动，连接 B 为市场营销、购买、销售、就业、参观访问或使用，连接 C 为规划和投资。这个旅游研究系统涉及多个学科的交叉应用[①]。具体如下：

---

① Veal. Research methods for leisure and tourism: A practical guide (2nd Ed)[M]. London, UK: Pearson Education Limited, 1997. 17.

第一，心理学和社会心理学主要是针对人的因素，研究旅游者对旅游目的地的旅游动机、心理满意度、旅游消费等，通常与连接 A 和连接 B 相关。

第二，政治学主要关注各个组织，也研究旅游在各种政治行为和关系中的作用，因此常常涉及连接 A。

第三，历史学和人类学的研究机会可以涵盖整个系统，以历史的观点研究当代的旅游人类学有助于了解旅游导致的文化交互现象。

第四，经济学也涉及这个系统的各个方面，主要关注旅游领域各个部门的经济影响。

第五，社会学在这个系统中主要关注人的活动，即旅游休闲活动。社会学还涉及与组织的关系，因此连接 A 是社会学关注的主要目标。

第六，规划学、管理学、市场营销学等应用学科，以组织为基础，然后通过连接 A 和连接 C 与另外两个因素相连接并施加影响。

第七，地理学的基础是环境，研究地形地貌、空间因素、人文地理等因素对旅游活动和旅游业产生的影响。

第三节　跨学科视角下旅游体系研究范例

旅游现象从诞生的第一天起就与其他学科之间有割舍不开的紧密联系，以跨学科的视角从多学科中汲取营养是旅游研究者一直秉持的立场。目前，西方学术界积极尝试探索一种基于多学科的旅游研究总体框架体系，也有众多学者立足于自身的学科背景，从不同的角度综合分析旅游的本质和变迁，这为深入了解旅游研究做出了贡献，在推动多学科综合研究方面起到导向的作用。

一、经济学视角：旅游功能系统模型

（一）甘恩（Gunn，1972）的理论框架体系[①]

甘恩（1972）最早将经济学中的供求关系模型应用于旅游研究，从结构—功能角度分析了旅游功能系统模型，提出旅游系统由需求板块和供给板块两个部分组成，其中供给板块又由交通、信息、促销、吸引物和服务等构成，如图 1-4 所示。这些要素之间存在强烈的相互依赖性，即该模型由五个部分组成，

---

① Gunn. Vacationscape: Designing Tourist Regions. Austin: Bureau of Business Research[M]. University of Texas. 1972.

即旅游吸引物、服务与设施、交通、信息与引导和旅游者。他认为，这五个部分是规划中的基本要素，旅游活动的实现至少要涉及上述五个要素，并且这五个要素相互作用形成一个有机整体——旅游功能模型。

1. 框架体系

旅游系统框架如图 1-4 所示。

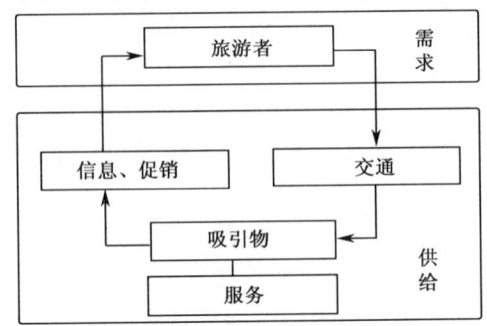

图 1-4　旅游系统框架

资料来源：Gunn. Vacationscape: Designing Tourist Regions. Austin: Bureau of Business Research [M].University of Texas, 1972.

2. 构成要素

构成要素如表 1-1 所示。

表 1-1　旅游功能模型的五要素

要素	描述
旅游者	旅游的需求方
信息和促销	对旅游系统具有重要影响
交通	旅游系统关键的一个组成部分，客源地市场和目的地之间的关键连接
吸引物	为了游客的兴趣、活动和享受，经过设计和管理，进行开发的地方
服务	旅游服务行业是整个旅游业中产生经济影响最大的部门

（1）旅游者（tourist）

旅游的任何组成要素都能被归纳到相关的供给方和需求方。为了满足市场的需求，一个国家、区域或者社区必须能够提供各种各样的项目和服务，即承担供给方的角色。供给方与市场的匹配情况决定了最终能否达到合理的旅游开发状态。

（2）信息和促销（information and promotion）

至今许多旅游中介机构仍将信息与促销混淆起来。广告促销就是要吸引市场，而信息就是对吸引物等加以描述，如通过地图、导游手册、录像、杂志文章、宣传手册、互联网和旅行指南等途径进行描述。

（3）交通（transport）

城市与吸引物之间的交通、吸引物聚集区域之间的交通尤其需要进行专门、慎重的规划。除非交通路途也作为一种旅游吸引物，否则交通就不是一个目标，而是旅游不可避免的麻烦。因此，要强调对联合运输的考虑，考虑贯穿整个旅行的所有交通模式，以尽量减小交通方面可能产生的阻力。

（4）吸引物（attraction）

一个目的地的吸引物是旅游供给方最重要的组成部分，它们构成了旅游系统中的活力单元。旅游吸引物是刺激旅游的主要动力。吸引物的数量和种类是极其多样的，可以按不同的方式进行分类，如根据所有权分类、根据资源基础分类、根据旅游时间分类等。另外还有其他的分类方式，如户外吸引物与室内吸引物、主要吸引物与次要吸引物等。

（5）服务（service）

住宿设施、餐饮、交通、旅游中介和其他旅游服务行业创造了大量的就业机会、收入和税收。经济学家对该行业的评估不仅包括直接影响，还包括其产生的乘数效应。

（二）甘恩的理论框架体系的发展

1. G-M-M 模型

在甘恩（1972）研究的基础上，米尔和莫里森（Mill and Morrison，1985）沿着功能分析的方向对旅游功能系统模型进行了修正和补充[①]，如图1-5所示。

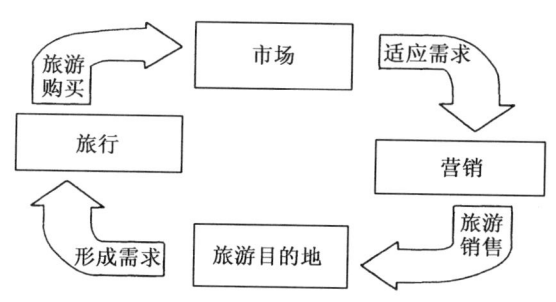

图 1-5　旅游功能系统模型

资料来源：　Mill, Morrison. The Tourism System [M]. Englewood Cliffs, N J: Prentice-Hall, 1985.

在米尔和莫里森（1985）的模型里，他将甘恩模型中位于同一空间中功能互补的吸引物和服务两个要素合并成了一个要素——旅游目的地，从而构成了

---

① Mill, Morrison. The Tourism System[M]. Englewood Cliffs, N J: Prentice-Hall, 1985.

以市场、营销、旅游目的地和旅行四个状态量以及连接这四部分的四单向流——适应需求、旅游销售、形成需求和以游客购买为内核的旅游功能系统。因此，可以把甘恩的旅游功能模型和米尔、莫里森提出的模型合称为 Gunn-Mill-Morrison 模型，即 G-M-M 模型。

在 G-M-M 模型中，组成要素包括市场、交通、营销、旅游目的地（旅游服务和吸引物）。在系统中各组成要素相互依赖、共同作用。其中任何一个要素发生变化都将引起其他要素的变化。如果旅游者偏好发生变化，旅行成本或模式发生改变，开发了新的旅游资源，提供了新的服务，或者增加了新的促销，原来旅游系统的平衡状态就会偏移，其他要素也要发生相应的变化，模型的有效运行就依赖于这一结构。G-M-M 模型也明确指出，一个有效运行的旅游模型必然表现为人与信息的空间流动。人通过交通这一媒介从市场流向目的地（甘恩模型的右半部分、米尔和莫里森模型的左半部分），而信息则通过营销这一媒介从目的地流向市场（甘恩模型的左半部分、米尔和莫里森模型的右半部分）。上述两个过程也可以被理解为旅游者的决策过程和旅游目的地的营销过程。在营销过程中，旅游目的地把产品信息通过广告、分销渠道等营销环节把产品信息传递到市场，从而鼓励旅游者到目的地的旅游行为；在决策过程中，旅游者首先做出去旅游的决定，然后再决定去哪个具体的旅游目的地、什么时候去、怎么去。模型的内在含义是，旅游有效运行的动力就在于"推"和"拉"两个作用。

2. 甘恩（2002）修正模型[①]

甘恩（2002）对其原有的模型进行了改进，虽然在甘恩（1972）所提出的旅游功能系统模型里，对供给和需求的关系也给予了强调，但对供给和需求的描述很大程度上仅停留在对旅游者、信息和促销、交通、吸引物、服务五个要素进行分类，强调旅游者的决策过程和旅游目的地的营销过程以及旅游者与信息的空间流动过程。相比之下，甘恩在 2002 年提出的模型更体现了经济学视角下旅游的本质——供给与需求的关系。甘恩（2002）认为供给和需求是两个最基本的要素，两者之间的相互匹配就构成了旅游系统的基本结构。而在供给子系统里，吸引物、促销、交通、信息和服务之间存在着相互依赖的关系，它们共同作用，以实现整个供给子系统的功能，即提供符合市场需求的旅游产品。甘恩（2002）对供给子系统的描述也很好地体现了旅游产品作为一种组合产品的特点，如图 1-6 所示。

---

① Gunn, Turgut Var. Tourism Planning: Basics Concepts Cases(4th ed) [M] . New York: Routledge, 2002.

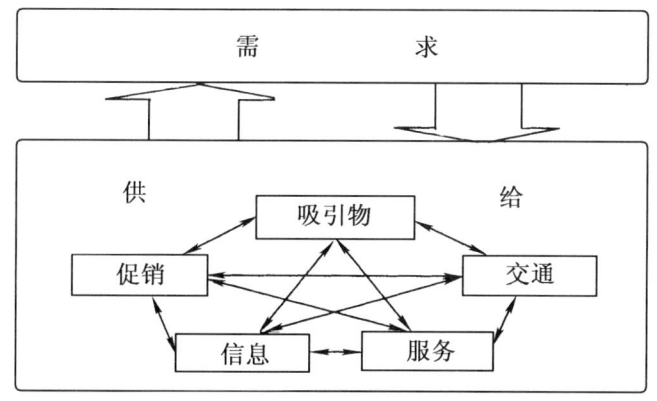

图 1-6　修正后的旅游系统框架

资料来源：Gunn, Turgut Var. Tourism Planning: Basics Concepts Cases(4thed) [M] . New York: Routledge, 2002.

（三）旅游功能体系的贡献与局限

1. 贡献

旅游功能系统模型的主要特点是强调旅游系统的功能，决定旅游系统功能的系统结构和影响旅游系统结构的外部环境，并对旅游产品供给和需求进行了深入分析。主要贡献体现在以下两个方面：

（1）成功地解释了旅游活动空间相互作用的过程。旅游是一项涉及经济、社会文化和自然环境等诸多方面的复杂行为，对旅游活动的研究必须具有很强的抽象概括能力。旅游功能体系就是对旅游活动的一种抽象概括，其所包含的基本要素是旅游活动的本质组成部分，对五大要素及其空间相互作用关系的研究是旅游经济学的一个重要课题。

（2）旅游功能体系对旅游规划具有指导意义。目前，学术界对旅游规划的本质获得了一定的认同，即旅游规划是现在处理将来旅游发展过程中可能出现的情况。旅游规划最突出的特点是其综合性，这主要是由旅游活动本身的复杂性所决定的。规划的目标在于实现旅游需求与旅游供给的动态平衡，功能体系学说为规划提供了一定的基础理论基础。

2. 局限性

总体来讲，旅游功能体系模型的局限性主要表现为两个方面：首先，旅游功能体系模型的视角相对比较微观，考虑的仅仅是一个特定旅游目的地与市场的供求关系。但是在旅游空间结构研究中，面对的绝非是一个旅游目的地，而是由无数个已有的和潜在的旅游目的地组成的旅游产业体系。其次，旅游功能体系模型中提出的构成要素均为显性元素，而为体现隐形元素及其对系统、对供给与需求的作用和影响，如外界社会、文化、经济、环境、政策因素等。因此，从研究范围和视角来讲还是具有一定的局限性。

二、地理学视角：旅游地理空间模型

1979年，澳大利亚学者利珀（Leiper）从地理学的空间角度建立了旅游空间结构模型，即"客源地—途径地—目的地"模型，并在1990年进行了更正和完善，其结构如图1-7所示。

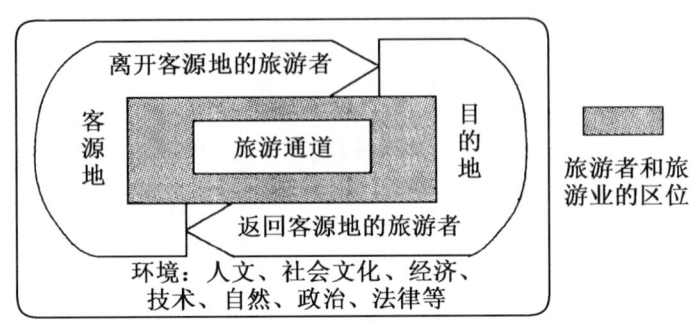

图1-7　旅游体系模型

资料来源：Leiper, N. Tourist attraction systems[J]. Annals of tourism research, 1990, 17(3): 367-384.

（一）利珀的框架体系[①]

利珀在对旅游进行定义时抓住旅游者空间移动这一显著特征，将旅游视为客源地与目的地及旅游通道相连的空间系统，找到了旅游行业和旅游部门的定位，并提出了所有旅行活动都会涉及的地理因素。在利珀模型中，重点突出了客源地、目的地和旅游通道三个空间要素。他把旅游系统描述为旅游通道连接的客源地和目的地的组合。

（二）构成要素

旅游地理模型的五要素如表1-2所示。

1. 旅游者（tourists）

旅游者是该模型的主体。利珀认为，旅游实际上就是许多人所经历的生活中最有意义的时光，包括对人生的美好体验、享受、参与和回忆，在客源地和目的地的推拉作用下，旅游者在空间上进行流动。

2. 旅游客源地（tourist generating regions）

旅游客源地是旅游者居住及旅行的始发地，是客源产生的市场。从某种意义上来讲，旅游客源地是刺激旅游者出游的"推力"。旅游者在旅游客源地收集

---

① Leiper. Tourist attraction systems[J]. Annals of tourism research, 1990, 17(3): 367-384.

旅游信息，进行评价和旅游预订，并从客源地出游。

3. 旅游通道（transit route）

旅游通道不仅是旅游者前往旅游目的地的短暂过路区域，而且也是旅游者途中有可能顺便访问的中转地区。此外，旅游通道同时也应该是一条信息的通道，一方面是市场需求信息从客源地流向目的地，另一方面是具有促销功能的目的地信息从目的地流向客源地。旅游通道的特征和效率将影响和改变旅游流的规模和方向。

4. 旅游目的地（tourist destination regions）

旅游目的地是旅游者的"活动中心"，在这里可以明显感觉到旅游带来的各种影响，旅游规划和管理战略都要在旅游目的地加以实施。目的地对旅游者的"拉力"不但可以使整个旅游系统充满活力，而且还可以为旅游客源地创造新的旅游需求。由于旅游目的地是产品创新和为游客提供旅游体验的地方，所以是非常重要的地区。

5. 旅游业（tourist industry）

它泛指为旅游者提供旅游产品的各类旅游企业和部门，旅游业存在的意义在于通过其产品满足旅游者的旅游需求。例如，旅游代理商和旅游经营商主要活动于旅游客源地，旅游景点和食宿接待行业主要活动于旅游目的地，交通运输业的活动主要发生在旅游客源地和旅游目的地的途径地区。

表1-2　利珀旅游地理模型的五要素

要素	描述
旅游者	人方面的要素：在旅行中的人
旅游客源地	地理方面的要素：旅游者开始旅游和结束旅游的地点
旅游通道	地理方面的要素：旅游者主要旅行活动的地点
旅游目的地	地理方面的要素：旅游者主要游玩和参观的地方
旅游业	组织方面的要素：在旅游商业中的组织集合体，其在一定程度上协同营销旅游，为其提供服务、商品和设施

（三）旅游空间体系的贡献与局限

1. 贡献

利珀模型的主要贡献是把旅游功能系统投射到地理空间，在空间层面里，强调了客源地、目的地和旅游通道等空间要素的关系。深刻揭示了旅游空间结构的本质含义，为旅游空间结构研究指明了方向，为旅游地理学研究提供了基本的研究框架，其具有三个显著特点：

（1）灵活性大：可以将不同类型的旅游活动结合起来，并显示各类旅游活动所具有的共同要素。

（2）关联性强：模型展示了一个重要的旅游研究原理，即所有的旅游要素都是互相关联、互相影响、互相作用的。正确理解旅游各要素之间的关联性可以真正认识旅游。

（3）以人为本：他提出首先应有人的需求存在，否则系统也就无从谈起。旅游者并非单纯受旅游地的"吸引"或"拉动"，他们本身也有出游的主观愿望，即"推力"，这在以往研究突出供给在系统中的重要性的基础上，强调了旅游者在旅游系统中的重要性。

此外，利珀模型亦体现了供给和需求的关系，但他认为客源地的需求具有不确定性、季节性和非理性等特点，而目的地的供给是割裂的、刚性的，打破了 G-M-M 模型对供给和需求的狭隘认识；前者（旅游空间结构）正是后者（旅游供求关系）的空间表现形式。

2. 局限性

利珀模型虽然对旅游的空间研究做出了很大的贡献，但是只突出了游客自身的旅游行为，没有体现出与游客有直接联系的经营者行为；对游客的分析是个行为模型，没有考虑游客的出行动机；另外只关注了环境对游客的影响，却忽略了游客对环境的反作用。

三、心理学视角：旅游动机模型

（一）旅游动机模型

在游客旅游动机的形成过程中，格诺特（Gnoth，1997）提出了一个动机和期望形成过程模型[①]。在格诺特的模型中，首先是需要被激活并表现为冲动，性质上是情感的，组织着个体的思想和行为，诱发特定的行为倾向即动机。这种倾向促使个体在周围环境中寻找能使之满足的对象，动机过程在此时涉及情境参数和价值结构。价值观对动机的调节和控制有直接影响，决定着动机的性质、方向和强度。同时，格诺特把价值分为认知导向和情感导向两个维度。认知导向价值的"拉"因素基于对目标、经历、对象或情境的认识，具有外控性，要求有具体的经历、对象或情境，这种价值是特定对象所固有的，因而很难被替代。情感导向价值具有内控性，内控价值的"推"因素是以驱力为基础的，不要求具体的对象存在，它要求的是一类对象、情境或过程，因而具有可替代

---

① Gnoth, J. Tourism motivation and expectation formation[J]. Annals of Tourism research, 1997, 24(2): 283-304.

性。动机、价值和情境的各种组合解释了旅游者动机和感知的多样性。格诺特的这一模型将驱力理论和期待价值理论,"推"和"拉"的因素结合了起来,体现了动机过程的复杂性。

古姆森(Goossens,2000)提出享乐旅游动机模型,又称为"倾向—刺激—反应模型"[①],如图1-8所示。模型的左边表示旅游者的需求和动机,即"推"因素;模型右边表示旅游者面对的情境变量,即"拉"因素。此外,古姆森特别强调"推"和"拉"的联系,认为"推"和"拉"是一个动机"硬币"的两面,在旅游者的大脑中紧密融合。涉入水平指某时间点动机、唤醒或兴趣的心理状态,以对重要性、愉快价值、风险可能性等的感知为特征,涉入水平在推拉因素的结合上起中心作用。这一阶段,旅游者对相关信息进行认知和处理,引起快乐的反应。例如情绪,情绪带有动机性质,从而导致动机的产生。

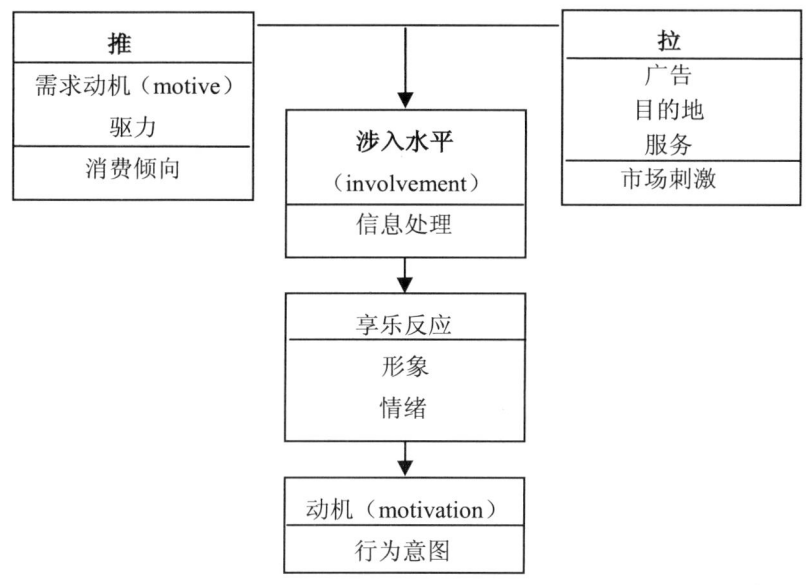

图1-8 享乐旅游动机模型

资料来源:Goossens. Tourism information and pleasure motivation[J]. Annals of tourism research, 2000, 27(2): 301-321.

(二)旅游动机理论的评述

目前,虽然已经有不少旅游动机的研究,但比较而言它仍是一个被忽视的领域。霍尔登(Holden)认为阻碍旅游动机研究的原因是心理学和相关学术界

---

① Goossens. Tourism information and pleasure motivation[J]. Annals of tourism research, 2000, 27(2): 301-321.

没能对一般动机和旅游动机的理论方法达成一致意见。由于目标群组和研究重点的不同，从旅游动机的经验性研究中很难总结出一般性的结论。鉴于旅游动机对旅游决策过程的重要性以及对旅游形象、旅游行为、旅游满意度和忠诚度的影响，需进一步加强旅游动机的理论和经验研究。目前，国内旅游动机研究也已经取得了一定的成果，但旅游动机具有复杂性、动态性和难以概括性，我们不能将国外的研究成果直接拿来应用，也不能将特定群体、特定目的地的研究结论推及其他群体和目的地上。在后续研究中，一方面应重点探究旅游动机的理论方法，另一方面要进行大量的经验研究，以探讨不同群体、不同目的地和不同情境下的旅游动机差异，为旅游动机理论研究和旅游管理、市场策划做出贡献。

四、生态学视角：社区生态模型

（一）墨菲（Murphy）的理论框架体系[①]

西方研究者都倾向于把旅游可持续发展的概念与公众参与结合在一起，他们对于社区参与和社区咨询作用的认识已经有20多年的历史。社区方法源自社区发展理念：整体的、小规模的和当地导向的经济增长与社会变迁（Lynn，1992）[②]，后广泛应用于各学科领域。

最早系统化地进行社区旅游研究并将社区参与的概念引入旅游研究的是墨菲（Peter E. Murphy），墨菲在其著名的《旅游：一种社区方法》（*Tourism: A Community Approach*）中首次正式地、系统化地从社区的角度来研究旅游发展过程中的社区居民参与性问题。2006年墨菲的新书 *Strategic Management for Tourism Communities: Bridging the Gaps* 的中译本也正式问世，这本书是前书的续篇，除了从多个方面补充完善了前书，更侧重企业管理理论，还提出了协同决策程序，可以确保众多利益者指导、评价旅游计划和战略，在实现各自目标的同时，也实现整个社区的发展目标。

该理论提出主要背景是：旅游业在带动目的地经济发展的同时也给当地带来了广泛消极的环境、社会和文化影响，而社区居民正是这些影响的主要承担者；同时社区本身的生产、生活、文化也是旅游的吸引力之一，是目的地各旅游要素中最活跃的因素。然而，在旅游开发过程中，当地居民和社区常常成为开发的客体而非主体，大量利益从当地流走，形成"抽血机制"。"社区参与"思想正是在这一现实背景下应运而生。

---

① Murphy. Tourism: a community approach[M]. New York and London: Methuen, 1985.

② Lynn. Tourism in the people's interest[J]. Community Development Journal, 1992, 27(4): 371-377.

旅游规划的生态模型如图1-9所示。

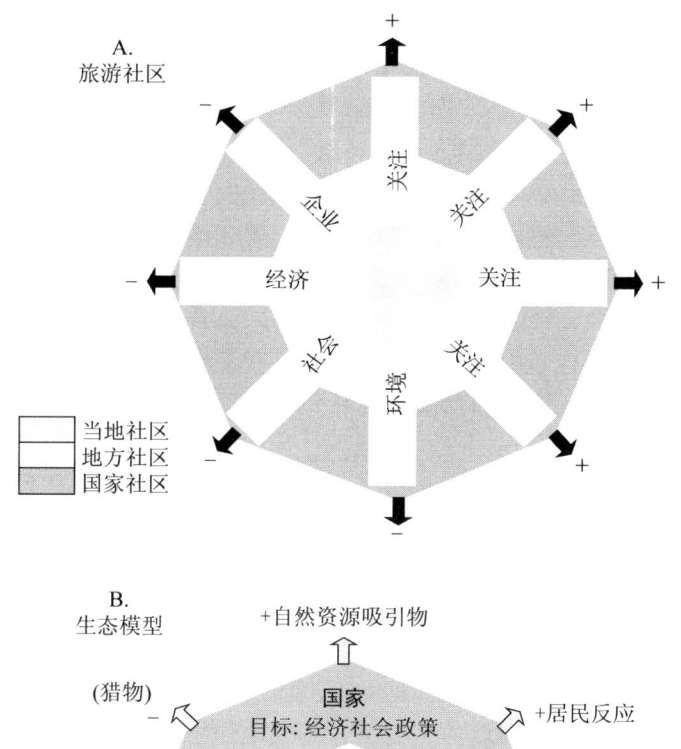

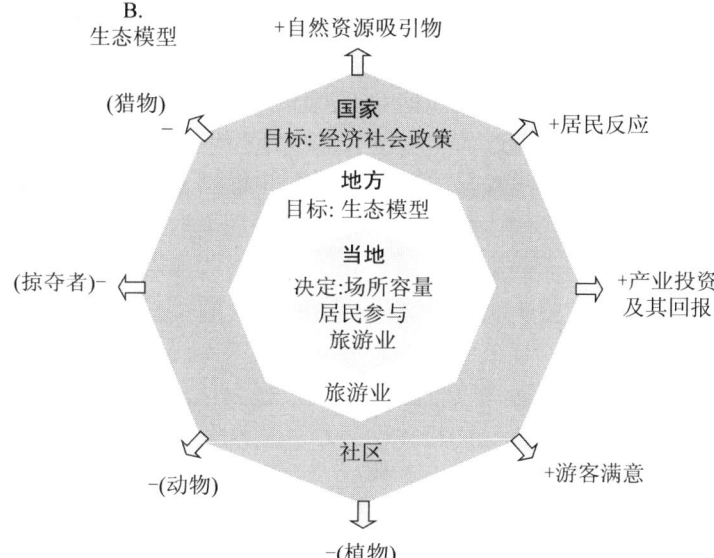

图1-9 旅游规划的生态模型

资料来源：Murphy. Tourism: a community approach [M]. New York and London: Methuen, 1985.

（二）构成要素

1. 生态过程。第一个组成部分就是要把旅游规划和开发等同于生态过程，因为旅游目的地可以被看作一个活生生的生态系统，生态系统是"由生命组织和非生命物质组成的任何自然地域，并且它们之间进行着物质能量的交换"。因此，就可以把旅游看成在社区内生命体（人类）和非生命体（文化和自然环境）之间物质交换的过程。

2. 社区焦点。在生态背景下，这个模型强调的是一些基础的程序。第二个组成部分认为如果社区生活具有广泛性特征，那么该模型就要考虑社区生活的各个方面。墨菲（Murphy）建议在社区旅游研究和规划中应把焦点放在以下4个方面：环境、社会、经济和企业。对居民和旅游者的调查是深入了解旅游市场的运用广泛的两个技术手段。然而，它们只能提供少量的信息，会遗漏一些个人情况。旅游对社区影响的全部信息需要进行更广泛的调查，并需要了解其他参与群体的信息。

3. 利益相关者。第三个组成部分要考虑社区旅游的环境、社会、经济和企业四个因素，并确定主要的参与者，从生态学的角度确定社区旅游与自然环境特点的相似之处。墨菲（Murphy）提出环境和社会因素应把重点放在旅游目的地的自然吸引物以及社会、居民的反应上，连同自然环境中本地的动物、植物，共同为潜在的旅游者营造完整的生态系统和旅游吸引物。企业因素等同于那些来体验旅游吸引物并和居民存在互动关系的旅游者。在自然环境中，旅游者被看作捕获物，他们以自然环境为生并融合到当地居民中去，在这个过程中，把自己奉献给旅游业。经济因素是为旅游者服务和提供旅行经历的旅游业，它被看作"食肉动物"，而旅游者就是它们的"猎物"。当然，这样分析并不是要消灭旅游者，相反是要让他们满意而归，并成为回头客或者是景点的友好使者。

4. 连通性。第四个公认的组成部分是不同层次的生态社区。墨菲（Murphy）确定了三个层次的社区：本地层次、区域层次和国家层次。每个层次都有自己的目标和优势，将其相互协调，使其达到效率最大化。在进行社区规划时，本地和区域层次的社区有着特殊的相关性。这些层次代表了旅游产业的层面，这也是旅游者、环境和居民相互融合之所在。

5. 平衡。这是第五个组成部分，也是这个模型中最重要的组成部分。如果这个生态系统要发展和繁荣，那么前面提及的四个因素、参与者和规模层次等都要找到一个平衡点。通过列举所有因素的正面和负面影响，我们得出一个结论，那就是本地层次最希望得到的结果就是平衡的中心点。

（三）社区生态体系的贡献与局限

1. 贡献

社区与旅游的有机结合形成了社区旅游。社区旅游产生于大众旅游，但其目标不是简单地追求投资者利益最大化，而是将重点放在关注旅游发展对社区环境资源文化的影响上。社区旅游规划是从社区的角度考虑旅游目的地建设，以社区的互动理论指导旅游区的总体规划和布局，尤其重视社区居民的本来面貌。通过优化旅游社区的结构提高旅游产业的效率，谋求旅游业及旅游目的地经济效益、环境效益和社会效益的协调统一与最优化。社区旅游为寻求实现旅游业可持续发展提供了一个新途径。

2. 局限

社区参与分析方法源于西方发达国家与发展中国家，在操作层面、结构层面、文化层面上都存在着差异性，如何分析社区参与的动力、如何使得社区参与实现公平分配，如何鼓励各利益相关体积极参与进来，仍处于探索阶段。

五、社会文化视角：旅游凝视理论

英国学者约翰·厄里（John Urry）于1990年提出了"旅游凝视（tourist gaze）"概念，其代表作《旅游凝视：当代社会的休闲与旅游业》（*The Tourist Gaze: Leisure and Travel in Contemporary Societies*，1990a，1992b）、《消费地方》（*Consuming Places*，London: Rutledge，1995）和《游览的文化：旅行及其理论的转变》（Chris Rojek & John Urry，*Touring Cultures: Transformations of Travel and Theory*，London: Rutledge，1997）都致力于从社会学和文化的角度进行旅游现象的研究，阐述了当代旅游在视觉文化、消费文化等领域的关键点，以及后现代社会、后现代文化和后旅游等一系列问题[1][2][3]。这三本著作及其他相关论文事实上已经构成了厄里的基本理论体系，体现出其后现代主义的倾向。

基于旅游凝视对旅游的定义，厄里认为旅游的关键问题在于"差异性"。人们之所以不定期地离开日常生活地和工作地到异地旅行，就是通过凝视那些与自己世俗生活完全不同的独特的事物，以获得愉悦、怀旧、刺激等旅游体验（tourist experiences）。

（一）旅游凝视理论的内容

1. 凝视不仅是指"观看"这一动作，它具有历史性和社会性。"旅游凝视"

---

[1] Urry. The Tourist Gaze: Leisure and Travel in Contemporary Societies[M]. (1990a, 1992b).
[2] Urry. Consuming Places[M]. London: Rutledge, 1995.
[3] Rojek, Urry. Touring Cultures: Transformations of Travel and Theory[M]. London: Rutledge, 1997.

实质上包括旅游欲求、旅游动机和旅游行为等一系列过程，是一种隐喻和理论抽象，是旅游者对旅游地的一种作用力。

2. 旅游者的凝视具有"方向的生活"性、支配性、变化性、符号性、社会性和不平等性等特征。

3. 摄影是旅游者凝视的有形化和具体化。

4. 旅游者的凝视使旅游地被消费，可能引起旅游地文化发生所谓"舞台化"、表演化倾向，并使旅游地在时间和空间上被重构，最终形成一个完全被旅游者消费的地方。

（二）凝视理论的发展

实际上，在旅游目的地，凝视是一个涉及多个利益主体的动态互动过程，旅游凝视是各个利益主体之间的相互凝视。基于多重视角对旅游凝视理论进行分析，可以更深刻地窥视旅游业的全貌和整个社会的运行。

1. 互相凝视。达利娅·麦斯（Darya Maoz, 2006）提出了"当地人凝视"（local gaze）和"双向凝视"（the mutual gaze）的概念，着重考察了当地人的凝视与旅游者的凝视之间如何相互作用，提高了凝视理论的实际应用价值[①]。日本学者八木（Yagi, 2004）通过分析旅游博客，也证实了游客间的互相凝视的存在[②]。

2. 专家凝视。专家凝视主要指各类旅游专家和政府部门相关人员，他们通过旅游规划、营销等调控手段，不断建构可供凝视的文化符号，直接决定游客可以凝视的具体目标[③]。正是某些专家不断地生产游客凝视的新目标，进而与大众媒体、旅游书籍、新兴网络等共同定制、操控游客凝视。英国学者特赖布和艾雷（Tribe and Airey, 2007）在他们的研究中也多次强调旅游研究中的"学者凝视"[④]。

3. "第二种凝视"。麦坎内尔（MacCannell, 2001）在前人研究的基础上，提出了"第二种凝视"。他认为厄里（Urry）的游客凝视只反映了游客凝视的一个角度，并指出游客凝视反映了游客期望通过到别处旅行来完善自己的欲望。同时，凝视还能够起到提醒作用，游客会因凝视目的地欠发达的生活方式而产生优越感，也会因他人的反向凝视而产生不安和紧张情绪[⑤]。

此外，随着国际学界发生了所谓"图像转移"（the pictorial turn）和"视觉

---

① Maoz. The mutual gaze[J]. Annals of Tourism Research, 2006, 33(1): 221-239.

② Yagi, Nomura, Nakamura. Crucial role of FOXP3 in the development and function of human CD25+ CD4+ regulatory T cells[J]. International immunology, 2004, 16(11): 1643-1656.

③ 吴茂英. 旅游凝视：评述与展望[J]. 旅游学刊, 2012（3）：107-112.

④ Tribe, Airey. A review of tourism research[J]. Developments in tourism research, 2007: 3-16.

⑤ MacCannell. Remarks on the Commodification of Cultures[J]. Hosts and guests revisited: Tourism issues of the 21st century, 2001: 380-390.

转向"（the visual turn），厄里的旅游凝视理论以及他对旅游广告图片、游客摄影行为的独特解读方式，引起了学者们的格外关注，他们纷纷采用文化研究的方法论，以"视觉分析"（Visual Analysis）的方法研究旅游地形象和人类旅游行为，并由此形成了诸多有价值的结论。

（三）旅游凝视理论评述

1. 贡献

旅游凝视理论从旅游的角度来考察整个社会，具有积极的理论和现实意义。厄里从现代文化与后现代文化、工业社会与后工业社会、大众旅游与后旅游的研究体系去考察人类旅游现象，他把凝视运用到对旅游观光的分析中，为旅游学研究提供了一个独特的观察视角。系统解读和运用旅游凝视理论，对于改善游客体验、引导游客行为、促进主客良性互动、目的地可持续发展具有积极作用。

2. 局限性

凝视理论虽然为旅游相关研究提供了一个新的研究视角，但是在应用和发展过程中还存在一定的局限性。首先，旅游凝视理论还不成熟，对于旅游凝视的理解和认识仍然存在着很大分歧。尽管厄里精心构建了"旅游凝视"这一核心概念，却没有对其进行清晰的界定，更多是将其作为一个理论分析工具。其次，在很多旅游活动中，视觉感受并非排在旅游体验的首位，人们的旅游动机和行为实际上远比在视觉上追求自然界的胜景更为复杂多样。因此，有些学者认为，旅游凝视理论更适合作为研究自然风光旅游现象的理论工具。最后，厄里强调"差异性是旅游现象的关键"这一点也过于片面。当今旅游业发展过程中出现的"麦当劳化（McDonaldiztion）"和"迪士尼化（Disneyfication）"趋势说明"差异性"未必是旅游吸引物的唯一要义。因此，只有深刻理解旅游凝视的本质和真正含义，才能继续讨论旅游凝视的有效性，才能去充实和完善旅游体验的理论架构，从而进一步解释"旅游何以可能"这一基本命题。

第四节　旅游理论新趋势

一、新业态理论

（一）乡村旅游

1. 乡村旅游理论产生的背景

乡村旅游是现代旅游业向传统农业延伸的新尝试，通过旅游业的推动，将生态农业和生态旅游业进行了有机融合，形成一种新型的产业形式。随着后现代社会的到来，人们越来越希望回归自然，返回原野，同时由于农村经济重组和农业危机严重减少了乡村地区的经济来源，乡村旅游作为旅游业和农业的最佳结合体，逐渐引起了人们的关注。乡村旅游最早起始于欧洲，至今已有 100 多年的历史。1994 年，《国际可持续旅游研究》发行专刊第一次尝试构建一系列的理论框架将乡村旅游作为可持续旅游活动中的特殊旅游活动进行系统研究，这是学术界有关乡村旅游学术研究的开端。后来，越来越多的学者基于不同的视角对乡村旅游进行了深入的探讨。总体来讲，研究焦点主要集中在乡村旅游发展影响因素研究、乡村旅游利益相关者分析、乡村旅游地理空间结构分析和乡村旅游企业管理研究等方面（Simpson，2008；Kline and Milburn，2010；Sharpley and Jepson，2011）。

2. 乡村旅游系统驱动机制

乡村旅游发展驱动机制是乡村旅游发展各个驱动力之间相互作用的协调互动程序，是揭示乡村旅游系统各个组成部分相互作用的有效方式，由供需两方面共同促进形成，是一个有机统一的过程。

国外对于乡村旅游的驱动机制研究相对较少，通常研究某单方面的驱动力。例如，帕克等人（Park et al.，2009）选取韩国乡村旅游为案例，从乡村游客的旅游动机出发论述了不同乡村旅游目的地动力机制的区域差异[1]。坎帕拉（Komppula，2014）实证研究了旅游企业在乡村旅游发展中的驱动作用，提出了加强乡村小企业之间协力合作驱动乡村旅游发展的建议[2]。金等人（Chin et al.，2014）研究了砂拉越州阿那赖斯乡村地区特色长屋民宿的环境资源，认为文化遗产景点和自然资源是乡村旅游目的地发展的核心驱动力[3]。国内研究方面，一般学者对于乡村旅游驱动机制的研究多沿用国外旅游驱动机制的研究成果，其中张树民等（2012）的研究成果最具代表性，他在概述旅游系统理论、乡村旅游系统及其驱动因素的基础上，构建了乡村旅游系统驱动机制[4]，如图 1-10 所示。

---

[1] Park D B, Yoon Y S. Segmentation by motivation in rural tourism: A Korean case study[J]. Tourism management, 2009, 30(1): 99-108.

[2] Komppula R. The role of individual entrepreneurs in the development of competitiveness for a rural tourism destination-A case study[J]. Tourism Management, 2014, 40: 361-371.

[3] Chin C H, Lo M C, Songan P, et al. Rural tourism destination competitiveness: a study on Annah Rais Longhouse Homestay, Sarawak[J]. Procedia-Social and Behavioral Sciences, 2014, 144: 35-44.

[4] 张树民，钟林生，王灵恩. 基于旅游系统理论的中国乡村旅游发展模式探讨[J]. 地理研究，2012，31（11）：2094-2103.

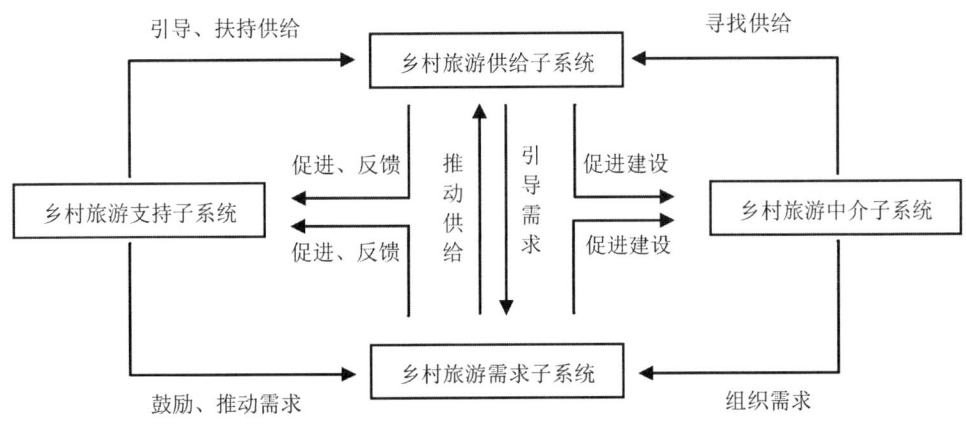

图 1-10 乡村旅游系统驱动机制

资料来源：张树民等. 基于旅游系统理论的中国乡村旅游发展模式探讨[J]. 地理研究，2012，31（11）：2094-2103.

乡村旅游系统驱动机制中四个子系统之间的相互作用驱动了乡村旅游的发展。其中，需求子系统和供给子系统是乡村旅游动力系统中起骨干作用的两个子系统，它们之间的相互作用是整个乡村旅游动力系统运动的基础。需求子系统是主动系统，其运行推动了供给系统的运行和发展。同时，供给系统对需求系统有反作用，受需求系统的作用启动后，一方面要不断生产更新旅游产品，以满足旅游市场需求；另一方面要突出和坚持旅游供给产品的个性和特色，引导旅游需求。此外，"中介子系统"将旅游需求与供给联系起来，在二者之间起着桥梁和纽带的作用。旅游需求和供给的发展可以吸引和推动中介子系统的发展。乡村旅游需求市场的发展推动中介子系统寻找、介绍并推出更多的乡村旅游地以及旅游产品和旅游线路。

邹统钎等（2014）总结了中外乡村旅游发展的经验，在分析了政府主导的扶贫旅游模式（Pro-Poor Tourism，PPT）、企业主导的利他企业模式（Community Benefit Tourism Initiative，CBTI）后，提出了乡村旅游可持续发展的社区主导发展模式（Community Based Development，CBD），[①]并提出了保障乡村旅游可持续发展产业链本土化、经营者共生化与决策者民主化模式，[②]如图 1-11 所示。

[①] 邹统钎. 乡村旅游社区主导（CBD）开发模式[J]. 北京第二外国语学院学报，2007.1.

[②] Zou, Huang Sam, Ding P. Toward A Community-driven Development Model of Rural Tourism: The Chinese Experience[J]. International Journal of Tourism Research（SSCI）,2014, Volume 16, Issue 3, pages 261–271, May/June

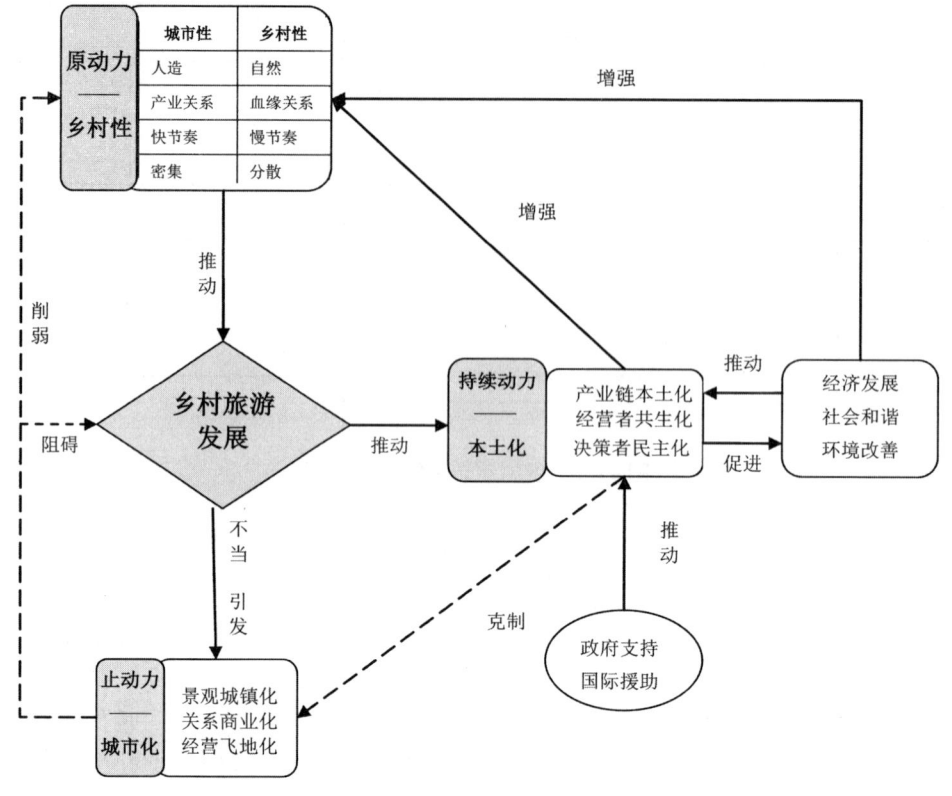

图 1-11　乡村旅游社区主导模式与可持续发展保障机制

结合中国乡村旅游发展的实践，邹统钎提出乡村旅游经历 3 个发展阶段：农家乐、新业态、创意农园与大庄园。他归纳乡村旅游发展的 8 条规律：1. 乡村旅游的目标市场是城市居民与旅游景区过客；2. 成功的乡村旅游点选址一般靠城、靠景与靠水；3. 在中国乡村旅游 6 个要素中"吃"最重要；4. 特色建设原则，即"一村一品，一品做绝，多元配合"；5. 乡村景观，其中建筑风格最重要；6. 乡村旅游点游客停留时间一般有 3 种，即饭点、三小时、多日；7. 经营核心要素中，成本控制第一；8. 内涵建设五要素，即文化、创意、生态、节事、科技。乡村旅游经营成功的最关键因素：一是真诚，二是不同。①

3. 乡村旅游研究的代表性学者

荷兰学者理查德·夏普利（Richard Sharpley）是一位在乡村旅游研究领域较为权威的学者。早在 1997 年，夏普利就出版了专著 *Rural Tourism: A*

---

① 邹统钎. 乡村旅游：理论·案例（第二版）[M]. 天津：南开大学出版社，2018：251-259.

introduction（*Tourism and Hospitality Management Series*），这是一部较早全面阐述乡村旅游发展和理论的专著①。之后，他陆续发表三篇重要论文。在对塞浦路斯乡村旅游的案例研究中，他对乡村旅游为当地社区做出的贡献产生怀疑。这是由于乡村旅游的发展从海滨拓展到内陆偏远贫困的地带，他强调这使得乡村旅游投资成本高，收益回报低，并为此需要政府和当地管理部门制定相应的政策来保障。因此，为了保障乡村旅游的可持续发展，长期的金融和技术支持、人力培训等是必不可少的（Sharpley，2002）②。之后，以英格兰东北部地区农业旅游为研究对象，从居民态度的视角诠释了农业旅游经营多样化的原因，这对以往农业旅游多样化经营的课题进行了新的演绎。研究表明，本地居民会主动维持旅游和传统农业之间的界限。研究建议，应该对公共部门的作用进行再评估（Sharpley，2006）③。第三篇论文从游客精神体验的角度探讨乡村旅游者体验，认为人类不再追求严格、正式、严谨的精神满足，而是转而体验旅游这种形式的精神满足。以英格兰大湖区为例，旅游者并不是以精神满足为目的，但调查证实他们潜意识里产生了相似的情感维度（Sharpley，2011）④。

以色列学者阿里哲·弗莱舍（Aliza Fleischer）较早就开展了乡村旅游研究，并一直致力于研究乡村旅游的产业和农村地区的经济关系。1997 年发表的论文中，他对以色列乡村旅游的研究极具代表性。他比较了以色列乡村旅游与世界其他地区乡村旅游的不同，同时总结了乡村旅游一些早期代表性的观点。这些观点涉及乡村旅游概念、乡村旅游者的构成和特点、乡村旅游的经济影响等。他发现早期乡村旅游的产业规模很小，主要形式为 B&B（Bed and Breakfast）。这种形态的乡村旅游规模小，产生的收益少，旅游淡季长。早期乡村旅游者包括带有孩子的年轻家庭，他们的特点是受教育程度相对较高，收入较一般水平高⑤。这一研究奠定了他未来研究的基础。之后，他对乡村旅游的产业特点进行了更加深入的总结。在 2000 年发表的论文中，对乡村旅游抱有谨慎但乐观态度的弗莱舍首先回顾了乡村旅游的产业特点，并提出了关于乡村旅游利弊的争论，但目的是为了让学界重视乡村旅游在营销、融资、人才方面的难题。他仍然以以色列为案例，通过成本效益、成本收益等分析工具，提出社会援助对推

---

① Sharpley R, Sharpley J. Rural tourism: An introduction[M]. International Thomson Business Press, 1997.

② Sharpley R. Rural tourism and the challenge of tourism diversification: the case of Cyprus[J]. Tourism management, 2002, 23(3): 233-244.

③ Sharpley R, Vass A. Tourism, farming and diversification: An attitudinal study[J]. Tourism management, 2006, 27(5): 1040-1052.

④ Sharpley R, Jepson D. Rural tourism: A spiritual experience?[J]. Annals of tourism research, 2011, 38(1): 52-71.

⑤ Fleischer A, Pizam A. Rural tourism in Israel[J]. Tourism management, 1997, 18(6): 367-372.

动乡村旅游发展、提高盈利水平具有积极作用。他把问题研究的维度缩小到公司层面,探讨乡村旅游企业与农场的关系。研究发现,在农场的乡村旅游企业比没有农业活动的乡村旅游企业在人员工作效率方面表现得更好,而且专注于公司和景点对企业是有利的[①]。

在传统的研究中,人文地理学较少接触边缘学科的研究领域,没有真正将乡村旅游建设成一个丰富的空间研究领域。20世纪60年代掀起的地理学空间的"社会转向"革命,使得乡村空间的内涵从传统的物质空间延伸至社会空间,为乡村旅游研究提供了一个更加富有理论想象力的分析框架。其中,哈发克瑞(Halfacree)提出的乡村空间的三翼模型较有代表性,如图1-12所示。哈发克瑞(2006)研究指出,每个空间都有各自的逻辑关系、机构制度和参与者网络,可以将这些因素整合到一个模型空间内进行分析[②]。

图 1-12　乡村空间模型

资料来源:Halfacree, K. Rural space: constructing a three-fold architecture[J]. Handbook of rural studies, 2006: 44-62.

在哈发克瑞提出的乡村空间三翼模型中,由三个方面相并一起构成了乡村的总体。首先是乡村地方性,其通过相对独特的空间实践与生产或消费活动相关联;其次是乡村的正式表述,诸如资本利益集团、文化权威、规划者或政客所做的乡村表述;最后是乡村的日常生活(实践),它们不可避免地既主观又多样化,有着不同程度的一致性和差异性,并在此基础上可以容纳或抑制他性范畴。

随着研究的进一步深入,黄(Hwang)等人(2012)运用深入访谈法和文献研究法对韩国济州岛的五个社区进行研究,研究指出以社区为基础进行旅游

---

① Fleischer A, Felsenstein D. Support for rural tourism: Does it make a difference?[J]. Annals of tourism research, 2000, 27(4): 1007-1024.

② Halfacree K. Rural space: constructing a three-fold architecture[J]. Handbook of rural studies, 2006: 44-62.

开发有利于乡村旅游的发展，对于当地社区居民与外来旅游开发商之间如何协调提出了建议：召开乡村会议（town meetings）、建立居民组织（formal organization of residents）、请愿制度（petitioning）、公开化原则（public demonstration）和合法开发（legal action）。同时通过对5个社区收集采纳当地居民意见进行分析，建立了一个乡村旅游发展中便于理解旅游影响与社区身份关系的模型[①]。奈斯利和西德诺（Nicely and Sydno，2014）采用文献回顾和观察法，以牙买加的圣托马斯为研究对象，研究文化因素导致的居民不参与行为对乡村旅游发展的影响，研究发现15个能够解释当地居民传统、保守、亲近自然和精神享受型生活方式的因素，其中5个因素可能是引起当地居民不愿参与乡村旅游发展的原因。同时，对于文化因素导致的居民不参与行为可以通过5个方面来进行改善：当地政府的支持、建立相关文化旅游项目、确定文化保护区域、建立社区文化管理组织和严格监管文化管理进程[②]。万盖等人（Hwan，2016）以韩国济州岛的两个社区为调查对象，采用面对面访谈法和问卷法研究社会资本与乡村旅游发展的关系。研究指出，当地居民的社交圈对个人行为有积极影响，居民间的关系与现存的社会组织可以增强居民的凝聚力促进乡村旅游的发展，同时要增强乡村旅游中的社区参与度，社区领导者应多向居民学习，缩小以领导为中心的关系网，积极参与到群众中去[③]。

（二）**遗产旅游理论**

1. 遗产旅游的内涵和外延

遗产旅游甚至在古代就已经存在，并且是最为古老的旅游形式。很久以前，人类就学会了将古代和近代的遗留物作为城市和乡村的娱乐资源。到了中世纪，欧洲的旅行家在各古代文化名城之间旅行，欣赏各种宏伟的建筑、大教堂以及艺术品。作为一种提高教育与文化素养的体验，大旅行（The Grand Tour）在16世纪至17世纪得到欧洲社会精英的欢迎，他们在巴黎、都灵、米兰、威尼斯、佛罗伦萨、罗马和那不勒斯等地游览。之后，这种消费时间和金钱的大旅行从欧洲传播到美洲，受到早期美国旅行者的青睐。因此，大旅行这一概念在相当长的一段时间之内与遗产旅游同在（Timothy and Boyd，2003）。

学者们普遍认为，现代遗产旅游的发展是随着全球城市复兴和经济的振兴

---

① Hwang D, Stewart W P, Ko D. Community behavior and sustainable rural tourism development[J]. Journal of Travel Research, 2012, 51(3): 328-341.

② Nicely A, Sydnor S. Rural tourism development: Tackling a culture of local nonparticipation in a postslavery society[J]. Journal of travel research, 2015, 54(6): 717-729.

③ Hwang D, Chi S H, Lee B. Collective action that influences tourism: Social structural approach to community involvement[J]. Journal of Hospitality & Tourism Research, 2016, 40(4): 497-515.

同步进行的。早期遗产研究的视野相当广泛，欧洲学者最开始关注的遗产范围很广，包括海滨遗产、建筑遗产、个人遗产、文化遗产、城市遗产、工业遗产、自然遗产甚至黑色遗产等，并总是试图通过不同角度的研究揭示遗产与旅游之间的复杂关系（Vernon et al.，2003；Ashworth and Tunbridge，2000）。

虽然对于遗产的外延研究很充分，但是对于遗产的内涵一直以来存在诸多不同的观点。一般认为，遗产旅游是指"关注我们所继承的一切能够反映这种继承的物质与现象，从历史建筑到艺术工艺、优美风景等的一种旅游活动"[①]，这个定义是从旅游者动机的角度来区别遗产旅游与其他旅游类型的。然而，帕瑞尔（Poria，2001）质疑根据旅游地或旅游景区的历史特性把遗产旅游划分为一种旅游类型的做法，他提出遗产旅游是基于一种旅游者动机与认知而不是基于旅游景区景点具体特性的现象[②]。

2. 遗产旅游研究的主要内容

（1）遗产旅游需求研究

遗产旅游最开始是从遗产旅游者开始的，20世纪80年代赫伯特（Herbert，1989）就对英国威尔士的遗产旅游进行了调查[③]。之后，普伦蒂斯（Prentice）等人（1998）对男人岛的遗产旅游者进行了比较完整、深入的调查[④]。1991年，欧洲旅游与休闲教育协会（ATLAS）对欧盟文化遗产旅游者调查后形成的成果也具有权威性。理查德（Richards，1996，2002）通过研究，对欧洲遗产旅游者的特点进行比较全面的统计，80%以上的欧洲文化与遗产旅游者拥有大专院校以上学历，而近1/4的欧洲文化与遗产旅游者拥有研究生学历。而且，参观博物馆的游客往往相对享有更高的社会经济地位。与一般的旅游者相比，遗产旅游者也往往拥有更高的收入，遗产旅游者年龄也普遍较小，35%以上的受访者年龄低于30岁[⑤⑥]。

帕瑞尔等人（2001）指出存在着3种不同类型的遗产旅游者：一是那些游

[①] Yale P. From tourist attractions to heritage tourism[M]. ELM publications, 1991.

[②] Poria Y, Butler R, Airey D. Clarifying heritage tourism[J]. Annals of tourism research, 2001, 28(4): 1047-1049.

[③] Herbert D. Literary places, tourism and the heritage experience[J]. Annals of tourism research, 2001, 28(2): 312-333.

[④] Prentice R C, Witt S F, Hamer C. Tourism as experience: The case of heritage parks[J]. Annals of tourism research, 1998, 25(1): 1-24.

[⑤] Richards G. Production and consumption of European cultural tourism[J]. Annals of tourism research, 1996, 23(2): 261-283.

[⑥] Richards G. Tourism attraction systems: Exploring cultural behavior[J]. Annals of tourism research, 2002, 29(4): 1048-1064.

览遗产景点并视其为自身遗产一部分的旅游者；二是游览与自身遗产无关的遗产景点并视其为自身遗产一部分的旅游者；三是那些游览挂牌遗产景点但却没有意识到那里是遗产地的旅游者。因此，他们定义遗产旅游为一种旅游类型，旅游者游览旅游景点的主要动机源于该景点的遗产特色以及他们对自身遗产的认识[1]。

（2）遗产旅游供给研究

普伦蒂斯（Prentice，1994）根据一些遗产问题以及学术文献研究，提出了一个完整但又有些重叠的遗产景点分类。但一般认为，遗产旅游的供给分为遗产景点、遗产供给环境和遗产供给配套3个层次（Timothy and Boyd，2002）。在遗产景点方面，沃尔什（Walsh，1992）、阿斯沃什（Ashworth，1991）、格拉哈姆（Graham，1997）、皮卡特（Picard，1990，1995，1997）、爱德华兹（Edwards，1996）、赫伯特（Herbert，1995，2001）等学者分别对博物馆、战争遗址、宗教遗产、传统文化遗产、工业遗产、文学遗产等遗产景点进行了研究；在遗产供给环境中，阿斯沃什（Ashworth，1990）、佩奇（Page，1997）和巴特勒（Butler，2000）分别对城市地区、乡村地区和自然保护区的遗产资源进行了案例研究；在其他方面，世界遗产、遗产之路等也是研究专注点。

（3）遗产旅游、真实性与商业化

遗产旅游、真实性和商业化三者的关系是重要的研究领域之一。商业化与真实性仿佛是遗产旅游开发的两个极端。完全的商业化和完全的真实性是不可能达到的，学者的研究往往在寻找一个合适的模型以兼顾两者，并使得遗产旅游发展能够可持续。

遗产旅游也无法避免商业化的侵蚀，大多数学者表示了对遗产旅游商业化的担忧，但是也有部分学者表达了对商业化的支持。休斯和卡尔森（Hughes and Carlsen，2010）研究提出，遗产旅游保护论认为商业化是一种侵蚀遗产地完整性和真实性的措施[2]。与之相反，部分学者认为遗产旅游中商业化是市场需求的表现。帕瑞尔（Poria，2003）从游客的角度出发，认为游客对将娱乐和个性化融入过去的遗产旅游情有独钟[3]。麦金托什（Mcintosh，2007）更是发现游客对遗产旅游中娱乐和个性化项目的兴趣远大于单纯的历史真实[4]。柯恩（Cohen，

---

[1] Poria Y, Butler R, Airey D. Clarifying heritage tourism[J]. Annals of tourism research, 2001, 28(4): 1047-1049.

[2] Hughes M, Carlsen J. The business of cultural heritage tourism: Critical success factors[J]. Journal of Heritage Tourism, 2010, 5(1): 17-32.

[3] Poria Y, Butler R, Airey D. The core of heritage tourism[J]. Annals of tourism research, 2003, 30(1): 238-254.

[4] Mcintosh A J, Zahra A. A cultural encounter through volunteer tourism: Towards the ideals of sustainable tourism?[J]. Journal of sustainable tourism, 2007, 15(5): 541-556.

1988）很早就认识到遗产旅游要从单纯的保护向迎合市场的需求转变①。布拉姆利（Bramley，2001）发现过分强调保护而无视市场会导致大量的失败，并总结了大量的此类案例。折中者认为应当找到一个平衡，保证在还原真实的历史和怀旧娱乐中寻找一个平衡②。阿斯沃什（Ashworth，2009）认为遗产旅游的成功需要一定程度的商品化③。麦克彻（Mckercher，2004）认为存在一个极限，商业化的程度一旦超过这个限度，游客将无法获得满意的体验④。

遗产旅游真实性不仅仅是一个讨论的热点，也是遗产旅游成功的关键力量之一，真实成为近年来旅游市场营销的热点，如"真实的意大利""真实的希腊"。

真实性比较详细的解释见于《奈良文件》，要想多方位地评价文化遗产的真实性，其先决条件是认识和理解遗产产生时及其随后形成的特征，以及这些特征的意义和信息来源。真实性包括遗产的形式与设计、材料与实地、利用与影响、传统与技术、位置与环境、精神与感受。《世界遗产公约》中阐明了关于旅游目的地资源保护真实性的指导原则和标准。事实上，遗产旅游的评价、保护和规划等各个方面都会涉及真实性的问题。但是目前将真实性引入遗产研究领域的学者仍然在对真实性的理解上存在着分歧。

阿斯沃什（Ashworth，2009）认为真实是从历史中选择出来的，在现在和未来中再次呈现的映像。真实性根据观察者视角的不同也会呈现差异，真实性是遗产旅游成功的关键，以及遗产旅游产品的价值所在。加拿大的两名作者福西特（Fawcett）和科马克（Cormack），通过对加拿大爱德华王子岛（Prince Edward Island）这一文学遗产旅游地的研究，发现不同的监护人会根据他们自己所认为的真实性进行构造，从而得出结论：对于现代主义者、理性主义者和折中主义者来说，对同一遗产地的真实性会有不同的解释。这两名作者所理解的遗产的真实性，已经有别于遗产真实性必须和历史与事实保持一致的观点，而明确地指出遗产真实性的诠释与该遗产的监护人有着密切的关系⑤。美国的三名作者哈布拉（Chhabra）、希利（Healy）和西尔斯（Sills）在他们的 *Staged Authenticity and Heritage Tourism* 一文中集中论述了"阶段性的真实性"，并归纳了"阶段

---

① Cohen E. Authenticity and commoditization in tourism[J]. Annals of tourism research, 1988, 15(3): 371-386.

② Bramley R. So you want to build a "hall of fame"?[C]//CAUTHE 2001: Capitalising on Research; Proceedings of the 11th Australian Tourism and Hospitality Research Conference. University of Canberra Press, 2001.

③ Ashworth G J. Do tourists destroy the heritage they have come to experience?[J]. Tourism Recreation Research, 2009, 34(1): 79-83.

④ McKercher B, Wong D Y Y. Understanding tourism behavior: Examining the combined effects of prior visitation history and destination status[J]. Journal of Travel Research, 2004, 43(2): 171-179.

⑤ Fawcett C, Cormack P. Guarding authenticity at literary tourism sites[J]. Annals of tourism research, 2001, 28(3): 686-704.

性的真实性"的概念。文中指出麦坎内尔在论述种族旅游的过程中最先提出"阶段性的真实性"这个概念,是"从变成旅游经历当中的'阶段性的真实性'"①。

(4) 遗产旅游的成功要素

遗产旅游的成功要素是遗产开发中逐渐被学者认识的一个课题。目前,存在大量的案例说明遗产旅游糟糕的商业表现,例如"名人堂"(McKercher and Wong, 2004)、旧的悉尼镇(Davidson and Spearritt, 2000)、斯特拉恩镇的游客中心(Fallon and Kriwoken, 2003)、安加斯镇(Angastown)的历史城镇(Leader-Elliott, 2005)和昆士兰的大量文化遗产吸引物(Prideaux and Kininmont, 1999)等。这使得大量学者关注遗产旅游成功的关键因素。

霍和麦克彻(Ho and McKercher, 2004)认为中国香港的文化遗产旅游存在四个关键问题导致其发展不成功②:遗产管理者对遗产旅游的市场预期缺乏理解、对作为遗产地旅游潜力的吸引力和承载力缺乏评估、在遗产的管理和传达旅游体验过程中缺乏目标与优先安排,以及对于将遗产地作为文物资产进行管理、开发和促销缺乏统一的联系。这些问题暗示了香港文化遗产在旅游产品开发与市场推广方面缺乏技巧和技术。

马特松和布列斯托(Mattsson and Praesto, 2005)列出了一系列中世纪斯堪的纳维亚遗产地的发展要素,包括:独特和魅力迷人的遗产地建筑;通过一个虚拟人物来创造引人入胜的旅游体验;将现有文化与流行文化相结合,诸如指环王与哈利波特等众所周知的电影人物。这些流行文化虽然看似不真实的,但确实是吸引游客的。

吉莫西和约翰(Gyimothy and Johns, 2001)引用了英国文化遗产旅游的成功案例。位于爱丁堡的苏格兰威士忌遗产中心运用互动技术创造独一无二、激动人心的丰富体验。虽然这对游客来说是有益的,但是由于安装和维修技术装备的成本太高,导致商业上的成功仍显勉强。威尔士南部的 17 世纪庄园则重视加强员工训练和管理,同时通过复制当时的服饰和采用盛装的演员来再现 17 世纪威尔士庄园的历史,借此提供独一无二且真实的旅游体验③。

---

① Chhabra D, Healy R, Sills E. Staged authenticity and heritage tourism[J]. Annals of tourism research, 2003, 30(3): 702-719.

② McKercher B, Ho P S Y, du Cros H. Attributes of popular cultural attractions in Hong Kong[J]. Annals of Tourism Research, 2004, 31(2): 393-407.

③ Gyimothy S, Johns N. Developing the role of quality[J]. Quality: Issues in Heritage Visitor Attractions. Oxford: Butterworth-Heinemann, 2001.

3. 主要学者及其研究内容

英国学者帕瑞尔（Poria）一直致力于研究遗产旅游者，并始终站在旅游者的视角解释和理解遗产旅游的概念、开发和管理问题。他的研究内容主要体现在论文中。他对遗产旅游概念的界定发表了自己的看法，他认为遗产旅游的界定应该基于两个概念：第一，旅游者的动机，即旅游者是否访问一个遗产景点的原因；第二，旅游者对遗产地的观点，即旅游者是否认为那是他们自身遗产的一部分。在这一基础上，他认为，遗产本身并不是决定遗产旅游概念的关键要素。由此，他界定了三类遗产旅游者，前文已提及（Poria et al.，2001）[1]。之后，他在一篇论文中补充完善了这一观点。他提出，遗产旅游并不是指旅游者前往遗产地的旅游，更准确地把握遗产旅游需要从四维度和行为模式入手，即旅游者个人特征、遗产本身属性、意识和观念四维度，以及旅游前、旅游中和旅游后三类行为模式。在此基础上，他区分了不同类型的旅游者，认为那种视自身与遗产有紧密联系的旅游者的行为模式与其他类型旅游者的行为模式大为不同（Poria et al.，2003）[2]。之后，他继续从旅游者的视角出发，在如何更好地吸引游客、开发和管理遗产、遗产解说等方面进行更深入的阐述（Poria et al.，2006）[3]。最终，他认为旅游者的个人观念在理解旅游动机以及遗产解说方面起着关键的作用。

英国学者格雷戈里·约翰·阿斯沃什（Gregory John Ashworth）教授最重要的贡献是出版了遗产旅游的专著 *A Geographic of Heritage：Power，Culture and Economy*（2000），这本专著系统地阐述了涉及遗产的诸多研究，即遗产旅游的定义、遗产旅游的归属、遗产旅游地对于文化和经济的驱动作用等。这更是一本从地理学的视角全面研究遗产旅游的专著，研究范围从全球到地区，书中的案例来自全球各个地方。同时，这本著作在遗产旅游中的引用次数也相当可观。在论文发表上，成果不多，但是观点新颖[4]。尤其是 2009 年在《旅游研究纪事》上发表的 *Heritage Tourism——Current Resource for Conflict* 关注了遗产旅游的负面效应[5]。他质疑遗产旅游会增强世界的沟通和了解这一学界都普遍认同的观点。他的研究发现，在遗产解说过程中，遗产管理部门的解说目标往往不能

---

[1] Poria Y, Butler R, Airey D. Clarifying heritage tourism[J]. Annals of tourism research, 2001, 28(4): 1047-1049.

[2] Poria Y, Butler R, Airey D. The core of heritage tourism[J]. Annals of tourism research, 2003, 30(1): 238-254.

[3] Poria Y, Reichel A, Biran A. Heritage site management: Motivations and expectations[J]. Annals of Tourism Research, 2006, 33(1): 162-178.

[4] Graham B, Ashworth G J, Tunbridge J E. A geography of heritage: power, culture and economy[M]. A Geography of Heritage Power Culture & Economy, 2000.

[5] Poria Y, Ashworth G. Heritage tourism-Current resource for conflict[J]. Annals of Tourism Research, 2009, 36(3): 522-525.

体现普遍、和平、沟通的价值观，只是片面的爱国主义和民族主义。因此，他认为遗产旅游不仅仅是观点冲突的一种旅游，它还在不断制造误解和冲突。

赫伯特（Herbert）出版了三部遗产旅游相关的专著，比较全面地介绍了他对遗产旅游的研究成果。其中，*Heritage，Tourism and Society* 出版于 1997 年，围绕遗产资源开发为旅游产品这一论题展开，书中提出了一系列敏感、具有争论性的主题，比如遗产保护与引入旅游者这一重要争论[①]。另外，赫伯特另一大研究领域为文学遗产旅游。他认为，文学遗产旅游地就是与作家、画家和其他领域艺术家有关联的遗产景点。他总结了开发文学遗产地的关键因素，并提出遗产开发的一些关键理念适用于文学遗产地开发。此外，他还提出文学旅游者的一般特征和心理要素。

（三）探险旅游理论

1. 探险的产生和发展

人类的历史就是一部探险史，因此，人类探险的历史由来已久。公元前 3000 多年，统一后的古埃及王国就有人开始对非洲进行探险，他们沿着尼罗河往上游地区探索。相比于陆地探险，人类航海探险大大推动了世界各洲人类的沟通和了解，取得了丰富的成果，加快人类历史的进程。生活在西亚的腓尼基人是优秀的航海家，公元前 600 年前后，受埃及法老尼科二世的委托，他们的海船驶过了赤道，到达了南半球，完成了环绕非洲大陆的航行。西欧从 15 世纪开始的航海探险成就无与伦比，先是哥伦布发现美洲新大陆，开辟了横渡大西洋到美洲的航路；达伽马开辟欧洲沿非洲大陆前往印度的新航道；麦哲伦开始了人类历史上第一次环球航行等，拉开了人类历史现代化的进程。之后，进入 19 世纪，人类发现并征服了南极洲，人类对于生活着的海洋有了全面的认识，目前人类将目光投向了深海。在航空探险及太空探险领域，人类发明了飞机、卫星等航空器，使得人类的视野更加广泛。

2. 探险旅游概念的内涵和外延

最早对探险旅游进行定义的是普罗贡（Progon），他指出，探险旅游是人类为了迎接自然世界诸如山川、空气、对流、波浪等的挑战而参与的活动总称。这一概念较早概括了探险旅游中与自然接触、获得体验、迎接挑战的特点。这一概念影响了后来诸多学者对于探险旅游的认识（Progon，1979）。

学者霍尔（Hall）在 1989 年对探险旅游的界定中指出探险旅游是指远离旅游者居住地，利用与自然环境的互动关系，包含有探险因素、经常被商业化的、范围广泛的户外活动。这种活动的结果受到参与者当时情况、旅游经营管理的

---

① Herbert. Heritage, tourism and society[M]. Burns & Oates, 1995.

影响。在这概念中首次提出商业化是探险旅游的重要特征[①]。

1997年，学者奥珀曼（Oppermann）等人提出探险旅游是指在自然或户外环境中，将冒险及可控制的危险与个人挑战结合起来，为追求新的体验而举行的特殊旅行活动。这一定义首次提出应将探险旅游活动的危险性控制在一定范围内，并将它与个人挑战相结合，更注重探险旅游的安全性[②]。这一概念将探险旅游的领域扩展到风险和安全管理领域，为后续相关研究奠定了基础。

总体来讲，这三个代表性的概念基本上诠释了探险旅游的内涵。而探险旅游的外延却十分广泛，尤其在探险旅游研究早期，包括潜水旅游（Tabata，1992）、骆驼旅游（Shackley，1996）、登山旅游（Johnson and Edwards，1994）、鳄鱼旅游（Ryan，1998）、海上探险（Jennings，2003）等方面。

3. 探险旅游研究主要内容

国际上对探险旅游研究主要集中在探险旅游的需求和供给、探险旅游安全管理等方面。

（1）探险旅游的需求研究

许多学者认同这一观点，即探险旅游根据风险程度的高低分为"软探险"和"硬探险"（Lipscombe，1995）。"硬探险"指环境偏远、高危险的探险旅游。这种探险旅游在自然真实的环境中，对于参与者来说具有高危险性、高参与性和挑战性，并且对于参与者的身体条件要求极高（Rubin，1989）[③]，比如登山、高空速降、洞穴探险、跳伞运动和潜水等。"软探险"指的是相对而言适宜初学者的探险旅游。这类探险活动游客参与比较被动，包括丛林步行、徒步旅行、骑马、皮艇漂流等。根据此分类，也能把探险旅游者分为"硬探险旅游者"与"软探险旅游者"。除此之外，蒲恩（Poon）提出"新旅游者"，这类旅游者希望从假期中获得一定收益，比如说独一无二的经历。"新旅游者"一个重要特征就是从日常生活中逃脱出来，并获得一定的自我实现[④]。

大多数探险旅游者的旅游动机比较复杂，往往是因为一系列原因。宋（Sung）等人认为"获得新的经历""自我成长""高兴与激情"是重要的内在动机。探险旅游者的具体特点也是研究关注的一方面，约翰（John，2003）等

---

① Hall C M. Special interest travel: A prime force in the expansion of tourism[C]//Geography in Action. 15th New Zealand Geography Society Conference. Universitycf Otago Dunedin, 1989.

② Oppermann M, Kye-Sung C. Tourism in developing countries[M]. International Thomson Business Press, 1997.

③ Rubin K. Adventure vacations[M]. Leisure Travel and Tourism, Wellesley, Massachusetts: Institute of Certified Travel, 1989.

④ Poon A. Competitive strategies for a "new tourism"[J]. Progress in tourism, recreation and hospitality management, 1989, 1: 91-102.

人认为，生活方式的选择对旅游者参加探险旅游具有决定作用，相反，年龄并不是最重要的因素[①]。洛弗西德（Loverseed，1998）则认为年龄、能力与探险活动类型的选择密切相关[②]。弗拉克和特纳（Fluker and Turner，2000）发现，不仅如此，影响探险活动类型选择的因素还包括参与探险活动的经历和次数，每次探险活动中积累的经验都会深刻影响下次选择[③]。

（2）探险旅游供给

从20世纪90年代开始，探险旅游的供给研究偏向单独的旅游产品，后来研究焦点开始以某一具体探险目的地为背景。新西兰是一个探险旅游发展很成熟的国家，其皇后镇（Queenstown）被誉为"新西兰最著名的户外活动天堂"，其自然条件优越，丰富的自然资源为其提供了开展多种多样的探险旅游活动的条件。此外，贾尔（Giard，1997）、布思（Booth，2001）、弗雷德曼和希伯来恩（Fredman and Heberlein，2003）等学者分别对法国、瑞士、澳大利亚、印度等一系列探险旅游地展开了湿地研究。

如今，对于探险旅游的研究也更为多样化和全球化，学者们从多个角度进行了探讨，如陈（Chen，2003）归纳了依据季节的预测方法，哈德逊（Hudson，2003）从更宽泛的角度总结了探险旅游商业层面的一些问题。

（3）探险旅游的安全管理

国外对探险旅游风险的评估研究更加重视，对探险旅游安全保障机制研究较为欠缺。一般而言，雪上运动危险系数较高，学者们不仅分析了雪上项目的基础数据，而且比较了滑雪与滑雪板运动对身体不同部位的伤害度、头盔和护腕的保护效果，以及技术与经验的作用。此外登山活动也受到相当多关注，登山事故较多，伤亡率也较高。在高原地区，高原反应、呼吸疾病以及肠道感染等更是提高了登山活动的危险系数（William，1999；Malcolm，2001；Musa et al.，2004）。在以潜水活动为例，潜水活动的伤亡情况也不容乐观。在奥克尼、昆士兰等地，学者们研究了这些地方的潜水死亡率（Trevett et al.，2001；Wilks and Davis，2000；Taylor et al.，2003）。

在安全保障方面，研究集中在游客、组织者及管理部门3个领域。探险旅游者需要从技术、体能以及心理上做好准备（Ewert，1989，1997；Martin and Priest，1986；Hall and Weiler，1992）。在管理部门方面，政府首先要对探险旅游资源进行风险等级评定（Tim Bentley，Denny Meyer，Stephen Page and David

---

① John S, Colin B, Suzanne L, et al. Adventure tourism: The new frontier[M]. 2003.
② Loverseed H. Health and spa tourism in North America[J]. Travel & Tourism Analyst, 1998 (1): 46-61.
③ Fluker M R, Turner L W. Needs, motivations, and expectations of a commercial whitewater rafting experience[J]. Journal of Travel Research, 2000, 38(4): 380-389.

Chalmers，2000）。

4. 探险旅游的风险管理

（1）风险管理理论的兴起

探险旅游的兴起和发展使得如何预警风险、控制风险成为研究的热点问题。风险管理理论也自然成为一个重要的研究领域。

风险管理始于德国，为了避免事件发生的不良后果，减少事件造成的各种损失，降低风险成本，人们引入管理科学的原理来规避风险。1963年，美国学者发表的《企业的风险管理》，引起了欧美各国的普遍重视，此后风险管理逐渐成为企业管理一门独立学科。

（2）企业风险管理理论

现代风险管理理论包括风险价值模型（VaR）、整体风险管理理论（TRM）和企业风险管理（ERM）。其中企业风险管理的核心理念是：整个机构内各个层次的业务单位、各个种类的风险的通盘管理。ERM系统要求覆盖涉及风险的所有资产与资产组合，以及所有承担这些风险的业务单位。EMR体系能一致地测量并加总这些风险，考虑全部的相关性。

目前，比较知名的风险管理主要有美国COSO委员会风险管理模型、GARP全面风险管理理论和澳大利亚安全风险管理标准ISO31000等。

（3）澳大利亚安全风险管理标准ISO31000

ISO31000是以澳大利亚和新西兰风险管理标准AS/NZS 4360：2004为基础，实现了安全、健康、环境与财务风险管理的一体化。它是由国际标准组织（ISO）风险管理技术委员会于2009年指定完成并公布的。

①确定了风险管理的11条原则：风险管理可以创造价值；风险管理是企业管理的组成部分；风险管理是决策程序的组成部分；风险管理可以明确地处理不确定性；风险管理具有系统性、组织性和适时性的特点；风险管理以最有效的信息为基础；风险管理具有适应性；风险管理应考虑人与文化的因素；风险管理具有透明性和包容性；风险管理应对变化做出有力和快速的反应；风险管理有助于企业持续改进和提高。

②建立风险管理框架，框架包括：指令和承诺、风险管理框架的设计、风险管理的实施、框架的监测和评估、框架的持续改进。

③建立风险管理程序。风险管理程序包括5个方面的活动：沟通与协商、创建背景、风险评估、风险处置、监测与评估。

总之，ISO31000明确了风险管理的原则、框架和程序之间的关系。

5. 主要学者及其研究内容

本特利（Bentley）与佩奇（Page）两位专家在事故及安全管理方面做出了

突出贡献[①]。他们的研究是循序渐进而富有系统的。

首先，他们对新西兰探险旅游事故进行了研究，提出旅游者的人身安全应该成为一个评价的新范例；其次，他们通过对新西兰健康信息服务中心提供的 1982—1996 年的数据，分块讨论了在分析伤害问题时选取的变量因子，分别是事故发生地、事故种类、具体活动、住院天数、伤害程度、地理空间分布、事故年份及月份、年龄、性别，为系统分析提供了框架参考；最后，总结出高风险的旅游项目通常为独立的、无引导的旅游，例如登山、滑雪、徒步远足等。骑马和自行车被认定为商业探险旅游活动中最容易发生事故的项目，跌落是最经常的事故。之后，他们将研究对象锁定在从业者身上，通过对从业者发放调查问卷的形式，根据问卷统计结果建立起一个从经营者角度对通常风险因素界定的框架。27 项探险旅游项目被列入，其中被认定为具备最高风险的是雪地运动、蹦极和骑马，而滑落成为伤害最主要因素。

除了专注于新西兰，他们用对比研究方法调查了新西兰和苏格兰探险旅游的安全体验[②]。比较方法有助于分析在不同地理范围下旅游发展和变化的区别和联系，这种空间上的横向比较研究为理论应用提供了更普遍的意义。

最近的研究更加广泛。而本特利、佩奇和基思同样探究了探险活动中伤害赔偿的模式和趋势。通过对一个地区 12 个月来事故的归纳总结，发现总体趋势是单独行动的项目要比商业组织的项目发生事故概率大，如骑马、徒步行走、登山、冲浪等，其中滑索及喷气船项目要求赔偿的金额最多。在人员比例中，年轻男子受伤者占了大部分，跌落也被反映为最普遍的事故类型，这一论文也印证了他们之前的研究。

本特利和佩奇（2007）对 1996 年至 2006 年的 7 篇探讨新西兰探险旅游安全问题的文献进行了综合比较归纳，内容包括列表对比文章中所用到的一手和二手数据来源、探险旅游伤害问题程度、不同种探险活动的风险排序、探险旅游安全问题风险因素排序，以及综合建立一个概念化的模型[③]。

（四）黑色旅游理论
1. 黑色旅游的产生

长久以来，人们对那些与死亡、痛苦、灾难、暴力相关的景点、事件和遗

---

① Bentley T A, Page S J. Scoping the extent of adventure tourism accidents[J]. Annals of Tourism Research, 2001, 28(3): 705-726.

② Page S J, Bentley T A, Walker L. Scoping the nature and extent of adventure tourism operations in Scotland: How safe are they?[J]. Tourism Management, 2005, 26(3): 381-397.

③ Bentley T A, Page S J, Macky K A. Adventure tourism and adventure sports injury: The New Zealand experience[J]. Applied Ergonomics, 2007, 38(6): 791-861.

址就充满了兴趣（Stone，2005），比如基督教徒们早就作为朝圣者去了耶稣殉难处，古罗马也早就存在了角斗士。在英国伦敦、法国巴黎和日本东京等地，黑色旅游很早就成为当地一种重要的旅游形式。在20世纪末，黑色旅游得到广泛的传播并形成了多种形式。甚至，有的学者认为黑色旅游将成为世界上最庞大的一类景点（Smith，1998；Henderson，2000）。

截止到1993年，累计访问波兰奥斯威辛集中营的游客达到250万之多，每年几乎都有近50万的游客访问奥斯威辛。奥斯威辛大屠杀纪念馆已经成为波兰主要的旅游目的地，特别是近1/3的国外游客都会前往该旅游目的地。在美国，华盛顿纪念馆在其开馆的第一年就迎接了近200万游客，日均游客达5000人，使其成为到访人数最多的国家历史类纪念馆（Flanzbaum，1999）。

2. 黑色旅游的概念

1996年，苏格兰大学的福利（Foley）和列侬（Lennon）首次提到了"黑色旅游"现象，他们认为黑色旅游是前往与死亡、灾难、邪恶相关的旅游地的旅游[1]。随后出现了"黑色景点"（black spot）、"死亡旅游"（thana tourism）、"暴力遗产"（atrocity heritage）和"不和谐遗产"（dissonant heritage）等概念。2000年，这两位教授再次合作出版了《黑色旅游：死亡与灾难的吸引力》一书，此后黑色旅游现象引起了广泛的注意。在英国甚至出现了专门的网站，成为欧美地区旅游学界新兴的热点研究领域，也是一个颇具争议的领域。

3. 黑色旅游的需求和供给

坦布里奇和阿斯沃什（Tunbridge and Ashworth，1996）研究了"不和谐"旅游，并对于管理此类遗址建立了一个重要的概念框架[2]。与这些学者相同，黑色旅游研究初期，学者们尝试给黑色旅游贴上不同的"标签"，例如"死亡旅游""病态旅游""黑点旅游""毛骨悚然旅游"等。

丹恩（Dann，1998）总结了影响黑色旅游者动机的八大因子：对鬼怪的恐惧、对新奇的向往、怀旧之情、对罪恶的庆祝、嗜血、度过假期、对死亡的兴趣、道德感。这些是根据目的地、遗址和活动来划分的，而不是根据个人动机[3]。

供给研究是当前黑色旅游的热点研究领域。对于黑色旅游的景点案例研究涉及坟场（Seaton，2002）、大屠杀遗址（Beech，2000）、暴行遗址（Ashworth，2002）、监狱（Strange and Kempa，2003），以及与死亡相关的遗址，例如英格

---

[1] Malcolm Foley, John Lennon. JFK and dark tourism: A fascination with assassination[J]. International Journal of Heritage Studies, 1996, 2(4): 198-211.

[2] Tunbridge J E, Ashworth G J. Dissonant heritage: The management of the past as a resource in conflict[J]. Annals of Tourism Research, 1996, 24(2): 496-498.

[3] Dann. The popo promo of tourism[J]. Tourism Culture & Communication, 1998: 1-16.

兰惠特比的"吸血鬼德古拉"体验以及威尼斯的坟场博物馆等著名的遗址。为此，有学者总结了相当复杂的黑色旅游景点分类。

从解说的视角介入死亡与灾难地的研究甚至比黑色旅游的研究出现得更早。总的来说，目前黑色旅游的主要文献中理论较少而案例较多。这表明黑色旅游仍然在研究初期，属于"前范式"阶段。

4. 主要学者及其研究内容

英国的罗杰克（Rojek）博士首次提出 Black Spots，他通过这一概念介绍了黑色景点的理念[①]。这是指商业化的坟场遗址以及纪念大量人类聚集并被暴力突然杀害的遗址。罗杰克的分析是建立在许多旅游者涌向那些灾难地之上的，例如比利时的泽布吕赫（Zeebrugge）和苏格兰的洛克比（Lockerbie）。罗杰克讨论了三个不同的 Black Spot 案例：1955年詹姆斯·迪恩死于车祸的遗址、纪念猫王的烛光守夜活动和肯尼迪遇刺纪念日。其他景点，比如国家或者城市的纪念馆被归类于怀旧类的遗址。这两种目的地和与死亡相关的黑色景点是有区别的。许多因素导致黑色旅游的概念更加复杂。首先，需要区分立即、自发前往黑色旅游地的旅游与有计划的组织前往；其次，需要区分故意人工构造的吸引物以及与死亡直接关联的体验和事件；再次，并不清楚黑色旅游者的出游动机中对死亡的兴趣程度有多高；最后，黑色旅游产品如何开发、黑色旅游体验如何塑造等问题都使得黑色旅游概念模糊不清。

列侬和福利两位学者在2000年出版的《黑色旅游》一书是第一本探讨黑色旅游的专著，探讨了死亡和旅游之间复杂的联系，并且介绍了世界上一些重要的黑色旅游地案例。他们首次将黑色旅游描述为对于真实和商业化的死亡与灾难地的呈现和消费。之后，他们修改了这个概念，认为黑色旅游是后现代性的暗示。第一，他们认为对于死亡的兴趣和解说很大部分取决于全球沟通技术立即报到并永远重复的能力；第二，他们认为绝大多数黑色旅游地挑战着固有的秩序、理性以及现代性的进步；第三，他们发现教育、政治方面的信息以及以它们为商业化的产品之间的界限变得更加模糊。列侬和福利还依照旅游动机的不同将黑色旅游者分为两大类，第一种是指与黑色旅游目的地本身有着情感、精神或者物质上联系的，或者是出于自身思想、经历、悲伤或者纪念目的而到访旅游地的旅游者；第二种是指与目的地没有什么联系，出于娱乐、休闲、放松目的的旅游者[②]。

迈尔斯、沙普利和斯托内（Miles、Sharpley and Stone，2006）等学者，共

[①] Chris Rojek. Tourism and citizenship[J]. International Journal of Cultural Policy, 1998, 4(2): 291-310.

[②] Lennon, Foley. Dark tourism[M]. Cengage Learning EMEA, 2000.

同对黑色旅游的"色度"理论做出了贡献。迈尔斯（2002）将黑色旅游目的地、体验和遗址区分为"一般黑色"和"更加黑色"两种。这是由于黑色旅游遗址分为两种：一种是死亡、灾难和灾害的直接发生地；另一种是关于死亡、灾难和灾害的目的地与景点。因此，关于前往前者的旅游、体验、朝拜等是一种程度更深的旅行，即"更加黑色"的旅游。因此，他认为，前往波兰奥斯威辛集中营纪念馆是一种比前往美国华盛顿大屠杀纪念馆更加黑色的旅游。迈尔斯还认为，如果依靠最近的事件或者将过去的事件和记忆通过技术进行再现，能够放大死亡遗址的空间优势，就产生"最黑色"的旅游。更重要的是，通过这些游客可以体验到最接近真实场景的经历[①]。

斯托内和沙普利（2008）建议，根据需求和供给的效果强烈程度，可以区分黑色旅游地不同的"色度"。需求是根据对于死亡的兴趣程度，供给是景点开发后的魅力大小。根据这两方面程度，不同的遗址和体验或许可以标记为"更白"或是"更黑"[②]。斯托内（2006）细化了黑色旅游不同"色度"的形式，依据旅游者的动机、旅游开发者的目的以及政治意识形态等多种影响因素提出了从"最黑色"旅游到"最淡黑"旅游的"黑色旅游谱"（dark tourism spectrum）[③]。

二、中国旅游理论发展创新

（一）智慧旅游

智慧旅游（Smarter Tourism）来源于"智慧地球"（Smarter Planet）、"智慧城市"（Smarter Cities）等概念。对于现代旅游业而言，智慧旅游概念的提出是顺应新一代信息技术发展的必然趋势，也是促进旅游业转型升级的客观要求。严格来说，国外并无"智慧旅游"这一专业术语。2009年国务院出台的《关于加快发展旅游业的意见》中，提出把"旅游业发展成为国民经济战略支柱产业和人民群众满意的现代服务业"，此后智慧旅游被写入"十二五旅游发展规划"中。

智慧旅游的主要内容包括办公及管理业务系统的电子政务平台、集旅游信息和商务交易为一体的电子商务平台、应用集成和系统管理的综合管理平台与

[①] Miles. Auschwitz: Museum interpretation and darker tourism[J]. Annals of Tourism Research, 2002, 29(4): 1175-1178.

[②] Stone, Sharpley. Consuming dark tourism: A thanatological perspective[J]. Annals of tourism Research, 2008, 35(2): 574-595.

[③] Stone. A dark tourism spectrum: Towards a typology of death and macabre related tourist sites, attractions and exhibitions[J]. Turizam: znanstveno-stručni časopis, 2006, 54(2): 145-160.

旅游综合资源数据仓库（数据中心）等方面。根据实际应用与业务需求，将各平台进行有机整合，实现资源有效利用与调度。

智慧旅游建设的关键问题是如何明确开发主体、应用主体以及运营主体。国内学者张凌云等（2012）从智慧旅游的能力（capabilities）、属性（attributes）和应用（applications）三个层面构建了智慧旅游的CAA框架体系。其中，"能力"是指智慧旅游所具有的先进信息技术能力，"属性"是指智慧旅游的应用是公益性的还是营利性的，"应用"是指智慧旅游能够向应用各方利益主体提供的具体功能。智慧旅游的核心能力源于支撑智慧旅游的关键技术，其中物联网技术、移动通信技术、云计算技术以及人工智能技术被称为智慧旅游的四大核心技术。这四大核心技术充分体现了智慧旅游对于旅游资源及社会资源的共享与有效利用的能力，这是智慧旅游的核心标志，也有别于前一代信息技术在旅游业中应用。

（二）全域旅游

2015年9月，国家旅游局发布《关于开展"国家全域旅游示范区"创建工作的通知》，标志着国家全域旅游示范区创建工作在全国范围正式铺开。"全域旅游"是中国社会经济发展新常态下一种新的旅游发展观，是中国旅游发展的新道路、区域统筹发展的新方案、生态环保的新格局、脱贫致富的新出路和百姓幸福生活的新方式，发挥了"稳增长、促改革、调结构、惠民生、防风险"的重要功能。目前，全域旅游无论在理论界和实务界都存在很多争议，特别是概念本身的歧义与旅游中心主义的倾向引发诸多质疑，但强力的政府运动式的推动已经使它成为中国旅游发展的大热点。

全域旅游对经济社会体制、经济发展方式、社会组织体系、旅游管理体制、旅游融合发展等都提出了新的要求：（1）树立全域旅游的体制观，需要全域的见识；（2）树立全域旅游的资源观，需要全域的眼界；（3）树立全域旅游的产品观，需要全域的能力；（4）树立全域旅游的业态观，需要全域的胸怀；（5）树立全域旅游的发展观，需要全域的品质。建立现代旅游治理机制是开展和深化全域旅游发展的关键。需要从五个方面着手：第一，构建统筹发展机制；第二，深入推进旅游综合管理体制改革；第三，建立系统的营销机制；第四，大力推进旅游数据改革；第五，进一步优化政策保障机制。

全域旅游需要秉承融合发展的理念，并结合旅游供给侧结构性改革。首先，全域旅游重点突出旅游的引领作用，形成层次分明、相互衔接、规范有效的规划体系；其次，全域旅游以"旅游+"为重点，推动融合发展、创新发展，增加旅游产品的有效供给；再次，全域旅游主张以市场为导向，促进旅游投融资，推动旅游产业持续向好，以服务民生为宗旨，抓好以厕所革命为代表的旅游公共服务；最后，全域旅游以助力全面小康为目标，大力推进旅游扶贫、旅游富民。

目前，国内各地全域旅游发展迅速，涌现出以城市全域辐射、全域景区发展、特殊资源驱动、产业深度融合、旅游功能区支撑等为代表的省、市、县多层级全域旅游推进新模式。全域旅游作为促进中国融入世界旅游大潮、增强国际竞争力的新举措，为世界贡献中国旅游经验。

第二篇　需求篇

第二章 旅游动机

旅游研究首先要解决为什么要去旅游的问题,即旅游者去旅游的内心动力是什么。旅游动机理论影响最大的包括皮尔斯(Pearce)的旅游生涯理论、普洛格(Plog)的游客心理分类理论、丹恩(Dann)的推拉理论与艾泽欧-阿荷拉(Iso-Ahola)的逃避—寻求理论。

第一节 动机理论演变

一、动机的一般理论

(一)动机的基本概念

动机是一个心理学名词,来源于拉丁文Movere,具有"使动"的意思,是激励和维持个体的行动,并使行动朝向某一目标、以满足个体某种需要的内部动力。一般情况下,消费者的现实状态与某些理想状态之间会存在某种程度的差异,这种差异会引起一种紧张状态。这种紧张状态的重要性决定了消费者意欲减少这种紧张感的迫切程度,这种唤起的程度称为驱力(drive)。一种基本需要可以为多种方式所满足,并且一个人所选择的具体方式受他独特经历和文化修养等因素的影响。一旦达到目标,紧张感便会减轻,动机也暂时消失了[①]。动机产生的过程如图2-1所示。

需要、动机和目的这三个词在日常语言中,往往混用,但在心理学上则给予了不同的界说。个体首先产生需要,为了满足需要,在个体的心理内部,便产生了动机,随后以动机作为内驱力促使了行为的产生,并且在动机和行为的指引下个体确立了最终目标,使行为活动得以具体进行。这便是需要、动机和

---

① 刘纯. 旅游心理学[M]. 北京:科学出版社,2004.

目的的基本关系。同样需要之下可以有不同的动机,同样的动机之下可以有不同的目的。反过来看,同样目的也可以服从于不同的动机,同样的动机也可以出于不同的需要。

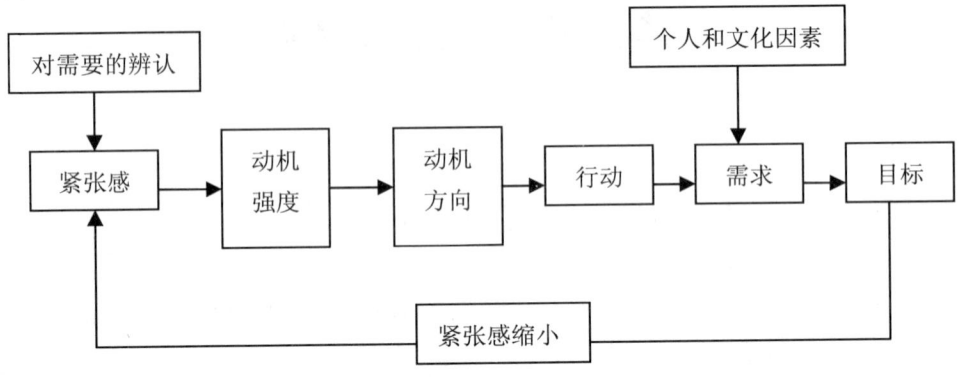

图 2-1 动机产生的全过程

资料来源:刘纯. 旅游心理学[M]. 北京:科学出版社,2004.

(二)动机理论

通常我们将"动机(motivation)"与"行为(behavior)"视为两个相对的概念,围绕这两个概念,学者们提出的动机理论(theories of motivation)大致可归纳为四大类:精神分析论(psychoanalysis)、行为论(behaviorism)、人本论(humanistic theory)及认知论(cognitive theory)。

1. 精神分析论

精神分析论(或心理分析论)是弗洛伊德于 1896 年正式提出的概念,他所主张的"心理动力学论(psychodynamic theory)",即针对个体的内在意识历程(conscious process)和潜意识历程(unconscious process),探索个体行为发生的原因,用动机与情绪的研究来解释心理历程。他认为人类一切行为变化的基本原因,源自"欲力或性本能(libido)""生之本能(life instinct)""死之本能(death instinct)"等内在动力。弗洛伊德用"本我(id)""自我(ego)""超我(superego)"来解释人格结构(personality structure),且以冲突(conflict)、焦虑(anxiety)和各种防卫作用(defense mechanism)来解释人格结构中三个"我"之间的复杂关系。精神分析论认为人类行为的原动力来源于"性"和"攻击"两种本能(sexual and aggressive instincts),属人格结构中的本我部分,且均受个体的潜意识所驱使。"性冲动或性驱力"(sex drive)是人类的"生之本能",攻击是人类的"死之本能"。促进个体行为发生的内在历程本质上是欲力、生之本能、死之本能和本我、自我、超我三者间的互动作用。

2. 行为论

行为论是美国心理学家华森（John Broadus Watson）于 1913 年创立的，他将传统的主观心理学带向客观心理学之路。他深受桑代克（Edward Lee Thorndike）与巴甫洛夫（Ivan Petrovich Pavlov）的影响，认为个体表现于外的反应，才是解释行为的基础，而反应的形成与改变是经由"制约作用（conditioning）"的历程。人类一切行为都是经由制约学习之后引起的特定反应。心理学家桑代克在他提出的学习理论（theories of learning）中，对于学习产生的解释提出"联结主义（connectionism）"，认为个体向某种刺激多次反应之后，会在其神经系统中形成一种神经结，称为"联结（bond 或 connection）"，此联结具有中介作用。当同一刺激再度出现时，此中介作用会促动反应器表现出外显反应。

在此之后，霍尔（Clark Leonard Hull）的"驱力减降论（drive-reduction theory）"对此进行了理论性解释。身体为维持功能正常，会有一种内在平衡作用，称为"均衡作用或恒定性（homeostasis）"，而"驱力"是驱使个体反应的内在动力，当个体内在生理变化暂时失去平衡时，内在驱力会寻求恢复平衡。霍尔认为行为动机的成因，是当个体表现反应时，若能使驱力或驱力刺激的压力减降，该反应即会获得强化，从而建立与某刺激的联结关系，这也成为解释刺激与反应之所以发生联结的理论基础。

之后，心理学家斯金纳（Burrhus Frederick Skinner）创立了"操作制约（operant conditioning）"学习理论，认为促动个体行为的力量是个体在活动中所学习得来的经验，此习得的经验受到"差别增强作用（differential reinforcement）"及"后效强化作用（contingency of reinforcement）"的影响。也就是说，经由可辨识的刺激情境（discriminative stimulus），个体会在情境中表现出某种反应（response），随此反应会出现"增强刺激（reinforcing stimulus）"。此刺激有可能是使"正增强物（positive reinforcer）"出现而获得酬赏与满足，也可能是使"负增强物（negative reinforcer）"消失而获得痛苦的解除。此后这种情境再出现时，个体就会倾向出现同样反应。操作制约的实验证实了达尔文（Charles Darwin）的生物进化理论，视环境重于遗传，也提供了生物学上解释个体生存的理论基础。就刺激与反应两者之间的关系来看，动机是介于两者之间的中介变量，是根据刺激或反应去推测的内在历程。但推测未必准确，因为同样刺激未必引起同样反应，原因是动机作用不同。同样动机未必显示同样行为，同样行为也未必出自同样动机。显然，属于内在历程的动机是极其复杂的，心理学家在研究动机时，大致有两个取向：其一是生理的取向，主要是研究以生理作用为基础的动机，诸如原始性动机、驱力、需求等概念；其二是心理的（或社会的）取向，主要是研究以心理作用或学习得来的动机，诸如成就动机、亲和动机、合作动机等概念。正因为动机的概念极其复杂，所以历来学者所提出的动机理论（theories of motivation）也差别很大。

心理学家勒温（Kurt Lewin）提出的场论（field theory）认为，人所表现的一切行为是个人因素（包括遗传、能力、性格、动机、情绪、健康状况等）与环境因素（包括社会的以及自然的一切条件）两方面交互作用的结果。个人的行为会随其生活空间（由个人心理事件和环境因素形成）而变化。心理学家莫瑞（Henry Alexander Murray）更以整体观的取向，倡导人格学（personology），强调要了解个体人格，就须了解其生活整体。但莫瑞认为需求会各自改变，知道其中一种需求的强度，并不一定能解释其他需求的强度，这也造成其理论不容易为非心理学领域的人所理解，所以并不普遍为人所知。

3. 人本论

人本论的主要人物马斯洛（Abraham Harold Maslow）是诠释自我实现而改变动机观念的心理学家，他认为动机是人类生存成长的内在动力。此内在动力是由多种不同的需求所组成的。他所倡议的需求层次论（need hierarchy theory）主张人类各种需求之间有高低层次之分，且人类动机是由低而高逐渐发展的。由低而高依次是生理需求、安全需求、爱与隶属需求、尊重需求、知的需求、美的需求、自我实现需求（共七层，一般省略知与美两种需求，只介绍五种需求）。属于基层者具有普遍性，属于高层者有较大的个体差异。在七层需求中，前四层属于基本需求（basic needs），因匮乏而形成，故又被称为"匮乏需求（deficiency needs，简称 D-needs）"；后三层属于衍生需求（metaneeds），因是个体心理成长所必需，故又被称为"成长需求（growth needs）"，或"存在需求（being needs，简称 B-needs）"。每当低层需求获得满足后，高一层需求随即产生，当达到自我实现的地步时，就会产生高峰体验（peak experience），即自我觉察到的心理完美境界。这里应注意：（1）所谓的层次并没有截然分明的界限，层次和层次之间往往相互迭合。此外，当某一项需求的强度逐渐降低时，另一项需求强度也许将随之上升。（2）有些人的需求可能始终维持在关切其生理及安全需求上，而这现象常在不发达国家中出现。（3）这些需求的先后顺序并不一定适合每一个人，常有人对自我尊重的需求特别重视，甚至比安全需求更重视。（4）两个不同的人，其行为相同，并不见得就有着同样的需求。马斯洛所倡议的需求层次论的最大用处，在于指出每个人均有这些需求的存在，且简明易懂。

4. 认知论

认知论强调影响个体行为的主要是当事人的认知，主张以内在的"认知历程（cognitive process）"，即知觉、想象、辨认、理解、记忆、思考、推理、判断等心理活动来解释行为，反对行为论者将行为解释为外显的反应。其中的代表性理论有"归因论（attribution theory）"以及"认知失调论（cognitive dissonance theory）"。归因论最早是由海德（Fritz Heider）于 1958 年提出，主张行为的发生有两大原因：一是情境（或环境）因素使然，称为"情境归因（situational attribution）"；二是当事人的性格（或心理）因素使然，称为"性格归因（dispositional attribution）"。他认为一般人在解释别人的行为时，倾向于采取性格归因的角度；在解释自己的行为时，倾向于采取情境归因的角度。归因论将行为的原因与结果看作彼此的共变关系，而非单纯的因果关系，且认为行为不应归因于肯定的唯一原因，而是可能还有其他原因存在。温纳（Bernard Weiner）的研究指出行为后果的成败因素有三大特征：(1) 成败的因素可能是内在的（个人的），也可能是外在的（环境的）；(2) 成败的因素可能是固定的，也可能是不固定的；(3) 成败的因素可能是个人能控制的，也可能是个人不能控制的。一般人对自己的成败解释归因为"能力（ability）""努力（effort）""工作难度（task difficulty）"和"运气（luck）"。认知失调论是费斯丁格（Leon Festinger）所倡议的，他于 1957 年出版了《认知失调论》（*A Theory of Cognitive Dissonance*）一书解释态度改变的心理历程，认为个体经常有保持心理平衡的倾向，如果失去平衡就会感到紧张与不适，因而会产生恢复平衡的内在力量（动机）。若个体对同一事象产生两种（或多种）认知时，可能会因认知之间的矛盾而形成心理失衡现象（即认知失调），此时个体就会产生新的行为以恢复平衡，也就是说，认知失调具有行为的动机作用。

二、旅游动机

（一）旅游动机的含义

动机理论的形成也促进旅游动机学说的演化。基于动机的一般概念，许多学者对旅游动机的概念进行了定义，如表 2-1 所示。但目前来说，没有形成一个权威的、统一的定义。

表 2-1　旅游动机的定义

学者	定义
莫瑞（1964）	旅游动机是推动人进行旅游活动的内部动力，具有激活、指向、维持和调整的功能，能启动旅游活动并使之朝着目标前进
艾泽欧-阿荷拉（1982）	旅游动机是人们进行旅游活动的真正原因
康普顿和麦凯（1997）	旅游动机是使个体产生紧张感和不平衡感的内在心理因素（需求和需要）的动态过程

(二)旅游动机的分类

早在 1935 年,德国学者格理克斯曼就尝试对旅游动机进行分类。他在自己的著作《一般旅游论》中,分析了旅游行为的原因,把旅游动机分成了心理的动机、精神的动机、身体的动机和经济的动机 4 个类别。日本学者田中喜一先生,将旅游动机分为:心理动机——思乡心、交友心、信仰心;精神动机——知识的需要、见闻的需要、欢乐的需要;身体动机——治疗的需要、修养的需要、运动的需要;经济动机——购物的目的、商业的目的。田中喜一的分类,对揭示旅游动机的多样性和复杂性具有一定的意义,但从动机分类的内容来看,更像是对旅游目的进行的分类。而另一位日本学者今井省吾将现代旅游动机分为:消除紧张的动机——变换气氛、从繁杂中解脱出来、接触自然;扩大自己战绩的动机——对未来的向往、了解外部未知的世界;社会存在的动机——朋友之间的友好往来、家庭团聚等。

美国学者对于旅游动机分类的研究成果较多。约翰·托马斯(John Thomas,1964)将旅游动机分为文化教育动机、休息和娱乐的动机、种族传统动机与其他动机 4 种类型,如表 2-2 所示。奥德曼(Lioyd Audman)把旅游动机分成 8 种:健康的动机、好奇的动机、体育的动机、寻找乐趣的动机、精神寄托和宗教信仰的动机、专业或商业的动机、探亲访友的动机、自我尊重的动机。最有代表性的是罗伯特·麦金托什(Robert Mcintosh,1977)的分类方法,他将旅游动机划分为生理因素诱发的旅游动机、文化因素诱发的旅游动机、地位和声望因素诱发的旅游动机与人际因素诱发的旅游动机 4 个类型。澳大利亚学者波乃克(Berneker)将旅游动机分为 6 种:修养动机、文化动机、体育动机、社会动机、政治动机和经济动机。

表 2-2 托马斯旅游动机分类法

文化教育	休息和娱乐	种族传统	其他
去看看别国的人民的工作、生活和娱乐	摆脱单调的日常生活	去瞻仰祖先的故土	天气
游览风景名胜	去好好地玩一次	去访问家人或朋友	健康
去进一步了解新闻正在报道的事件	去追求某种与异性接触的浪漫经历	曾经去过的地方	运动
去参加特殊活动			经济
			冒险
			胜人一筹的本领
			顺应时尚
			参与历史
			了解世界(社会学)

从以上对旅游动机的分类可以看出，由于旅游动机的多源性、内隐性等特征，旅游动机的分类没有达成一个共同的认识和标准。

（三）**影响旅游动机的因素**

从动机的定义可以看出，动机与需要之间有着非常密切的关系。人们外出旅游的动机之所以会有所不同，其基本原因在于人们的需要存在差异。而个人心理类型、文化程度、年龄、性别等都影响着人们的需求，因此也影响了旅游动机。

1. 个人心理类型

普洛格（Stanley Plog）在一项有关度假区受欢迎程度的兴起与衰微的研究中，将从事旅游活动者的心理描述（psychographics）分为五种：自我中心型（the psychocentrics）、近似自我中心型（the near-psychocentrics）、中间型（the mid-centrics）、近多中心型（the near-allocentrics）和多中心型（the allocentrics），如图2-2所示。

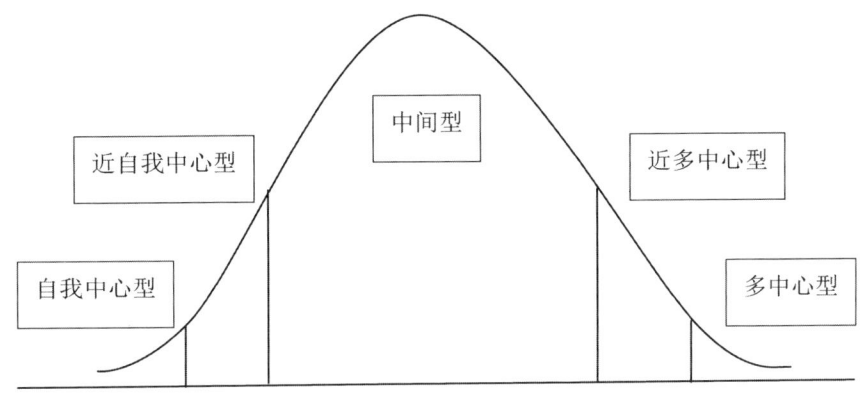

图2-2 心理类型分布图

此研究发现在旅游行为中，具有自我中心型性格（the psychocentric personality）的旅客，对其生活的可预期性有很强烈的需求。因此，他们在从事旅游活动时，通常选择前往其所熟悉的旅游地区。他们的性格较被动，主要的旅游动机为休息和放松，对于所从事的活动、所使用的住宿餐饮和娱乐设施，都希望能与其日常所熟悉的生活有一致性，而且是可预测的。而具有多中心型性格（the allocentric personality）的旅客，对其生活的不可预期性有很强烈的需求。因此，他们在从事旅游活动时，通常选择前往较不为人所知的地区。他们的性格较主动，喜欢到外国旅游，接触不同文化背景的人，并希望有新的体验[①]。表2-3

---

① Plog. Why destination areas rise and fall in popularity. A paper presented to the Southern California Chapter of the Travel Research Association. 1972.

说明了此两种性格类型的旅游特征。

表 2-3　不同心理描述类型之旅游特性

自我中心型	多中心型
* 喜欢熟悉的旅游目的地	* 喜欢非旅游地区
* 喜欢旅游目的地的一般活动	* 喜欢在别人来到该地区前享受新奇的经验和发现的喜悦
* 喜欢阳光、欢乐型的旅游胜地，包括相当程度之无拘无束的轻松感	* 喜欢新奇的与不寻常的旅游场所
* 活动量小	* 活动量大
* 喜欢去能驱车前往的旅游点	* 喜欢坐飞机去旅游目的地
* 喜欢以服务游客为主的住宿设备、餐馆及旅游商店	* 住宿设备只要包括一般的旅馆和伙食，不一定要现代化的大型旅馆，不喜欢专门吸引游客的地区商店
* 喜欢熟悉的气氛（如出售汉堡的小摊，熟悉的娱乐活动），不喜欢外国式气氛	* 愿意会见和接触具有他们所不熟悉的文化背景的人们
* 要准备齐全的旅行行装，全部日程都要事先安排妥当	* 旅游的安排只包括最基本的项目（交通工具和旅馆），留有较大的余地和灵活性

资料来源：Plog. Why destination areas rise and fall in popularity. A paper presented to the Southern California Chapter of the Travel Research Association. 1972.

具有极端自我中心型或多中心型性格的人很少，而在这两种极端中间，可区分为三种类型：近自我中心型、中间型和近多中心型。具有强烈自我中心型性格或近自我中心型性格的旅游者更愿意前往已有数以百万计的游客去过的、和游客日常所熟悉的生活有一致性与可预测性的度假区。具有强烈多中心型性格或近多中心型性格的旅游者，因其喜好冒险、好奇心强、精力充沛，且喜欢到外国旅游，因此通常会被新奇的、具有冒险性的度假区吸引。而所谓中间型性格的旅游者，他们不是真正喜欢冒险，但却又不怕旅游，是旅游大众市场（the mass market for travel）的代表，通常会被有些不熟悉、但又不是非常陌生的度假区吸引。

不过，这应该是某一段时期的情况，因为人们会改变，多次的旅游活动会使得自我中心型的旅客变得较喜好冒险和活跃，也会使得中间型的游客变得接近多中心型。但是这种态度的改变，通常是一个漫长的过程。自我中心型的游客不会在一夜之间就变得勇猛、好冒险及喜欢到不熟悉的外地去旅游。但无论如何，经过一段时间后，当人们对于新的经验、新的人和新的文化变得更为开放、更能接受时，有些人会变得具有多中心型性格，希望有新的体验。

其实不只人们会改变，经过一段时间后，度假区也会改变。有些度假区早先是吸引多中心型性格的游客，然后近多中心性格型游客的到来使得游客人数增加，于是需要更多的旅馆为游客提供住宿服务，而游客们中喜欢标准化大型连锁旅馆者较多。当大众市场的旅游团游客前来时，此地就变得更为人所熟悉了，各类家庭式餐馆、旅游商店陆续开张，无论是餐饮、娱乐和其他活动，都变得非常标准化了。最后，当近自我中心型性格和自我中心型性格的游客到来后，此地已变得很熟悉了。普洛格后来又加上一个活力向度（an energy dimension）来描述旅游者所偏好的活动量[①]：高活力的旅游者偏好高活动量，低活力的旅游者偏好低活动量。普洛格又指出，自我中心型（或依赖型）、多样活动型（或冒险型）和活力型三个性格既相近又相互独立、互不相关。

2. 其他因素

除了个人心理类型之外，影响旅游动机形成的个人方面因素中还包括：

（1）文化水平与受教育程度

一个人的文化水平通常与所受教育的程度有关。因此在旅游调查工作中，人们往往将受教育程度作为反映文化水平的测量指标。受教育程度在很大程度上决定着一个人的知识水平和了解外界信息的能力，并因此会对一个人的需要产生影响。这主要表现在，一方面知识水平的提高有助于获得有关外界事物的信息，从而易于诱发对外界事物的兴趣和好奇心；另一方面知识的增多有助于克服对外部世界的心理恐惧感。

（2）年龄

年龄对旅游动机的影响主要出于两个方面：一是年龄的不同往往决定了人们所处的家庭生命周期阶段不同，从而制约着人们的需要和动机。以青年已婚的双职工家庭为例，夫妻二人虽然具备外出旅游的条件和意愿，但由于家中有婴儿的拖累，因而仍会决定不外出旅游。这一点已为大量的旅游调查资料所证明。二是年龄的不同往往会造成人们的体力差异，从而也会制约人们的需要和动机。例如，有些老年人在心理类型上虽然属于行为活跃的多中心型，但由于身体条件的制约，仍会决定不参与具有冒险性的旅游活动，甚至会决定不外出旅游。

（3）性别

性别本身并不会对旅游动机产生影响。性别差异对需要，乃至对行为动机的影响，主要是出于两个方面的原因。第一，性别差异意味着男女生理特点的

[①] Plog. Where in the world are people going and why do they want to go there. Paper presented to Tianguis Turistico, Mexico City, Mexico. 1979.

不同；第二，性别差异导致了男女在家庭生活中扮演不同的角色。很多旅游调查结果表明，在外出旅游者中，男性旅游者多于女性旅游者，而且探险性旅游活动的参加者多为男性，其根本原因便在于此。

（4）支付能力

对于支付能力较低的人而言，即使他在心理类型上属于多中心型，喜欢到遥远、新奇的目的地去旅行，但由于支付能力的制约，外出旅游时也有可能会选择那些对他来说虽然没有什么新意，但费用较低的近程目的地。

以上关于旅游动机影响因素的简要介绍仅是针对旅游者的个人方面而言。实际上，除了旅游者个人方面的因素之外，很多外部因素，如社会历史条件、微社会环境等，也会对人的旅游动机产生某种正面或负面的影响[①]。

第二节　旅游动机学说门派

心理学家对人类动机的实质进行了很多研究，形成了许多不同的学说。在以往研究成果的基础上，心理学家提出了许多的动机理论。在以上的众多动机理论中，旅游生涯理论（travel career theory）、驱力理论（drive theory）、期待价值理论（expectancy value theory）、唤醒理论（arousal theory）和双因素理论（two factors theory）在旅游研究领域中被引用的较多。

一、皮尔斯（Pearce）的旅游生涯理论

马斯洛需求层次理论主要是描述人有多种层次的需求，当低层次需求（例如生理需求的饥、渴）满足后，会追求更高层次的需求（例如安全），而最高层次的需求是自我实现[②]。皮尔斯（Pearce）将马斯洛需求层次理论应用于旅游动机研究，认为游客的经验会间接影响游客下次旅游的动机，于是他发展出旅游生涯阶梯（travel career ladder）模型[③]，如图 2-3 所示。游客在旅游生涯阶梯中最底层的动机是生理性动机，这在旅游中可表现为参与活动、基本生理需求和放松。

[①] 李天元. 旅游学（第二版）[M]. 北京：高等教育出版社，2006.
[②] Maslow. Motivation and personality(3rd)[M]. Harper Collins Publisher, New York, 1987.
[③] Pearce. The Ulysses factor: evaluating visitors in tourist settings[M]. Springer-Verlag, New York. 1988.

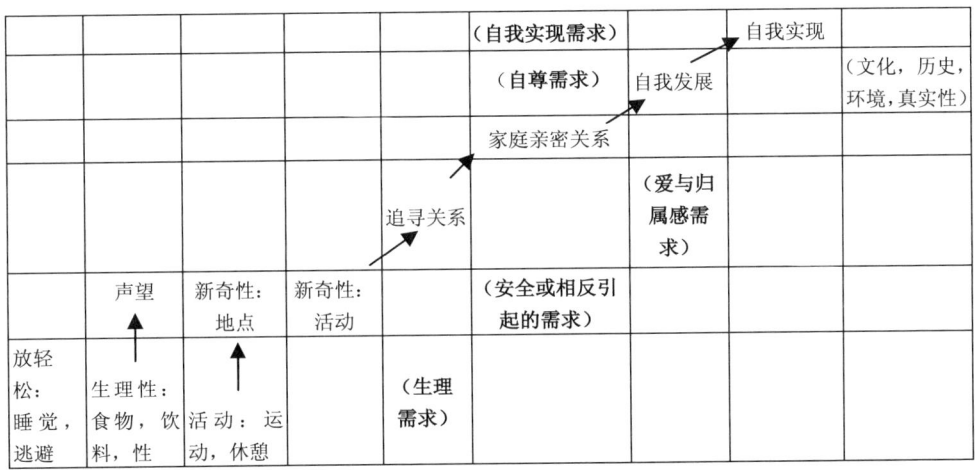

图 2-3 旅游生涯阶梯模型

资料来源：Pearce. The Ulysses factor: evaluating visitors in tourist settings[J]. Springer-Verlag, New York. 1988.

待第一层次满足后，游客就会产生第二层次的需求，即安全需求或相反而生的需求，其中包括对活动或地点的新奇性与声望。再往上一层次是爱与归属感的需求，这在旅游中可反映为对关系的追寻。此种需求可分为他人引导或自我引导两类，他人引导而生的行为包括"想与别人在一起""成为团体成员""接受好感与关注"与"想建立关系"。自我引导行为和爱与情感有关，另外也包括了在团体中与其他人互动，以及与他人保持或加强关系。

爱与归属感的上一层次是自尊，这与自我发展有关。由他人引导出的行为包括追求声望与魅力的旅游，使自己成为吃与喝的行家等。由自己引导出的行为则包括技能培养、特殊兴趣与能力掌握。最后也是最高的层次是自我实现，游客渴望超越自我，渴望自己成为整体的一部分，渴望体验内心的平静与和谐，渴望能将自己的潜力全部开发出来。虽然皮尔斯模型有数次改动，但就整体而言，他强调当游客较低层次的需求被满足与游客有较多的旅游经验后，游客产生追寻更高层次需求的动机①，但是皮尔斯也同意此种追求较高层次需求的形式不是永远如此，动机也可能会改变，且同时出现在不同的需求层次上。

随着研究的进一步深入，皮尔斯和李（Pearce and Lee，2005）以旅游生涯阶梯模型为原型，提出了旅游生涯模型（Travel Career Pattern，TCP），该模型保留了旅游动机随着旅游经验的增加而改变的核心概念②。他们在西方国家（主

---

① Pearce. Introduction: the tourism psychology conversation[J]. Australian Psychologist, 1991, 26(3): 145-146.

② Pearce, Lee. Developing the Travel Career Approach to Tourist Motivation[J]. Journal of Tourism Research, 2005, 43(3): 226-237.

要是澳大利亚和英国）和东方国家（韩国）的不同文化情景下进行了问卷调查。经过两个样本的检验，得出了 14 个动机，如表 2-4 所示。

表 2-4 14 个旅游动机（按重要性排序）

1	探索新事物、猎奇
2	逃逸、放松
3	关系强化
4	寻求自主
5	追逐自然
6	通过和当地人或当地景点进行接触实现自我发展
7	寻求刺激
8	人格发展
9	安全关系（享受与同类人相处）
10	自我实现（获得新的生活观念）
11	自我孤立
12	怀旧
13	浪漫
14	社会认同

皮尔斯将 14 个旅游动机分成了 3 个动机层次：核心动机层、中间动机层和外部动机层[①]。其中，每一层都由不同的旅游动机组成。最重要的普遍动机（猎奇、逃离/放松、关系强化）位于核心层；中间层是较为重要的旅游动机，从内部导向的旅游动机（如自我实现）转变为外部导向的动机（如通过和当地人或当地景点进行接触实现自我发展）；最外层由怀旧、浪漫、社会认同等相对稳定但不太重要的一般动机组成。

二、伍德沃斯（Woodworth）的驱力理论

随着对动机理论研究的深入，伍德沃斯（Woodworth）在 20 世纪 20 年代提出了行为因果机制的驱力理论。他认为驱力是由于个体的生理需要所引起的，并通过相应的活动来满足这种需要。驱力可分为内部驱力和外部驱力，即可以称之为动因和诱因。因此驱力理论包括动因理论（内驱力理论）和诱因理论两部分。

动因理论（内驱力理论）是在 20 世纪 20 年代提出的。该理论认为：人和

---

① Pearce. Tourist Behaviour and the Contemporary World[M]. Channel View Publications, 2011.

动物行为的相似之处在于它们都是由于内部刺激而引起的,与本能说不同的是,它强调经验和学习(而不是遗传的本能)在行为中的核心作用。

美国学者霍尔(Hull)提出的 E=D·H 公式实际上反映了动因理论的基本观点。公式中,E 表示从事某种活动或某种行为的努力或执着程度,D 表示动因,H 表示习惯。霍尔特别强调建立在经验基础上的习惯对行为的支配作用。他认为,习惯是一种习得体验。如果过去的行为导致好的结果,人们有反复进行这种行为的趋向;过去的行为如果导致不好的结果,人们有回避这种行为的倾向。在霍尔的研究基础上,希尔加德和鲍威尔进一步提升了这一公式:SE=SH×D×V×K。其中,SE 表示反应潜力或行为,SH 表示习惯强度,D 表示内驱力,V 表示刺激强度的精神动力,K 表示诱因动机。这个公式可理解为:人的行为是习惯强度、内驱力、精神动力、诱因动机累积乘数的结果。其现实经济意义在于:一个消费者面对某种品牌的商品,如果其习惯强度、内驱力、精神动力、诱因动机各因素越强烈,那么购买这种品牌商品的可能性就越大。当其中的某个因素为零(假设消费者的内驱力),就不能发生购买行为。

20 世纪 50 年代提出的诱因理论认为,不仅内部动因引起行为,而且诱因这样的外部刺激也引起行为。在诱因理论中,感受—激励机制(sensatatization-invigoration mechanism)和预期—激励机制(anticipation-invigoration mechanism)分别用来描述个体在外部刺激的作用下引起行为反应的两种不同机制。感受—激励机制用来解释个体对特定刺激的敏感性以及由此对行为产生的激励作用或激励后果。预期—激励机制是指因对行为结果的预期而产生的行为激励后果。诱因论者认为,个体关于奖赏的预期将直接影响其活动状态。如果行为预期的奖赏效果好,个体将处于更高的活动水平,反之将处于较低活动水平。诱因论者的这一思想,实际上隐含着个体目标驱动而且熟知行为后果这一基本假设[①]。

诱因论与动因论的一个很大不同,是前者侧重于从外部刺激物对行为的影响来分析行为动机,后者则是从个体内部需求寻求对动机和行为的解释。需要注意的是,诱因论并没有否定个体内在动机的地位与作用,而只是将关注重点放在潜伏于个体身上的内在动机在多大程度上能够被特定的外在刺激物所激活和引导。从这个意义上讲,诱因论并不排斥动因论,而可以看作对后者的补充和发展[②]。

---

① 王官诚. 消费者心理学[M]. 北京:电子工业出版社,2004.
② 王长征. 消费者行为学[M]. 武汉:武汉大学出版社,2003.

三、托尔曼（Tolman）的期待价值理论

动机的期待价值理论是早期的一种动机认知理论，这种理论将达到目标的期待作为行为的决定因素。新行为主义者托尔曼（Tolman）在动物实验的基础上提出，行为的产生不是由于强化，而是由于个体对一个目标的期待。托尔曼将期待定义为刺激与刺激的联系（S1—S2）或反应和刺激的联系（S1—R—S2）。比如，看见闪电（S1），就期待雷声（S2），这是由刺激引起的期待；平时努力学习（S1—R），期待在考试中取得好成绩（S2），这是由反应引起的期待。期待（expectancy）是重要的，它帮助个体获得目标。通常个体实现目标的信念越强，目标的诱因价值越高，则行动的倾向性越大。期待价值理论可以用来预测个体行为[1]。

驱力理论和期待价值理论存在着本质的不同：首先，驱力理论性质上是后向的，强调经验和学习在驱力形成中的作用，具有情感性；期待价值理论性质上是前向的和期待的，具有认知性。其次，驱力理论将目标或目标满足需求的能力作为一般的刺激源，行为具有非选择性；期待价值理论则将期待作为行为的力量，行为具有选择性。最后，驱力理论假设驱力减少意味着行为取得了积极的效果，期待价值理论在这点上观点非常不明确。

托尔曼将两大理论结合起来，把动机分为内在的动机和外在的动机。内在动机包含以驱力为基础的情感（"推"的因素），外在动机包含认知（"拉"的因素）。将托尔曼的观点应用到旅游领域，便产生了旅游动机的推—拉理论（Dann，1977）。"推"的因素是内在的，主要指由于不平衡或紧张引起的动机因素或情感需求，推的因素起到促使旅游愿望产生的作用；"拉"的因素是外在的，是指旅游者通过对目标属性的认识所产生的认知，影响着主体的目的地选择。有的学者认为，旅游动机中"推"和"拉"的因素是相互独立的，"推"的因素做出决策，然后"拉"的因素再决定具体的行为。而有的学者认为，"推"和"拉"的因素是有着密切联系的，在"推"的因素做出旅游决策的同时，"拉"的因素拉动主体选择具体的目的地。

四、赫布（Hebb）的唤醒理论

为了解释人的竞技和探险等行为，美国心理学家赫布（Hebb，1949）和柏林（Berlyne，1960）提出了动机的唤醒理论[2]。如图 2-4 所示，人在情绪烦乱

---

[1] 张宏梅，陆林. 近十年国外旅游动机研究综述[J]. 地域研究与开发，2005，24（2）：60.
[2] 郑宗军. 普通心理学[M]. 济南：山东人民出版社，2014.

时唤醒水平最高，睡眠状态下唤醒水平最低。唤醒理论认为，每一个体都有特定的最佳唤醒水平，人们会通过不断地变换活动，让自身处于一个最佳的唤醒水平。当外界刺激较弱，唤醒水平低于最佳唤醒水平时，人们就会通过变换活动提高唤醒水平。如人们处在较为舒适安逸的生活环境时，会觉得生活无聊，从而想寻求一些激烈、有挑战性的活动；而当外界刺激较强，唤醒水平高于最佳唤醒水平时，人们就会通过变换活动降低唤醒水平。如人们处在较为紧张繁忙的生活环境时，会想要逃离到安静的地方，自己静静地待上一段时间。

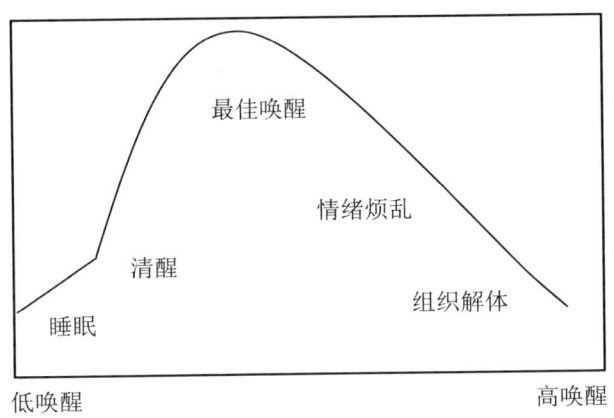

图 2-4　唤醒水平与表现间的关系

资料来源：Hebb，1987，p.237.

赫布和柏林提出，刺激强度取决于刺激本身和个人体验。首先，相同的刺激重复多次，那么该刺激的强度下降，唤醒水平将会降低。其次，同样的刺激对不同的个体来说，刺激强度不同。例如不同的人在开车时，同样 100km/h 的速度，新手可能会觉得速度过快，而专业司机则觉得平淡无奇。

艾泽欧-阿荷拉（Iso-Ahola）在此理论的基础上，提出了旅游动机的"逃避—寻求"理论模型[①]，如图 2-5 所示。在该理论模型中提出了一种"内在最佳唤醒水平"，提出了"逃避因子"和"寻求因子"的概念。逃避因子和寻求因子互为补充和综合，逃避因子是指摆脱其所处的日常环境（包括个人环境和社会环境），寻求因子是指通过到新环境中旅游获得某种心理回报。

---

① Seppo Iso-Ahola. Toward a social psychological theory of tourism motivation: A rejoinder[J]. Annals of Tourism Research, 1982, 9(2): 256-262.

逃逸日常环境		寻求心理回报	
		个人的	人际的
	个人环境	（1）	（2）
	社会环境	（3）	（4）

图 2-5 "逃避—寻求"理论模型

第三节 旅游动机理论评价

旅游动机是旅游研究中较为重要且较为基础的一个概念，也一直是国内外学者最为关心的问题之一，主要回答人们为什么要旅游这一基本问题。但纵观国内外旅游动机文献，旅游动机方面的理论仍存在很多不足。

一、动机分类与分层忽视多因素交叉重叠的影响

普洛格的模型是在柯恩（Cohen，1979）的旅游者分类模型上提出的，划分了旅游活动者的心理类型，仅提出性格特质会影响人们对旅游景点的选择。性格是个体在其生活历程中，通过对人、对事、对己，以及对整体环境的适应所显示的独特个性。而这种独特个性是由个体在其遗传、环境、成熟、学习等因素交互作用下，表现为需求、动机、兴趣、能力、性向、态度、气质、价值观念、生活习惯乃至行动等多方面的身心特质所组成[①]，因此在心理学上，对于熟悉感、新奇感的追求，或内向、外向等，只解释了人们的知觉与行为的很一小部分而已。此外，普洛格仅以单一面向来描述动机，也就是说将动机、旅游景点、个人或团体旅游者均视为同一形态，并未加以区别。而动机具有多面向的性质，加上旅游景点形态也各式各样，而且个人或团体旅游也有不同的类型，所以仅以单一面向来探讨旅游动机是不全面的。另外，人们参与不同类型的旅游有着不同的意识性动机，对于旅游景点的安全感或新奇和对于冒险性的认知或判断其实因人而异，对美国人而言属于新奇的旅游景点，可能对日本人而言就是熟悉的。因此，很难用同一标准来评价人们的旅游决策。

---

① 张春兴. 张氏心理学辞典[J]. 台北：东华书局股份有限公司，2000.

皮尔斯的旅游生涯理论在提出后也遭到不同观点的批评，梅奥与贾维斯[①]（Mayo and Jarvis，1982）认为马斯洛的理论并不周全，因为游客的旅游动机中好奇心与探险心等非常重要，但理论中却未包含这些动机。此外，瑞安[②]（Ryan）批评此理论并未解释为何这些在阶梯中的动机会在不同阶层中来回变动。旅游生涯理论最重要的理论基础是旅游经验较丰富的旅客有较高层次的需求动机，但是基姆等人（Kim et al.，1996）[③]在以加拿大旅客为研究对象的实证研究中，发现旅游经验较低的游客比旅游经验较丰富的游客有更高的自我发展动机。最后，基姆[④]（Kim，1995）认为此种需求等级可能会因为种族与文化不同而不同。经过改进和完善后提出的旅游生涯模型则在一定程度上解释了不同年龄、不同经历游客的动机模式，深化了旅游领域的理论认识。但在理解和预测游客特征时，该模型仍要进一步完善，建立游客动机与旅游目的地发展之间的联系。

二、"推—拉理论"忽视内在最佳唤醒水平的差异

丹恩的"推—拉理论"是旅游动机理论中影响较为深远的理论之一，被很多学者广泛接受，古森斯的享乐旅游动机模型等多个旅游动机理论都是基于"推—拉理论"提出的。"推—拉理论"能够对旅游动机做出很好的解释，但纵观目前旅游研究中关于"推—拉理论"的文献，大部分都使用因子分析法等方法确定"推"的因素和"拉"的因素，很少有学者将"推—拉因素"相结合进行相关分析。

艾泽欧-阿荷拉的"逃避—寻求"理论将旅游动机分为了逃避因子和寻求因子，但是该理论模型与"推—拉理论"十分相似，逃避因子和"推"的因素具有相似性，寻求因子和"拉"的因素具有相似性。"逃避—寻求"理论模型的局限性还在于，每个人的"内在最佳唤醒水平"不一，没有可以测量"内在最佳唤醒水平"的研究方法。

目前学者们提出的旅游动机模型其实都颇为类似，他们都界定出了一些意识性动机，但这些意识性动机似乎仍可用马斯洛的需求层次论来说明。纵观国内外旅游动机的研究文献，使用穷举法来定量的研究方法仍是近几年旅游动机

---

① Mayo, Jarvis. The psychology of leisure travel: effective marketing and selling of travel services[M]. CBI Publishing Company, Inc., Boston, 1982.

② Ryan. The travel career ladder: an appraisal[J]. Journal of Leisure Research, 1998, 31(3): 269-280.

③ Kim, Pearce, Morrison, O'leary. Mature vs. youth traveler: the Korean market[J]. Journal of Tourism Research, 1996, 6(1): 11-19.

④ Kim. Cross-cultural perspectives on motivation[J]. Annals of Tourism Research, 1999, 16(1): 201-204.

理论应用的主流趋势，且大多研究成果都将旅游动机和游客的社会人口特征相结合来细分市场[1]。因此，现有研究成果既缺乏统一的理论框架划分旅游动机，又没有简单有效的方法来测量和识别游客的动机特征。虽然克莱农斯奇（klenosky，2002）[2]提出了建立在"手段—目的"的技术基础上的分层询问法，菲莱普和格里纳克（Filep and Greenacre，2007）[3]提出利用定性的积极心理学框架来"形容你最美好的一天"，但目前对于旅游动机的描述并无特别的突破之处。正如皮尔斯所言，有关旅游动机的研究，还需要更具描述性的、更敏锐的，以及更注重个人内在感受的研究架构。

---

[1] Hritz, Sidman & DAbundo. Segmenting the Colege Educated Generation Y Health and Welnes Traveler[J]. Journal of Travel & Tourism Marketing, 2014, 31(1): 132-145.

[2] Klenosky. The "pull" of tourism destinations: a means–ends investigation[J]. Journal of Travel Research, 2002, 40(4): 385-395.

[3] Fliep, Greenacre. Evaluating and extending the travel career patterns model[J]. Tourism Analysis, 2007, 55(1): 23-38.

第三章 旅游体验

旅游销售的核心产品就是旅游体验,不同于产品与服务,体验的核心竞争力来自真实,检验体验质量的标准是游客能否达到高峰体验的畅爽(flow)。

第一节 旅游体验理论的缘起

一、体验经济的内涵和外延

(一)体验经济的由来

"体验"是由美国经济学家托夫勒提出来的。20世纪70年代,托夫勒从需求结构调整得出结论,"体验制造商将成为经济的基本(假如不是唯一的)支柱"。他预言,"来自消费者的压力和希望经济继续上升的人的压力将推动技术社会朝着未来体验生产的方向发展","服务业最终还是会超过制造业的,体验生产又会超过服务业","体验工业可能会成为超工业化的支柱之一,甚至成为服务业之后的经济基础"。

托夫勒根据社会经济的演进,提出了"制造业—服务业—体验业"这种独特的产业演进过程。他还提出,制造业满足顾客的一般生存需要,服务业满足顾客的发展需要,体验业满足顾客的自我实现需求。顾客自我实现需求与生存需要和发展需要相比有质的不同,它要通过网络或知识达到高峰体验或高潮(自我实现),如图3-1所示。

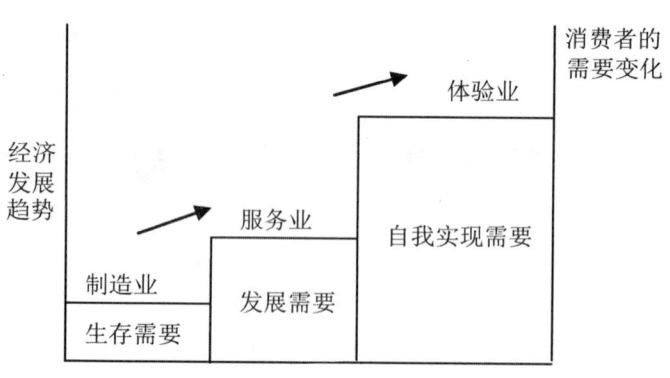

图 3-1　托夫勒的产业演进

（二）体验经济时代的特征

1998 年，派恩二世和吉摩尔（Pine II and Gilmore）在《哈佛商业评论》上发表了《体验经济时代的来临》（*Welcome to the Economy of Experience*）[①]，提出了经济价值的演化过程：采集产品、制造商品、提供服务和展示体验的演化过程。如图 3-2 所示。

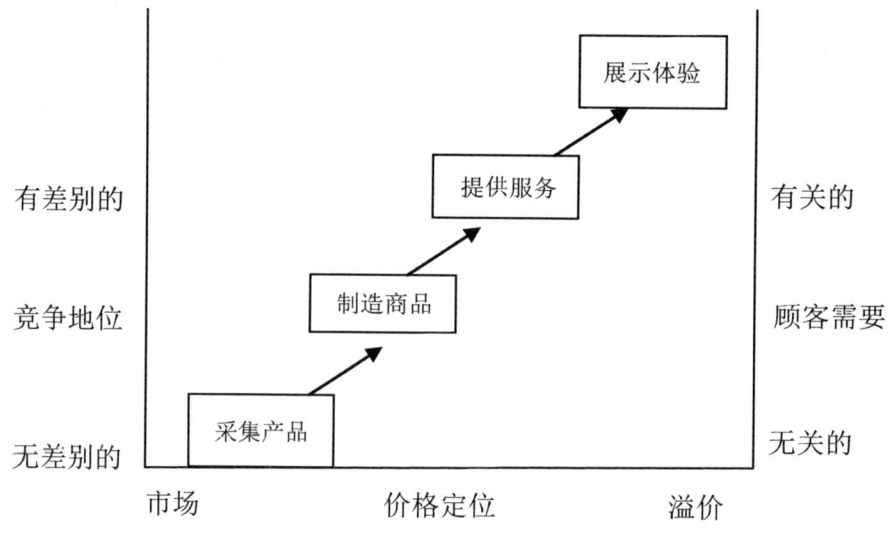

图 3-2　经济价值的演化阶段

[①] Pine Ⅱ Joseph, James Gilmore. Welcome to the Experience Economy[J]. Harvard Business Review, 1998, Vol. 76, No. 4, P. 102.

1999年，派恩二世和吉摩尔在《体验经济》一书中进一步描述了体验经济的特征：作为体验策划者的企业将不再仅提供商品和服务，而是为消费者创造体验的舞台。在这个舞台上，消费者开始自己的、唯一的表演，即消费。当表演结束时，这种体验将给消费者留下难忘的愉悦记忆。基于这种体验消费的美好、唯一、独特、不可复制、值得回忆等性质，企业可以根据其所提供的特殊价值向消费者收取更高的费用。体验经济凸显了消费者的个性化消费和生产者据此采取定制化生产的法则。

（三）体验经济的发展阶段

2008年，欧洲体验经济研究中心的负责人、荷兰学者艾伯特·鲍斯维基科（Albert Boswijk）在其发表的文章《体验经济新视角》中[①]将体验经济的发展划分为三个主要阶段：第一个阶段是原有产品与服务的生产和销售过程中将不断增加有关体验的元素，如体验式的营销等；第二个阶段是消费者将作为创造体验的一部分更多地参与体验式的生产与销售活动，如农家乐式的活动；第三个阶段则是全面进入"大规模的量身定制"的状态。

（四）体验的类型

1. 霍尔布鲁克的4Es体验观点

霍尔布鲁克和赫希曼（1982）主张消费体验由象征符号、享乐主义及美学标准所构成，并进一步探讨消费体验产生的新奇、感受及乐趣。他们指出，消费体验必须对活动投入时间，并且在整个体验过程中，消费者有着各种目的，具有多样乐趣、自发性、让人愉悦、新奇、非功利性的特质。霍尔布鲁克后来总结出四项体验要素——体验、娱乐、表现欲和传递愉快。他认为体验营销已经扩展到4Es，涵盖四大项十二种类型，如表3-1所示[②]。

表3-1 体验观点所涵盖的4Es

体验 Experience	娱乐 Entertainment	表现欲 Exhibitionism	传道 Evangelizing
逃避现实 Escapism	美学 Esthetics	热忱 Enthuse	教育 Educate
情感 Emotions	兴奋 Excitement	表达 Express	证明 Evince
享乐 Enjoyment	入迷 Ecstasy	暴露 Expose	背书 Endorse

---

① Boswijk A, Thijssen T, Peelen E. The experience economy: A new perspective[M]. Amsterdam: Pearson Education Be-nelux bv, 2008.

② Holbook Morris B. The Millennial Consumer in The Texts of Oue Times: Experience and Entertainment[J]. Journal of Macromarketing, vol. 20, 2000, p. 180.

2. 派恩二世与吉摩尔的 4E 体验

派恩二世与吉摩尔根据参与程度和主被动性把体验分为 4 类，即娱乐（Entertainment）、教育（Education）、逃避（Escape）和审美（Estheticism），简称 4E，如图 3-3 所示①。

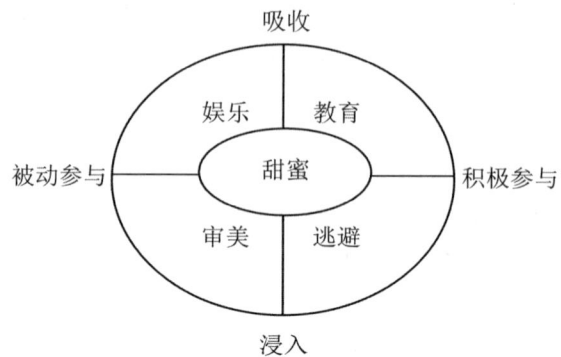

图 3-3　派恩二世和吉摩尔的 4E 体验分类图

派恩二世和吉摩尔认为，对体验的分类体现了人们逃离喧嚣、学习、欣赏美的事物以及对提高自身生活质量的一种追求。他们还认为，让人感觉最丰富的体验必须同时涵盖四个方面，即处于四个方面交叉的"甜蜜地带"（Sweet Spot）的体验。从本质上而言，这 4 种体验都是为满足马斯洛需要层次理论中发展性的需要，都是建立在缺失性需要满足的基础上，没有生存、安全、社交等的满足就谈不上尊重、自我实现、审美和求知的体验。但是，这 4 种体验并不能概括现实中的种种体验形态，而且它们互相包容、难以区分。

3. 5 维度体验

施密特（Schmitt，1999）②把体验从形式上划分为感官体验、情感体验、思考体验、行动体验和关联体验 5 个维度。

感官体验：通过对顾客视觉、听觉、触觉、嗅觉等的刺激，所引发的顾客思维的反应，感官体验对顾客来说是最直接的刺激，最容易给顾客留下深刻的印象。

情感体验：情感是个体内心的感觉（Bolton et al.，2000），就是人对客观事物的一种主观反应（Dube and Morin，2001）。

思考体验：思维是人的心理过程中最复杂的心理现象之一，是人脑对客观

---

① 派恩，吉摩尔. 体验经济[M]. 北京：机械工业出版社，2002.

② Schmitt. Experiential Marketing: How to Get Customers to Sense, Feel, Think, Act, & Relate to Your Company & Brands[M]. The Free Press, 1999.

事物的本质属性及其内在规律的反映。通过让人出乎意料、激发兴趣和挑衅，促使顾客进行发散性思维和收敛性思维的体验（Mano and Oliver，1993）。

行动体验：顾客在与服务组织的互动过程中所感受到的生活方式、身体体验。

关联体验：关联体验包括感官、情感、思考与行动等层面。关联体验超越个人人格与私人感情，再加上"个人体验"，让个人与理想自我、他人，或是文化产生关联。

4. 5E 体验

2006 年，邹统钎在其专著《中国旅游景区管理模式研究》中，根据旅游活动的本质特征及游客心理需求的特点，提出新的现代 5E 体验旅游，即：娱乐（Entertainment）、教育（Education）、逃避（Escape）、审美（Estheticism）和移情（Empathy），用 5E 来表示，图 3-4 表现了现代 5E 体验分类。人们参观纪念馆、登山时都是某种移情，其中交叉点是高峰体验。

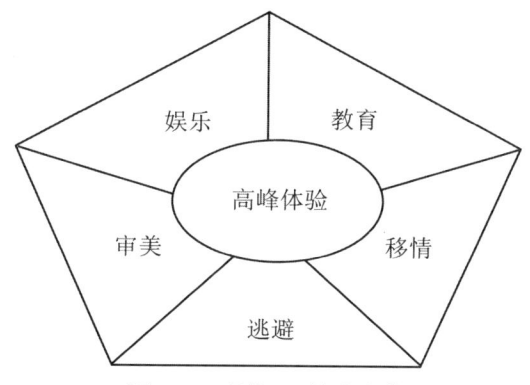

图 3-4　现代 5E 体验分类

二、现代体验理论的发展

（一）蒲恩（Poon）的新旅游：体验旅游重视主动参与

德国学者蒲恩于 1994 年提出了"新旅游"的概念，认为"新旅游"是未来的旅游，"新旅游"的特征是灵活性、细分化和更加真实的旅游体验。她指出当今旅游正在从大众化、非人性化的旅游转为高科技、亲密接触、更多的人性关怀、关注和保护自然环境的"新旅游"[①]。蒲恩指出的新旅游是体验旅游。图 3-5 列出了蒲恩在旅游者、技术、生产、管理和外部条件等方面做出的新旧旅游的对比。

---

① Poon. The "New Tourism" Revolution[J]. Tourism Management, 1994 (2).

从新旧旅游的对比中,可以看出体验旅游与大众旅游最大的区别在于体验旅游关注的焦点是游客的需求,游客参与旅游产品的开发、设计。体验经济时代的游客比大众旅游时代的游客更加成熟和理性,更具有主动性,更愿意为了获得不同的体验而离开自己的群体参与到其他群体中。

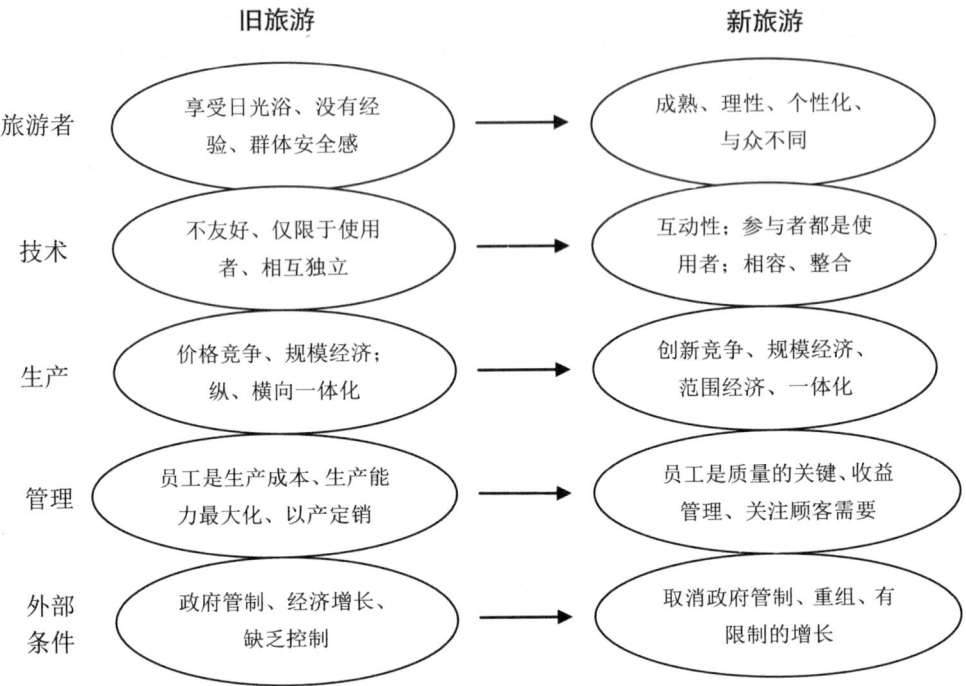

图 3-5　新旧旅游的对比

(二) 西方体验理论模型

西方理论界的五种体验理论模型:

1. 层级式体验模型 (Hierarchical Models of Experience)

这一理论模型是在以德沃和布朗 (Driver and Brown) 为代表的北美体验学派研究的基础上衍生而来的。北美体验学派秉承北美室外娱乐传统,以目标为指向,一个重要的应用概念是"娱乐机会谱"。与活动学派相比,体验学派认为"休闲管理的最终产品是人们所得到的体验",而不是提供的活动机会。在娱乐机会谱出现后,出现了益基管理,并在此基础上发展成为受益因果关系链。他们认为在一定的环境布局下所采取的行动是为了获得某种体验,而这种体验就被视为是一种受益。[1]

---

[1] Poon. The "New Tourism" Revolution[J]. Tourism Management, 1994 (2).

层级式体验模型使根据受益情况来细分游客成为可能，也就是根据旅游的最终产品来细分游客，从而代替常用的人口统计学细分方法或活动细分方法，将体验分类为享受自然、摆脱紧张、学习、价值共享和创造。

2. 类型学（Typological）理论模型

该种模型也是用来对游客进行细分的。这种模型在早期主要用来说明旅游者不都是同一类型的人。柯恩（Cohen，1979）提出要根据旅游者想要获得的体验来将旅游者分类。他把体验分为五类：消遣（Recreational）、转移注意力（Diversionary）、获取经验（Experiential）、试验（Experimental）、存在（Existential）。这些不同的体验方式代表不同的消费方式[①]。

3. "畅爽"（Flow）理论模型

这种理论提出了检验体验的标准——"畅爽"。该派的代表人物奇克森特米哈伊认为"畅爽"是一种全身心投入的状态，它使人忘记了时间的流逝，意识不到自己的存在，全神贯注参与并超越自我[②]。

4. 有目的行为（Planned Behavior）模型

从行为理念、标准化理念和控制理念中预测目标导向的行为。这种模型主要是从消费者行为学的角度来剖析促使旅游者对诸如是否旅游、到何处旅游，以及何时旅游、怎样旅游等问题做出决策的原因。该模型从行为理念、规范理念和支配理念三个方面来预知有目的的行为。行为理念影响人对某一行为所持的态度，如对于参加一项活动是有利评价还是不利评价。规范理念被认为是主观行为规范的基础，也就是感觉到社会压力而实施某种行为。支配理念是为感知行为控制力而提供基础，也就是在实施某种行为时觉得容易还是困难。

5. 局中人和局外人（Insider-Outsider）理论

该模型在早期认为旅游目的地的居民是局内人，而旅游者是局外人，后者无法理解或意识到代表旅游目的地温暖化的象征符号。后来，随着社会关系的变化，旅游者和目的地居民的距离缩短。局内人和局外人的差别既是空间上的又是心理上的。它将那些试图深入了解目的地的旅游者称为有洞察力的局外人（Insight-Outsider）。[③]

（三）真实性理论对体验经济理论的补充

真实性（Authenticity）最初来自希腊语，意思为自己做的、最初的。1961年，伯斯汀（Boorstin）提出旅游体验真实性思想，认为旅游对象本身是真实的，

[①] 邹统钎. 中国旅游景区管理模式研究[M]. 天津：南开大学出版社，2006.

[②] Cohen. Phenomenology of Tourism Experience[J]. Sociology, 1979(13): 179-201.

[③] Csikszentmıhalyi Mihaly. Optimal Experience[M]. Cambridge University Press, 1998.

人们所认为旅游体验真实是建立在旅游对象客观真实的基础之上的。由于商业化和游客的个人偏好，经过策划的特意组装好的、虚假事件的旅游能给游客带来真实性体验。该思想认为客观真实性是旅游对象的固有属性，可以通过一定的标准来衡量。

社会学家麦坎内尔于1976年在其著作《游客》（*The Tourist*）中首次将"真实性"引入旅游体验研究中，他把"真实性"作为区分游客不同体验的主要因素。获得真实的旅游体验是游客旅游的根本目标。

此后对真实性的研究又分化出不同的观点。客观主义者坚持客观性真实，强调旅游者体验是对事物原形的认识性体验。建构主义者坚持建构性真实，强调旅游者体验本身的真实性，认为旅游目的物的真实性仅是象征意义上的真实。后现代主义坚持存在性真实，认为存在性真实是指生命的一种潜在存在状态。这种存在会被旅游者的活动所激活，存在性真实可能与旅游目的物的真实性毫无关系。

施密特和西蒙对体验评价提出了整体印象的6个方面，即时间、空间、技术、真实性、质地和规格。真实性在塑造游客体验时十分重要，真实性的场景和人物有助于游客在游览中形成高质量的体验。

西博德（Theobald，1998）认为，真实性意味着是真的、没有掺杂的、实实在在的事物，真实的自然环境有以下特点：原汁原味，没有污染；碰到其他游客次数、人数低于所认为的"可感知的承载力"；非商业化。

第二节 代表人物与理论观点

一、奇克森特米哈伊（Csikszentmihalyi）的畅爽体验论

1975年，芝加哥大学心理学教授奇克森特米哈伊发现人们纵然从事不同的活动，当活动进行极为顺利的时候，受访者所描绘的感觉与心境非常相似，是指在工作或休闲时产生的一种最佳体验。类似于马斯洛（Maslow）提出的"高峰体验（Peak Experience）"状态，进入自我实现状态所感觉到的一种极度兴奋与喜悦的心情。这种感受虽然不常出现，但又是多数人都曾体验过的，不仅出现在科学知识的学习和文艺创作的活动中，而且也会在日常活动中出现。

（一）畅爽体验的基本含义

畅爽（Flow Experience）有时指一种情境，与中文"陶醉"的意义相似但

又不同，因为陶醉强调经由客体的影响，然而畅爽强调主体自我的作用①。例如，参与者会全神贯注地投入活动中，而获得一种将意识集中、注意范围变小的体验形态，且会将不相关的知觉和想法过滤、自我意识降低、对明确目标有所反应并清楚地回馈，以及对环境更具掌控感，因此参与者会再从事此一活动、重复地经验这样的历程。奇克森特米哈伊将这种体验称之为"畅爽"。

奇克森特米哈伊②强调要达到畅爽体验的状态，参与者本身拥有的活动技巧与活动的挑战性之间必须达到平衡，只有达到平衡时才能产生最大的掌控感，使参与者沉浸其中，进而带来莫大的喜悦，所以人们愿意付出代价来获得此种体验。他又指出畅爽体验在活动技巧和挑战都具有高度的时候，个人不仅能享受体验的愉悦，同时也能学习到新的技巧，并且增加自尊，使能力得以延伸。畅爽体验强调的是过程而非仅结果，因此参与者感受畅爽体验的元素与特色在于③：

1. 参与活动者要具备克服挑战的技巧（A challenging Activity that Requires Skills）。当活动本身所具备之挑战性与参与者本身所拥有之技巧程度相等时，个体会产生畅爽的感觉；当挑战的程度比自身所拥有的技巧高时，个体会产生焦虑的感觉；当自身技巧高过所面临的挑战时，个体则会产生无聊的感觉。

2. 活动本身要融合参与者的行动与意识（The Merging of Action and Awareness）。行动过程参与者的意识范围变小，不相关的知觉和想法会被过滤掉，无视其他人、事、物的存在，而能心无旁骛地从事活动，因此参与者会专心地从事活动。

3. 参与的活动有其明确的目标与回馈（Clear Gools and Feedback）。参与者能清楚成功地完成所订立的活动目标，方能让参与者得到畅爽体验感受。

4. 可让参与者实时操作、进入体验过程的活动（Concentration on the Task at Hand）。

5. 参与者能自主地掌控活动（The Paradox of Control）。参与者能掌握进行中的活动，而当产生畅爽体验感受时，也对活动所处环境具有控制感。

6. 参与者自我意识的降低（The Cass of Self-consciousness）。参与者因为采取积极的态度从事活动，不会在意别人对自己或是对活动本身的看法。

7. 参与者时间感的流失（The Transformation of Time）。参与者在从事活动

---

① Prentice, Richard, Stephen Witt, Claire Hamer. Tourism as experience[J]. Annals of Tourism Research, 1998, 25(1): 1-24.
② 托马斯·古德尔，杰弗瑞·戈比著. 人类思想史中的休闲[M]. 成素梅，马惠娣，季斌，冯世梅，译. 昆明：云南人民出版社，2000.
③ Csikszentmihalyi, M. Flow: The psychology of optimal experience[M]. New York: Harper and Row, 1990.

过程,在畅爽体验状态下,对时间流逝的快慢感知会有差异,即"山中无甲子"的感觉。

8. 自我成长的经验。参与者可以借由活动达到自我肯定,获得幸福感,增加创造力及学习力,培养对事物的积极主动性。

(二)畅爽体验的塑造

产生畅爽体验的行动过程有两个重要的因素:参与者的技能水平以及活动的挑战性强度。如图3-6所示,一位刚接触网球运动而把它当作休闲的活动者,起初他会享受刚学会发球过网(A1)阶段的技巧与挑战。然而一段时间过后,他察觉往 A2 方向行动,即能成功发球过网的技术增加,成功发球过网已不具挑战性,而感觉无聊;或者往 A3 方向行动,他发现了更具挑战性的打击网球技巧,例如上网拦截击球,然而本身因并未具上网拦截的击球技巧而出现焦虑,经衍生新的学习动机,学会了打击网球新的技巧。经过参与网球运动过程中持续出现的无聊与挑战的过程,导致他增加更多打击技巧与克服挑战的动态成长学习,而产生更丰富、更深层的畅爽体验(A4)。

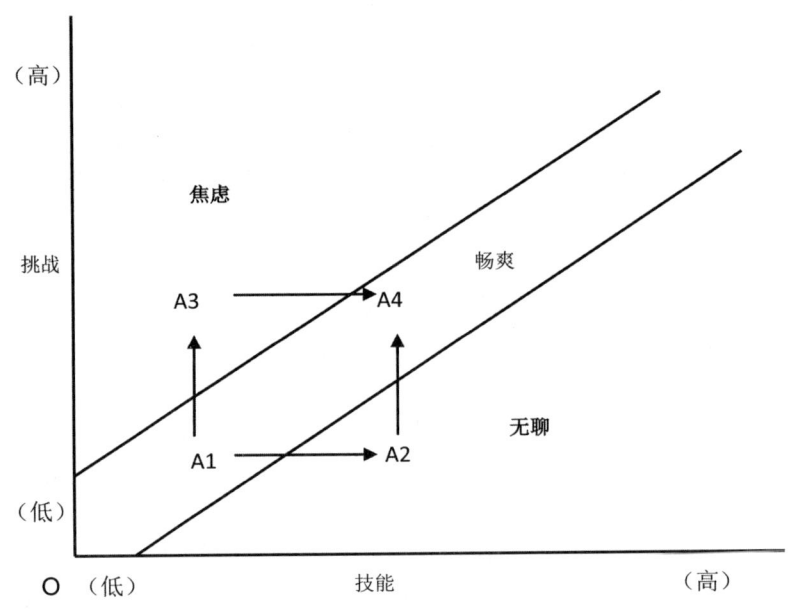

图 3-6 技能与难度匹配产生的心境结果

资料来源:Csikszentmihalyi, M. Flow: The psychology of optimal experience, 1990, p.74.

另由图 3-7 说明三项心理状态。马斯洛提出高峰经验(Peak Experience)的心理状态(A),高峰经验是指人生在追求自我实现时,所经历的一种臻于顶峰、超越时空与自我的心灵满足感和完美感。普里维特（Privette，1983）[①]指出高峰经验是一个极高价值的片刻，不用特别涉入某一挑战的活动，只需要高度配合，主要着重于表现层面，即能获得此种体验。而在产生高峰表现（Peak Performance）的同时（B），存在一个经运作处理的事件，参与者在活动过程中必须具有强烈的自我表现、自我意识。畅爽体验（Flow Experience）则是着重于个人内在价值以及体验本身的乐趣感受（C）。因此，高峰经验（Peak Experience）和畅爽体验（Flow Experience）的差别在于：一个是注重自我的表现，另一个是注重内在的感受。

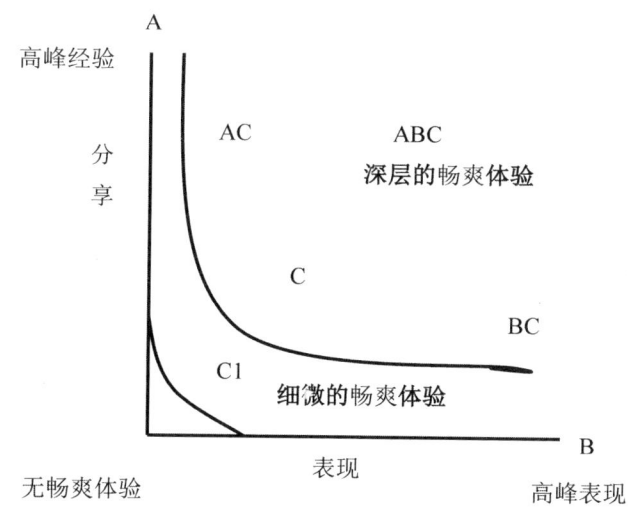

A＝高峰经验，例如聆听音乐的享受。
B＝高峰表现，例如危机处理的满意。
C＝流畅体验，例如驰骋脚踏车的乐趣。
ABC＝高峰经验、高峰表现和深层畅爽体验，例如绘画。
AC＝高峰经验和畅爽体验，例如成功的跳伞。
BC＝高峰表现和畅爽体验，例如赛跑的优胜者。
C1＝细微畅爽体验，例如嚼口香糖的趣味性。

图3-7　活动和概念的互动对畅爽体验强度的影响

资料来源：Privette, G. Peak experience, peak performance and flow a comparative analysis of positive human experiences[J]. Journal of Personality and Social Psychology, 1983,45 (6).

由于畅爽体验是一种从无到强烈的连续变量，故畅爽体验是属于心理动态发展的概念。发生在日常生活活动的畅爽体验，事实上仍有程度上的差异。学者将畅爽体验分为"细微的畅爽体验（Micro-Flow Experience）"（C1）及"深

[①] Privette, G. Peak experience, peak performance, and flow a comparative analysis of positive human experiences[J]. Journal of Personality and Social Psychology, 1983, 45(6): 1367-1368.

层的畅爽体验（Deep-Flow Experience）"（ABC）。

畅爽体验是一种人人皆可享有及可以借由从事任何活动而获得的体验，只是会依照涉入活动的程度将畅爽体验分成细微的畅爽体验和深层的畅爽体验。

关于畅爽体验与休闲活动的关系，卡尔文（1991）曾描述参与生态活动的旅游者所具有的个性：

1. 要求衍生一种深度的、真正的经验；
2. 欲求一个深切的、个人的、值得的旅游经验；
3. 在旅程中，非常讨厌大众旅行团；
4. 寻求身体和精神上的挑战；
5. 期望能与当地居民、文化有所互动；
6. 倘若能适应，通常偏好质朴的环境；
7. 可以容忍一个不便利的旅游环境；
8. 主动寻找与环境事物的相关性，而非采取被动的学习态度；
9. 宁愿得到经验而非各项便利。

在经济社会日益追求以人为本、以消费者需要为主的趋势环境中，提供小而美、别样选择的（alternative）休闲体验的理念和策略，就显得越来越重要，因此体验经济的出现，将为休闲行为提供更宽广与深远的思考。

二、派恩二世和吉摩尔的体验经济理论

派恩二世和吉摩尔（1998）[①]提出体验经济的概念，指出企业应以服务为舞台，创造具有吸引力的消费情境，使消费者沉浸于消费体验中。其后，斯米特（Schmitt）据此于1999年提出"体验营销（experiential marketing）"的做法，建议业者妥善设计营销信息内容，应用适当媒介期能有效刺激消费者的感官、情感、思考、行动及关联性等效果，建构体验营销的策略目的，即塑造顾客个体的美好体验。

（一）体验经济是产业发展的必然趋势

产业发展的历史是由传统社会的一级产业（农业经济）经工业革命后之二级产业（工业经济），至目前以服务经济为主的三级产业结构的变迁过程。派恩二世与吉摩尔（1998）预期未来产业结构将以体验经济为主。图3-8从经济价值递进（The Progression of Economic Value）的角度，说明了一级产业、二级产业、三级产业到体验经济产业结构的发展进程。

[①] Pine, B. J. & Gilmore, J. H. The experience economy: Word is theatre & every business a stage[M]. Boston, MA: Harvard Business School Press,1998.

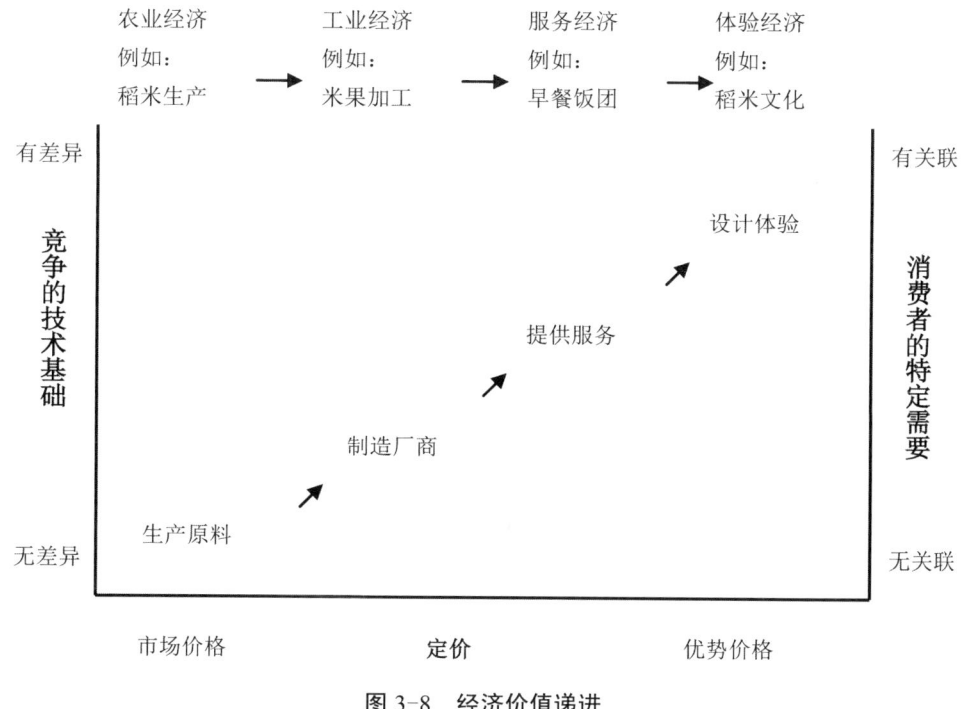

图 3-8　经济价值递进

资料来源：Pine, Gilmore. The experience economy: Word is theatre & every business a stage[M]. Boston, MA: Harvard Business School Press, 1998, p.22.

另外，从表 3-2 体验经济与其他经济体产业结构差异中可看出，农业产品是凭借自然资源生产与提炼的产品（例如稻米），工业产品则是公司标准化生产销售的有形产品（例如米果商品），服务是为特定顾客展示供应的产品与服务过程（例如经手工制作独具风味的早餐饭团），体验则是吸引顾客参与其中的独特感受（例如从稻米文化转化的体验活动与 DIY 创意产品）。

因为体验经济的来临，使创意产品有了新的价值，并把感性的体验和理性的评价相结合，改变了人们的消费行为，借此也创造新的休闲观念。例如，栽植果树、蔬菜、花卉以及庭院整理等园艺活动。相关文献指出，投入园艺活动可以建立个人日常生活劳动习惯、获得对行为的掌控、增加休闲的体验以及协调整合身体机能，也就是说参与园艺活动的休闲者可以获得个人在生理、心理、社会以及教育等方面的效益。

1. 生理效益。园艺活动具有刺激感官、增加肌肉协调、减少疼痛、帮助病情好转以及恢复注意力的功能。

2. 心理效益。园艺活动有助于提供参与者对自我的认同、增加正面的情绪、减缓现实生活中所带来的压力以及恢复认知功能和活动。

3. 社会效益。从事园艺活动者能够提高参与者语言表达能力、与他人分享自我、学习与他人合作以及增加对其他团体的宽容，进而帮助个人适应社会生活。

4. 教育效益。借由园艺活动了解植物的生长发育过程，有助于参与者观察能力的训练，增进学习兴趣与动机。因此，不仅有助于发展学习能力，还能增加外显的知识与技能。

表 3–2 体验经济与其他经济体产业的结构差异

产物	初级产物	商品	服务	体验
功能	抽取	制造	递送	舞台展示
本质	短暂的	有形的	无形的	难忘的
属性	自然的	标准化	客制化	个性化
提供方式	大量储存	生产后库存	按需求递送	特定期间展示
卖方	贸易商	制造商	提供者	舞台展示者
买方	市场	使用者	客户	客人
需求要素	生存	特色	利益	独特感受

资料来源：Pine, Gilmore. The experience economy: Word is theatre & every business a stage[M]. Boston, MA: Harvard Business School Press, 1998, p: 6.

（二）体验经济的产品类型

派恩二世和吉摩尔（1999）提出教育的（educational）、娱乐的（entertainment）、美学的（esthetic）和逃避的（escapist）4种体验产品类型，如图3–9所示。

体验产品的分类依据游客在参与休闲活动时，休闲态度与行动力的相对差异程度，图3–9中横轴标明游客参与休闲活动在态度上是积极主动的，抑或是被动的状态；纵轴则是表示游客参与休闲活动时休闲行动力的情形，譬如活动者行动力是采取对特定信息的注意吸收，抑或是心情、思绪均闲适放空，让自己只是沉浸于环境的氛围中。举例来说，同样透过屏幕的休闲活动，一为观赏电视频道节目的娱乐性体验，另一为投入电玩游戏中虚拟性的角色扮演，两相对照，将易于发现借由参与者投入活动的态度与行动力的差异，而能比较出不同类型体验产品的意义。

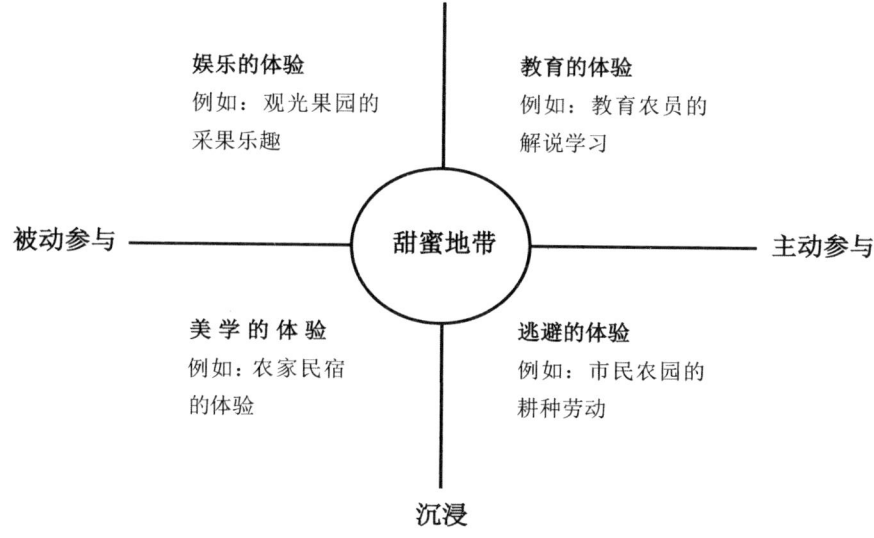

图 3-9 体验经济的产品类型

资料来源：Pine, Gilmore. The experience economy: Word is theatre & every business a stage[M]. Boston, MA: Harvard Business School Press, 1998, p.30.

因此，派恩二世和吉摩尔（1998）指出，如果游客是想亲自去学习，就是教育体验；如果是想亲自去"感觉（sense）"，就是娱乐体验；如果是"心向往之（to be there）"，就是美学体验；如果是亲自"做（do）"，就是虚拟逃避的体验。然而，本书认为4种产品的分类是无法完全划分清楚的，只是游客参与休闲活动的态度与行动力的相对程度的区分，休闲体验产品分类为的是方便学术研究与产品定位的解释。因此，令人难忘的体验可能不是单一产品类型的体验，让人感受最丰富的体验需要同时涵盖上述4种体验形式，是一种位于"甜蜜地带"的体验。

第三节 主要分析工具

一、体验价值和体验价值模型

（一）体验价值定义

霍尔布鲁克（Holbrook）认为，体验价值是互动的、相对的、偏好的体验[①]。

---

① 杨宏雯，沈燕新. 餐旅服务业管理[M]. 台北：桂鲁书局，2003.

其基本内涵可分为以下 4 点：

1. 体验价值是互动的。体验价值的产生是顾客和产品之间互动的结果。

2. 体验价值是相对的。以相对的观点来看，顾客的价值是可以比较的，表现个性化是与消费情景有关的。

3. 体验价值是偏好的。顾客在产品价值判断上的偏好性。

4. 顾客价值是一种体验。体验价值不仅仅存在于顾客购买的产品、产品品牌和产品拥有，而最重要是来自其中的消费体验。

（二）体验价值理论模型

关于体验价值的研究，主要代表是以关注消费体验为导向的顾客价值理论模型。

1. 霍尔布鲁克体验价值论[①]

霍尔布鲁克（1994，1996，1999）将顾客价值分为三大类：外在价值对比内在价值、自我导向价值对比他人导向价值、主动价值对比被动价值。三个二维细分变量将体验价值分为八类，分别是效率、卓越、地位、尊敬、游乐、美感、伦理与心灵。

关于外在价值和内在价值，外在价值强调在消费中通过产品的功能属性与效用性达成消费的目标；内在价值则重视消费体验本身所获得的价值。

关于自我导向价值和他人导向价值，当顾客对于消费体验发出自我评价、赞赏或深思时，自我导向价值便产生了；他人导向价值则是基于外在因素而产生的价值。

关于主动价值和被动价值，当顾客做了某件事或产品是属于消费体验的一部分时，均是一个人主动的角色，主动价值就源于消费的主动性行为；被动价值产生于产品的被动反应上，或者顾客是属于消费体验的一部分的情况。

瑞琴斯（1999）针对霍尔布鲁克所提出的八类价值分别提出范例加以解释，如表 3-3 所示。

---

① Holbrook, Morris, Kuwahara Takeo. Probing Explorations, Deep Displays, Virtual Reality, and Profound Insights: The Four Facts of Stereographic Three-Dimensional Images in Marketing and Consumer Research[J]. Advances in Consumer Research, 1999, Volm26, pp240-250.

表 3-3　顾客价值分类

		外在的	内在的
自我导向	主动	效率（输出与输入、便利性）（效用的、自由独立）	游乐（乐趣）（享受乐趣、个人成长）
	被动	卓越（质量）（绩效表现、财物价值安全）	美感（美丽）（舒适与和平、美丽外表、个人历程和象征、人际间联结的象征）
他人导向	主动	地位（成功、印象管理）（强化外表、强化人际间的联结）	伦理（美德、正义、道德）（帮助或愉悦他人）
	被动	尊敬（名誉、物质主义、拥有）（强化自尊、强化地位、表现自我和本体性）	心灵（忠实、着迷、神圣、魔力）（心灵的）

说明：表 3-3 中，第一个括号中的例子是霍尔布鲁克（1999）提出的，第二个括号中的例子是瑞琴斯（1999）提出的。

2. 塞斯（Sheth）体验价值论

塞斯（1991）在探讨消费决策的价值中，针对体验价值提出了一个顾客价值论模型。其理论提出三个命题：顾客的选择取决于多种顾客价值；不同的选择情境下，顾客会产生不同的顾客价值类型；不同的顾客价值之间是独立的。他还提出影响顾客价值选择的五种顾客价值[①]，如图 3-10 所示。

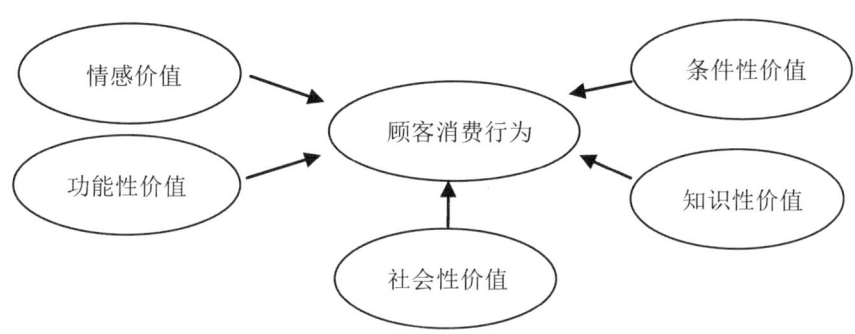

图 3-10　体验价值模型

功能性价值，是指顾客通过消费产品所提供的功能性、实用性或物理属性而获得的感知效用，即消费者通过对产品主要的功能性、实用性或物理属性的拥有，进而获得功能价值。功能价值由所选择的产品的功能属性构成。

---

① Richins, Marsha L. Consumer Behavior As a Social Science[J]. Advances in Consumer Research, 2001, Vol. 28, Issue 1, p. 4.

社会性价值，是指顾客在消费中，选择一个或多个社会群体，从而获得的感知效用，即通过正向或负向的人口统计、社会经济和文化与群体的社会性关系联结，获得社会价值。社会价值由意向选择构成。

情感价值，是指顾客在选择过程中所引起的感觉或情感状态，而获得的感知效用。情感价值主要由选择中所产生的情绪感觉构成。

知识性价值，是指顾客在消费选择中所引起的好奇、新鲜和满足其求知欲，而获得的感知效用。知识性价值主要由消费过程中所产生的知识构成。

条件性价值，是指顾客在特定情境或环境的选择结果，而得到的感知效用。条件价值由选择的情境构成。

3. 麦斯维克（Mathwick）体验价值论

麦斯维克（2001）根据内在价值和外在价值、趣味性与美感两个维度细分变量，将体验价值分为消费者投资报酬率、服务的优势性、主动价值、被动价值四种体验价值类型[①]，如表3-4所示。

表3-4 体验价值模型

	趣味性	美感
内在价值	消费者投资报酬率	服务的优越性
外在价值	主动价值	被动价值

消费者投资报酬率，是指包含财务投资（暂时性）及心理资源投入后可以产生的报酬，消费者可以体验报酬的经济效率来自对质量的感知和有效率的服务接触。

服务的优越性，是指消费者自我外在的被动反应。反应是对市场服务能力的赞许。奥利弗（1999）认为服务的优越性来自臻完美、标准化的质量，绩效结果来自可察觉的优良的服务。换句话说，价值是来自一般的消费者可察觉的优良服务。

美感，是指消费者对美产生的心理反应。美感反应包括两个构成，零售环境中显著的视觉特征和令人愉快、有趣、如戏剧般的服务表现。零售环境视觉吸引力可分为设计吸引力、实体吸引力和内在的美感。视觉吸引力和娱乐效果的美感能够使消费者的采购任务更容易完成，达到让消费者立即发现消费并满足其需求的效果。

趣味性，是指通过设计引人入胜的活动，产生趣味性的交易，能激起顾客

---

① Sheth, Jagdish, Newman, Bruce, Gross Barbara L. Why We Buy What We Buy: A Theory of Values[J]. Journal of Business Research, 1991, Vol. 22, P. 19.

追求娱乐的内在需求,让消费者能产生逃避现实的感受。

4. 米基(Michie)顾客价值模型

米基的研究尝试将顾客价值分为三类,分别为实用性价值、享乐型价值和象征性价值。

实用性价值:产品或服务本身给予消费者解决问题的能力,这种能力可以满足消费者对于其产品或服务本身的功能或效用上的需求,进一步使消费者感受到提高了利益或是减少了成本的效用。

享乐型价值:购买产品或服务的交易过程中,卖方能够提供消费者正面的感官情绪(带给消费者情感、美感体验,或是其他感官上的愉悦、幻想的感觉)的能力,这些感官情绪使得消费者认为获得了利益或是减少了成本所产生的效用。

象征性价值:消费者认为在购买产品或服务的交易过程中,能提升消费者自我形象、角色地位、群体归属或自我区别意识,这样关系着所提高的利益或减少的成本。

5. 莱伊特(Ruyter)的顾客价值体系

莱伊特(1997)考虑了消费者在认知与情绪两个方面的价值感受,主张消费者的价值认知主要包括外部价值、内部价值与系统价值三个部分。

外部价值:消费者对服务与服务过程在功能性与实用性上的认知,着重于消费者是否能通过有效的服务程序来获得正确的服务结果。

内部价值:消费者对服务与服务过程在情感上的评价,并不考虑实际的服务结果,即服务传递过程中带给消费者情绪上的价值感。

系统价值:消费者对服务或服务过程中所获得的收益与所承受的牺牲之间兑换关系的一种认知,属于消费者在服务中理性与逻辑性的价值认知。

二、体验质量测量的理论模型

(一)游憩体验偏好量表(REPs)

游憩体验偏好量表最初由德沃(Driver,1976)等学者提出,后经德沃和其他学者的深化研究,用于了解游客经由游憩活动所获得的游憩体验,将其划分为19类[①]:(1)成就感、刺激感;(2)自治领导;(3)冒险;(4)装备;(5)增进家庭关系;(6)分享共同价值;(7)认识新朋友;(8)学习;(9)享受自然;(10)自我反省;(11)创造性;(12)怀旧;(13)身体健康;(14)放松;

---

① Mathwick Clarla, Malhotra Naresh, Rigdon. Edward Experiential Value: Conceptualization, Measurement and Application in the Catalog and Internet Shopping Environment[J]. Journal of Retailing, 2001, Vol. 77, P. 11.

(15) 逃避个人或社会压力；(16) 逃避生理压力；(17) 社会安全；(18) 教导、领导他人；(19) 减少风险。

游憩体验量表的应用主要集中在以下 5 个方面：(1) 对于特定游憩活动参与者的体验偏好进行描述和比较；(2) 依据体验类型对游客进行细分；(3) 建立游憩体验与游憩环境和游憩活动之间的关系；(4) 探讨体验偏好和游客的个性特征之间的关系；(5) 以研究方法论来处理体验偏好量表的发展与检验等。其中在第 3 项的研究基础上，通过建立游憩体验与游憩环境（自然、社会和管理环境）和游憩活动之间的关系，形成了重要的规划和管理工具——游憩机会谱（ROS）。

19 世纪 80 年代初美国林业局和土地管理局采用的游憩机会谱（ROS）来分析旅游体验真实性。它通过比较 5 个因子，即偏僻程度、面积大小、游客使用痕迹、使用密度和管理限制程度，把旅游目的地分成 6 个等级，即原野、半原野无机动车辆、半原野有机动车辆、有路网的自然环境、乡村和城市，如图 3-11 所示。

从旅游体验的真实性规律性来讲，人们在自然环境中旅游，最希望体会的是那种与城市完全不同的"纯自然"感觉。原野旅游、探险旅游不同于传统的、大众的旅游体验，不注重旅游中的舒适，更注重融入真实的大自然。

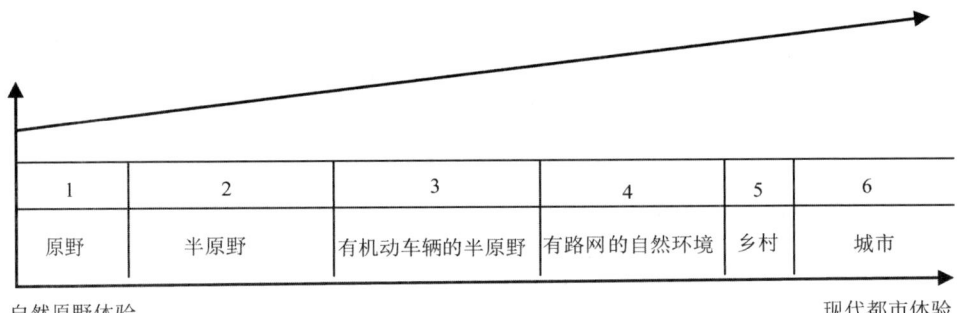

图 3-11　旅游体验的真实性规律（根据 ROS 谱系图修订）

（二）侧重情感体验的测量模型——塑造"畅爽"体验的方法

派恩二世和吉摩尔在《体验经济》一书中提出体验是以服务为舞台、以商品为道具，围绕消费者创造出值得消费者回忆的活动。他们提出了塑造体验的 5 种方法：体验主题化、以正面线索强化主题印象、淘汰消极印象、提供纪念品与重视对游客的感官刺激。

在获得"畅爽"体验时，挑战的难度与个体自身的技能水平是一致的。如果难度超过了个体的能力范围，个体就会产生焦虑。而当难度远远低于个体的技能时，个体就会产生厌倦。当活动中个体技能完美地与挑战水平相称时，个体便处于"畅爽"的状态。图 3-12 为"畅爽"体验的四阶段模型图。

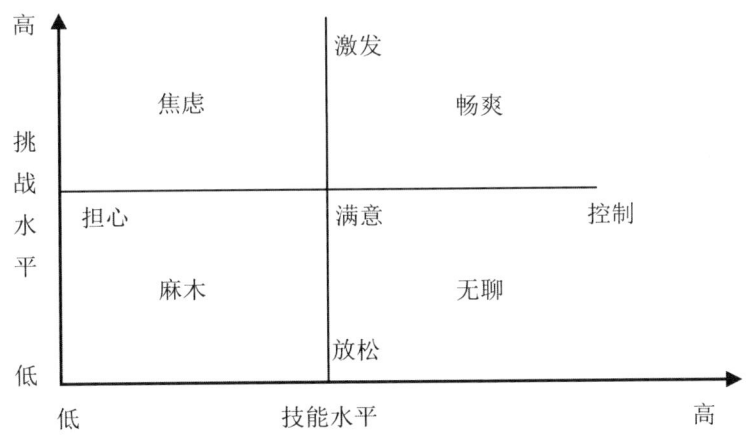

图 3-12 "畅爽"的四阶段模型①

奇克森特米哈伊博士提出塑造"畅爽"体验的方法是：（1）把工作当成游戏，制定游戏规则、目标，尝试征服某些挑战和给予奖赏；（2）清晰的目标；（3）全神贯注；（4）享受过程；（5）欣喜若狂；（6）高峰生产力。

奇克森特米哈伊博士指出，几乎所有的人类行动都有"畅爽"的最优状态：阅读、静坐、写作、观景、探险、休闲等。因此，他主张"畅爽"是人类普遍生活本质的存在。但是"畅爽"并不只是一种境界，而是人在生活中苦苦挣扎里瞬间展现的灵光。

事实上，最优体验境界的达到，有赖于个人的努力和意志，时时刻刻用意识控制周围事物。如何掌控自己的内在意识与经验，品尝生活的快乐，以及如何将日常生活中的时间转换成乐趣源头，需要我们有良好的控制意识的能力。同时要认识到意识是一种生理行为，凭借构造复杂的神经系统运作，要掌握意识的运作方式。同时，意识的范围可以无限扩张，人类可以无限地遐想和梦想。我们可以全方位思考、感觉、实践，并在瞬间获得丰富的经验，用一生的时间来体验百万种人生。"畅爽"体验的另一个重要条件是：重组意识达到"畅爽"的能力。有些人即使美景不在眼前，也能在平凡的事情中获得乐趣，有些人身处幸福，却仍感乏味苦闷。

---

① Manfrendo, Driver, Brown. A test of concepts inherent inexperience based setting management for outdoor recreation areas[J]. Journal of leisure study, 1983, 15: 263-283.

三、体验质量的满意度模型

(一) 卡诺 (Kano) 模型与用户体验质量分析

日本全面质量管理专家卡诺 (Kano, 1984) 博士指出, 企业的产品质量和顾客满意程度密切相关。据此, 卡诺将产品的质量分为当然质量、期望质量和惊喜质量三个等级, 并指出了在每个等级下, 产品的质量水平对顾客满意程度的影响, 如图 3-13 所示。

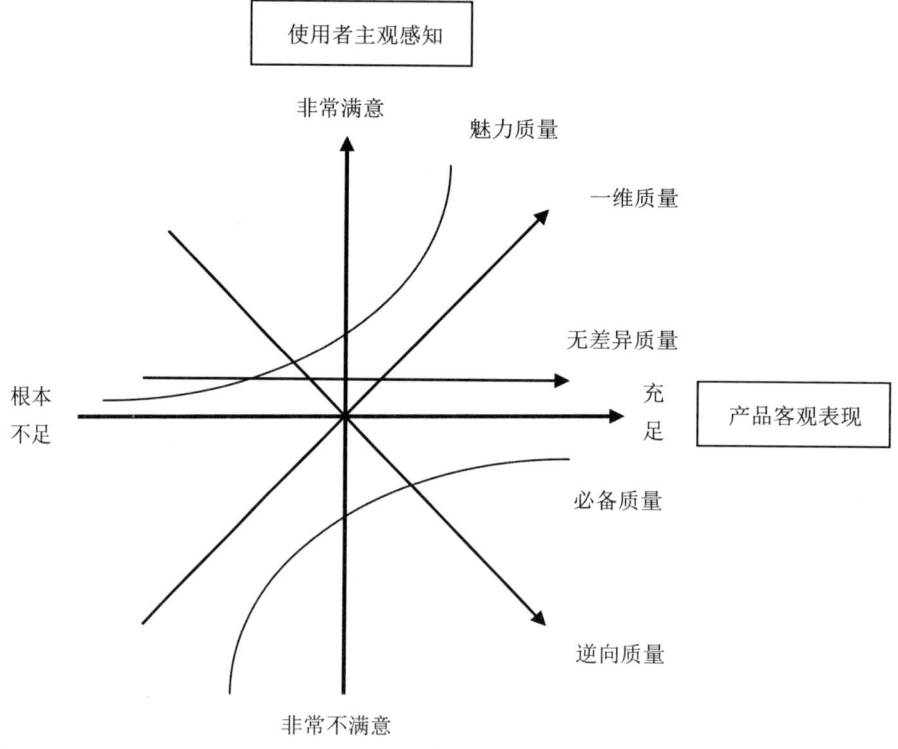

图 3-13　卡诺体验质量模型

根据不同类型的质量特性与顾客满意度之间的关系, 卡诺 (Kano) 教授将产品、服务的质量特性分为五类:

无差异质量 (Indifferent Quality): 质量中既不好也不坏的方面, 它们不会导致顾客满意或不满意。例如, 航空公司为乘客提供的没有实用价值的赠品。

逆向质量 (Reverse Quality): 逆向质量指引起强烈不满的质量特性和导致低水平满意的质量特性, 因为并非所有的消费者都有相似的喜好。例如, 一些顾客喜欢高科技产品而另一些人更喜欢普通产品, 过多的额外功能会引起顾客不满。

一维质量（One-dimensional Quality）：一维质量特性充分时会导致满意，不充分时会引起不满，它们是被公司宣传或用于公司间竞争的质量特性（Gustafsson，1998）。例如，在价格不变的情况下，旅行社为游客提供新景点、新线路服务，但是当游客发现所谓的新景点不过是旅游产品加工厂时，会感到上当受骗。

必备质量（Must-be Quality）：必备质量特性充分时产品才能合格，不充分时会引起不满。例如，食品安全是餐饮业服务质量的底线，环境再优美、价格再优惠也无法平息食物不洁引起的愤怒。

魅力质量（Attractive Quality）：魅力质量特性可以被描述为惊奇或惊喜的特性，充分时能够提供顾客满意，不充分时也不会引起不满。显然，在其他相同的情况下，具有魅力质量的产品或服务更加吸引顾客，更易培养忠诚顾客，从而形成竞争优势。

（二）顾客感知服务质量模型的提出

1982 年，瑞典著名服务市场营销学专家格罗路斯提出"顾客感知服务质量模型"，认为顾客对服务质量的评价过程实际上就是将他在接受服务过程中的实际感觉与他接受服务之前的心理预期进行比较。如果实际感受满足了顾客期望，那么顾客感知质量就是上乘的；如果顾客期望未能实现，即使实际质量以客观的标准衡量是不错的，顾客感知质量仍然是不好的，如图 3-14 所示。

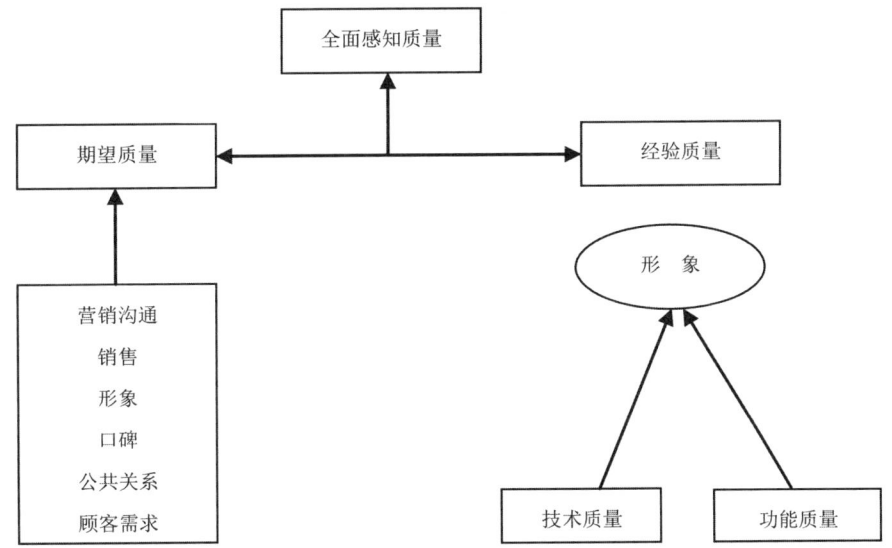

图 3-14　顾客感知服务质量模型

格罗路斯的"顾客感知服务质量模型"的核心是"质量是由顾客来评价的",实际上是要求服务厂商从顾客的角度来评价和管理服务质量,顺应了"以客户为中心"的现代市场营销潮流。特别是在市场竞争越来越激烈的服务市场营销中有特别重要的指导意义。

1. 顾客感知服务质量模型的要素

(1) 技术质量与功能质量

技术质量与服务的产出有关,是在服务生产过程中和买卖双方的接触过程结束之后顾客所得到的客观结果。功能质量与服务的过程有关,是在服务生产过程中,通过买卖双方的接触,顾客所经历和所感受的东西。服务的技术质量表示顾客得到的是什么(What),便于顾客客观地评估;而功能质量则表明顾客是如何得到这些服务结果的(How),颇具主观色彩,一般很难客观地评定。

(2) 期望质量与经验质量

期望质量就是顾客在头脑中所想象的或期待的服务质量水平。它是一系列因素的综合作用的结果,包括:

①营销宣传,如广告、邮寄、公共关系、推销等;

②顾客以往接受的相同或类似服务的经历,作为质量标杆,对顾客的期望产生影响;

③提供服务的企业形象越好,顾客对其服务的期望值就越高;

④其他顾客接受类似服务后所进行的评价也会影响某个顾客的服务评价;

⑤顾客对服务的需求越强烈紧迫,对服务质量的期望值就越低。

顾客的经验质量是指顾客在接受服务的过程中,通过对服务的技术质量和功能质量的体验与评价而得到的印象。

2. 顾客感知服务质量的定义

格罗路斯第一次提出了顾客感知服务质量概念,认为顾客感知服务质量是顾客的服务期望(expectation)与实际服务绩效(perceived performance)之间的比较。实际服务绩效大于服务期望,则顾客感知服务质量是良好的。顾客满意的感知服务质量至少是经验质量与期望质量相符,或比期望略高。追求过高的服务质量在经济上是不划算的,而太低的感知质量则会导致顾客不满意。因此,服务质量管理的主要目标就是要追求最佳(即性价比最高)的顾客感知质量。

3. 顾客感知服务质量的维度划分

研究表明,顾客感知服务质量不是一维的概念,也就是说顾客对感知服务质量的评价包括多个要素构成。用来评价顾客感知服务质量的五个基本方面包括:可靠性、响应性、安全性、移情形和有形性。

（1）可靠性——涉及绩效与可靠性的一致

在顾客感知服务质量的五个维度中，可靠性是指准确可靠地执行所承诺的服务。从更广泛的意义上说，可靠性意味着公司按照其承诺行事，公司的第一次服务要及时、准确，并在指定的时间内完成服务。

（2）响应性——主动帮助顾客

响应性是指帮助顾客并迅速提供服务的愿望。该维度强调在处理顾客要求、询问、投诉问题时的专注和快捷，让顾客等待，特别是无原因的等待会给顾客感知带来不必要的消极影响。对速度的需求，已经成为评价优良顾客感知服务质量的代号，快速地回应也是与顾客交易理应具备的要素。

（3）安全性——激发信任感

员工的行为能够增强顾客对企业的信心，同时让顾客感到安全。这也就意味着员工要有诚意以及解决顾客问题所必须具备的知识和技能。它包括可信的名称、良好的声誉、训练有素的员工。

（4）移情性——将顾客当作个体来对待

设身处地为顾客着想，并对顾客给予特别的关注，同时营业的时间要充分考虑顾客的实际情况。移情性的本质是通过个性化的或顾客化的服务使每一个顾客感到自己是唯一的和特殊的。移情性有下列特点：接近顾客的能力、敏感性和有效地理解顾客需求。

（5）有形性——服务的实物特征

服务的有形性是指服务机构有策略地提供服务的有形线索，帮助顾客识别和了解服务。服务的有形线索是服务过程中能被顾客直接感知和提示服务信息的有形物。战略上强调有形性的行业，包括顾客到企业所在地接受服务的行业，如餐厅、饭店、超市和娱乐公司等。

（三）美国顾客满意度指数模型（ACSI）

20世纪90年代以来，许多国家都开展了全国性的顾客满意度指数测评工作，以此来提高本国企业的竞争力。瑞典率先于1989年建立了全国性的顾客满意度指数（SCSB）模型。此后，美国和欧洲相继建立了各自的顾客满意度指数——ACSI模型（1994）和ECSI模型（1999）。其中最具影响和代表性的是ACSI模型。

ACSI是由美国密歇根大学商学院国家质量研究中心的费耐尔（Fornell）博士等人在SCSB模型的基础上创建的，1994年首次在美国应用。

ACSI是一种衡量经济产出质量的宏观指标，是以产品和服务消费的过程为基础，对顾客满意度水平的综合评价指数，由国家整体满意度指数、部门满意度指数、行业满意度指数和企业满意度指数4个层次构成，是目前体系最完整、应用效果最好的国家顾客满意度理论模型。ACSI模型结构如图3-15所示。

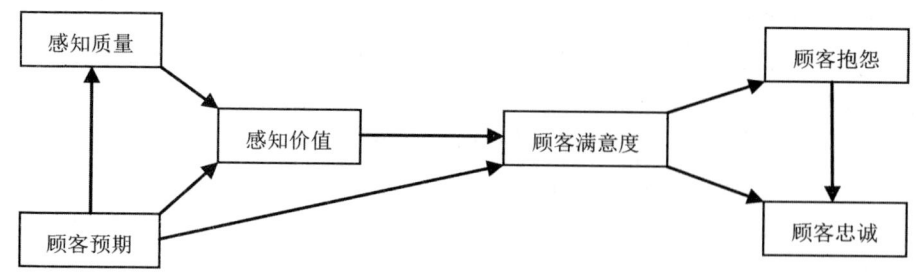

图 3-15 ACSI 模型

在上述模型中，总体满意度被置于一个相互影响、相互关联的因果互动系统中。他科学地利用了顾客的消费认知过程，将总体满意度置于一个相互影响、相互关联的因果互动系统中。该模型可解释消费经过与整体满意度之间的关系，并能指示出满意度高低将带来的后果，从而赋予了整体满意度前向预期的特性。ACSI 模型是由多个结构变量构成的因果关系模型，其数量关系通过多个方程的计算经济学模型进行估计。

该模型共有 6 个结构变量，顾客满意度是最终所求的目标变量，预期质量、感知质量和感知价值是顾客满意度的原因变量，顾客抱怨和顾客忠诚则是顾客满意度的结果变量。模型中 6 个结构变量的选取以顾客行为理论为基础，每个结构变量又包含一个或多个观测变量，而观测变量则通过实际调查收集数据得到。

1. ACSI 模型的结构变量

顾客预期（Customer Expectations）是指顾客在购买和使用某种产品或服务之前对其质量的估计。决定顾客预期的观察变量有 3 个：产品顾客化（产品符合个人特定需要）预期、产品可靠性预期和对产品质量的总体预期。

感知质量（Perceived Quality）是指顾客在使用产品或服务后对其质量的实际感受，包括对产品顾客化（符合个人特定需求程度）的感受、产品可靠性的感受和对产品质量总体的感受。

感知价值（Perceived Value）体现了顾客在综合产品或服务的质量和价格后对他们所得利益的主观感受。感知价值的观察变量有 2 个，即"给定价格条件下对质量的感受"和"给定质量条件下对价格的感受"。顾客在给定价格下对质量的感受，是指顾客以得到某种产品或服务所支付的价格为基准，通过评价该产品或服务质量的高低来判断其感知价值。

顾客满意度（Customer Satisfaction）这个结构变量是通过计量经济学变换最终得到的顾客满意度指数。ACSI 模型在构造顾客满意度时选择了 3 个观察变量：实际感受同预期质量的差距、实际感受同理想产品的差距和总体满意程度。顾客满意度主要取决于顾客实际感受与预期质量的比较。同时,顾客的实际感受与顾客心目中理想产品的比较也影响顾客满意度,差距越小顾客满意度水平就越高。

决定顾客抱怨(Customer Complaints)这个结构变量的观察变量只有1个,即顾客的正式或非正式抱怨。通过统计顾客正式或非正式抱怨的次数可以得到顾客抱怨这一结构变量的数值。

顾客忠诚(Customer Loyalty)是模型中最终的因变量。它有两个观察变量:顾客重复购买的可能性和对价格变化的承受力。顾客如果对某产品或服务感到满意,就会产生一定程度的忠诚,表现为对该产品或服务的重复购买或向其他顾客推荐。

2. ACSI模型的优缺点分析

ACSI体系中,所有不同的企业、行业及部门间的顾客满意度是一致衡量并且可以进行比较的。它不仅让顾客满意度能在不同产品和行业之间比较,还能在同一产品的不同顾客之间进行比较,体现出人与人的差异。ACSI提出了顾客期望、感知质量和感知价值,它们影响顾客的满意度,是顾客满意的前因。感知价值作为一个潜变量,将价格这个信息引入模型,增加了跨企业、跨行业、跨部门的可比性。

ACSI模型各组成要素之间的联系呈现因果关系,它不仅可以总结顾客对以往消费经历的满意程度,还可以通过评价顾客的购买态度,预测企业长期的经营业绩。在实际调研时,ACSI模型只需要较少的样本(120~250个),就可以得到一个企业相当准确的顾客满意度。

ACSI模型最大的优势是可以进行跨行业的比较,同时还能进行纵向跨时间段的比较,已经成为美国经济的晴雨表。同时,ACSI是非常有效的管理工具,它能够帮助企业与竞争对手比较,评估企业目前所处的竞争地位。需要指出的是,虽然ACSI是以先进的消费者行为理论为基础建立起来的精确的数量经济学模型,可由于其建立的目的是监测宏观的经济运行状况,主要考虑的是跨行业与跨产业部门的顾客满意度比较,而不是针对具体企业的诊断指导,它调查企业的目的只不过是以企业为基准来计算行业、部门和全国的满意度指数。由于其测量变量抽象性的需要,它的调查也不涉及企业产品或服务的具体绩效指标,企业即使知道自己的满意度低,也不知道具体低在生产或服务的哪个环节,应该从哪一方面着手改善;更不知道顾客最需要的是什么,最重视的又是什么。由于缺乏对企业生产经营上的具体指导作用,所以在进行微观层面具体企业的满意度调查时很少使用该模型。

（四）净服务质量模型

布朗和斯沃茨（Brown and Swartz，1989）强调服务的及时性特征，认为服务过程将比结果对顾客体验有更为重要的作用。对于服务企业而言，消费者与企业之间进行多次的服务接触。每一次的服务接触都对消费者满意度产生影响。这种思想则在净服务质量模型（Danaher and Mattsson，1994）中有所体现。

该模型的研究始于服务旅程的定义，即将服务体验看作一个经历不同时间和接触的旅程。因此，旅游者的旅程可用流程表刻画出来，用以显示和旅游者自身与一些主要服务对象的接触。旅游者的满意度既受本次服务接触的影响，又受前几次服务接触的影响，因此这里的旅游者满意度是累计的顾客满意度。

净服务质量模型测量累计顾客满意度，将测量的重点由服务质量转移到旅游者身上，其量表制定的理论基础是哈特曼（Hartmen，1967）的价值论模型。根据这个模型对一个提供物整体的评价包括3个旅游者内在的价值维度：格式塔式的总体感觉和影响E（Emotion）、对功能的评估P（Practice）与理性判断L（Logical），这3个价值维度以情感为最高水平的层级（E＞P＞L）。根据以上三者，再加上一个总体满意度S，累计顾客满意度的量表将旅游者对服务接触的感知拆分为4个总体维度（EPLS）。每个维度下分设具体项目，采用李克特量表让旅游者对每一个具体项目的感受赋分。

第四节　旅游体验理论评价

一、体验的真实性之争

国外对旅游体验的研究早在20世纪60年代就开始有了，布尔斯廷（Boorstin，1964）[①]是研究旅游体验理论的鼻祖。作为历史学家，他是从史学的角度来研究旅游体验的。他提出"虚假事件论"，认为旅游目的地是各个旅游企业经过精心设计的"伪事件"，旅游者也满足于这种设计好的假象，最终导致旅游者越来越远离旅游目的地社会的本真性。在他看来，大众旅游者是陷入巨大欺骗中而不自知的肤浅的体验者。布尔斯廷的观点一经提出就引起了学术界的一阵热议，麦坎内尔（MacCannell，1973）[②]对布尔斯廷的观点持反对意见，他

---

① Boorstin. The Image: A Guide to Pseudo-Events in American[M]. New York: Atheneum, 1964.

② MacCannell, D. Staged Authenticity: Arrangements of Social Space in Tourist Settings[J]. American Journal of Sociology, 1973, 79: 589-603.

认为布尔斯廷对人们追求"伪事件"的消极批判是错误的。在他看来，引起不真实的体验不是因为大众游客对"伪事件"的需求造成的，而是旅游场景不可避免的舞台化造成的，因为旅游体验就是游客在旅游活动中追求真实的体验以克服困难的过程。现代旅游者在接受现代社会的不真实性和虚假性的同时，依然是在尽力了解旅游地居民的真实生活。他试图用"真实性"的观点来研究旅游者的旅游体验。

埃里克·柯恩（Erik Cohen，1979）[1]则认为不管是布尔斯廷提出的"虚假事件论"，还是麦坎内尔提出的"追求真实性"理论，这两种旅游体验的基本理论都存在着局限。他们的观点过于偏激，同时也不具有普适性。他通过现象学来理解旅游体验，他对游客的旅游角色进行了有效划分。在他看来，具有不同世界观的个人所产生的旅游体验也不同，个体的精神核心决定个体的旅游体验，同时他还把旅游体验划分为5种主要模式。

二、高峰体验脱离生活实践

马斯洛（1969）从哲学的角度出发提出的"高峰体验（Peak Experience）"的状态，进入自我实现状态所感觉到的一种极度兴奋与喜悦的心情。奇克森特米哈伊（1975）[2]作为心理学家从社会现象的角度观察旅游者的旅游行为，并提出"畅爽"理论。两位学者理论的共同点都在于对"忘我"境界进行阐释，但是两位学者都基于各自的研究角度试图对旅游体验的极致真实状态进行描述，遗憾的是都没能让读者完全了解、信服。马斯洛的"高峰体验"可以说是脱离现实的社会关系和社会生活实践，他片面强调人的尊严和价值，片面强调人性的自然特性、稳定特性、同一特性，带有唯心主义的性质。因此，他所描述的"真实自我"只能是"心理学上的乌托邦"。畅爽理论较高峰体验完善，但观点同样过于片面。

三、托夫列的先知与派恩二世和吉摩尔缺乏深度情感认知

阿尔文·托夫列（Alvin Toffler，1970）[3]是最早将体验与经济产出联系在一起的学者，他在《未来冲击》（*Future Shock*）一书中预言："服务经济的下一步是走向体验经济，商家将靠提供这种体验服务取胜。"他认为旅游体验是体验经济的一种特殊形式，是衡量旅游活动质量的重要指标，对它的研究构成了旅

---

[1] Cohen, E. Rethinking the Sociology of Tourism[J]. Annals of Tourism Research, 1979, 6(1): 18-35.
[2] Csikszentmihalyi, M. Flow: The psychology of optimal experience[M]. New York: Harper and Row, 1990.
[3] 阿尔文·托夫勒. 未来的冲击[M]. 孟广均，译. 北京：新华出版社，1996.4.

游研究的核心内容。但是，这个理论并没有完全阐释"体验经济"的概念，理论内容不够全面，并且由于较早提出这个观点，人们并没有感受到太多体验对经济的影响。这个观点一直被忽略没有得到完善，直到20世纪末，人们的经济生活真正受到体验的影响，阿尔文·托夫列的预言才受到世人的佩服与关注。

派恩二世和吉摩尔（Pine II and Gilmore，1999）[①]在《体验经济》一书中提出体验经济的概念，指出企业应以服务为舞台，创造具有吸引力的消费情境，使消费者沉浸于消费体验中，他们将体验产品的类型分为教育（educational）、娱乐（entertainment）、美学（esthetic）和逃避（escapist）4种。相较于早期阿尔文·托夫列提出的体验经济，派恩二世和吉摩尔提出的体验经济更加完善，也明确提出了体验经济的概念和体验产品的类型等内容，但是正如派恩二世多年后自己的反思，《体验经济》在深入洞悉商界领袖的感情和思想方面做得还不够，没能呈现一个目前极度需要的全新的经济秩序，大多企业主和高管的思维定式依然是：经营企业必须依靠制造产品和提供服务。这种老套的思想妨碍了企业向着更有活力、以提供体验为主的新型企业转变，在为顾客提供体验价值方面做得很不够。

四、拿来主义缺乏与旅游的深度融合

纵观国外与旅游体验理论相关的文献研究的数量十分庞杂，还没有形成明显的系统化研究。这些国外的文献对旅游体验概念的概括都还没形成一般性的统一概念，他们研究旅游体验的角度有的是史学视角，有的是心理学视角，有的是哲学视角，还有的是经济学视角。但是不管从哪门学科、何种视角，都不同程度为旅游体验的研究做出了巨大的贡献。但也应该看到，从各种学科背景下研究旅游体验带来的局限性。经济视角下对旅游体验理论的研究更注重旅游体验能直接带来经济效益的满意度，而对那些与经济效益关系不大的旅游体验过程却视而不见。心理角度的旅游体验定义，突出了旅游体验的心理过程，却又把旅游体验行为排斥在外等。由此可见国外目前对旅游体验的理论研究大多是遵循着"拿来主义"，从社会学、史学、哲学、心理学、经济学等学科获得旅游体验的理论概念，跨学科的研究方法也让旅游体验研究陷入瓶颈，这点需要以后的研究旅游体验的学者们特别注意。

[①] Pine II Joseph, James Gilmore. Welcome to the Experience Economy [J]. Harvard Business Review, Vol. 76, No. 4, 1998, P. 102.

第四章 游客凝视

英国兰开斯特大学社会学教授厄里（Urry）以米歇尔·福柯（Michel Foucault）的医学凝视（Medical Gaze）观为基础，提出了游客凝视（Tourist Gaze）理论。该理论认为，如同临床医学视觉技术的发展一样，游客的凝视也被社会性地建构起来，而且自成一个完整的体系。厄里指出，视觉经验是观光旅游的重要方面，但他更强调"凝视者（gazer）"和"凝视对象（gazee）"之间社会权力关系的操作与发展。厄里认为每个人同时都是观看者和被观看者，看与被看的视觉经验除了与社会建构及意识形态息息相关之外，也和摄影技术的发明演进相互呼应[①]。西方学者认为厄里的凝视理论从根本上改变了传统旅游理论的基础。

第一节 凝视学说的起源与演变

"游客凝视"理论关注当代旅游发展在地理环境上的含义，关注环境如何发生变化、如何适宜地发掘和观赏，而这些变化因当代旅游的经济、社会及地理结构而定[②]。单纯的"游客凝视"并不存在，它是随社会、社会群体及历史阶段的变化而变化的。因为游客的社会经验与意识所构成的关系在不同历史阶段呈现不同的立场，所以一直没有正确且公认的游客体验凝视模式。虽然"游客凝视"是一个当代经验的特征，但是数百年前的社会已经出现类似于旅游的视觉特征的发展。

在 16 世纪至 18 世纪，英国富有阶级的小孩已把到欧洲游学旅行当作拓宽视野的机会，这时的视觉行为已含有旅游体验的萌芽。到了 19 世纪，由观察特

[①] 厄里. 观光客的凝视[M]. 叶浩, 译. 台北: 书林出版公司, 2007.
[②] Urry. The Tourist Gaze(2nd)[M]. London: Sage, 2002.

有文化事物的传统游学旅行转变成以个人视觉感受为主的浪漫式游学旅行。此时，旅游在英国上层社会俨然行使着教育的角色。此外，18世纪至19世纪也发展出许多旅游设施，例如温泉。一般民众同时也进行休憩，到远处参加城市展览，或借贸易之机参与娱乐。鲜有上阶层人士因为非工作因素而到处旅游，反倒是一般民众为了参观景点而非为了工作到各处旅游，目前在英国大约40%民众是利用自由时间来旅游的。对旅游及假日必要性的认识已被视为当代社会生活中重要的元素，这个观念意味着人们到远处旅游，可以恢复身体及心理的健康活力。

18世纪，贵族们统治世界，他们拥有无上的权力来决定他们身边景色的特点以供其视觉消费。而且，他们欣赏的物质环境还包含那些辛苦劳作的穷苦农民。这些上流阶层有旅游习惯，并且拥有主宰环境的文化资本。即使他们不常旅游，他们的文化也使他们习惯性地关注旅游，并且想象其他地区的景观[1]。到了19世纪，英国中上阶层的旅游习惯骤增，他们不仅到温泉、海边度假村旅游，还进一步到地中海沿岸游览，例如意大利、法国。他们也带回记忆、纪念品及相片[2]。到20世纪，这些旅游景点已经激发出西欧、北欧许多一般民众向往地中海式的热情。

"游客凝视"关注如何在旅游中创造出视觉与游客的体验，起初很长一段历史时期内，这在西方社会被视为一般的目视。目视在人类周围环境中被认为是最重要、最不同和最值得信赖的感官，在西方宗教和寓言中，对目视的强调更体现出社会管理的透明化[3]。"游客凝视"的概念在过去数个世纪源自社会统治及宗教想法。在16世纪，如同欧洲人的听觉与嗅觉，人类已有敏锐的视觉，但是尚未脱离对其他感官的偏好。这时，一般民众也生活在一个不安的世界，政权快速改变了国土版图，系统化的社会稳定也鲜有存在。

16世纪到18世纪，目视观察不再囿于中世纪的巫术转而成为科学合法的依据。对可视资料的信赖成为影响西方科学方法的基础，许多目视本质的科学发展出了视觉上的分类方法，例如动植物的分类学[4]。这种分类方法影响了现代通过眼力能够分辨出来的每种动植物个体的特征。旅游的论述渐渐地从学术中强调事实听闻的机会改变为目击者的实地参访。但是随着科学探险发展，旅游者不再期望他们的观察成为科学性质的一部分，旅游此时已不再被看作科学

---

[1] Barrell. The Idea of Landscape and the Sense of Place 1730-1840[M]. Cambridge: Cambridge University Press, 1972.

[2] Pemble, J. The mediterranean passion[M]. Oxford: Clarendon Press, 1987.

[3] Urry. Global complexity[M]. Cambridge: Polity, 2000

[4] Gregory. Geographical imaginations[M]. Cambridge: Blackwell, 1994.

行为而是一种鉴赏[1]。

到了 18 世纪末，对建筑、艺术品和城乡景观的鉴赏带动了英国直至整个欧洲的实景旅游，到处参访同时也成为一种个人热衷的活动。在 18 世纪，视觉技术因照相机、望远镜、旅游指南书、广泛的行程知识、描图写生及热气球的出现而发展得更为专业[2]。在接下来的世纪，所有自然实体被广泛地视为实景，成为观赏和令人感动的要素，部分原因是浪漫学派中自然物多与休憩、愉快、旅游、精彩的娱乐和视觉享受有关[3]。

到了 19 世纪，观赏城乡景观的概念更加发达。房屋建设是潜在可照相的景物[4]，对自然体验的观赏表达方式在此时被归纳为特定的视觉结构[5]。河堤、沙滩等未开发的自然海景也成为视觉性的消费[6]。虽然视觉依赖于对热带自然和文明物的观赏，但是它在 19 世纪主宰了整个西欧[7]。视觉与触觉、嗅觉及听觉的区分越来越大，新凝视技术包括明信片、指南书、摄影、西洋镜、玻璃窗等开始生产与流通[8]。路易斯·达盖尔（Louis Daguerre）和福克斯·塔尔波特（Fox Talbot）分别在 1839 年和 1840 年完成他们新式照相机的改革，托马斯·库克（Thomas Cook）在 1840 年创建了第一个包价旅游的火车时刻表和海洋蒸汽船服务，美国运通创办人威尔斯·法戈（Wells Fargo）开始提供横跨美国西部的服务[9]。几乎所有全球的环境已经发生转变或是正在转变，也变成了各式可收集式的景物。为了满足游客的付费参观和消费，这些景物现在已涉及商业化凝视，造成脖子上挂着照相机的游客正在习惯性地对环境、居民、场所进行肤浅的观赏，视觉上的凝视现在已经普遍地融入许多旅游的议题中[10]。

法国社会哲学家福柯认为，视觉不一定都具有积极的社会含义，他关心在科学知识控制实验中视觉内容的正确性，还认为当代社会除了监视外没有壮观场景："我们不在圆形剧场舞台上，而是在展示机器下[11]。"游客凝视理论援引福柯的研究并探索如何说明旅游、休憩与凝视效果等值，也涉及旅游注视壮观

---

[1] Adler. Origins of sightseeing[J]. Annals of Tourism Research, 1989, 16: 7-29.
[2] Ousby. The Englishman's England[M]. Cambridge: Cambridge University Press, 1990.
[3] Green. The Spectacle of Nature[M]. Manchester: Manchester University Press, 1990.
[4] Abercrombie. Longhurst. Audiences[M]. London: Sage, 1998.
[5] Green. The Spectacle of Nature[M]. Manchester: Manchester University Press, 1990.
[6] Corbin. The Lure of the Sea: the Discovery of the Seaside in the Modern World 1750-1840[M]. Cambridge: Polity, 1992.
[7] Sheller. Consuming the Caribbean[M]. London: Routledge, 2002.
[8] Foucault. The Birth of the Clinic[M]. London: Tavistock, 1976.
[9] Lash, Urry. Economies of Signs and Space[M]. London: Sage, 1994.
[10] Buzard. The Beaten Track[M]. Oxford: Clarendon Press, 1993.
[11] Foucault. Discipline and Punish: The Birth of the Prison[M]. New York: Vintage, 1979.

场景、展示式凝视的探讨。

19世纪以来，旅游在欧洲人的关注下已从学术讨论发展到视觉愉快，从游客的听闻发展到目视的行为[①]。至今，视觉已在旅游议题中成为重要元素，例如旅游广告宣传者常提到"视野上的享受、抢眼的景色、诗画般的村落、明信片般的美景等"，说明了视觉元素对游客有重要的吸引效果。

第二节　游客凝视理论的核心思想

一、视觉消费理论

旅游、环境与"视觉消费"三者的关系是"游客凝视"理论的重要基本议题。到了21世纪，从就业人数及交易金额来看，旅游已成为最大的产业之一，且对环境造成深远影响。第一，旅游与游客"视觉消费"的意识有关。第二，交通方式的多样化使得游客关注距离更远的环境，特别是汽车及空运的发展。汽车运输在大众景观观赏活动中得以使用，使人们可穿越不可预期的特殊景观，火车往往使游客定向到特定的度假中心。第三，许多环境因旅游景点的广泛建造招致大量游客的涌入从而使这些场所发生转变。因为大众旅游已提升了人们对地理及建设环境的关注，一般民众已能比较景观的差别，并且发展出一套必要的方法来进行适当的品位判断。旅游发展主要源于"视觉消费"的重要性或是美学的判断[②]。在西方社会，一般民众体验的重点是基于美学判断的消费活动，大多数民众在"视觉消费"与地理及建设的环境上寻找一份孤立、隐私、个人化的关系，也正是这一点造成了西方社会主要经济结构的转换。

因为三个旅游的层面，使环境和各式的"视觉消费"变得更为复杂：层面一，旅游涉及视觉上观看自然环境、人文环境和当地居民。这是环境、场所和居民被游客视为目标的结果，在此过程中也常涉及政府的积极参与[③]。虽然环境有多种用途，但是旅游离不开环境。层面二，"视觉消费"意味着游客利用并且消费每个可凝视的场所及环境。许多一般民众想参观破坏非常少的场所，但

[①] Foucault. Discipline and Punish: The Birth of the Prison[M]. New York: Vintage, 1979.
[②] Adler. Origins of sightseeing[J]. Annals of Tourism Research, 1989, 16: 7-29.
[③] Lash, S. Sociology of Postmodernism[M]. London: Routledge, 1990.

这是不太可能的事。因为环境保护良好的地方往往是那些政府限制游客使用的地方，而鼓励旅游的地方，环境往往破坏严重[1]。层面三，旅游广泛传入那些之前没有参与的一般民众中，造成新形式"视觉消费"及环境成本的提高[2]。允许游客进入又不造成环境伤害是非常困难的。目前极少私人企业及政府采用合作方法以减缓数百万游客对环境的影响。虽然这是旅游与环境奇特的困境，但是旅游不是最能制造出当代环境议题的。

"视觉消费"在地理环境层面上不仅是一种土地资源的产物，而且是结合城乡景观的美学形式。"游客凝视"理论建立在"视觉消费"的含义及关系、地理景物建设与文化形式的架构中。该理论并非单纯关于地理环境的问题，实体的城乡景观是文化形式发展的过程，而且也融合了景观上建设物的历史的视觉消费[3]。城乡景观的本质是历史特有社会及文化的建构，其中这本质重要性是与休憩、娱乐、旅游及视学的享受有关的（Green, 1990）[4]。

现在西方人士在世界各地对适当的景观进行"视觉消费"，以摄影方式保留他们的记忆。游客可以好奇地欣赏景观，得到相关旅游服务，这些已由少数人的特权变成每个人的权利。"游客凝视"有时反映在相片的使用中，旅游成为拍相片及收集相片的形式，这意味着随着摄影技术及方式的改变，民众对景观欣赏也一直变换[5]。结果，拍照片加深了旅游与环境之间的矛盾，这就增加了特殊无污染景观的吸引力，进而增强保护环境的需求，也同样地因为捕捉特别景观的记忆导致旅客数量骤增与集中，增加了对环境造成的伤害。相对于过去，目前我们可以更有效地对环境进行比较，世界的每个角落都可以用来欣赏并且进行对比，大量环境的影像可以很方便地通过相片或是电视快速呈现和模拟。

普通民众中那些具有高等教育背景、从事专业管理工作以及年长的旅游者对环境的关心与日俱增，同时关注正确的旅游方式[6]。这些因素提升了旅游的吸引力以及对乡村景色进行保护的重视。乡村景色是吸引人的，并且响应了反都市主义环境的活动。乡村景色接近大自然、少人烟，是非机械化及不预设的环境。为了追求孤立，必须到远处旅游，绕过拥挤的视野，一个人只有借非常

---

[1] Leong. Culture and the state: manufacturing traditions for tourism[J]. Critical Studies in Mass Communication, 1989 (6): 355-75.

[2] Urry. Global Complexity[M]. Cambridge: Polity, 2000.

[3] Zukin. Landscapes of Power[M]. Berkeley: Univeristy of California Press, 1991.

[4] Green. The Spectacle of Nature[M]. Manchester: Manchester University Press, 1990.

[5] Sontag. On Photography[M]. Harmondsworth: Penguin, 1979.

[6] Buckley. Environmental impacts of ecotourism[M]. Wallingford: CABI, 2004.

优质的景观才可享受如此视野。

在现代旅游中发生重要改变的是环境意识的增长。当一般民众的旅游品位更加多元化并且有选择性时，大众制造与大众消费的地中海式的假日包价旅行受欢迎程度降低。相对地，乡村、都市度假及绿色旅游越来越受欢迎。一般民众似乎被广泛的事物所吸引而凝视，同时他们品位的提升也意味着好与不好的旅游影响扩散到更多地方。目前在英国鲜有乡镇或都市不以推广旅游为主要目标，这同样也在全世界发生。在许多旅游场所，人工化经常受到批评，它涉及整个旅游建设环境的制作。人工化发展不是必要的，许多游客事实上也喜欢参观真实的场景和景物。在韦尔斯（Wales）的旅游研究中发现，一般民众最喜欢的是那些平凡的、保护良好的乡村景色，并非是特殊旅游景点[1]。这个观点在瑞士、德国、法国及英国所谓的绿色旅游中已经有所体现。

绿色旅游的工作就是要明确地方以及生物的保护，它强调小范围的地方控制、吸纳当地人参与旅游业的发展、传统形式的建立、与游客有个人化接触、土产饮食，并鼓励对当地生态及遗产多加了解，避免绿色旅游发展成为游客垄断性产业[2]，例如绿色旅游对重新造林的重要影响。目前倡导游客改进环境的活动与推广绿色旅游的意识愈来愈普遍，这是因为建立了许多国家公园，否则许多动植物种类将消失[3]。

简言之，旅游、环境意识与"视觉消费"三者的互动关系是"游客凝视"理论的重要基本议题。旅游在全球的发展过程中已催生了环境意识，一般民众在对地理与建设环境的感受上不断寻找并且比较不同的场所，除了在主要都市，现代雨林、可供休憩的景点都是最常被游客访问的地方。

二、厄里（Urry）的游客凝视理论

厄里认为游客凝视具有以下性质：第一，"反向的生活性"；第二，支配性；第三，变化性；第四，符号性；第五，社会性；第六，不平等性。如表4-1所示。

厄里（1995）把"游客凝视"的形式分为不同类型：浪漫性的、集体性的、观望性的、环境性的和人类学的[4]，如表4-2所示。这些形式并没有彻底穷尽旅游类型，许多游客将涉及不同的类型或者是某些类型的组合。不同的"游客凝视"也会因三种要素而变化，包括各类旅游移动的空间、停留时间的长度和

---

[1] Jones. Green tourism[J]. Tourism Management, December: 1987, 354-6.
[2] Diamantis. Ecotourism: management and assessment[M]. London: Thomson, 2004.
[3] Hamilton. The enchanted nightmare[J]. Guardian, 10 August. 1990.
[4] Urry. Consuming Places[M]. London: Routledge, 1995.

旅游与其他活动形式的重复性。例如，一地方同时存在购物、运动、文化、教育和居住。当游客停留且环境的供应空间及重复性的旅游服务被大量使用时，游客的凝视风格就会有所拓展。

表4-1 游客凝视的性质

"反向的生活性"	旅游者总是凝视那些与他们的日常生活（也称"世俗生活"，包括在家和有酬工作两种情况）不同的东西，如某个地方、某个事件等
支配性	尽管还存在嗅觉、体温等方面的旅游体验，但视觉支配或组织了个体的范围，凝视是旅游经验的中心
变化性	不同的历史时期、不同的社会，以及不同的社会群体里，游客凝视是存在差异、发展和变化的，这皆归因于他们世俗生活和平时经历不同
符号性	游客凝视是通过符号建立的，旅游就是一个收集照片、收集符号的过程，这里存在一个循环：阅读图片营销广告和看电视、实地游览、拍照、看图片营销广告和影视作品
社会性	凝视被社会性地组织和系统化，旅游专业人员生产出旅游者凝视的目标，这些专家与大众媒体、旅游书籍、营销图片等共同制定、操作和掌控了游客凝视，游客凝视被社会性地组织和系统化了
不平等性	社会依据代际、性别和族群等因素呈现分层现象，即社会具有阶层性，这使得看与被看之间存在着现实的不平等，摄影驯服了凝视的对象，其中包含着权力、知识的关系

资料来源：刘丹萍. 旅游凝视——中国本土研究，2008，4：35。

浪漫性的凝视强调与被凝视物体产生孤立、隐私及个人化的关系。游客期望独自地或是仅与重要的亲友一起观赏事物，例如大量人群参观印度的泰姬陵将干扰和破坏西方游客想要的个人独自沉思[1]。浪漫性的凝视涉及对新事物的接触，像沙滩、空旷的山顶、无栖息物的雨林及未开发的山脉等。这种形式的凝视在西方社会中不断地被用来作为营销和广告的旅游景点。集体性的凝视涉及共同活动力。各种游客到相同的场所参观是旅游景点变得热闹的必要因素，并且大量游客的到来更凸显了这些场所是不错的旅游景点[2]。观望性的凝视涉及一般群众的注视，也汇集了许多人对符号的"惊鸿一瞥"，像是从旅游巴士窗口往外看。环境性的凝视涉及学者或非政府组织对各种游客在环境上的足迹作扫描，可能先选择人潮足迹最少的场所推荐给环保人士。人类学的凝视描述每位独立游客如何扫视各种符号和场所，并且能够结合历史来解释它们，如同导

[1] Edensor. Tourists at the Taj[M]. London: Routledge, 1998.
[2] Tester. The Flaneur[M]. London: Routledge, 1994.

游提供对历史性及文化性符号与场所的说明一样[1]。

表 4-2 游客凝视类型（厄里，1995）

凝视的类型	特征
浪漫性的	孤立 持续不变的沉浸 与幻想、敬畏、灵韵相关的凝视
集体性的	公有的活动 连续短暂的相逢 相似性的凝视
观望性的	公有的活动 连续短暂的相逢 不同符号的浏览
环境性的	聚集的结构 持续及说教的 扫描的调查和检视
人类学的	孤立 持续不变的沉浸 扫描及动态的解析

三、凝视的演绎

厄里以社会学的观点来讨论"游客凝视"，他强调凝视的原因主要是对场所有所期望，特别是在这些期望中包含有梦想、幻想及娱乐，涉及一般民众不同于日常生活的感受，这些期望可通过许多非旅游的形式展现，如电影、电视、杂志、纪录片等制造出这些对场所的凝视。"游客凝视"有别于游客平时体验的城乡景观特色，这是因为这些城乡景观特色呈现了不寻常的感觉，也就是说游客的目光常常与不同的社会形态相关联。一般民众常常借相片、明信片及模型等捕获他们的凝视，可以使得凝视不断重复地产生回忆。"游客凝视"由符号所构成，旅游就是符号的聚集，例如当看见两个青年男女在巴黎街头接吻，旅游者凝视的就是"永恒浪漫的巴黎"；当看见英国某一农庄时，旅游者凝视的就是"真正的古老的英格兰"。游客对每件事物成为符号而感兴趣，如同他们正着迷追求法国式文化、意大利式行为、东方世界景象、美国式道路及英国式传统酒

---

[1] Urry. The Tourist Gaze(2nd)[M]. London: Sage, 2002.

吧等。

一些社会学者讨论"游客凝视"理论也掺入了"伪事件"（Pseudo Event）的观点，例如布尔斯廷（Boorstin, 1964）、柯恩（Cohen, 1988）所述内容，旅游可视作伪事件的实例。大量游客在虚拟设计的旅游景点中寻找娱乐，享受伪事件，而不去关注真正的事实，结果使得旅游从业者及当地居民为外来游客制造更多不寻常的展示活动①。长期下来，"游客凝视"的影像在从业者的媒体广告中造就出说服力，并且提供给游客选择和评估哪些场所可以参观。这就反映了游客如何完全被安排，旅行社、运输业者与住宿业者如何减少游客的负担，但是也限制了游客注视特定旅游景点的能力②。游客的感觉及美学认知在出发前就被限制住了，而且更多被参观的原住民文化也是肤浅的表演。以印度尼西亚的巴厘岛为例，许多巴厘式的文化与艺术为了迎合西方游客的观看模式而过度简化，而且大量生产的原住民文化成为低俗的工艺品③。"游客凝视"将涉及对他人生活的明显干扰，当地居民被观赏以及当地旅游业者渐渐地使用人工设计化组装（MacCannell, 1973）④。

其他社会学者，如特纳（Turner, 1973）、柯恩（Cohen, 1988）、希尔慈（Shields, 1991）、伊德和沙诺（Eade and Sallnow, 2000）等也使用"朝圣之旅"（Pilgrimages）的观点分析"游客凝视"。他们认为游客像朝圣者一样由平时熟悉的地方到远处再回到原地，游客在远处有种崇拜及心灵提升的体验。如同两人去度蜜月转变了平时的社会生活经历，当回到日常生活和工作的场所时，有人认为上述行为增加了游客的活力⑤。假期所寻找的是与平时生活的不同，中上阶层者想成为一天的农夫，而中低阶层者想当一天的皇帝⑥。熟悉与陌生的场所可以产生认识层面的差异，但是有必要深入调查游客每日的生活、社会和文化的形态，了解他们心智是否改变或增强了。

当"游客凝视"有必要考虑不同于平时生活常见的参观场所时，旅游便成为划分寻常与不寻常事物的界线，游客体验也因此包含了不同寻常的愉快体验因素⑦。并非所有产生游客体验的因素都使游客有远离家乡的感觉。但是，潜

---

① Baudrillard. Symbolic Exchange and Death[M]. London: Sage, 1986.
② Edensor. Tourists at the Taj[M]. London: Routledge, 1998.
③ Turner. Ash. The Golden Hordes[M]. London: Constable, 1975.
④ MacCannell. Staged authenticity: On arrangement of social space in tourist settings[J]. American Journal of Sociology, 1973, 79: 589-603.
⑤ Lett. Ludic and liminoid aspects of charter yacht tourism in the Caribbean[J]. Annals of Tourism Research, 1983, 10: 35-56.
⑥ Gottlieb. Americans' vacations [J]. Annals of Tourism Research, 1982, 9: 165-87.
⑦ Robinson. A geography of tourism[M]. Plymouth: MacDonald and Evans, 1976.

在的"游客凝视"的事物必须有所不同，它们必须不同寻常。这寻常及不寻常的划分包括参观特殊物体，例如巴黎埃菲尔铁塔、纽约帝国大厦及伦敦白金汉宫，每个知道这些特殊物体的人一定要去注视，许多西方民众都希望在有生之年看到它们。一般民众对某都市、大事件持有某种朝圣心态[1]。参观特别符号也是划分要素之一，例如德国人的啤酒花园、法国人的葡萄酒庄，这些重要景观已在旅游中建立了符号含义[2]。另外，参观异国的社会生活（例如在中国的社会主义生活模式）、在不同的环境从事相似的活动（例如购物、运动和饮食），甚至在驰名的博物馆及画廊中心参观著名艺术文化，这些都是"游客凝视"的不寻常的特殊物体。

"轰动注目"（Sensation Sights）也是学者克里斯·罗杰克（Chris Rojek）对"游客凝视"相似议题的讨论。第一，在他的社会学角度讨论中，"轰动注目"把对外来事件的注意引入平常集体性的生活琐事中。因为现实世界的灾难冲击居住生活的次序，所以一般民众特别注意轰动事件。虽然它们不是舞台事件，但是轰动事件的媒体沟通涉及舞台编剧般的技巧。第二，"轰动注目"在先进的符号属性社会属于正常的信息流通，它们被代表着我们社会生活的媒体系统所刊载。第三，"轰动注目"是社会的必然产物，但是它们重复制造人与人的信赖关系，对他人有高度的中立性影响。

学者达里娅·毛茨（Darya Maoz，2006）提出了"当地人凝视"（local gaze）和双向凝视（mutual gaze），达里娅·毛茨认为不仅游客对当地人存在凝视，当地人也会凝视游客，这种凝视就是"当地人凝视"。同时，游客的凝视会对当地人凝视产生影响，这种影响又会反过来影响游客和当地人的行为，游客凝视和当地人凝视互相关联，称为"双向凝视"[3]。对于此观点，厄里也对"游客凝视"的概念做出了修正和拓展，在再版的《游客凝视》一书中提出了"全球化凝视"[4]。

在旅游行为中，游客不可避免地要对其他游客进行凝视，因此澳大利亚的学者唐奈·霍洛韦（Donell Holloway）等提出了游客间凝视（intratourist gaze）这一概念。在游客间凝视中，游客既是凝视的主体又是凝视的客体[5]。

---

[1] Roche. Mega-Events and Modernity[M]. London: Routledge, 2000.
[2] Urry. The Tourist Gaze(2nd)[M]. London: Sage, 2002.
[3] Maoz. The mutual gaze[J]. Annals of Tourism Research, 2006, 33(1): 221-239.
[4] Urry. The Tourist Gaze 3. 0[M]. London: Sage, 2011
[5] Holloway, Green, Holloway. The intratourist gaze: Grey nomads and "other tourists"[J]. Tourist Studies, 2011, 11(3): 235-252.

第三节　游客凝视理论评价

"游客凝视"主要重视分析游客体验的视觉本质，一般民众在视觉上接受事物、场所和预期的凝视条件将关系到旅游行为的改变。"游客凝视"使游客与事物的相遇变得具体化，为游客的体验带来愉快及成就感。当游客远离平时生活环境时，凝视呈现出了各式知觉的体验。

一、浅显、含混与不确定

霍林斯黑德（Hollingshead）认为凝视这个概念没能完全发展福柯（Foucauldian）学派在医学上凝视的精义[1]，没有与大量视觉文献相联系[2]，大部分假日的体验是具体有形的，并非仅仅是视觉的[3]。对珀金斯（Perkins）和索恩斯（Thorns）而言，凝视的概念偏于静态和被动，忽略了新奇表达；虽然"游客凝视"概念有一些层面的解释，但是对于无法看到与说清的事物，却没有比凝视本意更深刻的评判[4]。拉森（Larsen）也认为凝视这个概念只关注游客在静止的实体与生活化世界中游动，它并没有看到其他事物的移动、游离的特性。

"游客凝视"理论具有一些受限的含义：第一，这概念不仅说明了单独的旅游动机，而且系统地、规则性地强调各种形式的凝视，每种形式将取决于社会背景、助长环境场所观察的建立、设计和更新游客所需层面，以及具体凝视者与被凝视者的持续关系。第二，没有单纯地呈现被观赏和被画上符号的关系，而是旅游景点制造者、符号与游客关系的复杂的发展[5]。景点实体可能透过一系列过程变为一个旅游产业的圣地，其中令人质疑的做法是小型纪念品和翻拍照片的机械式重复生产。第三，不同的知觉在分散的时空、人与物的环境中互相联系，共同产生敏感度。这些不仅包括看到的城乡景观，也包含音效风景、听觉风景[6]、嗅觉风景[7]和地理风格[8]。此外，我国学者刘丹萍（2008）根据西

---

[1] Urry. The Tourist Gaze (2nd)[M]. London: Sage, 2002.
[2] Jay. Downcast Eyes[M]. Berkeley: University of California Press, 1993.
[3] Veijola, Jokinen. The body in tourism[J]. Theory, Culture and Society, 1994, 6: 125-51.
[4] MacCannell. Tourist agency[J]. Tourism Studies, 2001, 1: 23-38.
[5] MacCannell. The Tourist[M]. New York: Schocken, 1999.
[6] Urry. Global Complexity[M]. Cambridge: Polity, 2000.
[7] Spang. The Invention of the Restaurant[M]. Cambridge: Harvard University Press, 2000.
[8] Gregory. Geographical Imaginations[M]. Cambridge: Blackwell, 1994.

方学者的研究，也对该理论的不足进行了总结：第一，厄里强调视觉感受在旅游体验中的核心地位受到质疑。滑雪、攀岩等探险旅游和体验旅游项目中，视觉方面的感受禀赋排在旅游体验首位。第二，当今旅游业发展过程中出现的"麦当劳化"和"迪士尼化"，说明了"差异性"并非旅游吸引物的唯一要义。因此，厄里强调的"差异性是理解旅游现象的关键"这一点有待商榷。第三，厄里只强调了旅游者对旅游地文化和居民的单方面凝视，这缺乏动态的、客观的解释力。第四，该理论并没有围绕旅游者的凝视行为去讨论凝视者与被凝视者之间存在的权利关系。

二、忽视人景对话与多重凝视

凝视架构有自己的理论领域，摄影科技的运用将左右我们凝视，否决人与事物对话的可能性，并且对于多重凝视存在的活动范围也是有盲点的[1]。这告诉我们几个重点：首先，我们应该避免让新的照相技术决定什么地方是有必要目视的，我们也要了解对相片影像的需求应该来自历史性变化，科技并不能决定这些需求[2]。其次，照片影像在20世纪后期成为一种符号流传，因为它固定的焦距、光圈没有弹性，不能广泛地反映现存世界的需要，所以它只是实体物及现存世界的反射镜。再次，照片不仅展示具体的视觉部分，也有反立场的表达。照片除了显现游客体验外，也特别地呈现了诙谐讽刺的方法。相片也呈现事物被定型化的部分过程，它与一般民众的希望、恐惧、记忆和活动相互关联。最后，相片与旅游的复杂关系需要更多理论及实际调查，并且更要观察相片是否不断地干涉视觉的使用。

大众旅游对环境有影响，社会品位可能使造成环境破坏的游客产生社会优越感。这是阶层、世代的政策，或是种族、国籍的政策，也与浪漫式的凝视有关系[3]。专业的意见者（例如老师）大部分是中产阶级人士，他们常常对于身份、地位和物品有浪漫性需求。因此，这浪漫式的态度（例如前文已讨论过的孤立凝视）影响旅游赞助商如何做广告。另外，游客对环境的影响在于呼吁保护区的建立。部分环境是人造的，所以不能单独使用自然的概念去规范保护，保护态度应该包括有环境协调美感的美学保护、如何以科学方法保护具体环境的科学保护，以及保护某地区特殊生活形态不被外界干扰的文化保护[4]。在大量游客增加参观环境的需求上，这些保护概念可能彼此有所抵触，例如想要达

---

[1] Batchen. Photography, power and representation[J]. Afterimage, 1988, 16: 7-9.
[2] Crary. Techniques of the Observer[M]. Cambridge: MIT Press, 1990.
[3] Urry. The Tourist Gaze (2nd)[M]. London: Sage, 2002.
[4] Urry. Consuming Places[M]. London: Routledge, 1995.

到无修饰的美学与文化保护而带来自然过程的改变,可能与科学保护的认知相反。

如果环境太普通,每个地方看起来一样,潜在的游客在视觉上没有发现明显不同于平时生活体验的场所,这是没有吸引力的。前文已提到过"游客凝视",重要的现象在于寻常与不寻常的分割。所有的景物,包括知名的场所,明显可列入不寻常,但是没有视觉差异的环境在某种程度上是不太可能被游客消费的。虽然具体或人造的气氛可令人叹为观止,但是我们要了解游客的感知在不同时期会有所变化,有时候某些环境即使有截然不同的改建,还是无法改变它们的本质。

"游客凝视"也渐渐地被标示化,因为有些市场从业者发现的某些事物和场所是值得我们凝视的,这样的标示化辨认很少呈现出游客观点,结果造成大部分游客集中在非常有限的场所。我们应该避免这样的趋势:把游客限制在选择性很少的旅游胜地,或者让他们凝视太多的宗教式事物。近年来,这种趋势已开始发生了,特别是与文化遗产旅游的发展有关。但标示化可以使一般民众会合在某一旅游景点,造成大量群体对该景点的凝视,这就是前文已提到过的游客会合在某特定场所的集体性凝视。

三、未来的研究方向

凝视理论从提出至今已经 20 多年了,并未能从根本上动摇了旅游研究的基础,虽然带来了新的视角,但思想的晦涩与缺乏可操作性工具导致该理论对实践的指导意义不显著。未来的研究方向包括:

1. 所有"游客凝视"依赖可以界定为不寻常的场所及事物,界定的过程依靠旅游政策来补足。

2. 寻常与不寻常之间的界定是视觉与环境的互动过程,视为不寻常的事物尤其需要得到公认,并且游客对于凝视的关系更需要在细节与深思熟虑上进行"视觉消费"分析。

3. 科技已经侵入寻常与不寻常之间的界定,影响游客对景观场所取舍凝视的自然气氛。旅游不再是休息或对平时生活的逃离,而是提供了一个不同于平时生活琐事、追寻自然场所的活动。因此,恢复日常生活规律成为愉快的旅游体验后的必然结果。

4. 旅游动机中对真实性的要求已降低,不同于一般民众生活形态的事物渐渐被视为旅游资源。游客活动需要持续不断的改变,在哪里我们的"视觉消费"已消失,哪些场所及事物呈现了符号构造,以及在哪里"视觉消费"可以得到最大的满意度。

5. 文化本身将渐渐地成为凝视对象,例如文化遗产已经吸引了大量的游客,然而城乡景观、虚拟旅游景物以及轰动注目事件对游客来说也是某种文化上的影响。

第三篇 发展篇

第五章　可持续旅游

没有任何理论比可持续发展理论对旅游发展观的影响更深刻。广义上说，可持续旅游包括生态旅游、绿色旅游、替代旅游、志愿旅游、低碳旅游。可持续旅游最核心的观念是在发展过程中要兼顾代内公平与代际公平。

第一节　可持续发展

一、可持续发展理论的演变

（一）可持续发展的产生

"可持续性"一词最早可追溯到 1980 年世界保护联盟的《世界保护战略》。据联合国开发署的定义，"可持续"是指"能够维持一定比率或水平"，"发展"是指"一个地区或一个人群，特别是目前欠发达地区的经济进步"。世界保护联盟把这两个词组合在一起构成一个新概念。

1991 年 11 月，国际生态学联合会（INTECOL）和国际生物科学联合会（IUBS）联合举行了关于可持续发展问题的专题研讨会，将可持续发展定义为"保护和加强环境系统的生产和更新能力"，即可持续发展是不超越环境系统更新能力的发展。同年，由世界自然保护同盟（INCN）、联合国环境规划署（UNEP）和世界野生生物基金会（WWF）共同发表《保护地球——可持续生存战略》（*Caring for the Earth: A Strategy for Sustainable Living*），将可持续发展定义为："在不超出维持生态系统涵容能力的情况下，改善人类的生活品质。"

当今，国际社会普遍认同的可持续发展概念是《我们共同的未来》报告中所提出的概念，即"可持续发展是指既满足当代人的需要，又不损害后代人满足需要的能力的发展"，这个概念主要包含生态的可持续发展、经济的可持续发展和社会的可持续发展三个主要内容。

可持续发展的核心是经济效率、社会公平与环境完整的统一。经济效率是指既要维护现在的经济生产力又要保持未来后代的经济机会。社会公平是指保护人类与文化遗产。环境完整是指保护基本的生态过程与生物多样性。[1]

资源可持续利用，必须建立在资源代际公平分配基础上。资源的代际公平分配必须建立在一定的约束和激励机制之上。实现资源的代际公平分配，必须依靠经济手段（如价格、利率、成本核算等）、法律手段（资源法规的制定和实施）和行政手段（如制定资源利用定额、颁发资源利用许可证等）。其关键是要防止和限制对资源，特别是对不可更新资源的过度耗用和提前耗用，以及防止超越可更新资源的最大允许利用强度，如图 5-1 所示。

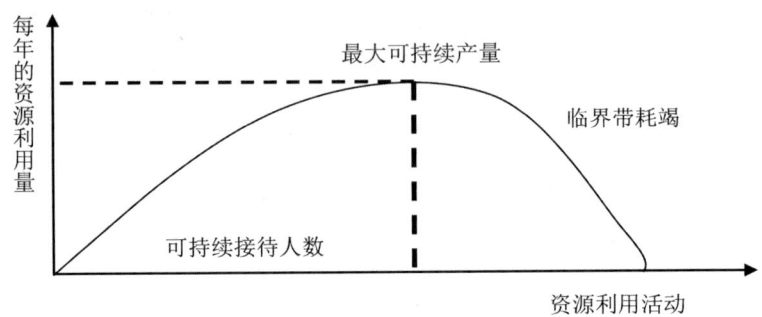

图 5-1　资源可持续利用曲线

（二）可持续旅游概念的产生

1987 年，联合国环境与发展委员会在其研究报告《我们共同的未来》中，对可持续发展的内涵进行了明确界定。[2]可持续发展的基本原则包括：维持生态环境的平衡性，提高经济、社会和文化之间的协调性，保持经济效益的可持续获得性。可持续发展的概念被提出后在世界各国得到迅速传播，并不断向各个领域延伸，可持续旅游也正是随全球可持续发展这一概念的发展衍生而来的。

在旅游市场上，旅游产业一直把旅游看作无公害的产业、环境友好型产业，即旅游业的发展不会给环境带来污染或者破坏社会文化和经济活动。然而现实是，旅游与环境之间的关系不仅仅存在积极的正面效果，同时也存在负面的消极效果。产生这样的认识与行为的根源在于旅游产业没有把旅游活动全过程中的对自然生态环境的影响和消耗纳入旅游生产的成本中，旅游产业把自己所提供的旅游资源和环境的价值看作零，这是资源过度消费导致环境危机的根源。

---

[1] Keyser, Heid. Tourism Development[M]. Oxford University Press, 2002:374.

[2] WCED. Our common future[M]. Oxford: Oxford University Press, 1987：27-43.

20世纪80年代以后，在理解旅游地自然生态环境与旅游经济优先发展的关系上开始出现重大改变，追求旅游经济与自然生态环境的和谐发展已成为世界的共识，世界各国纷纷行动起来，从不同视角探索可持续旅游。例如，马西森（Mathieson）关于旅游与经济、社会、自然冲突的研究，[①]墨菲（Murphy）关于旅游与和谐社会的研究，[②]斯坦奇（Stankey）等关于旅游与环境的可接受能力的极限研究。

（三）可持续旅游的定义

作为可持续发展思想在旅游领域的具体运用，可持续旅游目前尚无统一的权威定义。在这里给出世界旅游组织的定义：在维持文化完整、保持生态环境的同时，满足人们对经济、社会和审美的要求。它能为今天的主人和客人们提供生计，又能保护和增进后代人的利益并为其提供同样的机会。

澳大利亚学者罗夏·道克里（Rors Docoling）提出的"从环境适应性来探讨旅游发展规划"，把环境规划和旅游规划融为一体，体现了可持续发展的思想。[③]

1990年在加拿大温哥华召开的全球可持续发展大会（Globle'90）上，从经济、社会、环境三方面提出了可持续旅游发展的目标。

1993年，《可持续旅游》学术刊物在英国问世，标志着人们对旅游可持续发展的研究进入到一个新的阶段。

1995年4月，联合国教科文组织环境规划署和世界旅游组织在西班牙专门召开"可持续发展会议"，通过了《可持续旅游发展宪章》和《可持续旅游发展行动计划》两个重要文件，明确指出：可持续发展的实质是要求旅游与自然、文化和人类生存环境成为一个整体。因此，旅游业的可持续发展不仅是经济发展，而是生态、经济、社会整体系统的可持续发展。

1995年，《可持续旅游发展宪章》将可持续旅游定义为：旅游与自然、文化和人类生存环境成为一个整体，即旅游、资源、人类生存环境三者的统一，以形成一种旅游业与社会经济、资源、环境良性协调的发展模式。

1999年，世界旅游理事会（WTTC）、联合国世界旅游组织（WTO）和地球理事会（EC）对可持续旅游的定义是：可持续旅游是满足现代旅游者和旅游地区的需要，同时保护和增加未来人机会的旅游。要实现可持续旅游，就要对所有资源进行管理，在满足人们的经济、社会和审美需要的同时，维护文化完

---

① Mathieson, Wall. Tourism: Economic, Physical and Social Impacts[M]. Longman: Harlow, 1982.
② Murphy. Tourism: a Community Approach[M]. Methuen, London, 1985.
③ 李家清. 旅游开发与规划[M]. 武汉：华中师范大学出版社，2000.

整性、基本的生态过程、生物多样性以及生命支持系统。这个定义建立在 1980 年的世界保护战略（IUCN）与 1987 年世界环境和发展委员会（WCED）的报告《我们共同的未来》的基础上。

1993 年，世界旅游组织对旅游可持续发展的定义是：旅游可持续发展是一种经济发展模式，它被用来达到如下目的：

（1）改善当地社区的生活质量；

（2）为游客提供高质量的经历；

（3）维护当地社区和游客所依靠的环境质量。

表 5-1　旅游可持续发展研究历程中的重要事件

时间/地点	重要事件	形成成果
20 世纪 80 年代	可持续旅游思想萌芽	国际有识之士对可持续旅游的主旨和内涵进行探索
1990 年/温哥华	《旅游业可持续发展行动战略（草案）》	可持续发展国际大会上，旅游组织行动委员会提出可持续旅游的概念，构筑了可持续旅游理论的基本框架和主要目标
1993 年/英国	《可持续旅游》杂志问世	标志着可持续旅游思潮已在旅游理论界形成规模
1994 年	世界旅游理事会（WTTC）创立"绿色环球 21"（Green Global 21，GG21）认证体系	"绿色环球 21"成为目前全球旅行旅游业唯一公认的可持续旅游标准体系
1995 年/伦敦	世界旅游理事会（WTTC）、联合国世界旅游组织与地球理事会联合制定《关于旅游业的 21 世纪议程》	制定并通过了《可持续旅游发展宪章》及其行动计划
1995 年/西班牙	联合国教科文组织、环境规划署及世界旅游组织召开可持续旅游发展世界会议	首次将可持续旅游业列入联合国可持续发展议程
1997 年/纽约	联合国第 19 届特别会议	首次将可持续旅游业列入联合国可持续发展议程
1998 年/桂林	亚太地区第 6 届环境与发展大会	深入讨论了旅游业可持续发展所面临的挑战及有关的战略行动，并通过了《桂林宣言》

续表

时间/地点	重要事件	形成成果
2002年/约翰内斯堡	可持续发展世界首脑会议	国际旅游可持续发展工作组诞生
2004年	联合国世界旅游组织编制完成旅游目的地可持续发展指标体系项目	制定了旅游目的地可持续发展指数
2008年	联合国世界旅游组织、环境规划署编制完成全球可持续旅游标准项目	制定了全球可持续旅游标准
2009年/哥斯达黎加	国际旅游可持续发展工作会议	探讨生物多样性、气候变化、地区发展可持续旅游方式等问题
2011年/拉斯维加斯	第11届世界旅游旅行大会	围绕全球旅游新趋势、旅游业可持续发展等议题展开讨论
2012年/张家界	第7届中部博览会旅游投融资合作洽谈会	《旅游目的地可持续发展指标使用指南（中文版）》发行

资料来源：唐承财，钟林生，成升魁.旅游地可持续发展研究综述[J]. 地理科学进展，2013（23）.

如表5-1所示，旅游可持续发展问题在国外引起了广泛的讨论，学者们的意见大致可分为两类。第一类意见认为，旅游可持续发展是一种产品模式，以可持续发展的旅游产品取代不可持续发展的旅游产品。第二类意见认为，旅游可持续发展是一种产业模式，大众旅游不可避免，需要用一种方式来促进所有旅游形式实现可持续发展。从理论的继承性来看，旅游可持续概念显然来源于可持续发展的概念。可持续发展理论的核心理念是公平，旅游可持续发展的核心也是公平。

（四）可持续旅游的原则

按照联合国教科文组织的建议，实现可持续旅游的原则是：参与（Participation）、利益相关者（Stakeholder Involvement）、当地所有（Local Ownership）、资源基的可持续（Sustainability of the Resource Base）、社区目标（Community Goals）、合作（Cooperation）、承载力控制（Carrying Capacity）、监控与评估（Monitoring and Evaluating）、负责（Accountability）、培训（Training）和定位（Positioning）。

世界自然保护基金组织制定了可持续旅游十条原则：可持续地利用资源；减少过度消费和浪费；维持生物多样性；将旅游结合到规划中；支持地方经济；争取地方社区参与；咨询旅游相关各方和社会公众；人员培训；负责任的旅游营销和开展研究。[①]

[①] Eber. Beyond the Green Horizon: Principles of Sustainable Tourism[M]. WWF UK，1992.

二、旅游承载力理论

（一）旅游承载力理论源起

1. 旅游承载力理论的产生

公共财产资源和承载能力是环境管理方面长期存在的基本问题。这些问题相互联系，解决该问题的基本思想是：我们使用环境到什么程度而不至于破坏其最有价值的东西？这个问题的历史渊源可以追溯到几个世纪以前，但是它们大都集中体现在当代环境研究巨著——加勒特·哈丁（Garrett Hardin）1968 年发表在《科学》杂志上的《公地悲剧》（The Tragedy of the Commons）中。哈丁断言，没有刻意的管理行动，即"彼此制约，相互妥协"，人类使用公共财产资源将不可避免地超过其具有的承载力，从而引发环境悲剧。

从加勒特·哈丁（1968）的"哈丁公地悲剧"、艾普利·斯特里特（April Streeter，1970s）的"斯特里特惊异"、盖茨（Getz, 1982）的"盖茨否定"、沃尔（Wall，1983）的"沃尔盲谷"、克里斯·瑞安（1991）的"瑞安质疑"、布利索里斯（Briassoulis，1991）的"布利索里斯判定"，到"刘玲疑问"（1999）和"李天元慨叹"（2001），旅游环境承载力命题在不断地深化，并日益成为旅游地研究中最为核心的概念命题，牵动着旅游业发展的命脉。

2. 旅游承载力的概念

在 20 世纪 30 年代中期承载力概念首次应用于森林公园和相关区域管理。美国国家公园管理局（NPS）在关于对加州寒拉斯国家公园的管理政策建议报告中提出了这个问题："在一个野外自然景区内能够接纳多少游客才不会破坏其原有的资源或环境质量？"后来在该报告中又提出用于娱乐游憩用途的野外自然旅游地应使游客数量保持在其"承载力允许的范围之内"。因此，1963 年拉佩兹（Lapage）首次提出旅游环境承载力问题，他认为一定时间内某一旅游地接待的游客数量应该有一定的限制，以保证旅游环境质量水平，并使绝大多数旅游者满意[①]。随后，美国学者沃加（Wagar）在其学术专著《具有游憩功能的荒野地的环境容量》中首次提出了旅游环境承载力概念，认为旅游环境承载力是指一个旅游目的地能够长期维持产品品质的旅游产品使用量。[②]旅游环境容量概念由世界旅游组织在 1978—1979 年度工作计划报告中正式提出，正式进入国际视野。之后，世界旅游组织在 1980—1981 年探讨了"旅游地饱和"的问题，

[①] Stankey. Integrating wild land recreation research into decision making: pitfalls and promises[J]. Recreational Research Review, 1981, 9(1): 31-37.

[②] Wagar. The Carrying Capacity of Wild Lands for Recreation[M]. Washingron DC: Society of American Foresters, 1964.

1982—1983年世界旅游组织又开展了"度假饱和及超过承载容量的风险"研究。

到目前为止,对于旅游环境承载力仍然没有一个统一概念。简单概括为以下3种:①从旅游活动对环境影响和游客体验出发把旅游环境承载力定义为:在游客体验和旅游目的地的环境没有出现不可接受的变化之前,旅游地能够接纳的最大游客数。[1]②从两个不同方面分别阐述了旅游环境承载力。第一,在旅游地的居民没有感受到旅游对他们产生的负面影响之前,旅游目的地接受旅游的能力。第二,从循环理论出发,在旅游地对游客的吸引力降低,游客没有选择替代旅游地之前的游客水平。③巴克利(Buckley)[2]认为旅游环境承载力主要是一个生态学的概念。他给出的定义为:旅游目的地的生态系统在产生不可察觉的,至少是能够恢复的生态变化之前的旅游者数量。然而,随着对旅游承载力研究的不断深入,如表5-2所示,国外学者对其概念也有了很多不同的诠释。

表5-2　国外学者对旅游承载力的主要观点

研究学者	对旅游承载力概念的观点
多克西(Doxey, 1975)	当地社会没有感受到旅游负面影响的条件下,所能吸纳游客人数的能力
克雷克和楚贝(Craik and Zube, 1976)	游客之间不可接受的拥挤程度,即人数阈值(Threshold)
欧雷里(O'Relly, 1986)	旅游对当地居民造成不可接受的负面影响之前的旅游使用水平
塞德尔和提斯德尔(Seidl and Tisdell, 1999)	社会承载力应包含价值判断、消费偏好、游客目的等因素
曼宁(Manning, 2004)	游客满意度最小可接受水平,或资源环境最小可接受状态
普拉托(Prato, 2009)	环境约束条件下游客的可接受环境状态,是模糊集下的评价,并不是简单的游客人数或使用率

(二)可接受变化极限(LAC)承载力管理

1. 可接受变化极限(LAC)承载力管理框架

早在20世纪90年代初美国的立法已将承载力作为国家森林公园游憩管理工作的正式组成部分,并经过屡次修改将承载力纳入国家公园(NPS)的政策条款,要求在所有美国国家公园系统的管理计划中纳入承载力的条款。更重要的是,承载力已成为国家公园和户外游憩领域日益紧迫的重要问题,是预防公地悲剧发生的一个重要举措。

---

[1] Allderedge. Some capacity theory for parks and recreational areas [C]. Washington DC: USDI National Park Service Reprint, 1972.

[2] Buckley. An ecological perspective on carrying capacity [J]. Annals of Tourism Research, 1999, 26(3): 705-708.

尽管关于户外游憩利用对国家森林公园环境影响的研究日益深入，但是我们仍然面临严峻的问题：影响或改变的极限究竟是什么？这一问题通常被称为"可接受的变化极限"。目前，LAC 承载力管理框架已被广泛地应用于包括国家公园和自然保护区管理在内的许多环境研究领域[1]。这个框架包括如下组成部分：（1）管理目标（或理想条件）、相关指标（indicators）和标准（standards）的确定；（2）明确监测指标变量；（3）为保持标准的实现而设计的管理行动方案。这 3 个部分通过 9 个具体步骤予以实现，如表 5-3 所示[2]。如今，越来越多的研究和管理经验运用于识别理想的特性指标和标准，这些工作使得国家公园资源、游客体验和景区环境管理指标与标准都趋于完善。

表 5-3　国家森林公园 LAC 管理框架

可接受变化极限
步骤 1. 明确管理区域和管理问题
步骤 2. 定义并描述机会等级
步骤 3. 选取资源和社会条件指标
步骤 4. 资源目录和社会条件
步骤 5. 确定资源和社会指标的标准
步骤 6. 识别各种选择分配的机会
步骤 7. 识别各种不同选择下的主要管理机会
步骤 8. 对一个选择方案进行评估
步骤 9. 采取行动并对条件进行监测

2. 可接受变化极限（LAC）承载力管理目标、指标与标准

承载力研究指出，有关可评估性或描述性问题的答案可以通过管理目标（也叫目标条件）和相关指标及标准的制定当中体现出来。管理目标、目标条件和相关指标及标准的确定应给予几方面的考虑。承载力三维模型中将其归纳为资源、体验与管理 3 个方面：

（1）资源。国家森林公园的自然资源种类与生态学特点，决定着资源使用对环境变化影响的程度。某些资源类型本身要比另外一些资源类型更容易受到人为破坏。因此，应该根据不同资源具有的特性来制定管理目标和相关指标用

---

[1] Roman, Dearden, Rollins. Application of zoning and "Limits of Acceptable Change" to manage snorkeling tourism [J]. Environmental Management, 2007, 39(6): 819-830.

[2] Frauman, Banks. Gateway community resident perceptions of tourism development: Incorporating Importance-Performance Analysis into a Limits of Acceptable Change framework [J]. Tourism Management, 2011, 32(1): 128-140.

于指导资源的使用。

（2）体验。社会的需求和期望是公园和户外娱乐场所决定提供何种游憩活动项目的重要因素。对公园及户外娱乐区域旅游者需求和行为的研究，能够对户外游憩活动的类型和使用水平提供重要参考，同时对改善资源、社会和管理提供依据。这些研究应纳入承载力分析和管理的范畴。

（3）管理。是指在法律指导、机构职责描述以及有关政策相关条文中提出适当的管理目标以及指标和标准。此外，在财务、人事和其他管理资源方面也应该有适当的森林公园和游憩资源的类型和使用水平。

三、旅游可持续的测度与评价模型

（一）詹姆斯·泰尔·吉尤的"旅游可持续性压力表"模型

"旅游可持续性压力表"模型是詹姆斯（2001）[①]根据皮斯雷尔特-艾琳（Pesreott-Allne，1997）的"可持续性压力表"模型构建的评价旅游目的地可持续发展的工具。该模型概念框架由2个系统、8个尺度和许多指标组成，如表5-4所示。该评价模型将人文系统和生态系统作为两个坐标轴，分别代表可持续性的方向。根据人文系统和生态系统的不同组合方式，在坐标上用不同的空间表示出不可持续性、潜在不可持续性、中间状态、潜在可持续性和可持续的压力状态，如图5-2所示。

表5-4 可持续旅游发展评价框架

可持续旅游发展评价内容					
社会	系统	尺度	指标	信息需求	数据获取方法
接待地区域	人文系统	政治、经济、社会、文化	由于空间关系，不在此提供指标	旅游业对当地居民需求的贡献	对当地居民进行家庭（或街道）问卷调查
		产品结构（服务和产品质量）		旅游业对旅游者需求的贡献	对游客进行问卷调查
	生态系统	一般环境影响		旅游业对自然环境的贡献	德尔菲法（或对环境专家深入访问，或有重点的集体访问）
		生态系统的水、土壤和大气质量			
		动植物的生物多样性			
		环境政策和管理			

[①] James. Assessing Progress of Tourism Sustainability[J]. Annals of Tourism Research，2001，28(3): 817-820.

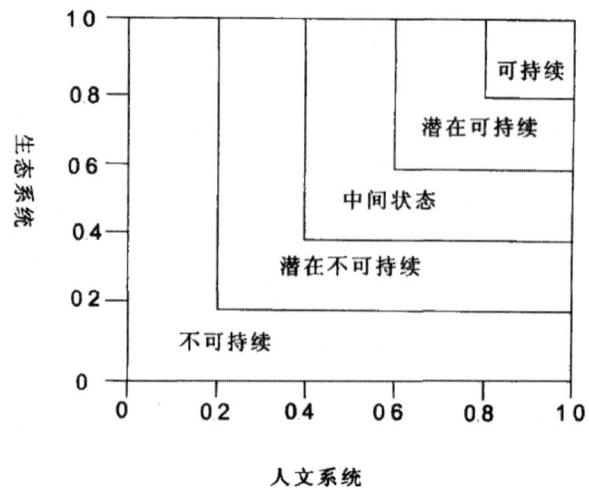

图 5-2　旅游可持续性压力（Pesreott-Allne，1997）

注：图中 0~0.2 为不可持续，0.2~0.4 为潜在不可持续，0.4~0.6 为中间状态，0.6~0.8 为潜在可持续，0.8~1.0 为可持续。

"旅游可持续性压力"模型表明了区域旅游可持续性度量的一个研究方向，但由于没有具体的案例，该模型的可信度和可行性无法度量。[①]

（二）泰尔·吉尤·科欧（Tae Gyou Ko）的旅游可持续发展评价框架

泰尔·吉尤·科欧[②]在研究可持续评价体系和旅游可持续发展的基础上，提出了区域旅游可持续发展评价初步框架。他将旅游目的地分为人文系统和生态系统，每个系统包含 4 个子系统，共 8 个子系统。根据指标收集相关资料、信息，对数据进行分析处理，对旅游目的地进行可持续性评价，[③]如表 5-5 所示。

格拉·哈姆米勒（Graham Miller）也对可持续旅游的组成、旅游可持续发展指标选择标准、哪些指标可以促进旅游可持续发展等进行了研究，还提出了定性指标和定量指标的应用等方面的新观点，成为旅游可持续发展这一巨大工程的重要组成部分。在研究旅游可持续发展评价指标时，他运用德尔菲法，在

---

① 张美英. 区域旅游可持续发展及其评价研究——以泛珠江三角洲内地九省区为例[D]. 广州：中国科学院广州地球化学研究所，2006.

② Tae Gyou Ko, Development of a tourism sustainability assessment procedure: a conceptual approach [J]. Tourism Management, 2005, (26): 431-445.

③ 吴兰桂. 国内外可持续旅游发展评价研究进展[J]. 无锡商业职业技术学院学报，2007. 4(2)：46-49.

两轮调查方法的基础上形成旅游可持续发展指标专家意见结果。[①]拉尔夫·巴克利（Ralf Buckley）、戴蒙德（Dymond）等学者也对旅游可持续发展指标进行了研究。尽管许多学者都对旅游可持续性进行了研究，但目前还没有统一公认的旅游可持续性发展定量评价体系。[②]

表 5-5　泰尔·吉尤·科欧的旅游可持续发展评价框架

社会	1. 系统	2. 主题层	3. 指标：三方面因素
旅游目的地	A 人文系统 B 生态系统	a 政治 b 经济 c 社会—文化 d 设施和产品质量 e 环境影响 f 生态质量 g 生物多样性 h 环境政策与管理	旅游给当地居民带来的利益 旅游给旅游者带来的利益 旅游对自然环境的贡献

资料来源：Tae Gyou Ko，2005。

第二节　生态旅游

一、生态旅游源起与概念

（一）生态旅游的产生

生态旅游（Eco-tourism）一词最初是由国际自然保护联盟特别顾问、墨西哥专家谢贝洛斯·拉斯喀瑞[③]于 1983 年提出。在此之后，学术界对生态旅游的研究给予了极大的关注，并一直进行积极的探讨。

从世界各地开展生态旅游的实际情况来看，主要有两种类型：一是发达国家的生态旅游，这是主动开展起来的；二是欠发达国家的生态旅游，这是在不

---

① Graham Miller. The development of indicators for sustainable tourism: results of a Delphi survey of tourism researchers [J]. Tourism Management, 2001, (22): 351-362.

② Ralf Buckley. Sustainable Tourism: Technical Issues and Information Needs[J]. Annals of Tourism Research, 1996, 23(4): 926-928.

③ Ceballos-Lascurain, H. The Future of Ecotourism[J]. Mexico Journal January, 1987:13-14.

破坏生态的前提下被迫开展的。

在经济发达国家中，美国是开展生态旅游比较成功的国家之一。为了解决城市化进程中人们对自然环境的强烈需求，美国建立了世界上第一个国家公园——美国黄石国家公园，开辟了国家公园运动的先河。每年有上千万的旅游者到国家公园中专门开辟的公共区域旅游休闲，"自然旅游者"的数量与日俱增。随即，日本、欧洲、澳大利亚、新西兰等经济发达国家与地区，也都依据各自的生态环境特点，开发了生态旅游产品。

另外，经济欠发达的国家往往拥有开展生态旅游的丰富而独特的资源。东非的肯尼亚和中美洲的哥斯达黎加是发展生态旅游的先驱。

（二）生态旅游的概念

1. 描述性生态旅游概念：目标、手段和原则

从表 5-6 所示的描述性概念可以看出，目前关于生态旅游的概念与内涵还处于百家争鸣阶段，尚未达成一致的看法，但在以下方面已达成共识：

①旅游地主要为受人类干扰破坏很小、较为原始古朴的地区，特别是生态环境有重要意义的自然保护区。

②旅游者、当地居民、旅游经营管理者等的环境意识很强。

③旅游对环境的负面影响很小。

表 5-6　描述性生态旅游概念

生态旅游的目标	生态旅游的实现措施	生态旅游的原则
博（Boo，1991）：生态旅游是指去往未被干扰过的（undisturbed）自然区域，以欣赏、研究自然风光和野生动植物为目标，并能为保护区筹集资金，为当地居民创造就业机会，为旅游者提供环境教育，从而有利于自然保护的旅游活动[①]	奇菲尔（Ziffer，1989）[②]：生态旅游既是一种旅游方式，旅游者带着欣赏、参与和感受的心态，访问相对不发达地区，非消耗地使用野生生物和自然资源；又是一种管理模式，被访问的国家或区域承诺通过当地居民参加、适当市场营销，加强规制及利用企业收益资助土地管理和社区发展，建立和保护生态旅游场所	巴特勒（Butler，1990）：生态旅游是与积极的环境伦理相一致，支持其相应行为，不破坏资源，不损坏其整体性；注重内在而不是外在价值，以生物为中心，理解自然本身，而不是人为追求自然和人的一致性，有利于资源开发，促进环境保护；对自然环境的直接体验，着重于身心的享受、体味、教育，而不是冒险；领导者和参与者高度负责的旅游形式

---

① Boo. Ecotourism: The Potentials and Pitfalls (Volumes 1 and 2)[M]. Washington, DC: World Wildlife-fund, 1990.

② Ziffer. Ecotourism: The Uneasy Alliance[M]. Washington DC: Conservation International and Ernst and Young, 1989.

续表

生态旅游的目标	生态旅游的实现措施	生态旅游的原则
世界生态旅游协会（The International Ecotourism Society,1993）把生态旅游定义为：具有保护自然环境和维系当地居民双重责任的旅游活动	瓦伦丁（Valentine,1993）：生态旅游是以相对不受干扰的自然区域为基础，不遭破坏、不降低质量并能够在生态上保持可持续发展，对被利用的自然区域持续不断的保护和管理做出贡献，服从于适宜的管理体系的旅游形式①	绿色环球21组织：生态旅游是以让游客亲身体验大自然为核心，通过多种形式来增进人们对大自然的了解、赞美和享受，代表环境可持续旅游的最佳实践，为自然区域的保护和当地社区的发展做出可持续的贡献，尊重当地现存文化并予以恰当的解释和参与，始终如一地满足消费者的愿望，坚持诚信为本、实事求是的市场营销策略，在消费者中形成符合实际期望的可持续旅游形式
霍尼（Honey）：生态旅游是前往脆弱、原始的保护区的低影响、小规模的旅行，有助于教育旅游者，为保护提供资金，使当地社会直接获得经济发展和政治赋权，促进对不同文化的尊重，推动人权的发展	戈马密（Gmamii,1997）：生态旅游是一种减轻大众旅游不利的生态和社会影响，并通过整合自然保护、环境教育和旅游目的地社区的福利事业，促进可持续发展的旅游形式②	希雷卡亚（Sirakaya,1999）：生态旅游是一种非消耗性（non-consumptive）、教育性、探险性（romantic）的新型旅游，其目的地是那些自然风景异常优美、文化和历史意义突出且几乎未受人类干扰破坏的地区，旨在欣赏当地的自然、社会文化历史

④旅游能为环境保护提供资金。

⑤当地居民能参与旅游开发与管理并分享其经济利益，因而为环境保护提供支持。

⑥生态旅游对旅游者和当地社区等能起到环境教育作用。

⑦生态旅游是一种新型的、可持续的旅游活动③。

国际生态旅游协会（The International Ecotourism Society,2014）认为生态旅游所涵盖领域的核心原则为：

①影响最小化；

---

① Valentine. Ecotourism and nature on conversation: A definition with some recent development in Micronesia[J]. Tourism Management，1993, 14(2): 107, 115.

② Gmaimi Herath. Ecotourism Development in Australia[J]. Annals of tourism research，1997, 24: 4-42.

③ 邹统钎. 旅游景区开发与管理[M]. 北京：清华大学出版社, 2008.

②尊重本土建筑环境和文化风俗；
③观光者与主办者双赢互利；
④直接为环境保护提供财政支持；
⑤为当地居民提供经济补助并予以授权；
⑥增强对主办国的政治、环境和社会的敏感性。

2. 操作性生态旅游概念：构成和要素框架

面对生态旅游概念所引起的困惑，一些国际机构和学者尝试通过分析生态旅游概念的构成要素来认识生态旅游活动。

韦尔林（Wearing，1994）认为应该从生态旅游发生的背景、从事的活动类型、活动及行为的影响、活动所带来的社会心理结果、在特定发展模型中旅游和保护的经济联系、生态旅游目的地管理与道德方面对生态旅游概念进行界定①。

赫维内加拉德（Hvenegaard，1994）从生态旅游供应商、旅游目的地资源和游客体验等方面对生态旅游概念应包括内容进行了详细说明，如图5-3所示②。

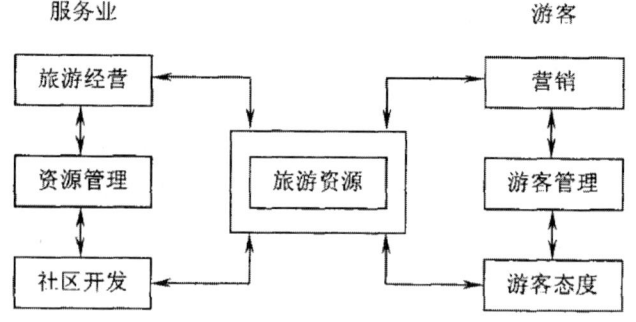

图5-3 生态旅游概念的内容（Hvenegaard，1994）

爱德华兹（Edvards，1998）③通过分析美国生态旅游发展现状，指出应该从生态旅游活动的指导方针、生态旅游的目的、生态旅游的地点、活动方式、产品供给和预期结果等方面对生态旅游进行界定，并提出了生态旅游的概念模型，如图5-4所示。④

---

① Wearing. Social and cultural perspectives in training for indigenous ecotourism development[J]. Journal of travel research，1994, 29(2): 9-15.

② Hvenegaard. Ecotourism: a status report and conceptual framework[J]. Journal of tourism studies, 1994, 5(2): 24-35.

③ Edwards Melaughlin, Ham. Comparative study of ecotourism Policy in the American[J]. Organization of American states，1998

④ 卢小丽. 生态旅游社区居民旅游影响感知与参与行为研究[D]. 大连：大连理工大学，2006. 5.

2012 年，世界旅游组织对生态旅游做出如下定义：

①生态旅游是亲近自然的旅游形式。旅游者主要的意图在于观察和欣赏自然风光，同时感受当地的传统文化。

②生态旅游具有教育意义和诠释的特性。

③一般来说，由当地专业的经营机构和小型商业机构组织小批游客。但在少数情况下，各种规模的国外经营机构，同样可以组织或经营管理小批游客进行生态旅游行程。

④生态旅游将人为对自然和社会文化的负面影响降至最低。

⑤生态旅游支持当地自然环境的保护。

⑥生态旅游能为社区、旅游主办团体和当地自然环境保护部门带来一定的经济效益。

⑦生态旅游能够帮助当地人创造就业机会和提高经济收入。

⑧生态旅游能够同时提高原住民和旅游观光者对自然与文化遗产的保护意识。

在定义生态旅游的过程中，应当注意将描述性定义与操作性定义相结合。在进行概念性界定的同时，尽可能考虑其技术上的操作性，并将希望实现的目的和所需要的手段加以区分，提炼出主旨和内核，避免无限罗列。①

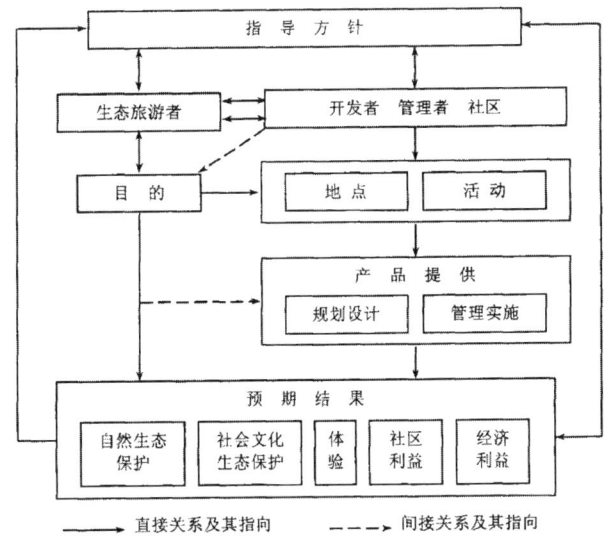

图 5-4　生态旅游概念模型（Edvards，1998）

---

① 宋瑞. 生态旅游：全球观点与中国实践[M]. 北京：中国水利水电出版社，2007.

（三）生态旅游与可持续旅游

杨桂华主持翻译的《生态旅游》一书指出：生态旅游是可持续性旅游的子产品，因为可持续性是生态旅游的核心准则之一。因此，图5-5展现了一个可持续性旅游的领域，它包括了所有的生态旅游、绝大多数（但不是全部）的替代性旅游以及相当一部分（但可能是少数）的大众旅游。它反映了理性旅游阶段的一种倾向，即认为替代性旅游与大众旅游都可以是可持续性的或不可持续性的，旅游方式是否具备可持续性，取决于旅游目的地的环境状况[①]。

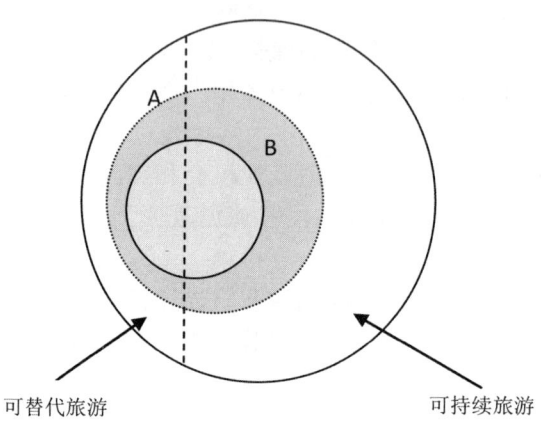

A 为替代性旅游，B 为大众旅游

图 5-5　生态旅游与可持续旅游的关系

世界贸易组织（WTO）也曾经明确区分了生态旅游和可持续旅游，并指出生态旅游本身是旅游业的一个组成部分，而可持续原则适用于所有的旅游活动、经营、企业和项目，包括传统型的和替代型的。

可持续发展理论是生态规划的基本指导思想，在可持续发展理论框架中，萨德勒（Saddler）的系统透视理论和杜思（Dorcey）的系统关系理论是与生态规划理论紧密结合的代表性理论，如图5-6所示。[②]

目前，在很多文献中常常可以见到"可持续生态旅游"（sustainable ecotourism）的提法。因为很多研究发现，现实中的"生态旅游"并不一定是可持续的，在有些情况下，生态旅游相对大众旅游来说不仅具有迷惑性和虚假性，而且对环境的破坏更大。因此，人们不得不承认"生态旅游"并一定是可持续的。但是这种提法本身是很成问题的，真正的生态旅游本身必然是可持续的，

---

① 杨桂华，钟林生，明庆忠. 生态旅游[M]. 北京：高等教育出版社，2000.
② 刘贵利. 城市生态规划的理论与方法（第二版）[M]. 南京：东南大学出版社，2002.

不能满足可持续性原则的生态旅游就不是真正意义上的生态旅游。如果将"生态旅游"划分为"可持续的"和"不可持续的",那么实际上就是默许了那些打着生态旅游的旗号从事不可持续活动的现象。因此,这个概念本身是自相矛盾的,是不可取的。①

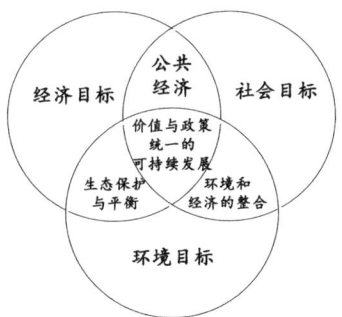

萨德勒的系统透视理论模型

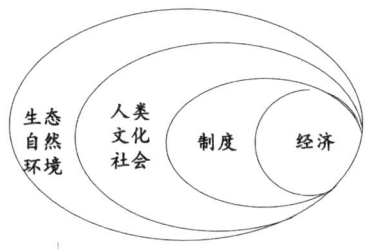

杜思的可持续系统框架

图 5-6　萨德勒和杜思的理论模型

（四）生态旅游的国际准则与认证

1. 国外生态旅游认证进展

生态旅游认证最初是由旅游业中的环境认证演化而来。真正国际意义上的旅游环境认证开始于 20 世纪 90 年代后半叶。1998 年,"绿色环球"组织建立了一套环境标准,成为唯一一个针对可持续旅游的全球性环境认证机构。2000 年,世界旅游理事会（World Travel and Tourism Council,WTTC）对原来的认证标准进行了改进,更名为"绿色环球 21"（Green Globe 21）。2002 年,以"绿色环球 21"为基础,澳大利亚生态旅游协会和澳大利亚可持续旅游合作研究中心共同起草了《国际生态旅游标准》（The International Ecotourism Standard）,并由"绿色环球 21"独家掌握执照发放和管理权。

目前全球旅行旅游业公认的国际性标准体系就是由世界旅游理事会

---

① 宋瑞.生态旅游：全球观点与中国实践[M].北京：中国水利水电出版社,2007.

（WTTC）2002年发起的"绿色环球21"国际生态旅游标准。欧洲"蓝旗"可持续旅游认证体系是区域认证制度的典型代表，除此以外，区域级的生态旅游认证还有亚太旅游协会（The Pacific Asia Travel Association）的"绿叶"（The Green Leaf）、欧洲高尔夫协会生态组织（The European Golf Associatioon Ecology Unit）和欧洲保护区可持续旅游宪章（The European Charter for Sustainable Tourism in Protected Areas）等。在国家级认证项目中，澳大利亚的全国生态旅游认证项目（The National Ecotourism Accreditation Program，NEAP）是目前全球最著名的专门为生态旅游而设立的认证项目，英国、德国等国家在这方面也起步较早，发展成熟。例如，德国的"绿色行李箱"（Green Suitcase）和英国的大卫·拜拉米奖（David Bellamy Award）等。地方认证制度主要有加拉帕戈斯群岛的 Smart Voyager 认证项目等。

在这些认证项目中，"绿色环球21"标准的内容最广泛，涵盖了生态旅游、旅游地设计和建设、旅游社区以及旅游企业四方面的内容。它是以可持续发展为原则，专门为旅行旅游这种特殊部门制定的。

2."绿色环球21"的《国际生态旅游标准》

2000年11月17—19日，全球生态旅游认证机构以及来自联合国环境署（UNEP）、世界自然基金会（WWF）、国际标准化组织（ISO）、"绿色环球21"组织（Green Globe 21）、国际生态旅游学会（TIES）的专家学者聚集在美国纽约州莫霍克山庄（Mohonk Mountain House），共同讨论制定了国际生态旅游认证的原则性指导文件，即《莫霍克协定》。全球最具权威的可持续旅游认证组织"绿色环球21"与澳大利亚生态旅游协会共同制定了《国际生态旅游标准》，并将这一标准提交于2002年5月在加拿大魁北克召开的国际生态旅游峰会，广泛征求意见。2002年10月21—25日，该标准在澳大利亚凯恩斯国际生态旅游大会上正式公布实施。2004年8月，《国际生态旅游标准》进行第一次重大修改，使之更科学、更可行。世界旅游组织（UNWTO）特别推崇"绿色环球21"成为全球旅游业的核心规范体系，"绿色环球21"也就成为世界上唯一涵盖旅游全行业的全球性旅行旅游业可持续发展标准体系。"绿色环球21"的《国际生态旅游标准》对生态旅游的定义做出如下描述：着重通过体验大自然来培养人们对环境与文化的理解、欣赏和保护，从而达到生态上可持续的旅游。

根据《莫霍克协定》的精神，生态旅游产品的11条原则如下：

①生态旅游经营者公开承诺遵循生态旅游的原则，并制定管理体系，确保其实施效果。

②生态旅游要求游客亲身体验大自然。

③生态旅游能够为游客提供体验自然和文化的机会，并增进其对自然与文

化的理解、欣赏和赞美。

④在生态可持续和了解潜在环境影响的基础上，确定合适的生态旅游经营方式。

⑤生态旅游产品在经营管理方面采取生态可持续的实践，保证经营活动不会使环境退化。

⑥生态旅游应该对自然区域的保护做出切实的贡献。

⑦生态旅游应该为当地社区的发展做出持续的贡献。

⑧生态旅游产品在开发和经营阶段都必须保持对当地文化的尊重和敏感。

⑨生态旅游产品应满足或超出顾客的期望。

⑩生态旅游向顾客提供有关产品的真实准确的信息，使顾客对产品有符合实际的期望。

⑪生态旅游产品对自然、社会、文化和环境的影响达到最小化，并且依照确定的行为守则进行经营。

"绿色环球 21"的生态旅游认证只针对产品而不是企业。根据《国际生态旅游标准》，"绿色环球21"进一步制定了生态旅游达标评估指标体系，使得生态旅游产品的认定具有量化的标准。目前，生态旅游产品的认证共分 3 种类型：合格证书、高级证书、创新证书。

3.《国际生态旅游标准》的支持原则

为了使《国际生态旅游标准》的基本原则更为明确，《国际生态旅游标准》对这 11 条基本原则中的③④⑤条提出了支持原则。

对原则③提出了三点支持原则：

A．生态旅游产品为游客提供高质量的讲解服务（讲解服务）；

B．对讲解进行充分准备，确保信息有效地传达给游客（讲解计划）；

C．直接为游客服务的一线员工有能力提供有关旅游地点的自然价值、文化遗产和保护方面的准确信息，导游人员能提供高质量的讲解（员工培训）。

对原则④提出了两点支持原则：

A．生态旅游的建筑物和基础设施不突出于周围视觉景观；

B．采取负面环境影响最小化的建设方式（可持续建设计划）。

对原则⑤从环境管理计划、减排、重复使用和回收利用、能源效率、水源保护、废水和污水处理、生物多样性保护、空气质量、照明、噪音等方面提出了支持原则。

二、甘恩和尼乌坎普的生态旅游功能分区模式

（一）甘恩（Gunn）的国家公园旅游分区模式

1988 年，甘恩提出了国家公园旅游分区模式，即划分为重点资源保护区、

低利用荒野区、分散游憩区、密集游憩区和旅游服务社区,如图 5-7 所示。这一模式提出后被普遍采用。

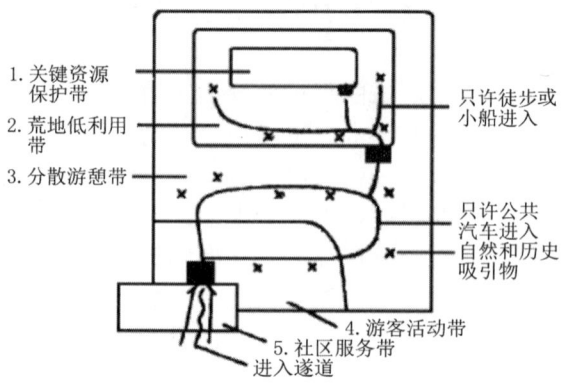

图 5-7 国家公园旅游模型(Gunn,1988)

(二)尼乌坎普(Nieuwkamp)的生态旅游功能分区

尼乌坎普(1996)将生态旅游地分为野生保护区、野生游憩区、密集游憩区和自然环境区四大区域,并总结了生态旅游功能分区的重要性:一是能使生态旅游区得到优化利用,并有利于保护自然资源;二是便于管理人员根据游客的需要对其加以分流,并用图说明了生态旅游功能分区模式的可行性。由图 5-8 可以看出,随着生态旅游区自然程度的增加,游客人数越来越少,但其对游客的吸引力却越来越大。单从游客数量曲线下滑的趋势就可以看出功能分区的分流作用,它对自然程度高的地方起到了保护作用。①

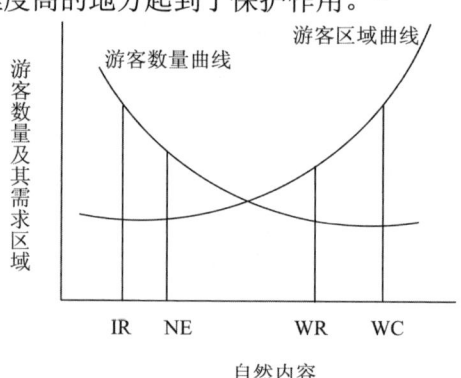

IR 为集中游憩区,NE 为自然环境区,MR 为野生游憩区,WC 为野生保护区

图 5-8 生态旅游功能分区模式的可行性(Nieuwkamp,1996)

---

① 万绪才,朱应皋,丁敏. 国外生态旅游研究进展[J]. 旅游学刊,2002.2:68-72.

三、高斯林（Gossling）的旅游生态足迹模型

生态足迹（Ecological Footprint）是由加拿大的生态经济学家威廉在 1992 年提出的，其定义是：任何已知人口（一个人、一个城市或一个国家）的生态足迹是生产这些人口所消费的所有资源和吸纳这些人口所产生的所有废弃物所需要的生物生产土地的总面积和水资源量。旅游生态足迹（Touristic ecological footprint，TEF）是生态足迹概念在旅游研究中的应用。2000 年，维克内吉（Wackernage）首先对国际旅游业的生态足迹进行了初步分析和探索。旅游生态足迹的概念最早由英国阿伯丁大学地理环境系康林·亨特（Conlin Hunter）教授于 2002 年提出，它是基于生态足迹的理论与方法、旅游者的生态消费及结构特征提出的一种用以测度旅游可持续发展的工具。旅游生态足迹是对旅游活动的需求方（旅游者）的研究，主要考量承载一定数量旅游者所需的生态空间，是一种宏观的旅游环境影响定量测度方法，主要是测度旅游活动对全球生态环境的宏观影响，及其带来的间接影响，如二氧化碳的排放以及全球温度升高等问题。

高斯林等（2002）[1]认为：尽管一系列研究（Becken et al.，2002[2]；Gossling，2002；Høyer[3]，2000）表明在长途旅游对环境的影响方面，交通（尤其是航空交通）构成主要影响（Gossling，2000），但现存的概念不足以说明特定旅行方式的可持续性和特定旅游目的地的可持续性。因此，高斯林等旨在用生态足迹分析的方法来评价旅游业的可持续性，并对生态旅游是可持续旅游一种方式的假设进行检验。高斯林等构建了一个有关休闲旅游的生态足迹计算方法框架，根据旅游活动特征，将 2000 年到塞舌尔旅游的 117690 名国际休闲游客的生态足迹划分为"交通""住宿""活动""粮食和纤维消费量"四类，从上而下和从下而上的统计方法相结合，综合计算出塞舌尔 2000 年休闲旅游的生态足迹。

---

[1] WWF-UK. Holiday footprinting a practical tool for responsible tourism [EB/OL]. http://www.wwf.org.uk/filelibrary/pdf/holiday footprint summary2. pdf.

[2] Becken, Frampton, Simmons. Analyzing international tourist flows to estimate energy use associated with air travel[J]. Journal of Sustainable Tourism, 2002, 10 (2), 114-131.

[3] Hayer. Sustainable tourism or sustainable mobility? The Norwegian case[J]. Journal of Sustainable Tourism, 2000, 8(2), 147-160.

第三节 低碳旅游

一、低碳旅游的起源

"低碳旅游"（Low-carbon Tourism）概念最早见于世界旅游组织与世界气象组织、联合国环境规划署以及哈佛大学联合出版的《气候变化与旅游业：应对全球挑战》的报告中，该报告在针对旅游部门应对气候变化的战略途径中，首次提出了"走向低碳旅游（Towards Low-carbon Tourism）"的旅游应对气候变化战略。[①]

1996年，世界旅游理事会（WTTC）、联合国世界旅游组织（UNWTO）、地球委员会（EC）共同制定了题为"21世纪旅游业议程：走向环境可持续发展"的发展纲领，明确提出"资源管理与能源消耗是旅游发展走向环境可持续的关键领域"。[②]2007年10月，联合国世界旅游组织（UNWTO）携手世界气象组织（WM2）、联合国环境规划署（UNEP）等国际组织机构在瑞士达沃斯召开的第二届"气候变化与旅游业"国际会议，将旅游碳排放问题引向了新一轮关注的焦点。这次会议重点讨论了全球旅游业在人类温室气体排放上的"贡献"，发布了应对气候变化挑战的旅游《达沃斯宣言》，以此呼吁旅游系统各相关部门要高度重视并深刻认识自身在温室气候排放上对全球气候变化的影响，并敦促各部门要在联合国现有框架下，通过技术、管理、财政等各种手段，来实现节能减排。在此基础上，世界旅游组织在2008年出版了会议专题报告《气候变化与旅游业：应对全球挑战》。[③]随后，在2009年哥本哈根举行的"气候变化世界商业峰会"上，世界旅游组织联合世界经济论坛、国际民用航空组织、联合国环境规划署等其他组织机构正式呈递了报告《迈向低碳旅游业》。

---

① UNEP, University of Oxford, UNWTO, WMO (prepared by Simpson M C, Gossling S, Scott D, Hall C M, and Gladin E). Climate change adaptation and mitigation in the tourism sector: frameworks, tools and practices[M]. Oxford, UK: Oxford University Press, 2008.

② WTTC, UNWTO, EC. Agenda 21 for the Travel and Tourism Industry: Towards Environmentally Sustainable Development[R]. London: World Travel and Tourism Council, 1996.

③ UNEP, University of Oxford, UNWTO, WMO (prepared by Simpson M C, Gossling S, Scott D, Hall C M, and Gladin E). Climate change adaptation and mitigation in the tourism sector; frameworks, tools and practices[M]. Oxford, UK: Oxford University Press, 2008.

二、低碳旅游研究的兴起

为了响应世界旅游组织的《达沃斯宣言》,有学者开始反思世界旅游组织减排目标实现的可行性[1],提出"碳中和目的地"的旅游发展设想[2],并开始探索相关实践的经济政策与旅游规制路径[3],提出"碳管理"[4];也有学者针对旅游食物生产与消费链中所导致碳排放,提出"食物管理"[5];还有学者提出要将"绿色道路"作为未来低碳旅游发展战略的重要选择[6],认为"转变方式"对减少旅游碳排放具有重要潜在贡献[7];最近又有学者提出"慢速旅游"这种新的旅行方式[8]。

目的地旅游业的能源消耗与碳排放水平是研究中最早关注的内容。早在1997年,塔巴特茨利尔-塔米利萨(Tabatchnaia-Tamirisa)就通过跟踪产业内部不同阶段货物与服务资金流量的"投入产出模型(H1-0 Model)"对夏威夷地区旅游者的能源消耗水平进行了评估。其研究结果显示,旅游者的能源消耗大约占当时整个夏威夷地区总量的60%[9]。随后,有学者通过相似研究方法再次对该地区进行了研究,认为旅游者所产生的温室气体排放比重为22%[10]。凯利和威廉姆斯(Kelly and Williams)提出了一种评估目的地旅游能源消耗与温室气体排放量的"自下而上"模型,并对加拿大不列颠哥伦比亚省惠斯勒(Whistler)

---

[1] Walz, Calonder, Hagedorn, et al. Regional CO2 budget, countermeasuies and reduction aims for the Alpine tourist region of Davos, Switzerland [J]. Energy Policy, 2008, 36(2): 811-820.

[2] Mayor, Tol. The impact of the UK aviation tax on carbon dioxide emissions and visitor numbers [J]. Transport Policy, 2007, 14(6): 507-513.

[3] Gossling, Schumacher. Implementing carbon neutral destination policies: issues from the Seychelles [J]. Journal of Sustainable Tourism, 2010, 18(3): 377-391.

[4] Strasdas, W. Carbon Management in Tourism-A Smart Strategy in Response to Climate Change [M]// Conrad, Buck M. Trends and Issues in Global Tourism 2010. London: Springer Berlin Heidelberg, 2010: 57-69.

[5] Gossling, Garrod, Aall, et al. Food management in tourism: Reducing tourism's carbon footprint[J]. Tourism Management, 2010, 30(5): 1-10.

[6] Mundet, Coenders. Greenways: A sustainable leisure experience concept for both communities and tourists [J]. Journal of Sustainable Tourism, 2010, 18(5): 657-674.

[7] Musti, Kortum, Kockebnan. Household energy use and travel: Opportunities for behavioral change [J]. Transportation Research Part D, 2011, 16 (1): 49-56.

[8] Lumsdon, McGrath. Developing a conceptual framework for slow travel: A grounded theory approach [J]. Journal of Sustainable Tourism, 2011, 19(3): 265-279.

[9] Tabatchnaia-Tamirisa, Loke, Leung, et al. Energy and tourism in Hawaii[J]. Annals of Tourism Research, 1997, 24(2): 390-401.

[10] Konan, Chan. Greenhouse gas emissions in Hawaii: Household and visitor expenditure analysis [J]. Energy Economics, 2010, 32(2) 210-219.

地区进行了实证模拟[①]。有学者则将研究视角转向乡村旅游目的地，对尼泊尔安娜普尔那乡村地区的旅游能源消耗情况进行了分析，认为海拔、住宿接待水平、能源价格、能源结构的多样性、节能技术的可获取性以及长久以来形成能源消费习惯是影响该地区旅游能量消耗格局的主导因素[②]。此外，还有研究人员对岛屿型目的地的能源消耗与碳排放量进行了研究，有学者通过生命周期法（LCA）法，对中国台湾洁湖岛旅游者的平均碳足迹进行了分析，认为该岛上单位人次旅游者的二氧化碳排放量为109kg[③]。巴克赫特和罗斯克斯（Bakhat and Rosselks）对西班牙巴利阿里群岛旅游业的电能消耗进行了分析，认为就电能消耗来说，旅游业并不属于高能耗产业[④]。高斯林则注重于全球尺度范围下的旅游业能源消耗与碳排放问题，认为旅游业导致的化石能源消耗巨大，对全球环境具有极为严重的影响，并呼吁"应该尽快将旅游能源消耗问题纳入可持续旅游急需关注的领域"[⑤]，通过对全球不同国家和地区目的地旅游业的生态效益进行分析，发现旅游业并非业界所宣称的那样"比其他经济部门具有更好的生态环境效益"。实际上，不同目的地旅游业的生态效益水平差别巨大，不同国家的旅游目的地的二氧化碳排放差异很大，比如在塞舌尔（Seychelles）产生相同生态效益的旅游二氧化碳排放量是世界平均水平的8倍，而法国一些旅游目的地的二氧化碳排放量却只有世界平均水平的1/10[⑥]。

三、苏珊娜和莫利（Susanne and Murray）的旅游产业碳排放模型

苏珊娜·贝肯和莫利·帕特森（2006）运用实证研究法对新西兰旅游产业碳排放进行了测度。在研究中，从两大方面着手构建了旅游产业碳排放的模型：一方面对旅游产业进行整理分类。将旅游产业分为交通、住宿、旅游吸引物和旅游活动，并分别将交通、住宿、旅游吸引物和旅游活动进一步细分为若干子类，查出或通过实证调查法测算出每个子类别的能源密集度与二氧化碳排放系

---

① Kelly, Williams. Modelling Tourism Destination Energy Consumption and Greenhouse Gas Emissions: Whistler, British Columbia, Canada[J]. Journal of Sustainable Tourism, 2007, 15(1): 67-90.

② Nepal. Tourism-induced rural energy consumption in the Annapurna region of Nepal [J]. Tourism Management, 2008, 29(1): 89-100.

③ Kuo, Chen. Quantifying energy use, carbon dioxide emission, and other environmental loads from island tourism based on a life cycle assessment approach[J]. Journal of Cleaner Production, 2009, 17(15): 1324-1330.

④ Rossello, Batle, Moia, Cladera, et al. Energy use, CO_2 emissions and waste throughout the life cycle of a sample of hoteis in the Balearic Islands [J]. Energy and Buildings, 2010, 42(4): 547-558.

⑤ Gossling, S. Sustainable tourism development in develoying countries: some aspects of energy-use [J]. Journal of Sustainable Tourism, 2000, 8 (5): 410.

⑥ Gossling, Peeters, Ceron, et al. The eco-efficiency of tourism [J]. Ecological Economics, 2005, 54(10): 417.

数。另一方面对旅游者进行分类，使其与旅游产业分类情况相对应。最后，这两大方面的数据相结合，就能得到整个旅游产业的碳排放量。具体计算方法可以表述为：

$$C = C_I + C_J + C_K \tag{5-1}$$

C 表示旅游产业碳排放总量，C_I 表示旅游交通碳排放量，C_J 表示旅游住宿碳排放量，C_K 表示旅游吸引物和旅游活动碳排放量。

$$C_i = \sum_{i=1}^{n}(R_i \cdot N_i \cdot D_i) \tag{5-2}$$

R_i 表示交通方式 i 的碳排放系数（g/p km），N_i 表示选择交通方式 i 的游客人数，D_i 表示交通方式 i 的行驶总里程数（km），n 表示交通方式的种类数。

$$C_j = \sum_{j=1}^{n}(R_j \cdot N_j \cdot T_j) \tag{5-3}$$

R_j 表示住宿方式 j 的碳排放系数（g/p visitor-night），N_j 表示选择住宿方式 j 的游客人数，T_j 表示选择住宿方式 j 的游客留宿的时间（night），n 表示住宿方式的种类数。

$$C_k = \sum_{k=1}^{n}(R_k \cdot N_k) \tag{5-4}$$

R_k 表示旅游吸引物或旅游活动 k 的碳排放系数（g/p visitor），N_k 表示游览旅游吸引物或参加旅游活动 k 的游客人数，n 表示旅游吸引物或旅游活动的种类数。

第四节 可持续旅游评价

总体来看，可持续旅游的研究实际上是伴随着国际旅游业界对其环境影响问题不断的反思而逐渐展开的，纵观旅游可持续发展研究的历程，无论是研究论题还是研究方法都呈现出"百花齐放，百家争鸣"的多样性格局。据学者（Lu and Nepal）的统计，在 1993 年，超过 45%的文章都是关于可持续旅游概念的研究；而到 2007 年，大约 85%的文章都是实证研究方面的[①]。实证研究的论题

---

① Lu, Nepal. Sustainable Tourism Research: An Analysis of Papers Published in the Journal of Sustanable Tourisn[J]. Journal of Sustainable Tourism, 2009, 17(1): 5-16.

也呈现出多样化的趋势，如旅游环境承载力、旅游社会承载力、旅游业与气候变化、旅游环境影响和政策应对、非政府组织在可持续旅游中的作用、可持续能力等，研究的思维也从单一化逐渐向综合性发展。

一、可持续旅游泛化

尽管关于旅游可持续发展的研究取得了丰硕的成果，但研究发现，仍然有以下两点值得我们去重视。第一，研究视角的多元化反映了旅游可持续发展研究的多学科特征，但是现有的可持续旅游研究多集中在生态学以及地理学领域，关注于旅游目的地生态系统的可持续，对于社会学领域的可持续旅游研究较少，缺少在人与环境互动过程中对于人的行为的可持续旅游研究，可持续旅游发展研究仍有很大的提升空间。第二，近些年来在可持续旅游研究中，数据建模和一些先进的分析方法运用在逐渐增多，如多维度建模方法、地理信息系统和计算机仿真等，这为将来旅游可持续发展研究方法的应用指明了一个发展方向。

可持续旅游概念开始泛化，无所不用，但分析工具与实践策略缺乏创新，虽然不断衍生出绿色旅游、善行旅游、替代旅游等概念，但缺乏本质上的提升。

二、生态旅游标签化

生态旅游作为一个新兴的研究内容，其研究现状还处于青年期。国外学者对生态旅游的定义、本质和核心标准等多方面的内容还存在一定的争议，同时对于生态旅游所承诺的生态、经济与社会文化目标仍存在一定的质疑。与此同时，生态旅游的研究范围也在不断扩大，正逐渐延伸至生态旅游社区、生态旅游活动和产品等方面。

在现有的生态旅游市场上，大部分旅游运营商表现为"刷绿漆"，这使得生态旅游的可信度越来越低，如何从生态旅游的可持续性出发，把生态旅游以及可持续旅游的内涵与原则作为基本点，探寻向公众传播可持续旅游以及生态旅游的价值观念，并以此指导旅游者的负责任环境行为。

目前在生态旅游的标准上，主要是以发达国家为主体进行制定，而在现有的生态旅游实践中，欠发达国家同样也是生态旅游的重要实践者。在生态旅游标准以及质量控制中，应该更多地考虑欠发达国家生态旅游发展地实际情况，因地制宜地根据实际情况制定生态旅游标准，以保证生态旅游产品与游客的生态、经济和社会文化期待一致。

三、低碳旅游过于工具化，思想内涵贫乏

低碳旅游作为重要的环境影响议题，旅游能源消耗与碳排放问题已经成为土地利用覆盖变化、生物多样性、文化保护等众多可持续旅游议题中最受关注的命题。随着低碳旅游的发展，在能源消耗与碳排放评估这个起点上，"碳中和目的地""绿色道路""慢速旅行""旅游碳管理"等新概念与理念被提出，国内外研究以定量研究为主，重视对各种定量评估模型的应用，但现在仍处于探索阶段，并未形成有关旅游碳排放的统一的评估方法与模式。以旅游业碳排放为核心的低碳旅游具有很强的实用价值，所以在低碳旅游的研究上，不应该只注重缺乏案例的空泛的理论探讨。在注重实用的同时兼顾理性的理论提升，体现低碳旅游其应有的价值，综合吸收资源科学、经济学、地理学、能源科学等多学科的理论与方法，取得高水平的研究成果。

第六章 地方、地格与社区

目的地是旅游的核心要素，对于目的地性质的认识千差万别。地理学家是旅游目的地性质研究的一个主流的研究群体，目的地既是旅游空间也是有意义有情感关联的地方。对旅游目的地核心理论产生深远影响的学说是社区、地方与地格学说。

第一节 地方

一、地方与地方感

人们之所以前往一个旅游目的地旅游是因为这个地方赋有某种意义。对某一地方的向往可能有某种情感关联。解密地方含义的地方理论被称为改变人类的十大地理学说之一，其主要内容是从人的感觉、心理、社会文化、伦理道德的角度来认识人与地方的关系。

（一）"地方"概念的形成

"地方"的概念来源于地理学的研究。地理学最初被看作"在不同的时间、地点，不同人发生的不同事"，空间被看作"人类活动的容器，是客观、可绘制的"。直到20世纪70年代，萨奥尔（Sauer）、鲁克曼（Lukerman）与段义孚（Tuan）等人文地理大师挑战了这些观点，在他们看来"地方"表示的是一种对世界的态度，强调主观体验而非空间科学的冰冷生硬逻辑。段义孚提出了"人们不是生活在地理空间的框架中，而是生活在充满内涵的世界中"。鲁克曼提出地理是"关于存在各个地方的世界的知识"，地方是"与其他地方通过人流物流产生关联的特定区位的自然和人文组合"[1]，并给出了地方的多重意义："①环境、地

---

[1] Lukerman. Geography as a formal intellectual discipline and the way in which it contributes to human knowledge[J]. Canadian Geographer, 1964 (4): 167-172.

区、地点、场所、区域、领域等；②城市、村庄、城镇、州等；③家、温暖的地方、草坪、社区、国家、场景等；④广义的地方，即社会生活中艺术的'角色'、女性在社会中的地位、我们在宇宙中的位置、人和事物在社会关系中应遵循的规范等。"人文地理学先驱雷尔夫（Relph，1976）对此总结，并给出了新的定义，"地方是通过对一系列因素的感知而形成的总体印象，这些因素包括环境设施、自然景色、风俗礼仪、日常习惯、对其他人的了解、个人经历、对家庭的关注以及对其他地方的了解"[①]。后来，随着人们对地方的认识越来越深刻，涉及的范围越来越广，给出的概念也变得更加抽象。哈里森和杜立西（Harrison and Dourish，1996）给出了地方的经典定义，即"一个真正的地方是由个人或群体赋予了深刻内涵和意义的特殊空间"，并用简明的公式表达为"地方=空间＋内涵"。[②]地方的意义在于人赋予它的、超出居住等实用意义的情感寄托。随时间推移，这种被人赋予的意义与价值会和人的思想、行动、感受等一起不断成为这个地方的一部分，由此产生地方意义的变迁。

（二）"地方感"概念的形成

随着人们对地方概念中的人文因素愈发重视，段义孚将广义的地方感分为根植性（rootedness）与地方感（sense of place）两个维度。其中，根植性体现的是一种心理上的情感依附与满足，而地方感表现的则是社会层面上身份的建构与认同的形成[③]。段义孚于1974年把恋地情结（topophilia）引入地理学，用于表示人对地方的爱恋之情。莱特（Wright）在1966年首创敬地情结（geopiety）一词，用于表示人对自然界和地理空间产生的深切敬重之情[④]。斯蒂尔（Steele，1981）认为"地方感是人与地方相互作用的产物，是由地方产生的并由人赋予的一种体验，从某种程度上说是人创造了地方，地方不能脱离人而独立存在"。[⑤]

二、"地方理论"的主要流派及观点

随着对地方研究的深入，地方的物质实体环境被弱化，而人地关系被强化。段义孚于1976年提出了地方感（sense of place）的概念，揭开了地方感研究的序幕。地方感（Sense of Place）的研究主要涉及环境心理学、地理学、环境设计以及资源管理四个主要学科，对于地方感的研究始于对人与环境关系的关注。林奇

[①] Relph. Place and placelessness[M]. London: Pion Books, 1976.
[②] Harrison, Dourish. Replacing space: the roles of place and space in collaborative systems[M]. Proc: CSCW'96 ACM Press, 1996.
[③] Tuan. Space and place: The perspective of experience[M]. Minneapolis, MN: Minnesota University Press, 1977.
[④] [英]约翰斯顿. 人文地理学词典[M]. 柴彦威，等译. 北京：商务印书馆，2004: 737, 266.
[⑤] Steele. The sense of place[M]. Boston: CBI Publishing, 1981.

(Lynch，1962）从环境设计视角为地方感研究奠定了基础，他认为"狭义地来说，地方特色就是一个地方的场所感"。地方感本质就是地方精神（Genius Loci）。地方特征是人类长期相继占用（Sequent Occupation）形成的结果（Whittlesey，1929），因此具有时间压缩特征（Havey，1996）。哈维（Harvey）认为地方是集体回忆的纽带（Locus of Collective Memory），是一个通过构建某个历史人物的回忆来获得识别的地点。政治地理学家约翰·阿格纽（John Agnew，1987）归纳了地方作为一个"有意义的区位"的三个基本方面：区位（Location）、本地（Locale）与地方感（Sense of Place）。区位是指某个固定的地点。本地是指社会关系的物质背景（Material Setting for Social Relations），即它的外在形式或者说地方的载体。地方感是人们对地方的主观与情感附着物（Subjective and Emotional Attachment）。目前主要存在四种研究的角度：地理学派、社会学派、心理学派和社会哲学学派。

（一）雷尔夫与段义孚的地理派地方理论

段义孚（1974，1980）和雷尔夫（1976，1989）等学者从地理现象学视角就人与环境的关系、地方本质等方面展开了深入研究，他们特别强调"地方"这个概念不仅是一个几何空间，而且还包括了人地之间的关系。

雷尔夫对于地方属性的认识，尽管属于最早期的研究，但至今仍经常被引用。在他的代表论著《地方与地方缺失》（*Place and Placelessness*）中指出："地方的基本含义不是区位，因此它的本质不是来自区位，不是来自地方所提供的功能，不是来自占据这个地方的社区，也不是表面或世俗的体验。地方的本质在于不自觉的意图。地方是人类生存的深远中心。"他还认为："静态的实体环境、活动和意义内涵是对一个地方进行识别认同的三个基本要素。这种分法虽然简单，却是理论基石。例如，第一层面可以把一个城镇看作由建筑和物质实体的组合，就像航空图片中拍摄的那样；第二层面是一个严谨客观的研究者，可以观察人们的行为，就像昆虫学家观察蚂蚁那样；但从第三层面来讲，一个正在感受这些建筑或经历这些活动的人看到的却远远不止这些，他们对于事物和事情有着自己的评价，即美与丑、促进与阻碍、喜爱与厌恶、亲近与疏远。总而言之，富有内涵。"雷尔夫的贡献主要有两点：①他对地方识别（place identity）的研究是后期地方感研究的重要基础；②他提出了地方感整体都是主观的，即便实体环境——这三方面中最客观的一个，它的美丑、有用性属性依旧是主观的。而地方的意义内涵作为人们赋予地方的象征意义、思想感受、态度和价值等则更加主观，不同的人赋予地方不同的意义，地方意义是复杂多样甚至相互冲突的。

段义孚的"地方"思想集中体现在《恋地情结：环境感知、态度和价值研究》（*Topophilia: A Study of Environmental Perception, Attitudes and Values*，1974）、《经验透视中的空间与地方》（*Space and Place: The Perspective of Experience*，

1977）和《割裂的世界与自我》（*Segmented Worlds and Self: Group Life and Individual Consciousness*，1982）等论著中。段义孚（1974）把恋地情结（topophilia）引入地理学中用于表示人对地方的爱恋之情，并最先提出地方感这个概念，他认为地方感包含两个含义，即"地方自身固有的属性（地方性）和人们对这个地方的依附感（地方依附）"。[①]他提出"地方是人在世界中活动的反映，在提供所有的人类生活背景的同时，给予个人或集体以安全感或身份感，通过人的活动，使得原本没有任何特殊性的地方变得富有内涵"[②]，"地方可以认为具有一种精神或者一种性格，但只有人才有地方感，当人们把情感或审美识别应用于地点或区位时就显示出地方感"。[③]段义孚等人的研究对剖析城市内居民与其邻里区域所产生的亲切感、疏离感和冷漠感做出了很大的贡献，也扩大了城市地理学的领域。

段义孚还辩证地阐明地方与空间相互依存、具有可转化性的独特关系，如图6-1所示。空间和地方相互定义，不仅"从地方的安全性及稳定性，我们感觉到空间的开阔、自由以及由此带来的威胁，反之亦然"，而且二者相互依赖，因为"生活就是在冒险与庇护、依附与自由这些二元对立中的运动……在开放空间中的人会强烈感受对地方的需要，而在被庇护的地方独处的人则不断渴求外面的广阔空间"。地方的内涵则比抽象的空间更复杂，因为它是相对于运动空间的暂止（pause），即每次运动的暂止都有可能让一个区位（location）转变成地方，使它成为被感知的价值中心、价值的凝聚地（a concretion of value），故而"当我们感到空间非常熟悉的时候……当我们更加了解空间并赋予它价值的时候……最初无差别的空间就变成了地方"。[④]

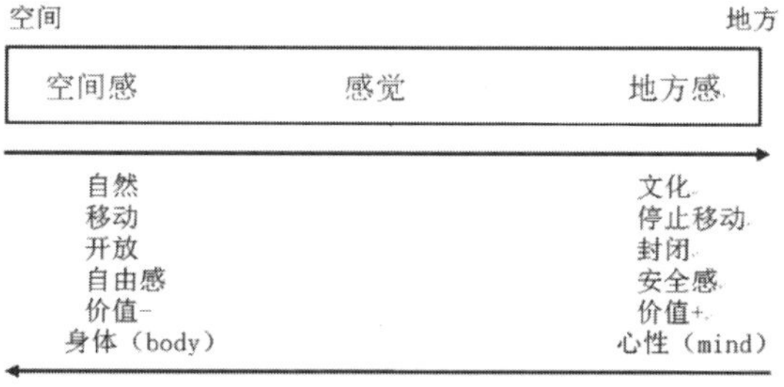

空间		地方
空间感	感觉	地方感

自然　　　　　　　　　　文化
移动　　　　　　　　　　停止移动
开放　　　　　　　　　　封闭
自由感　　　　　　　　　安全感
价值-　　　　　　　　　 价值+
身体（body）　　　　　　心性（mind）

图6-1　空间—地方连续链

[①] Tuan. Humanistic geography[J]. Annals of the Association of American Geographers, 1976(66): 266-276.

[②] Tuan. Space and place[M]. London: Edward Arnold, 1977.

[③] Tuan. Topophilia—a study of environment perception, Attitudes and Values[M]. New Jersey: Englewood Cliffs, 1974: 235.

[④] 蔡霞. "地方"：生态批评研究的新范畴——段义孚和斯奈德"地方"思想比较研究[J]. 外语研究，2016，2.

(二)威廉姆斯和布雷克威尔(Williams and Breakwell)的环境心理观点

林奇(Lynch)是人与环境关系研究的先驱之一,其著作从环境设计视角为地方研究奠定了基础。环境心理学家主要是从心理学的角度来研究地方理论,认为地方感是关于人们对特定地理场所(setting)的信仰、情感和行为忠诚的多维概念,主要包括地方依恋(place attachment)、地方认同(place identity)、地方意象(place image)和机构忠实(agency commitment)等研究领域。近10多年来,人与地方相互作用产生的情感联结关系——地方依恋一直是国外游憩地理学和环境心理学的研究热点。地方依恋指人与特定地方之间建立起的情感联系,以表达人们倾向于留在这个地方,并感到舒适和安全的心理状态。[1]哈米特和斯图尔特(Hammitt and Stewart)根据地方依恋强度不同,将地方依恋感从浅到深依次分为熟悉感(familiarity)、归属感(belonging)、认同感(identity)、依赖感(dependence)和根植感(rootedness)。[2]其代表人物威廉姆斯(1989)提出"地方依恋"的概念及其理论框架,指出地方依恋包括情感联结、认知联结和意欲联结3个维度。其中情感联结为情感依附,指人对一个地方的喜好和感受。认知联结为地方认同,地方认同是自我认同的一部分,指意识到自己是哪里人,并将自己的价值观、精神追求等同该地方的价值、精神相联系,从中获得归属感。意欲联结包括地方依赖和社会联系,前者是一种功能性依附,指一个地方拥有满足人们某个需求的能力;后者指建立社会关系,参与地方活动,为地方做出贡献等行为倾向程度[3]。

威廉姆斯和罗根巴克(Roggenbuck)设计了地方依恋量表用于测量个人与户外游憩地的情感联结关系,如表6-1所示。随后的理论研究主要涉及地方依恋的概念、维度、影响因素等方面。

表6-1 威廉姆斯和罗根巴克的地方依附心理量表

地方依附构成	就对以下陈述的同意程度打分(1~5分),1分为完全不同意,5分为非常同意	得分
地方依赖		
PD1	就我最喜欢的游憩活动而言,A公园的环境和设施是最好的	
PD2	我最喜欢A公园,因为它为我提供最好的游憩活动	

---

[1] Hidalgo, Hernandez. Place attachment: Conceptual and empirical questions[J]. Journal of Environmental Psychology,2001,21: 273-281.

[2] Hammitt, Stewart. Sense of place: A call for construct clarity and management[C]// Sixth International Symposium on Society and Resource Management. State College, PA, 1996.

[3] Williams, Patterson, Roggenbuck. Beyond the commodity metaphor: Examining emotional and symbolic attachment to place[J]. Leisure Sciences, 1992 (14): 29-46.

续表

地方依附构成	就对以下陈述的同意程度打分（1～5分），1分为完全不同意，5分为非常同意	得分
PD3	就我想要的游憩活动而言，我想不出哪个地方能提供比A公园还要好的环境和设施	
情感依附		
AA1	A公园对我很重要	
AA2	我很依恋A公园	
AA3	我对A公园及其环境和设施有种强烈的归属感	
AA4	我对A公园及其环境和设施有强烈的情感依附	
地方认同		
PI1	我觉得A公园是我的一部分	
PI2	我很认同A公园	
PI3	上A公园游玩这种行为能体现出我是一个什么样的人	
社会联系		
SB1	假如我不上A公园而去别的地方游玩，我的家人朋友们会觉得失望	
SB2	假如我不上A公园，我会和很多朋友失去联系	
SB3	我的许多家人朋友都最喜欢A公园	

布雷克威尔（1992）在威廉姆斯的基础上，就地方认同这一观点进行了进一步的研究，他认为地方认同是一个对社会的适应（accommodation）、融合（assimilation）和评价（evaluation）的过程，提出了4个引导行为的认同原则：独特性（distinctiveness）、连续性（continuity）、自我尊重（self-esteem）和自我效能（self-efficacy），构建了认同过程模型（identity process model）[1]。独特性维度反映了一种生活方式和个人与家乡环境的特定关系。人们用地方识别（place identifications）来与别人相区别，在这个意义上，地方起到了与社会分类相似的作用，地方识别就相当于社会识别（social identifications）。连续性维度关注自我身份连续性的保持与发展，分为地方指示物的连续性（place-referent continuity）和地方适宜的连续性（place-congruent continuity）两个方面。地方指示物的连续性中，地方作为过去的自我和行为的指示物，保持与某个地方的联系可以让人获得一种自我身份的连续感。地方适宜的连续性是指一般的、可转移的地方特性，如人们选择能代表自身价值的居住地，或改变居住环境，使

---

[1] Breakwell. Processes of self-evaluation: efficacy and estrangement[M]//Breakwell. Social Psychology of Identity and the Self-concept. Surrey: Surrey University Press, 1992.

之与当前身份相一致。这种连续的缺失可能导致不满,甚至迁居到一个与身份相符的地方。自我尊敬关系到一个人对自我价值或社会价值的感知,如生活在历史城镇的人通过联想而获得一种自豪感[①]。自我效能是指对自己的环境适应能力的信任。当环境有利于或至少不妨碍个人的日常生活,人就有一种自我效能感。这时的环境是一种易管理的环境(manageable environment),在这种环境中人们易于做自己想做的事。

(三)古森塔夫森(Gustafson)与坎特(Canter)的社会学派观点

社会学家古森塔夫森(2001)主要是从社会学角度运用数据分析的手段研究影响地方感的各种因素。他的模型可以更好地理解地方内涵的产生,如图6-2所示。

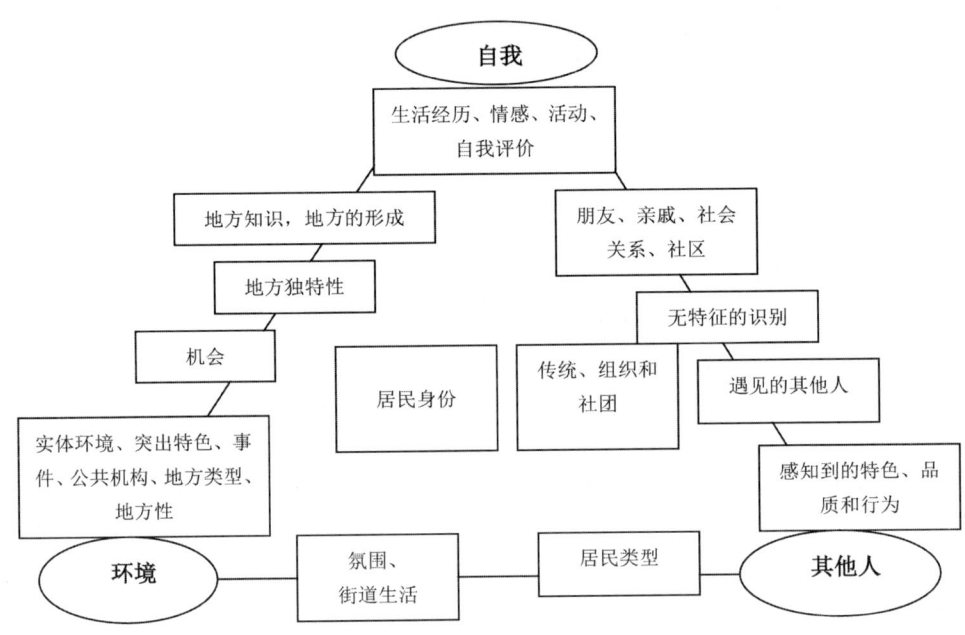

图6-2 塑造地方意义的三极模型[②]

图6-2中可以看出,古森塔夫森认为地方意义主要是由三个主体构成:自我、环境和其他人。自我包括个人的生活轨迹、情感、自我评价和自己的活动经历。环境包括地方的实体特征和它的机构及事件。其他人则是由他们的特征

[①] Lalli. Urban related identity: theory, measurement and empirical findings[J]. Journal of Environmental Psychology, 1992 (12): 285-303.

[②] Gustafson. Meanings of place: Everyday experience and theoretical conceptualizations[J]. Journal of Environmental Psychology, 2001(21): 5-16.

和行为组成。远一些的因素，例如社会关系和氛围属于这三个极点之间的关系。以自我—环境之间的关系为例，古森塔夫森观察到，在一些案例中，一个地方通过提供特别的活动或展示当地的文化带给它的居民地方感。

西克史密斯（Sixsmith，1986）在研究"家"的内涵时，区分了个人、社会和物理环境，她总结"家是一个多角度的概念，并不是一个简单的因素使得一个地方成为家，相反，任何一个因素的缺失都会导致家不再是家"。坎特在 1997 年也提出了相似的理论——"地方的因素理论"，认为地方包括活动、物理特征、个人、社会和文化经历以及地点的规模。而约根森和斯特曼（Jorgensen and Stedman，2002）则很好地将实证方法引入这个领域，对地方感的研究具有重要影响，"像其他情感一样，地方感是由认知过程、感情过程和行为过程组成的"。通过 200 多份农村家庭的问卷调查得出结论，"对地方感的态度有：对人地关系的认识（认知方面）；对这个地方的感觉（情感方面）；与其他地方相对比，属于这个地方的专有行为（行为）"。

（四）高夫曼（Goffman）与哈维（Harvey）的社会哲学学派观点

如果说地方感的最初研究是地理学家探讨"地理空间中的人文性"，那么发展到后期，则是由社会哲学家对"人文生活中的空间性"的探索。其主要内容涉及空间与时间、经济和社会政治的关系。

社会哲学家认为地方与空间跟时间一样，是由社会所构建出来的。唯一要问的是由什么样的社会过程来构建？英国马克思主义地理学将权力和再生产的维度引入空间研究，揭示了空间关系所蕴含的政治向度。空间表征（泛指某种空间的呈现方式，如地图、影像、文字论述、符号等，是概念化的空间想象，通过知识理解与意识形态来获得对空间纹理的修改[①]）的生产、分配与消费，绝非中立客观，而是牵连在社会关系以及人类（个别与集体）主体认同的建构过程中。在这种空间表征里，有些地方会特别重要而被编码，例如神圣的空间（教堂、地界）、禁忌的空间（墓园、仪式场所、危险的地方）、男性的空间（公共论坛、大树下）等。这些特殊空间相对于日常的空间有其独特、非日常的存在样态。高夫曼所说的地方感就涉及了地方的表征，如特殊的纪念建筑、自然与人文景观等。换言之，地方感是透过各种表征而存在的；反之，地方感的表征又参与了主体认同的建构。青少年涂鸦就反映了空间表征与认同建构的议题。以空间界限的表征来标明势力范围、确定地盘，也是在巩固自我（我群）的认同，通过对既有空间秩序的颠覆，建构了主体的认同。

哈维对此在马克斯（Marx）和迈克尔（Michael）的基础上对空间与社会的

---

① 夏铸九，王志弘，编译. 空间的文化形式与社会理论读本[M]. 台北：明文书局，1993.

构建进行一种概念性的解答。哈维认为现代主义文化对时空有一种不确定并时刻变化的感知。哈维把地方看作在空间和时间流中的有条件的"永久"形式。全球化导致的经济一体化、地域趋同和资本积累加速带来了一种"时空的压缩"。一方面，全球化的趋同倾向逐渐抹去地区差异，最终使原本各异的地区变成了一个单一的"地球村"；另一方面，资本积累和周转不断加速，促进了经济和技术的发展，并大大提高了地区趋同的速度，于是产生了时空压缩的体验。原本对时间的多样性感知被看作一种线性的、持续向前发展的、同质的时间观；同样，空间也是同质的、千篇一律的抽象空间，没有地方的独特性。而现在的观点则认为时间是通过对一块一块的空间的征服来计量的，这一过程被哈维称为"时间对空间的侵蚀"。现代主义，特别是后现代主义文学和文化的特色正是对这个过程的一种反动，哈维称之为"时间的空间化"。这个空间化的过程所隐含的一层含义就是对所谓的普遍真理和时空趋同的拨乱反正，是对一个故意忽视差异的同质世界的矫正。[①]

哈维认为，地方是集体回忆的纽带，是一个通过构建某个历史人物的回忆来获得识别的地点。[②]保护和创建地方感是一个从回忆到希望、从过去到未来的积极瞬间，地方构建可以解密隐藏的回忆，展示不同的未来。[③]

三、地方理论在旅游方面的运用

1. 对不同类型旅游（游憩）地、不同主体的地方感维度、属性、特征、影响因素、空间差异及其对主体行为的作用机制研究，构建旅游地地方感理论框架。

2. 旅游开发以及旅游地居住环境的变化对居民地方依恋与地方认同的影响研究，考察旅游地居民的居住时间、性别、年龄、民族、是否参与旅游业、收入水平等社会人口变量与地方依附的4个组成部分之间是否存在显著相关关系，探讨维系居民与原居住环境的情感依恋关系的途径，以及居民对新居住地的规划建设要求。

3. 探讨基于地方感的旅游（游憩）地规划与管理理论，以及特定空间、场所和地段的规划设计理论与方法。地方感研究也有助于管理者了解利益相关者的态度与行为，从而使管理政策措施得到更多的认同与支持。

4. 地方理论应用于旅游文化影响研究，主要考察旅游地的地方性变迁。地

---

① Harvey. The condition of postmodernity: an enquiry into the origin of cultural change[M]. Oxford: Blackwell, 1989, 265

② Cresswell. Place, a short introduction[M]. Oxford: Blackwell Publishing, 2004: 61.

③ Harvey. Justice, Nature and Geography of Difference[M]. Cambridge: Blackwell Publishers, 1996:306.

方性变迁除了表现为物质形态的文化景观变迁和非物质形态的功能转变（如宗教旅游地的宗教功能减弱，旅游功能增强），更多地表现为历史形成的真实意义在旅游地商品化、全球化、现代化过程中逐渐丧失，新的意义逐渐填充进来，渐渐从根本上改变旅游地的文化特征。

5. 基于地方的旅游发展理论强调旅游产品的开发必须发掘真实的地方精神，基于地方的地脉与文脉，展示地格。从市场营销上，关键是要建立目标市场与目的地之间的地方依恋关系，通过客源地消费者与目的地之间的情感关联打开市场。

第二节　地格

受地理学与战略学学术背景影响，邹统钎承继硕士师爷（周廷儒教授的导师）卡尔·萨奥尔（Carl Sauer）先生的文化景观理论以及博士后师爷（徐二明教授的导师）亨利·明茨伯格（Henry Mintzberg）先生的战略管理思想，在融合地理学的地方感理论和管理学的资源基础论的基础上提出了地格理论[①]。地格理论认为，游客去往旅游目的地是因为目的地能够提供游客向往的另类生活方式。地格是一个地方的生活方式的本质特征，其中对旅游目的地有代表力、对客源地目的地游客有吸引力、对竞争性旅游目的地有竞争力的生活方式特征就是旅游地格，如新西兰的"纯净（Pure）"、山东的"好客"、湖北的"灵秀"等。旅游地格是旅游目的地的品牌基因，旅游目的地品牌战略就是基于旅游地格的地方生活方式再造过程。旅游目的地建设的核心是形成差异，构建有别于竞争对手的生活方式。这种差异的生活方式必须根植于地方，同时又是游客期望的，是有别于客源地游客日常生活的，是竞争对手难以模仿的、无法替代的。

一、地格

人有性格（Personality），地有地格（Placeality）。性格是个人的情感、态度、行为反应方式的组合，地格就是一个地方长期积累形成的自然与人文本质特征。这种本质特征决定了当地人的世界观与行为方式。对于旅游目的地来说，地格是地脉与文脉的有机合成，是一个地方的生活方式的综合特征。[②]

---

① 邹统钎. 中国旅游景区管理模式研究[M]. 天津：南开大学出版社，2005.
② 邹统钎. 旅游目的地开发与管理[M]. 天津：南开大学出版社，2015.

耶鲁·瑞欧德（Yellow Railroad）提出地方基因（Place DNA）的 3P 模型：（1）地方（Place），即地貌、风景、公共场合、公共艺术、历史、建筑；（2）物产（Produce），即地方特有的产品，如古巴雪茄、苏格兰威士忌、意大利时装等；（3）人民（People），即文化、口音、声誉，如南非的曼德拉、巴塞罗那的高迪等（UNWTO, ETC, 2009）。借鉴过来，地格的载体包括：标志物（Marks）、环境（Environment）、仪式（Rites）、偶像（Icon）与氛围（Atmosphere）。标志物例如苏格兰的风笛、格子裙、高尔夫、羊杂肠和威士忌，威尔士的城堡、服装与小艇。环境例如西藏的高原气候、高山、峡谷、冰川。仪式例如毛利人的蹭鼻子、藏民的献哈达、苗族的拦路酒、各种婚丧嫁娶仪式等。偶像是地方精神领袖、标志性人物。氛围是指居民的热情、好客、开明、保守和幽默等。

二、旅游地格：旅游目的地品牌基因

并不是所有的地格因子都可以成为旅游发展与旅游目的地的基础，实践上到处可见的是在旅游目的地品牌营销上的模仿、复制与平淡。可以提供具有吸引力生活方式的目的地能吸引大量游客前往（UNWTO，2009）。具有吸引力的生活方式才能成为目的地品牌基因的来源。品牌必须建立在地方特有的属性（Place-specific Features），即具有唯一性（Uniqueness）、真实性（Authenticity）与吸引性（Appeallingness）的旅游地格之上。只有那些对客源地游客有吸引力、对竞争性目的地有竞争力、有代表目的地本身特征的旅游地格才能作为旅游目的地发展依托。

具有难以模仿的竞争优势的旅游地格具备如下特征：

1. 地方特有（Place Specific）：地方特有才能形成差异，地格具有单向配置与历史不可重复的特征，在空间上具有独特性，是自然天赋的。山东的人文山水特征是在山东地域独特的自然环境与人文环境中形成的。黄（Ooi）曾经断言："目的地的供给与基础设施上变得越来越全球化、越来越雷同。"短期能够通过资本与人力迅速构建的旅游设施与服务很难形成竞争优势。一般标准化的基础设施不是地方特有，而根植于地方的生活方式千差万别。

2. 路径依赖（Path Dependent）：地格具有时间压缩（time compressed）、历史构建（historical constructed）的特征，是长期历史演变而成的。这是最典型的独特历史条件形成的不可模仿资源。1927 年索尔的《文化地理的新进展》一文把文化景观定义为"附加在自然景观上的人类活动形态"。由于文化景观是长期形成的，对文化景观的研究必须回溯过去，探究每一个历史时期人们对某一地区文化的贡献，明确这个地方文化景观的发展过程。由于一个地方的文化景观是历代居民文化烙印叠加形成的，因此索尔的学生惠特尔西（Whittlesey）提出相继占用（Sequent Occupation）的概念。索尔学派引导人们用发生学的方法研究文化历史，因为它要确定那些发生在地球表面特定地方和构成其特性的文化继承性。地格的路径依赖特征导致一定程度的无法超越。地格往往依附在一个地方的历史遗存上，在一个充满复制品的世界，在一个基于遗产的旅游景点体验真实的遗存具有历史完整感、地方感与归属感。①

3. 难以言传（Unutterable）：生活方式因偶尔歧义与社会复杂（Casual ambiguity and social complexity）而难以解释、难以表述。作为地格基础的文化景观，其内容除聚落、道路、田野等之外还有"气氛"这种难以表达的地方特征。

4. 难以替代（unreplaceability/non-substitution）：任何时代有它的竞争标准。农业经济时代，数量是关键；工业经济时代，成本最重要；服务经济时代，质量是根本；体验经济时代，真实最给力。这是一个全球追求真实的时代。人们希望一种体验能够说明他们所在的目的地。竞争者难以通过舞台化的真实或者替代品来代替真实的地方体验。地格作为目的地的真实存在，作为地方人民不可分割的部分，难以替代。

三、旅游地格的筛选机制

融合战略管理的资源基础论、地理学的地方感理论以及旅游学的推拉理论，邹统钎（2015）提出基于地格（地方独特生活方式）的旅游目的地品牌战略（Placeality Based Branding，PBB），指出旅游目的地品牌的基因是旅游目的地的旅游地格。旅游地格是旅游目的地中具有代表力、吸引力与竞争力的旅游目的地生活方式本质特征。他构建了旅游目的地品牌基因提炼也就是旅游地格因子筛选的"三力"（代表力、吸引力、竞争力）RAC 模型，如图 6-3 所示。他指出只有通过三项标准检验的地格才是旅游地格：一是能够代表旅游目的地的生活方式的本质特征，即具备代表力（Representativeness）；二是对客源地市场具有吸引力（Attractiveness）；三是对于竞争性旅游目的地具有竞争力（Competitiveness）。

旅游地格的确立过程需要比较分析目的地、客源地与竞争地，是从旅游目的地所有地格因子中，以地方感理论为主要依据，根据原生性、地方普遍性提炼目的地代表力因子；以推拉理论为主要依据，通过比较对客源地游客的价值性、地方依恋性与生活方式的差异性提炼吸引力因子；以资源基础论为主要依

---

① Hall. Introduction to Tourism in Australia: Impacts, Planning and Development[M]. Melbourne: Longman, 1995.

据，比较与竞争地的资源稀缺性、唯一性、不可模仿性与难以替代性提炼其竞争力因子。只有同时符合代表力、吸引力与竞争力的地格因子才能成为旅游目的地的旅游地格，也就是这一旅游目的地的品牌基因。

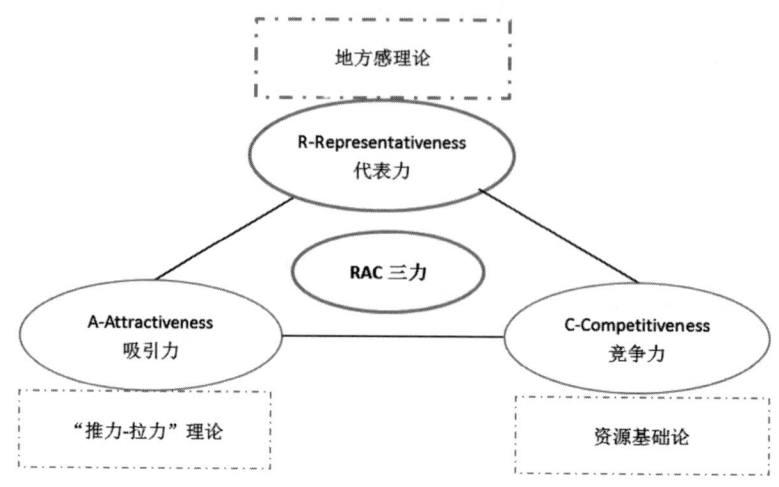

图6-3 目的地品牌基因选择的"三力"RAC模型

通过"三力"RAC模型筛选出来的地格因子构成旅游目的地的品牌基因，成为地方再造的基础，如图6-4所示。

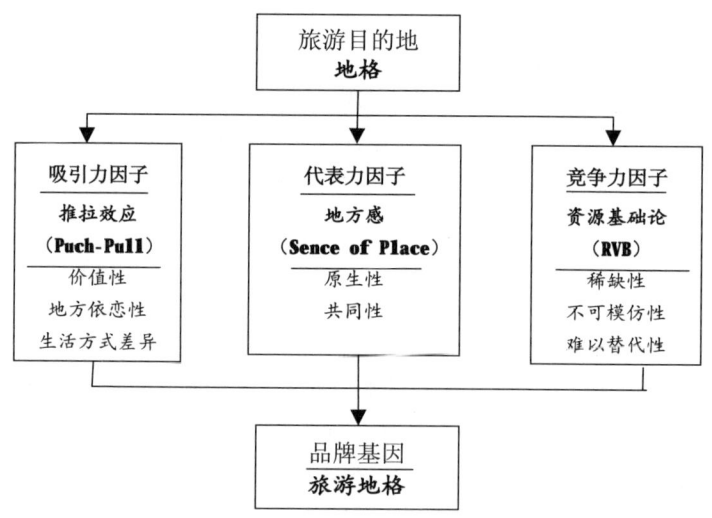

图6-4 旅游地格筛选机制

四、基于旅游地格的旅游目的地品牌战略

旅游目的地品牌战略过程就是旅游地格选择与基于旅游地格的地方再造过程。一个成功的目的地品牌必须是具有吸引力的、独特的、与定位相一致的、体现目的地性格的、简单的、难以忘怀的。旅游目的地的建设过程就是在游客参与下构建地方化的另类生活方式。比如威尔士品牌战略非常重视为威尔士创立一个积极的、独特的、动人的身份以吸引英国及海外市场。

（一）提炼旅游地格

旅游目的地品牌战略的首要一步就是寻找品牌的基因，提炼地方生活方式的本质特征，即旅游地格。代表力、吸引力与竞争力构成旅游目的地的旅游地格筛选机制。国内公认提炼比较成功的旅游地格比如山东的"好客"、山西的"善"与"美"、四川的"熊猫故乡"、河南的"老家"、云南的"七彩"、辽宁的"满风清韵"等；国外有新西兰的"自然、纯净与好动"，爱尔兰的"友善、风趣、传统、现代、热情、好客"，意大利的"别致、好味道、美食、浪漫"。

（二）构建旅游目的地品牌

在旅游地格的基础上，构造旅游目的地的独特品牌，设计标志，提出口号，实施一系列的配套措施，塑造另类的生活方式，构建生活方式全景（Panorama）。比如杭州的营销口号是：东方休闲之都，品质生活之城（Oriental Capital of Leisure，City of Quality Life）。另一个典型的例证是福建打造"清新福建"品牌，就是针对目前国内环境污染严重提出来的与主要客源地不同的另类生活方式。

（三）基于旅游地格再造地方生活方式

1. 开发支撑生活方式的产品与服务。

这是一个制造地方（Place making）与构建生活方式（Lifestyle construction）的过程。科特勒（Kotler，1993）提出要从四方面来建造地方：地方作为性格；地方作为一个固定的环境；地方作为一个服务提供者；地方作为娱乐与消遣。茅草屋度假区给太平洋地区的旅游目的地赋予了特定的地方感，茅草屋度假区在南太平洋地区特别普遍，尤其在大溪地，几乎所有度假区都是这种建筑结构。扬州"上午皮包水（吃汤包），下午水包皮（泡澡堂）"。成都好耍，"吃火锅、搓麻将、摆龙门阵"，到处是农家乐、坝坝茶。构建游客凝视，而凝视是通过标志（signs）和差异建构起来的，旅游就包含着收集标志（collection of signs）和寻找差异。[①]目的地生活方式再造同时满足罗杰克的"逃离到异地"的主张，又要是真实的。

[①] 杨慧. 译序. 约翰·尤瑞与游客凝视[M]//游客凝视.桂林：广西师范大学出版社，2009.

为打造"好客山东"品牌体系,塑造好客生活方式,山东省旅游局协同相关部门,开展了好客山东贺年会、好客山东休闲汇、山东"三个一百",建立山东"三珍""鲁菜馆""山东客栈""好客山东"服务品牌标准和山东各市城市形象品牌等系列产品与服务,用以支撑"好客"生活方式。

2. 桥接目的地与客源地之间游客的地方依赖。

黏结与桥接(bonding vs. bridging)游客旅游动机是目的地有游客向往的生活方式。这种生活方式能够给游客带来新鲜感、幸福感与自豪感。旅游这种实践活动涉及"离开"(departure)这个概念,即有限度地与常规和日常活动分开,并允许自己的感觉沉浸在与日常和世俗生活极为不同的刺激中。游客倾向于去具有情感依恋的旅游目的地,或者生活方式具有自我一致性(self-congruity)的旅游目的地旅游,特别是同真实自我、理想自我或者社会自我相一致的旅游目的地。

其实这个过程融合了体验塑造的几个过程:生活方式主题化,强化积极意象,消除消极意象,留下难忘的回忆,让五官浸淫于这种生活方式之中。每个旅游业务对地方感选择性的定制能够形成独特的旅游体验。

(四)维持持久竞争优势

目的地品牌的维系需要动态调整的保障机制,包括本地化、标准化、适应性全球化与差异化再创造。

1. 本地化(Localization)。真实化(Authenticization)是最有效的维持竞争优势的办法。保障旅游地格的真实性需要实行建筑风格的本土化、餐食材料的地产地销和慢生活方式(Mason and Brown, 1999 cited in Groves, 2001, p. 246)。

2. 标准化。对于一些文化符号必须转变为标准化指标来打造地方特色的生活方式,比如礼仪、程序、原料等。

3. 适应性全球化(Adaptive globalization)。适应性再利用(adaptive reuse),根据目标市场的游客生活方式上的习惯做出改变。比如,根据西方人口味改进的中餐偏酸甜口,烹饪方式多为油炸与生伴。

4. 基于地格的差异化再创造(Placeality-Based Creation)。在虚拟现实(VR)、增强现实(AR)、经常模仿与及时行乐的后现代社会,"后旅游者"非常享受这种构建的旅游。

第三节 社区

旅游目的地开发首先要考虑社区利益，社区是旅游开发的首要利益相关者。墨菲（Murphy）系统地阐述了旅游社区理论，近来的研究更多地涉及旅游发展的利益相关者参与的角色与利益协调，社区在决策、规划、投资、管理、服务方面的角色引发很多争论。

一、管理理念的两大分支：股东至上理论和利益相关者理论

利益相关者理论最初来源于管理学。在传统企业管理理论中，除股东之外的相关个人和团体大多从企业环境或外生变量的角度被定义，因而被排除在企业管理的视线之外（吴玲、陈维政，2003）[1]。20世纪60年代以后，企业普遍奉行"股东至上主义"的英美等国经济遇到了前所未有的困难，同时全球企业在20世纪70年代左右开始遭遇企业伦理、企业社会责任、环境管理等方面的现实问题，两方面都迫使企业在经营过程中重新审视利益相关者的利益要求。企业的经营管理活动要为综合平衡各个利益相关者的利益要求而展开，从而在企业理念的研究领域中逐步分化出两大理论：股东至上理论和利益相关者理论（陈宏辉，2003）。[2]

利益相关者理论极大挑战了以股东利益最大化为目标的"股东至上理念"，认为企业应是利益相关者的企业，包括股东在内的所有利益相关者都对企业的生存和发展注入了一定的专用性投资，同时也为企业分担了一定的经营风险，或是为企业的经营活动付出了代价，因而都应该拥有企业的所有权。

根据对利益相关者的不同理解，其定义主要分为两类：

（1）广义定义，以弗里曼（Freeman）的定义为代表，利益相关者为"任何能影响组织目标实现或被该目标影响的群体或个人"（Freeman，1984）。[3]

（2）狭义定义，以克拉克森（Clarkson）的定义为代表，"利益相关者在

---

[1] 吴玲，陈维政. 企业对利益相关者实施分类管理的定量模式研究[J]. 中国工业经济，2003（6）：70-76.
[2] 陈宏辉. 企业的利益相关者理论与实证研究[D]. 杭州：浙江大学博士研究生学位论文，2003.
[3] Freeman. Strategic Management: A Stakeholder Approach[M]. Boston: Pitman/Ballinger, 1984.

企业中投入了一些实物资本、人力资本、财务资本或一些有价值的东西，因此承担风险，或者说他们因企业活动而承受风险"。[1]该定义排除了政府部门、社会组织和社会团体、社会成员等。狭义的概念强调了专用性投资，指出哪些利益相关者对企业具有直接影响从而必须加以考虑。

米切尔通过详细研究利益相关者理论产生和发展的历史归纳了 27 种有代表性的利益相关者定义，并提出了米切尔评分法以区分不同的利益相关者。米切尔指出，要从 3 个属性上对可能的利益相关者进行评分，它们分别是：(1) 合法性（Legitimacy），即某一群体是否被赋予法律和道义上的或者特定的对于企业的索取权；(2) 权力性（Power），即某一群体是否拥有影响企业决策的地位、能力和相应的手段；(3) 紧急性（Urgency），即某一群体的要求能否立即引起企业管理层的关注。然后根据所得分值的高低来确定某一个人或群体是不是企业的利益相关者，是哪一类利益相关者。根据得分的高低，米切尔将利益相关者分为三种类型：(1) 确定型利益相关者，他们同时拥有合法性、权力性、紧急性全部三个属性；(2) 预期型利益相关者，他们只拥有合法性、权力性、紧急性三个属性中的任意两项；(3) 潜在型利益相关者，他们只拥有合法性、权力性、紧急性三个属性中的任意一项。[2]

同时，米切尔指出，在任何一个个人或群体获得或失去某个属性后，他就会从企业的一种利益相关者转变成另一种利益相关者，或者不再是企业的利益相关者了，这就充分体现了米切尔利益相关者模型的动态性。米切尔评分法的提出大大改善了利益相关者界定的可操作性，以评分的高低量化了利益相关者的划分，实现了对利益相关者界定研究的突破，极大地推动了利益相关者理论的推广应用，并逐步成为利益相关者界定和分类的最常用的方法。

按照对利益相关者概念不同的理解及研究侧重点的不同，可将利益相关者理论的研究分为三个阶段，即"影响企业生存""实施战略管理""参与权力分配"，如表 6-2 所示。[3]

---

[1] Clarkson. A Stakeholder Framework for Analyzing and Evaluating Corporate Social Performance[J]. Academy of Management Review, 1995, 20 (1): 92-117.

[2] Mitchell, Agle. Toward a theory of stakeholder identification and salience: Defining the principle of who and what really counts[J]. Academy of Management Review, 1997, 22(4), 853-886.

[3] 李洋，王辉. 利益相关者理论的动态发展与启示[J]. 现代财经，2004，24（7）：32.

表 6-2 利益相关者理论研究三个阶段的主要特征

三个阶段	年代	观点	代表人物
影响企业生存	20 世纪 60 年代至 80 年代	利益相关者是企业生存的必要条件，是互相依存的关系	斯里兰卡（SRI），雷恩曼（Rhenman），安索夫（Ansoff），普菲洛（Pfeffer），纳兰茨（Salanci）
实施战略管理	20 世纪 80 年代至 90 年代	强调利益相关者在企业战略分析、规划和实施中的作用	弗里曼（Freeman），鲍伊（Bowie），古德帕斯特（Goodpaster），艾科哈福吉（Alkhafaji）
参与所有权分配	20 世纪 80 年代中期至今	利益相关者应当参与对公司所有权的分配	布莱尔·米切尔（Blair Mitchell），阿格尔（Agle），伍德（Wood），唐纳森（Donaldson），普列斯顿（Preston），琼斯（Jones），威克斯（Wicks），克拉克森（Clarkson）

第一阶段：从 1963 年斯坦福研究所提出利益相关者定义，到 1984 年弗里曼的《战略管理：一个利益相关者方法》出版之前，可以归结为利益相关者的"影响企业生存"阶段。在这个阶段，学者们主要强调把利益相关者理解为企业生存的必要条件，研究的重点问题是利益相关者是谁、利益相关者参与的基础和合理性问题。"企业依存"观点对利益相关者的内涵和利益相关者参与治理基础的研究具有重要意义。

第二阶段：最先把利益相关者方法应用于战略管理研究的是弗里曼。1984 年，他在其经典著作《战略管理：一个利益相关者方法》中首先提出了这个观点，此后的利益相关者研究基本上都是按照他的框架展开的。利益相关者的"战略管理"观点强调利益相关者在企业战略分析、规划和实施中的作用，侧重于从相关利益主体对企业影响的角度定义利益相关者，强调企业战略管理中的利益相关者参与。弗里曼的观点受到了许多经济学家的赞同，成为 20 世纪 80 年代后期关于利益相关者研究的一个标准范式。

第三阶段：针对利益相关者定义过于宽泛和"刚性"的指责，之后的研究侧重从更为全面、广阔的视角定义利益相关者。从公司治理和组织理论角度出发的利益相关者研究是近年来极为活跃的领域，其源头还是管理层到底应该向股东还是所有利益相关者负责，也就是说利益相关者是否可以分享企业的所有权。

二、旅游利益相关者图谱

20世纪80年代，强调企业经营管理中的伦理问题和面向可持续发展目标的利益相关者理论开始引入旅游研究领域，用于解决世纪末旅游业所面临的种种困惑，并衍生出了"旅游利益相关者"术语。最典型的代表是1984年的《我们共同的未来》，其中指出在可持续旅游的过程中有必要理解利益相关者。可持续旅游发展是个困难的过程，在让部分人受益的同时，势必会影响其他群体的利益。因此，世界环境发展委员会（WCED，1987）明确指出，引入利益相关者理论是可持续发展过程中必不可少的要求之一。[1]1999年，《全球旅游伦理规范》中明确使用了"利益相关者"一词，提供了旅游业发展中不同利益相关者行为参照标准，标志着"旅游利益相关者"概念正式得到官方认可。[2]利益相关者理论源自英美，也是国外旅游研究者率先将"利益相关者（stakeholder）"一词引入旅游领域，并运用于旅游规划与管理问题的研究之中。利益相关者在旅游领域研究的缘起，与可持续旅游的发展是分不开的。作为一个综合性的行业，旅游业比大部分其他行业所涉及的利益相关者都要多（Walle，1995）。[3]

利益相关者的理论被引入旅游领域后，国外的许多学者对旅游领域的利益相关者进行了划分。有学者（Robson and Robson，1996）指出旅游经营商的利益相关者包括股东、员工、游客、居民、压力集团、国家和地方政府、宾馆、旅游交通、旅游景区、旅游代理商、媒体等。[4]瑞安（Ryan，2002）对潜在的利益相关者进行了补充修订，总结出了旅游经营商的12类利益相关者，包括地方和国家吸引物、交通供应商、媒体组织、国家旅游组织、地方政府旅游营销部门、中央政府、旅行代理商、最终消费者、饭店、地方旅游局、压力群体和员工。[5]伯恩斯和霍华德（Burns and Howard，2003）指出澳大利亚昆士兰州弗雷泽岛旅游风景区存在10种利益相关者——游客、员工、居民、顾问委员会、动植物保护协会、保护组织、地方利益团体、旅游经营商、地方政府、昆士兰

---

[1] World Commission on Environment and Development. Our Common Future[M]. Oxford University Press, 1987.

[2] 世界旅游组织（WTO）. 全球旅游伦理规范[J]. 张广瑞, 译. 旅游学刊, 2000 (3): 71-74.

[3] Walle ALF. Business ethics and tourism: from micro to macro perspectives[J]. Tourism Management, 1995, 18(4): 263-268.

[4] Robson J, Robson I. From shareholders to stakeholders: critical issues for tourism marketers[J]. Tourism Management, 1996, 17 (7): 533-540.

[5] Ryan. Equity, management, power sharing and sustain ability: issue of "new tourism"[J]. Tourism Management, 2002, 23(1): 17-26.

州公园。[①] 其中应用最广的是桑特和雷森（Sautter and Leisen，1999）根据弗里曼的利益相关者图谱，勾勒出一幅以旅游规划者为中心的 8 种利益相关者组成的图谱，如图 6-5 所示。

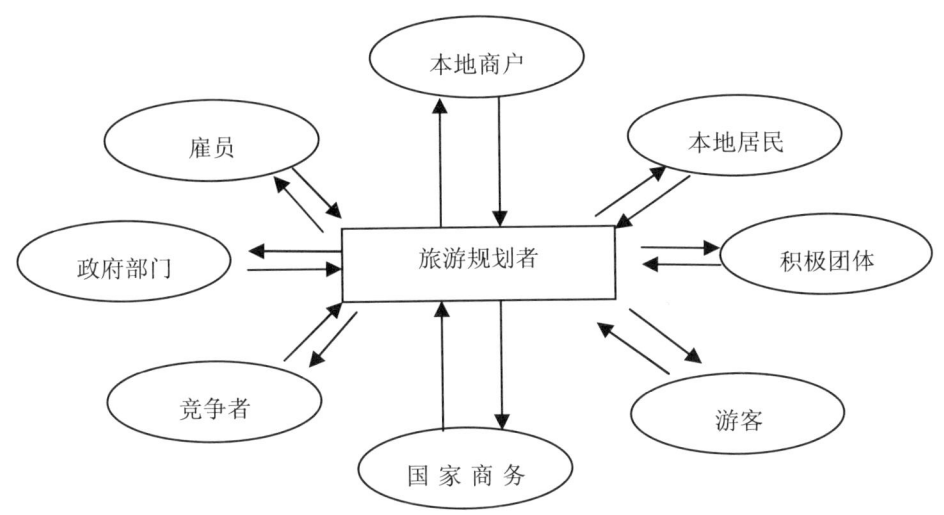

图 6-5 旅游业利益相关者结构图

资料来源：Sautter, Leisen. Managing Stakeholders: A Tourism Planning Model[J]. Annals of Tourism Research, 1999, 26(2): 312-328.

三、旅游利益相关者的代表性分析方法

（一）利益博弈论

博弈论是分析利益关联或冲突中主体行为对局的理论，研究在给定信息参数的条件下，决策主体行为之间发生直接相互作用时的决策以及这种决策的均衡问题。一个经济主体的选择受到其他经济主体选择的影响，而且反过来影响其他主体选择时的决策和均衡问题。

由于各利益相关者拥有的资源不同，参与旅游发展的动机、目标、方式和核心利益点各有差异，他们在某一特定空间内必然经历反复的利益和权力博弈，形成错综复杂的关系网络。从这个角度说，旅游社区的发展就演绎为各利益相关者之间利益博弈和行为协作的过程。各个利益相关者把自己的利益要求投入到旅游规划与发展政策制定的系统中，各种复杂的利益关系不断得到调整、综合和博弈，其结果是各利益相关者对资源的再分配和利益格局的重塑。在一些

[①] Burns, Howard. When wildlife tourism goes wrong: a case study of stakeholder and management issues regarding Dingoes on Fraser Island, Australia[J]. Tourism Management, 2003, 24(6): 699-712.

地区，尤其是欠发达地区，由于各利益相关者在政治权力、心理和文化上的不平等关系，会导致他们在博弈过程中出现权力悬殊的状况，形成旅游发展中的"权力阴影"。研究所有利益相关者之间的博弈及其对利益格局的影响，寻找博弈的均衡点，能更有效地解决不同利益相关者之间的冲突，促使旅游社区和旅游目的地可持续发展。

（二）利益相关者取向矩阵

桑特和雷森（1999）探讨了如何将利益相关者理论作为一个规范规划模型（normative planning），来促进旅游规划中主要利益相关者之间的合作。由于旅游规划中涉及众多的利益相关者，而且存在很多的两两关系分析，如政府与居民、居民与旅游者、旅游者与企业、居民与旅游企业等，于是借助市场营销中基于过程的关系型取向战略和基于结果的交易型取向战略，构建了利益相关者取向矩阵。两个利益相关者之间的关系都可用这个矩阵来解释。利益相关者对旅游开发的价值取向一致性可以增加合作的可能性，即图6-6中第一象限和第三象限。而利益相关者的价值取向不一致则意味着冲突，所以规划者的任务是找出和维持共同战略取向的利益相关者关系以实现协作。而且，利益相关者之间的战略取向是动态变化的，如可能从图6-6中第一象限变化到第二象限。

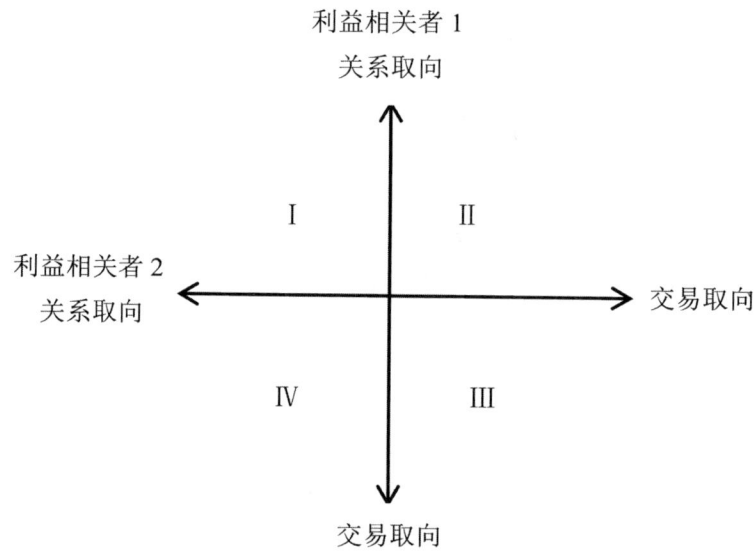

图 6-6 利益相关者取向矩阵

资料来源：Sautter, Leisen. Managing stakeholders: A tourism planning model[J]. Annals of Tourism Research, 1999, 26 (2): 312-328.

（三）权利—利益矩阵

利益相关者权力—利益矩阵不仅是一种学术研究方法，而且是旅游业发展中的一种有效的管理途径。权力—利益矩阵是企业管理广泛运用的一种利益相关者分析工具，在策划发展战略时，通过利益相关者的权力大小和利益要求程度来确立各类利益相关者的位置，以便更好地进行分类治理。矩阵指出企业的决策制定由两方面因素决定：一是各利益相关者对企业发展决策的利益需求水平，二是这些利益相关者是否有途径争取到利益，也就是其拥有的权力大小。根据利益相关者对企业的利益要求程度和维护其利益的权力大小，绘制出了利益相关者权力—利益矩阵图谱。矩阵根据利益相关者拥有的权力大小和利益水平的程度的识别，确定各利益相关者所处的位置，以分析其对企业发展和战略制定的影响，进而建立对应的关系和采取相应的措施应对这些利益相关者。

马克温克（Markwick，2000）对马耳他高尔夫球场建设项目中出现的发展派和保护派进行了调查与分析，结果发现构成两派的利益相关者在对待成本和收益上存在着不同的利益主张，于是借鉴孟德鲁（Mendelow）的利益相关者权力—利益矩阵（stakeholder mapping）来分析其利益相关者问题，如图6-7所示。

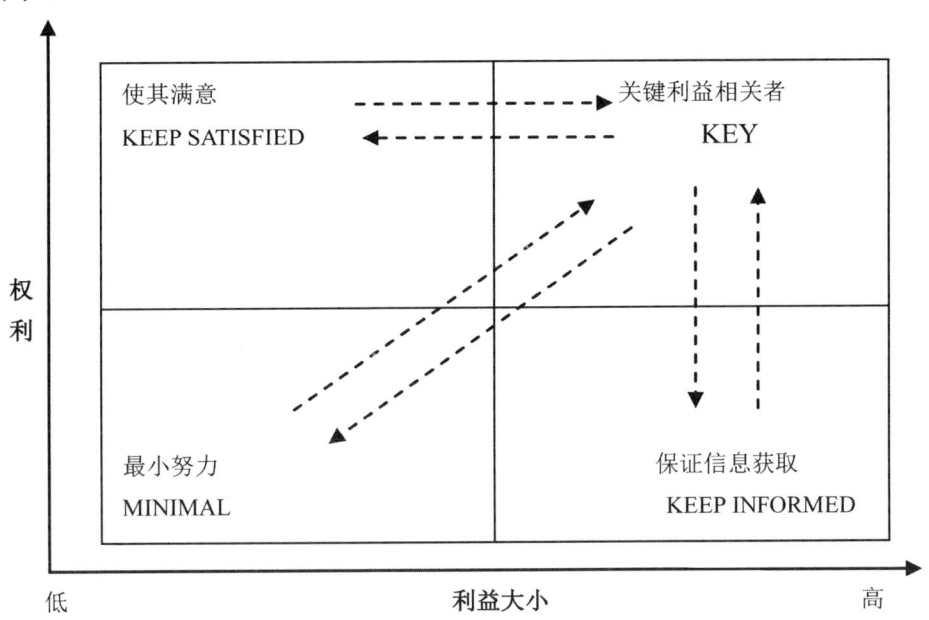

图6-7 利益关者图谱：权力—利益矩阵

资料来源：Marion Markwick. Golf tourism development, stakeholders, differing discourses and alternative agendas: the case of Malta[J]. Tourism Management, 2000(5): 515-524.

根据利益相关者对组织的利益要求和维护其利益的权力大小，可以分为4类：

1. 关键利益相关者。对组织的发展决策发表意见最感兴趣，维护自己利益的权力也最大。他们对组织发展决策的认可度，在很大程度上决定了政策的最终制定和项目的评价。这类利益相关者对组织的发展是最为关键的人群，是组织加倍关注的对象。

2. 权力大、兴趣小利益相关者。维护自身利益的权力大，却对组织的发展决策缺乏兴趣，如政府部门。这类利益相关者是组织最难处理的，他们对组织发展并不积极，但若低估了他们的权益，有可能会运用他们的权力阻挠组织的发展决策。因此组织应尽能力使其满意，尽量满足他们的利益要求。

3. 权力小、兴趣大利益相关者。对组织的利益要求大，对组织的发展决策很感兴趣，但是却没有足够的权力去维护自身的利益，如社区居民、非政府组织。这类利益相关者也是组织需要格外关注的对象，应保证他们获得充分的组织发展信息。否则，他们可能采取一些非正常、不合作的手段发挥他们的影响。

4. 权力小、兴趣小的利益相关者。对于这类群体，组织往往很少去关注，相对付出的努力也是最小的。

（四）威胁性—合作性矩阵

希恩和里奇（Sheehan and Ritchie）以"会展与旅游机构国际协会"（International Association of Convention and Visitor Bureaus）为例，通过调查其所属的389个成员机构的CEO对各个利益相关者对本机构威胁与合作的可能性的感知，将DMO的利益相关者按照其威胁性与合作性分为四类：支持型、边缘型、反对型和混合型，并对其分别采取整合（最大限度地整合和开发其合作潜力）、监控（做决策时注意其利益）、防御（尽量减少对其依赖，并找出改变其地位的方法）和联合（如合资、合作、并购等）战略，如表6-3所示。[①]

表6-3 威胁性—合作性矩阵

		利益相关者威胁组织的可能性	
		高	低
利益相关者和组织合作的可能性	高	有利有弊 战略：联合	支持 战略：整合
	低	不支持 战略：反对	边缘 战略：监控
利益相关者威胁和合作的可能性高低是基于CEO的感知，如果更多的CEO"认为"或"强烈认为"该利益相关者对组织的威胁性大，那么这个利益相关者对于组织有很大的威胁性			

资料来源：Sheehan, Ritchie. Destination stakeholders: Exploring identity and salience[J]. Annals of Tourism Research, 2005, 32(3): 711-734.

[①] Sheehan L R, Ritchie J R B. Destination stakeholders: exploring identity and salience[J]. Annals of Tourism Research, 2005, 32(3): 711-734.

（五）批判话语分析法（critical discourse analysis）

利恩（Lyon）等人（2017）通过话语分析的方法分析了利益相关者对可持续发展的作用[1]。批判性话语分析（CDA）是众多的文本分析中首选的文本分析方法。CDA 暗示科学和学术话语不具有价值自由，其是社会结构的一部分且受社会结构的影响，在社会互动的过程中产生。CDA 试图描述、解释、分析和批判在话语中反映的社会生活。它关注于研究和分析话语，揭示权力、支配、不平等和偏见的问题根源。虽然有很多方法进行批判性话语分析，但发生背景对每个方法都至关重要，因为它验证了这些根源性问题如何在不同的政治、社会、经济和历史环境中产生、维持、再造和转换。CDA 之所以被选为文本分析的首选方法，因为它是一种语言方法，既考察了文本的连贯性，又考察了衔接性（即文本与句法的连接），并涉及与权力相关的意识形态。CDA 不仅检查人们所说的，也检查他们为什么说这些东西。而非语言学的方法，如扎根理论和内容分析，只考察了文本的连贯性。只有通过联合分析句法、语义和语用水平（即衔接性），才能获得对所使用的语言的更深层次的理解。[2]

（六）综合法（访谈、问卷、圆桌会议）

鉴于利益相关者参与所具有的重要意义，国外学者提出了采集利益相关者意见、吸纳利益相关者参与的具体技术与方法。这些方法既包括非结构式的群众会议，也包括专业情景描述法（Scenario Writing）、公共信息会议法（Public Information Meeting）、有反馈的可视化调查技术（Visual Presentation）、提名代表技术程序法（Nominal Group Technique Sessions）、市民调查法（Citizen Surveys）、焦点小组法（Focus Groups）、随机抽样法（Drop-in Centers）和求同会议法（Consensus-building Meeting）等。

西方学者里奇（Ritchie，2000）所提出的"基于利益的协商"方法（Interest Based Negotiation，IBN）为我们提供了一个有效的利益要求采集方法，这一方法要求以"关注利益而非权势"的理念，以圆桌会议的形式倾听各利益相关者的利益表达。

综合应用各种技术手法，不仅有利于定性地了解利益主体的旅游意识，还有助于对其进行定量分析，从而有利于测量和比较各种观点的相对重要性，而这是

---

[1] Lyon, Hunter-Jones, Warnaby. Are we any closer to sustainable development? Listening to active stakeholder discourses of tourism development in the Waterberg Biosphere Reserve, South Africa[J]. Tourism Management, 2017, 61: 234–247.

[2] Lyon, Hunter-Jones, Warnaby. Are we any closer to sustainable development? Listening to active stakeholder discourses of tourism development in the waterberg biosphere reserve, south Africa[J]. Tourism Management, 2017, 61, 234–247.

其他单独应用定性的研究方法，如提名代表技术程序法或访谈法所难以实现的。

四、社区旅游规划的协作进程

国外学者对旅游利益相关者问题的研究主要集中在以下 4 个方面：旅游利益相关者的界定及分类；旅游规划、管理与营销中的利益相关者问题；旅游环境伦理与可持续发展中的利益相关者问题；社区旅游及其协作中的利益相关者问题。[①]

其中，随着旅游发展中对社区力量关注的加强，从 20 世纪 70 年代开始，社区旅游方面的研究逐步深入。利益相关者理论对这一研究领域的介入更多地表现在社区旅游利益相关者之间的权力关系及其沟通、协作这一论点上。贾马尔和盖茨（Jamal and Getz, 1995）是最早将协作理论运用于社区旅游规划中的学者，他们提出了促进旅游目的地利益相关群体协作的六项建议，在其所勾勒的"社区旅游规划的协作进程"中，无论是界定问题、确定方向还是执行阶段，都需要利益相关者的参与与协作。[②]这一见解被看作"为社区旅游规划框架下的协作与合作这一重要研究的开展提供了'思想的种子'"[③]。

五、墨菲（Murphy）的社区旅游产品观

墨菲（1985）在《旅游：一个社区方法》一书中较为详细地阐述了旅游业对社区的影响和社区对旅游业的响应，以及如何从社区角度去开发和规划旅游。他把旅游看作一个社区产业，作为旅游目的地的当地社区类似于一个生态社区。这样，他便构筑了一个社区生态模型。社区的自然和文化旅游资源相当于一个生态系统中的植物生命，它是构成食物链的基础，过分索取会导致植物的减少和自然退化。当地居民被看作生态系统中的动物，他们作为社区吸引物总体中的一部分，既要过日常生活又要作为社区展示因素和提供服务的对象。旅游业类似于生态系统中的捕猎者，而游客则是猎物。旅游业的收益来自游客，游客关心的是旅游吸引物（自然与文化旅游资源以及娱乐设施）和服务，这是"消费"的对象。这样吸引物和服务、游客、旅游业以及当地的居民便构成一个有一定功能关系（生物链）的生态系统，他们也就成为这个系统中的主要成分。他们的比例和关系是否协调，直接关系旅游地系统的健康和稳定。按照这种思

[①] 郭华. 国外旅游利益相关者研究综述与启示[J]. 人文地理，2008(2): 100-105.

[②] Jamal, Getz. Collaboration theory and community tourism planning[J]. Annals of Tourism Research, 1995, 22(1): 186-204.

[③] Reed. Power relations and community-based tourism planning[J]. Annals of Tourism Research, 1997, 24(3): 566-591.

想方法去认识和组织社区旅游业则为社区法。①

社区法非常强调社区参与规划和决策制定过程。当地居民的参与使规划能反映当地居民的想法和对旅游的态度，以便规划实施后减少居民对旅游的反感情绪和冲突行为。社区法把旅游地居民作为旅游地规划中的重要影响因素和规划内容本身的一部分，充分考虑了居民在当地旅游业发展中的作用。这个理论还把旅游业整合到当地社会、经济和环境的综合系统之中，有利于当地旅游业走向可持续发展的道路，如图6-8所示。②

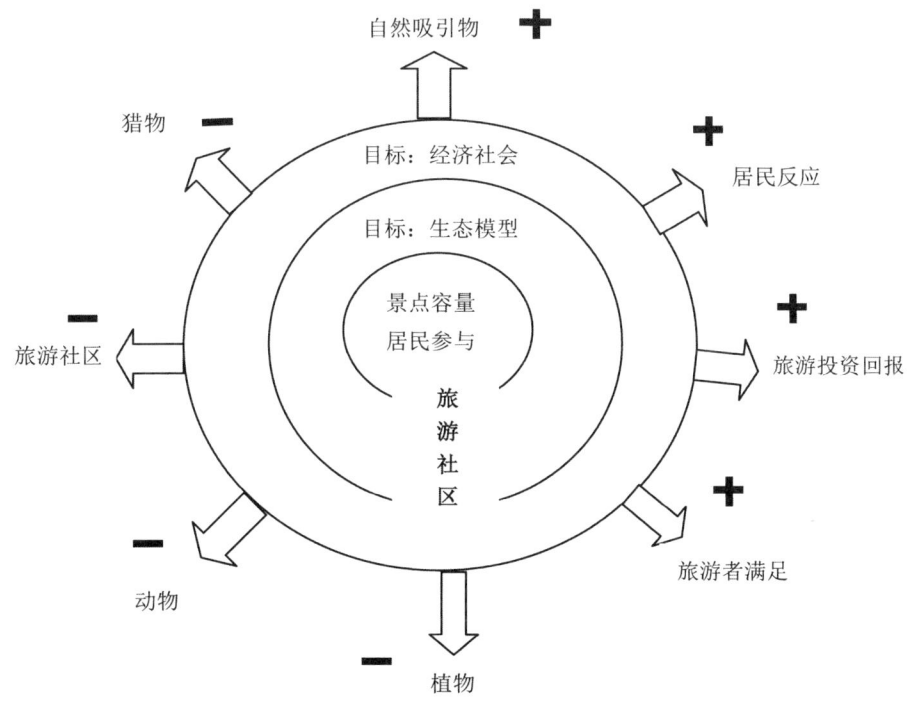

图6-8　墨菲的社区旅游产业观

六、斯彻文思的社区旅游增权框架

阿克马（Akama，1996）最早在对肯尼亚生态旅游的研究中提出了对社区居民增权的必要性。③而在此之前，许多旅游研究者都不同程度地意识到了权力关系在旅游发展中的重要性。皮尔斯（Pearce，1996）指出"在关于社区参

---

① 王衍用，宋子千. 旅游景区项目策划[M]. 北京：中国旅游出版社，2007.
② 陆林编著. 旅游规划原理[M]. 北京：高等教育出版社，2005.
③ Akama. Western environmental values and nature-based tourism in Kenya[J]. Tourism Management, 1996, 17(8): 567-574.

与旅游发展决策的任何讨论中，权力及其影响问题都是一个决定性的考虑因素（dominant）"。瑞德（Reed，1997）引入组织理论论证了权力关系是了解社区旅游规划特点和因果关系不可或缺的因子，是协作成功或失败的一个变量。[①]但是他们都没有将增权理论与其分析和研究联系起来。1999年，斯彻文思（Scheyvens）正式将增权理论引入到生态旅游研究中。他明确指出旅游增权的受体应当是目的地社区，并提出了一个包含政治、经济、心理、社会4个维度在内的社区旅游增权框架，如表6-4所示。[②]

表6-4 旅游发展中社区增权的四维框架

维度	增权	去权
经济增权	旅游为当地社区带来持续的经济利益，发展旅游所赚来的钱被社区中许多家庭共同分享，并导致生活水平的显著提高（新建供水系统、房屋更坚固）	旅游仅仅导致了少量的、间歇性的收益，大部分利益流向地方精英、外来开发商、政府机构，只有少数个人或家庭从旅游中获得直接经济收益，由于缺少资本或适当技能，其他人很难找到一条途径来分享利益
心理增权	旅游发展提高了许多社区居民的自豪感，因为他们的文化、自然资源和传统知识的独特性和价值得到外部肯定，当地居民日益增强的信心促使他们进一步接受教育和培训的机会，就业和挣钱机会可获得性的增加导致传统社会底层的群体，如妇女和年轻人等的社会地位提高	许多人不仅没有分享到旅游的利益，而且还面临着由于使用保护区资源的机会减少而产生生活困难，他们因此感到沮丧、无所适从，对旅游发展毫无兴趣或悲观失望
社会增权	旅游提高或维持当地社区的平衡，当个人和家庭为建设成功的旅游企业而共同工作时，社区的整合度被提高，部分旅游收益被安排用于推动社区发展，如修建学校或改进道路交通	社会混乱和堕落，许多社区居民吸纳了外来价值观念，失去了对传统文化的尊重，弱势群体特别是妇女承受旅游发展带来的负面影响，不能公平的分享收益，个体、家庭、民族或社会经济群体不仅不合作，还为了经济利益而相互竞争，憎恨、妒忌很常见
政治增权	社区的政治结构在相当程度上代表了所有社区群体的需要和利益，并提供了一个平台供人们就旅游发展相关的问题以及处理方法进行交流，为发展旅游而建立起来的机构处理和解决不同社区群体（包括特殊利益集团如妇女、年轻人和其他社会弱势群体）的各种问题，并为这些群体提供被选举为代表参与决策的机会	社区拥有一个专横的或以自我利益为中心的领导集体，为发展旅游而建立起来的机构将社区作为被动的受益者对待，不让他们参与决策，社区的大多数成员感到他们只有很少或根本没有机会和权力发表关于是否发展旅游或应该怎样发展旅游的看法

[①] Reed. Power relations and community based tourism Planning[J]. Annals of tourism research, 1997, 24: 566-591.

[②] Scheyvens. Ecotourism and the empowerment of local communities[J]. Tourism Management, 1999, 20: 245-249.

2003年,澳大利亚学者索菲尔德(Sofield,2003)在《增权与旅游可持续发展》(*Empowerment for Sustainable Tourism Development*)一书中进一步深化了旅游增权的概念。他指出,任何政策的制定都是技术与政治过程的结合,发展并非仅仅是技术性的,发展不可能超越政治。社会发展与经济发展和相应的政治发展不可分割,在任何关于旅游的现代化理论和发展理论的分析中都应当包含对于政治和权力的研究。增权作为一种参与、控制、分配和使用资源的力量和过程,与目的地可持续发展之间存在着密切的联系,增权根植于旅游发展的政治学之中。索菲尔德以南太平洋所罗门群岛以及斐济旅游开发为例,发现以往的社区参与都是一种单向度的被动参与过程,社区居民在本质上是"无权"的,这正是其在实践上失败的原因。只有进行社区增权(community empowerment)才能真正凸显社区在旅游发展中的主体地位。因此,增权是目的地获得可持续发展的重要前提,增权的观念必须渗透到整个旅游系统中去。

七、皮尔斯(Pearce)的社会表象说

社会心理学是介于心理学与社会学之间的边缘学科,是心理科学研究社会心理现象发生、发展与变化规律的一个重要分支。作为一门社会性很强、应用很广的学科,它与旅游研究的结合也是有其必然性的,特别是其中的"社会表象理论(Social Representation Theory)",由于对一些旅游现象做出了自己全新的解释,而逐渐开始为国外学界所关注。

澳大利亚旅游学者菲利普·皮尔斯博士就是将社会表象理论引入旅游学研究的第一人。在1996年出版的一部他与人合著的旅游学专著《旅游社区关系》(*Tourism Community Relationship*)中,皮尔斯第一次将社会表象理论引入旅游研究领域,向人们展示了社会表象方法在理解社区对旅游发展的回应问题上能够发挥的作用。他将社会表象理论看作一个用来帮助解释社群成员理解和回应外部环境变化过程的理论框架,并将它应用到将社区纳入旅游规划和决策过程的研究中去。

《旅游社区关系》(Pearce,Moscardo,Ross,1996)一书旨在发展一种对社区旅游反应的理解,作为未来旅游规划、旅游项目发展和源于旅游增长的地区经济方面的应用文献。作者在社会表象法的研究中格外强调主位研究方法,并研究了社区冲突管理的方法。他们认为理解社区旅游关系的重要性也是生态可持续发展(ecologically sustainable development)的核心目标,并对生态的可持续的旅游目标及其特性进行了分析。作者们在分析社区表象法的过程中,对社区参与的关键成分从几个维度进行了建构,如表6-5所示。这表明对社区参

与的研究已经进入实际应用阶段。①

皮尔斯在该书的"社会表象和旅游社区关系"(Social Representation and the Community Tourism Relationship)和"社区参与旅游规划：社会表象观点"(Community Participation in Tourism planning：Social Representation Perspective)两部分中分别就"什么构成了一个社会表象"和公众参与旅游规划的条件、参与层次以及结果等相关问题展开了讨论，为后来者的进一步研究奠定了基础。②

表6-5 公众参与的关键成分

公众参与的目标与形式	公众参与结果的影响因素	公众参与的方法和程序	公众参与项目中的关键结果
信息交换	讨论的类型	社区委员会	呈递书
谈判	参与者的能量水平	调查	技术报告
抗议	有准备的谈判	提名代表	社区建议计划
教育	在讨论中组织间正在进行的联系	焦点小组	相似的总体输出结果
支持项目建设	物理环境的影响（当场背景的类型）	中介	对于"客观目录树"的贡献
补充决策		模拟	"目标项目模型"或其他决策模型
代表性的输入		随机抽样	
鼓励未来的定位		代理展示	
援助管理		Delphi 程序	
		社会表现，社区透视图的绘制	

八、社区旅游一体化

加拿大学者罗斯·米切尔和唐纳德·里德提出社区旅游一体化发展的理念（模式），旨在指导规划及管理、研究和评价社区旅游规划项目。该理念（模式）详细地阐述了地方旅游部门中的决策权力结构和过程、地方控制与所有关系、就业类型、数量及其分布等方面的一体化发展思想。通过在社区内部一体化的发展（整合发展）建立为社区大多数居民谋取更大的社会经济利益的旅游规划发展。该理念（模式）由三个部分的模型构成：整合、规划及影响评价。该理论的基本假设前提是：社区旅游整合发展过程会导致积极影响和结果，并为当

---

① 孙九霞，保继刚. 从缺失到凸显：社区参与旅游发展研究脉络[J]. 旅游学刊，2006，7：63-68.
② 应天煜. 浅议社会表象理论（Social Representation Theory）在旅路学研究中的应用[J]. 旅游学刊，2004（1）：87-92.

地居民所满意。①

九、社区参与类型的概念框架与社区不参与

托桑（Tosun，2006）总结了安斯汀（Arnstein，1969）②、普雷蒂（Pretty，1995）③和托桑（1999）的社区参与模型，提出了社区参与类型的概念框架④，如图6-9所示。在这个概念框架中，在特定的情境下，社区在不同水平上（本地、区域和国家）有不同程度的参与（控制的、强迫的、诱导的、被动的和自发的）。

普雷蒂的社区参与类型	安斯汀的社区参与类型		托桑（1999）的社区参与类型
7. 自发参与	8. 居民控制	居民权力的大小	**自发性参与** 自下而上，积极参与，直接参与，参与决策，真正参与，自我规划
6. 交互式参与	7. 授权		
	6. 合伙		
5. 功能性参与	5. 安抚	居民参与的程度	**诱导参与** 自上而下，被动的，正式的，大多数是间接的，参与程度操纵，虚假执行和利益分配，备选方案和反馈之间的选择
4. 为了物质激励的参与	4. 磋商		
3. 通过咨询来参与	3. 告知		
2. 被动参与	2. 整治	不参与	**胁迫参与** 自上而下，消极的，大部分间接的，正式的，参与执行而无利益分配，可供选择的少数方案和放弃选择之间的选择，家长式统治，不参与，很大程度上的操纵
1. 操纵性参与	1. 操纵		

图6-9 社区参与类型的概念框架

资料来源：Tosun. Expected nature of community participation in tourism development[J]. Tourism Management, 2006, 27(3): 493-504.

托桑（2006）的研究指出社区参与的本质是从不参与到自发参与的变化。受托桑的影响，苏德等人（2017）深化了对社区不参与的研究。通过对印度某偏远社区的寄宿减贫计划实施（该地区兴起为国外访问学者提供住宿的热潮，尽管可以为该社区带来发展机遇，但却很难被该偏远社区接受）进行定性研究，提出社区不参与的社会文化、现实困难和心理不安三方面的因素框架，如图

---

① 李九全. 国外社区旅游规划的研究进展及其主要理念[J]. 经济地理，2008，28（1）：147-151.
② Arnstein. A ladder of citizen participation[J]. Journal of the American Institute of Planners, 1969(35): 216-2.
③ Pretty. The many interpretations of participation[J]. Focus, 1995(16): 4-5.
④ Tosun. Expected nature of community participation in tourism development[J]. Tourism Management, 2006, 27(3): 493-504.

6-10 所示。这为旅游研究提供了一个独特的社区参与分析视角，以非参与为重点，可以说是一种更注重行动的方法，因为它有助于识别和深化我们对影响社区居民参与因素的本质性理解[①]。

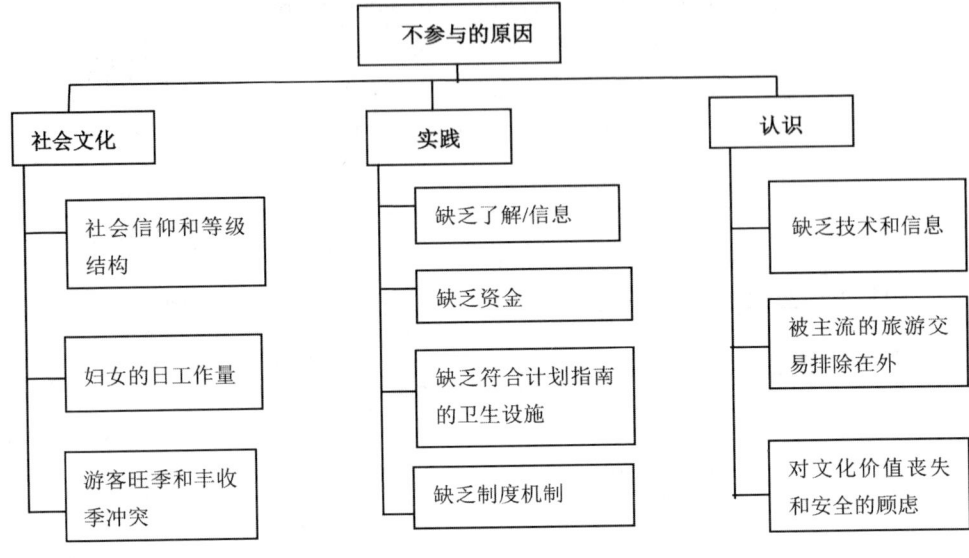

图 6-10　社区不参与框架

资料来源：Sood, Lynch, Anastasiadou. Community non-participation in homestays in Kullu, Himachal Pradesh, India[J]. Tourism Management, 2017, 60: 332-347.

---

① Sood, Lynch, Anastasiadou. Community non-participation in homestays in Kullu, Himachal Pradesh, India[J]. Tourism Management, 2017, 60: 332-347.

第七章 空间与时间

第一节 游憩机会谱

游憩机会谱理论（Recreation Opportunity Spectrum，ROS）是20世纪六七十年代产生于美国，从影响游客体验的角度将游憩地的自然、社会和管理要素相结合，提供一系列的游憩机会，以确保游客能够得到满意的游憩体验。它已成为推动世界国家公园发展的一种重要技术手段。

游憩机会谱系在美国作为较完整的资源普查体系，最初是把国家森林系统的土地资源进行整理资产清单和分级的过程，是资源普查、规划和管理娱乐经历及环境背景的框架。美国于1976年颁布了《美国国家森林管理条例》，1979年其林业局提出了娱乐机会谱系规划管理和研究框架，1982年其林业局又发布了ROS使用者指南。ROS框架体系不同于一般的资源分类体系，它最大的特点就是在制定资源分级的同时关注娱乐者的体验和资源环境。

一、历史背景及发展历程

20世纪60年代，随着第二次世界大战后美国人民户外游憩、娱乐需求的急剧增长，许多公共游憩地都出现了容量超载、环境污染、游客不满等问题。因此，研究者们开始对户外游憩进行系统研究，虽然不同学者的研究目标、领域和方法各不相同，但他们一致认为户外游憩是多样化的。不同的游憩者有着参与不同类型活动的需求。如果这些需求偏好是合理的，则应该有多样性的游憩机会来满足。另外，游憩机会多样性在某种程度上可以缓解对热点游憩区域的压力，降低对游憩资源的干扰。虽然并不是每一个单独的游憩区域都能够提供全系列的机会，但至少在区域规模上，应该促进游憩机会的多样性并提供多序列的游憩机会。①

---

① VanLier, Taylor. New challenge in recreation and tourism planning[M]. Amsterdam Elsevier Science Publishers B. V, 1993.

1962 年，美国户外游憩资源考察委员会提出了下列纲要："所有管理户外游憩资源的机构——公共或私人——根据人们的需要，为了更好地利用资源，必须采用游憩土地分级系统。主要的步骤是在机构合作的基础上执行这个系统。这将为土地管理机构提供协调有效的规划方法，并促进在整体游憩区域系统内对所有游憩活动序列进行合理调配。"

对需求多样化的认识带来了很多对游憩地进行分类和分区的方法，最终导致游憩机会谱理论的产生。荒野地规划手册中收录了一种早期比较正式的分区方法，它包括从"荒野地"到"半城郊"的 7 种分区。1962 年，美国户外游憩资源管理委员会提出了一种六分系统，从"高密度使用区域"到"大面积的原始区域"。1966 年，瓦格（Wager）建议把营地划分成从高度开发的适合现代自助宿营者的营地到偏远地区只对背包者开放的营地，为露营者提供不同的机会。因此，瓦格可能是第一个从纯管理角度提出游憩机会谱这个想法的理论先驱。[①]

1968 年，美国国会通过了《国家荒野及风景河流条例》，确认了 3 种不同开发程度的河段，分别为荒野河段、风景河段和游憩河段。荒野河段为美国原始河段，无道路通达，未经开发，禁止修建大坝、截流等人类工程，绝对保护；风景河段可以自由截流，较少开发，路况和路网对进入有一定的限制；游憩河段可能就是截流形成的，限制性地进行开发，有道路通达，具有较高的游憩价值。同年美国国会还颁布了《国家路径条例》，确认了 3 种不同开发程度的路径，分别为国家风景路径、国家历史路径及国家游憩路径。这些努力表明了管理者对游憩机会多样性的进一步认识。

虽然对游憩机会谱的理念已经有了很长时间的认识，但美国游憩管理机构对这个理念的真正执行却一直到 20 世纪 70 年代末才明确。1976 年，《美国国家森林管理条例》（The National Forest Management Act, NFMA, 1976a）要求建立游憩机会谱框架体系。为了使游憩机会谱（ROS）能够真正被执行，美国林业局建立了管理者和研究者工作小组，该小组负责开发具有实际应用意义的游憩机会谱理念并整理出一套能够实际运用游憩机会谱理论的程序方法。与此同时，美国土地管理局和内务部也分别制定了类似的指导方针。迄今为止，游憩机会谱和游憩承载力这 2 个理论框架已被广泛应用，指导设计和实施多样化的户外游憩机会。

1978 年，由布朗（Brown）和德沃（Driver）合作撰写了第一份有关游憩机会谱的技术报告。

1979 年，克勒克（Clerk）和斯坦奇（Stankey）撰写了《游憩机会谱系：

---

① Wagar. Campgrounds form any tastes. USDA-Forest Service Research Paper, 1966.

规划、管理和研究框架》。这份技术性报告基于 6 个自然、生物、社会和管理因素，为管理游憩机会提供了框架，当这些因素相互组合时，可以被游憩者利用以获得多样性的体验。

1982 年，美国林业局出版了《ROS 使用者指南》，为 ROS 的具体实施提出了指导性框架。美国林业局利用 ROS 系统在林业局系统管辖土地范围内进行资源普查和分类。至此，ROS 无论在理论上，还是在实践上都逐渐形成了比较完整的体系。

二、游憩机会谱理论的内涵

（一）概念

游憩机会谱框架的基本意图是确定不同游憩环境类型，每一种环境类型能够提供不同的游憩机会。克勒克和斯坦奇定义游憩机会是"游客得到一个真正的选择机会，可以选择在其喜好的环境中，参与期望的活动，以实现其期待的满意体验"。人们可以在一系列的机会中进行选择，而这些机会是由他们所期望的不同环境构成的。"游客所期望的环境（Setting）"为物质、生态条件、社会因素和赋予游憩地点价值的管理条件的综合体，包括游憩地的自然（植被、景观、地形、风景等）、游憩使用（使用的水平和类型）和管理（对场地的开发、道路、规章制度等）要素共同构成了一个游憩机会环境。将这些要素的各种变化情况组合起来，管理者就可为游客提供一系列的游憩机会。但是，由于任何一个单独的游憩地都不可能提供整个谱系中的全部机会类型。因此游憩机会谱系的运用更加强调在区域的层次上加强合作，共同提供多样化的游憩机会。

（二）遵循的原则

美国林业局在给定的土地区域内通过 ROS 进行分级，在确定娱乐机会谱系中应遵循三个标准：

1. 自然环境标准。它包括生物资源、文化—历史资源以及一些永久人工构筑物（道路、大坝等）的距离、规模和人类迹象等。

2. 游客密度标准。它反映了在个体和群组之间接触的程度和类型，同时也反映了与世隔绝的机会，主要表现在其他人的出现数目、他们的行为和他们参加的游憩活动。

3. 管理程度标准。它反映由于管理行为而带来了限制的程度和类型，管理机构或者私人土地所有者对游客的行为进行管理，涉及区域开发水平、现场管理力度、服务以及规章制度等，因而影响娱乐机会。

根据以上原则，目前在美国将自然资源普遍分为 6 个级别，如表 7-1 所示，不同等级的区域提供不同的旅游活动，即提供不同的游憩机会，从而实现为游客提供多样化的体验、资源保护、方便管理等多重目标。

表 7-1 游憩机会谱构成

土地类型	描述
原始区域	未经人工改造的自然环境 面积大（大于 10 平方千米） 人类使用的迹象最少 建设好的道路数量最少，管理行动最少 与其他使用者的接触水平非常低 对游客的限制和控制最少 禁止机动车辆的使用
半原始且无机动车辆使用区域	绝大部分都是自然的环境，只有不明显的人工改造 面积由中到大（大于 6 平方千米） 其他使用者的迹象普遍 游客相互接触水平低 对游客的现场控制和限制最小 禁止机动车辆进入，但可能有道路
半原始且允许机动车辆使用的区域	绝大部分都是自然的环境 面积由中到大（大于 6 平方千米） 其他使用者的迹象经常出现 对游客的现场控制和限制最小 低标准的、自然式铺装的道路和小径 一些游憩者使用的路径允许机动车辆通过
通道路的自然区域	绝大部分都是自然的环境，经过中度的人工改造 没有最小面积的限制 游客间相互接触水平由中等到高等 其他使用者的迹象普遍 设计和建造设施，允许机动车辆使用
乡村区域	由于人类的发展或者植物耕作，环境已在很大程度上被改变 人类的声音和影像普遍 没有最小面积限制 游客相互接触水平由中等到高等 为数量众多的人群和特定活动设计设施 机动车辆的使用密度高并提供停车场

续表

土地类型	描述
城市区域	环境中人类建造物占主导地位 植被通常是外来物种并经过人工修剪 没有最小面积限制 到处充斥人类的声音和影像 使用者数量众多 建造设施以供高密度的机动车辆使用，并提供停车场，有时还为大众运输提供设施

资料来源：ROS User Guide, 1982.

每一种机会类型都是通过"可进入性""其他非游憩使用""场地管理""游客相互作用""可接受的旅游冲击"及"游客可接受的管理"6个指标来确定。针对不同的机会类型，这6个指标的具体标准也不同。比如，原始区域对游客没有任何管理上的限制，而在城市区域可能有着各种严格的规则和限制。可能提供的游憩体验也大不相同，原始区域可能给人以孤独感、自我依靠感与自然亲密接触感，而在充满建筑的城市区域，游客可能得到的是完全融入社会的感觉。

（三）游憩机会谱系的实施步骤

一般分为以下6个步骤：

（1）对影响游客体验的三方面特征（物理、社会和管理特征）进行清查、绘图。

（2）综合分析。包括确定环境中存在的矛盾、定义游憩机会类别、与森林管理活动相结合、确定冲突事件并提出解决建议。

（3）定日程。为项目和财政预算定日程。

（4）设计。设计能够综合各种资源和价值需求的项目。

（5）执行。完成设计的项目。

（6）监测。评价执行情况并判断规划的目标是否达成。

（四）游憩机会谱的发展

娱乐资源的分类提供了适合高密度使用区域到原始区域的分散谱系，如今在美国普遍应用于栖息地、生态系统、水生态系统、滨水区域、连接廊道等的资源。同时政府还出台了一系列的管理条例，如《野外和风景河段条例法律》《国家路径条例》《国家森林管理条例》《遗产保护和娱乐机构》等，全面地对相关领域进行管理和规划。

当然 ROS 也存在一定的局限，ROS 开始主要是应用于美国西部广袤的公共土地，是为大面积的联邦土地管理需要而设计的，所以它不能很好地适应州、县和城市这些土地面积较小而多样性较高的土地区域；另外谱系分级的参数标准模糊，缺少选择娱乐设施的标准和原则等。为解决这些问题，摩尔在 ROS 基本框架理念不变的情况下，根据美国东部区域自然地形和其他特征，编写了能够适应美国东部区域的 ROS 应用指南。其中，将"通路的自然区域"确定为"不完全开发的自然"，"乡村"确定为"开发的自然"，"城市"确定为"高度开发的区域"。该指南还包括对划分谱系级别标准的修订，如在原来 ROS 中，原始区域偏远程度的标准是离所有机动车辆的道路、铁路等至少 4.83 千米（3 英里），而在美国东北部的新英格兰，根据其地理地带特征，3.22 千米（2 英里）是适当的标准。

总之，实践证明 ROS 是很好的规划和管理游憩资源的方法，但在多样化程度较高的小规模区域或者景观完全改变的城市范围内应用，则需要重新制定划分机会谱级别的标准甚至更改级别的名称。

三、游憩机会谱理论的应用

游憩机会谱作为一种游憩资源的清查、分类体系，以及指导游憩地规划和管理的理论框架已广泛运用于美国的公共游憩地。

1. 分配和规划游憩资源

游憩机会谱有助于管理者解决应当提供何种游憩机会、不同机会在空间上如何配置以及相应的管理原则等问题。

（1）应当提供何种游憩机会：管理者应以完善游憩机会谱，供给多样化为目标，针对现状，提供区域内数量较缺乏的机会类型。

（2）不同机会的空间配置：不同的游憩机会由于其自然、社会、管理特征的不同，可能会相互冲突、相互影响。例如"原始区域"与"城市区域"，城市区域的噪音、废气等污染会影响原始区域，降低其游客体验质量。因此，级别相差越大的游憩机会越应在空间上进行分离以减少冲突。

（3）相应的管理原则：一般说来，越靠近"城市区域"端的游憩机会的可再生性越强，越靠近"原始区域"端的可再生性越弱。也就是说一旦将一块原始区域人为地改造为现代化的区域，要想再回复到原始状态就不太可能了；相反，将一块现代区域改造为原始区域，恢复则较容易。所以管理者在做出改动、调整游憩机会的决策时需要更加慎重，必须考虑这种改变带来的后果是否可逆。

2. 游憩机会清查

资源清查是规划、管理的先行工作。由于游憩机会谱理论强调的是影响游客体验的场地特征（如可进入性、管理水平等），管理者可以根据清查得来的场地特征将不同场地归入游憩机会谱中的不同类别，如将没有机动车进入的、又未经人类改造的大面积地区归入"原始区域"。管理者还能根据清查结果来确定应当怎样进行调整、平衡。比如说，当"半原始区域"供应不足时，通过资源清查，对比各特征指标，就可显示出在哪些地区可以比较容易地创造这种机会。

一个综合的游憩机会清查应当提供以下几种信息：现实的和潜在的游憩机会的总体数量和分布；不同机构承担的责任，也就是说哪个部门负责提供哪种类型的游憩机会；不同游憩机会之间的空间关系，由此来揭示可能存在的冲突或互补关系。如果这些资源清查数据能与市场调查的结果相结合的话，就能进一步指出供给与需求之间的不平衡，缺则补，过则减。

3. 预测管理行动带来的后果

由于游憩使用地的自然、社会和管理特征相互联系，在此基础上可预测管理行动将会如何改变特定机会的性质。举例来说，如果决定在某原始区域采伐木材，最明显的结果是会带来非游憩使用水平的显著提高，木材的搬运也会改变该地区车辆进入的数量和类型，提高可进入性，而可进入性的提高反过来又会招来更多的游客，也就需要更多的服务设施，该地"原始区域"性质也就被改变了。游憩机会谱提供了一种简单的、图表化的预测模型来评价管理行动带来的后果，确定管理行动对整个机会谱将会带来什么样的影响。从影响游憩机会谱的角度去评价不同的管理决策时，就可避免许多可能带来问题的管理决策如修路、伐木等。

能够有效使用游憩机会谱的关键因素在于该地区是否有明确的管理目标（是资源保护还是提供"原始区域"或"城市区域"的游憩机会），因为管理行动带来的后果是否与管理目标相一致是评价管理行动是否恰当的首要指标。

4. 使游憩机会与游客期望得到的体验相匹配

如何将"需"（游客追求的游憩体验）与"供"（可获得的游憩机会）相匹配常常是管理者们面临的最大挑战之一。在缺乏对市场需求的充分认识，即在不了解哪些游客想要得到何种的游憩体验的情况下，这个目标是很难达到的。大量传递信息是一个很好的解决方法，即告诉游客"我能在哪里，为您提供何种的游憩机会"，游客才能根据自己的偏好选择去哪里，参加什么活动。而反过来，游憩机会的提供者们也能够从游客选择的情况中进一步了解游客需求，对游憩机会的供给进行调整。通过这个互动的过程，"供"与"需"之间能够逐步达到平衡状态。

第二节 空间引力

旅游的产生源于旅游资源对旅游者的吸引,"无吸引便无旅游"。一个地方能否成为旅游目的地,关键是看它能否对本地、周边甚至更远范围的居民产生吸引,形成旅游动机,成为现实的旅游者。本节主要是以目的地及客源地为研究对象,归纳出旅游空间结构的一般规律,从定性、定量的角度出发运用各类模型对吸引力进行预测和评价。

旅游引力模型最初来源于社会学对城市间移动规律的研究,以两地间距离为主要影响因素,后来随着研究的不断深入,时间成本、城市发展水平、目的地条件等各类因素被逐步考虑进去。同时,学者还从经济学、概率论等角度对吸引力进行研究,使得模型日益完善。

旅游地理学家对引力模型的重视是因为它可以很好地被用来解释客源地和目的地之间旅游作用的大小和方向,是旅游活动发生和发展的基础,它影响旅游行为的决策、方式、方向以及空间分布与变动,进而影响宏观旅游业的总体发展特征。从客源地的角度看,旅游吸引力的程度有助于对旅游供给的空间分布状况做出解释;而从旅游目的地的角度看,对吸引力的研究则可以用来预测某一特定目的地的旅游市场的空间结构及规模。

一、旅游引力模型的发展

旅游地引力模型的研究主要是从三个角度考虑:(1)从目的地的角度出发,研究它的引力半径大小,为其未来的发展和目标市场的确定奠定基础。(2)从客源地角度出发,研究游客的空间旅行路线规律。(3)对于确定的目的地和客源地,设立模型预测两地间的引力。

(一)旅游地的引力半径模型

1. 引力范围模型[①]

根据目的地类型的分布,可以识别出城市型目的地和胜地型目的地两种类型,并分别观察其对市场的吸引范围及空间特性。张凌云(1999)提出了一个旅游地吸引范围的数学表达方式,假定吸引量 Q 与距离 x 有 Q=f(x)的关系,那

[①] 张凌云. 市场评价:旅游资源新的价值观——兼论旅游资源研究的几个理论问题[J]. 旅游学刊, 1999, 14(2): 47-52.

么,该目的地在各个方向上的总吸引量为:

$$s_a = \int_Q^R f(x)dx \tag{7-1}$$

推广到三维空间,该目的地沿 x 方向上的总吸引量为:

$$\pi \int_0^{Q_{max}} \varphi^2(y)dy \int_0^{Q_{max}} \varphi^2(y)dy \tag{7-2}$$

考虑到人口分布在空间上的不均衡性,上式中可以乘上一人口密度系数 d 予以修正,得到:

$$\pi \int_0^{Q_{max}} \varphi^2(y)dy \int_0^{Q_{max}} \varphi^2(y)dy \int_0^{Q_{max}} \varphi^2(y)dy \int_0^{Q_{max}} \varphi^2(y)dy \tag{7-3}$$

2. 门槛分析与引力模型结合的研究

张凌云(1992)在引力模型研究中,还将引力模型与门槛理论分析结合起来,推导了门槛半径、门槛范围的计算方程。门槛范围是指供应一定量的旅游产品所需的最低限度人口所在的地理空间大小。如果旅游地的实际吸引范围小于门槛范围,那么该旅游地是不经济的,也可以认为是缺乏吸引力的。由于旅游产品的价格主要取决于目的地与客源地之间的距离和游客在目的地的滞留时间,而与目的地本身的质量没有很直接的联系,因此门槛范围的大小只是当地旅游业规模和区域客源流量强度的反映。

从经济学的观点看,旅游地的吸引力实际上反映了对该旅游地的需求量,由于距离与运费成正比关系,随着距离增加需求也随之减少,两者成反比关系。

除了用门槛范围对旅游地的吸引力研究外,我们还可以应用门槛人口的概念,门槛人口是指某个旅游地维持保本状态时所需要的最低人口数量。由于人口多少,不一定影响收入水平,而收入水平的不同将使消费水平出现差异。这无疑给计算门槛人口带来困难,因而在确定某项旅游地的人口门槛时,通常可计算一定区域内各中心地"购买"同类旅游地"商品"的平均门槛人口。如果有 n 项同类旅游地"商品",提供给周围地区 x 人次,则该类旅游地人口门槛的初始估计值为 x/n 人次。

正如费拉里奥所认为的,旅游地的质量不单纯取决于数量多少。也就是说,关键在于是否有"拳头"吸引物。所谓"拳头"吸引物就是指其实际吸引范围要远大于门槛范围,是知名度大、富有当地特色的吸引物。各地区的"拳头"吸引物在性质上可以有很大的差异,如北京是以明清两朝皇城及长城为主、苏州以玲珑剔透的江南私家园林见长等,不一而足。

必须指出的是,旅游地的门槛范围特性不完全与城市商业的门槛范围相同。商品的等级鲜明，优质优价。豪华商品的门槛范围都比较大，生活必需品及日用品的门槛范围较小。而旅游产品则不同，在旅游产品价格构成中，直接用于参观、游览和娱乐的支出在整个旅游产品中所占的比重一般都不高，而食宿费、交通费往往占很大比重。

因此，旅游产品的价格高低主要取决于旅游地与客源地之间的距离和游客逗留时间，而与旅游地本身的"质量"没有很直接的联系。这样，旅游地的门槛范围只是当地旅游业规模和区域客源流量强度的反映。

（二）游客旅行空间路线规律

1. 旅游距离衰减

游客出游流量在距离上具有不同的分布概率。一般来说，距离越近，分布的概率越大；距离越远，流量分布的可能性越小。这一规律称之为距离衰减引力模型（distance decay），是旅游流研究的基本数理模型。该规律只处于理想状态下，它只考虑了客源市场和目的地的空间距离，而忽略了其他条件。该规律成立的基本条件还包括"在其市场域范围内，无同质旅游目的地的竞争；旅游客源市场社会条件相同，自然条件均一"。

1992年，史密斯（Smith）提出了鲍尔兹曼曲线（Boltzmann Curve），认为游客流的分布是随距离的增加先上升而后下降，其原因在于旅游者对差异性产品的偏好和旅行成本的共同作用，如图7-1所示。当然，上述模型的空间范围仅限于周边地区的小尺度空间。

吴必虎则在1994年提出了"U"形曲线，并将其成因解释为游憩活动空间的不连续，或者存在影区。

2. 等意愿线

等意愿线也称等游线。洛根（Logan，1966）提出了距离成本（distance costs）和摩擦成本（costs of friction）的概念，来解释它们在经济和时间方面对旅游行为的自然限制。古达尔和阿斯沃什（Goodall and Ashworth，1988；转引自胁田武光，1995：24）用等意愿曲线（iso-willingness curve）来表示距离与目的地吸引力之间的关系，如图7-2所示。

随着目的地与客源地距离的增加，目的地对游客的吸引力逐渐减弱；为了保证远处的目的地能够达到一定程度的游客流量，就必须增强其对游客的吸引力。从图7-2中还可以看出，目的地吸引力的增加速度必须大于距离增加的速度，才能产生对旅游者的吸引。

图 7-1　旅游者分布的鲍尔子曼曲线

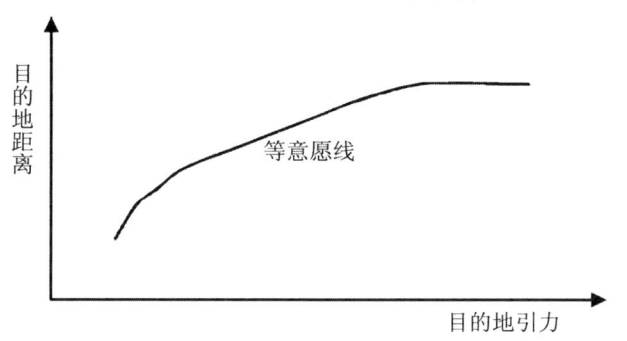

图 7-2　吸引力与距离的关系

（三）O—D（客源地—目的地）引力模型

1. 仿牛顿重力引力模型

牛顿定理认为，两物体间的吸引力和物体质量成正比，与两者之间的距离成反比，即 $I_{ij}=GM_iM_j/D_{ij}^2$。其中，I_{ij} 表示物体 I 和 J 的吸引力，G 为吸引力常数，M_i、M_j 为两个物体的质量，D_{ij} 为物体 I 和 J 中心点的距离。

（1）齐普夫-斯图尔特（Zipf-Stewart）模型

1929 年，莱利（Reilly）从社会学角度研究零售市场问题时，提出了与牛顿定理相似的模型，即两个城市中心之间的人口移动必然和它们的居民数的乘积成正比，而和其间的距离平方成反比。

到了 20 世纪 40 年代，国外学者开始以牛顿定理为基础对旅游地的引力模型进行研究，认为如果将客源地视为一个物体，将目的地视为另一个物体，则两个物体的相互作用可以借用牛顿定理来解释。

第一个指出这些概念和牛顿的万有引力定律存在同型关系的是天体物理

学者斯图尔特（Stewart）。1945 年，斯图尔特定义了两地间的"人口统计力"（demographic force）：

$$D_{ij} = g(P_i P_j / d_{ij}^2) \qquad (7-4)$$

式中，P_i 为 i 地（客源地）的人口规模、收入水平和工业化程度，P_j 为 j 地（目的地）的吸引力以及接待能力，d_{ij} 为 i、j 两地之间的经济距离，g 为经济参数。

经济学家齐普夫于 1949 年创立了人类行为中的最小努力原则。他的公式比较简单，如下：

$$I = P_1 P_2 / D \qquad (7-5)$$

式中，P1、P2 为两城市的人口，D 为两城市之间的距离。

但由于社会现象的复杂性，这两个公式在研究旅游吸引力中，有很大的局限性。过于简化的研究因子，常常会得出与实际情形出入很大的结论。为此，后人不断加以修正，较为典型的即是克朗蓬（Crampon）模型。

（2）克朗蓬模型[①]

克朗蓬（1966）将引力模型运用到旅游研究中来。他提出的基本公式是：

$$T_{ij} = G P_i A_j / D_{ij}^b \qquad (7-6)$$

式中，T_{ij} 为某一时期在始点 i 和终点 j 之间的旅行流量的某种测量，来表达两地之间的吸引力强弱。P_i 为客源地 i 人口规模、财富或旅行倾向的量度。A_j 为目的地 j 吸引力的某种量度，如景观价值、独特性或容量等。D_{ij} 为客源地 i 和目的地 j 之间距离的某种计量单位，可以用直线距离、公路距离、旅行时间、换乘飞机的次数、稀缺燃料的费用、通过拥挤街道的次数等表示。G、b 均为经验参数，对旅游业来说，G 是个调节其他变量大小的比例常数，以尽可能准确的解释旅游活动 T_{ij} 的观察水平；b 值反映距离作为一种阻力函数对旅游影响的相对程度，b 值越大，距离对于减少旅行次数的作用就越大。

但该模型至少隐含着 3 个基本假设条件：一是信息完全的假设，即旅游客源地居民对旅游目的地各种信息的掌握是完全的；二是客源地居民的旅游偏好具有一致性，在模型中则表现为常数；三是无中间介入机会，即在旅游客源地与目的地之间无同质旅游目的地存在。

同时，这个引力模型有两方面的缺点：一方面是无约束条件，也就是说模

[①] Crampon. Gravitational model approach to travel market analysis[J]. Journal of Marketing, 1966, 30: 27-31.

型预测的旅行次数没有上限；另一方面是模型对距离过分敏感，有过高估计短途旅行次数和过低估计长途旅行次数的倾向。

(3) 对克朗蓬 (Crampon) 模型的修正

为了克服克朗蓬模型的缺陷，众多学者不断地进行了经验性尝试，分别对基本引力模型中的变量或参数进行了修正。引力模型的一个重要特点就是它的基本形式保持不变，只是对参数和分量的定义进行适当调整，就可以将模型应用于不同的问题。

对克朗蓬模型做出最大修正的是英国地理学者威尔逊，他于 1967 年提出了最大熵引力模型[1]，克服了一般引力模型的线性局限。公式如下：

$$T_{ij} = P_i A_j \exp(-KC_{ij}) \tag{7-7}$$

式中，T 为区域空间相互作用的强度；P、A 分别表示区域 i、j 的经济强度变量，并分别赋予需求和供给的意义；k 为衰减因子，决定了区域作用力衰减速度的快慢；C 为两个区域 i、j 间的广义距离。

1972 年，威尔逊又在引力模型和潜能模型的基础上，以 20 世纪 60 年代初期地理学者赫夫 (Huff)、拉希马南 (Lashmanan) 和汉森 (Hansen) 分别做出的商业和购物模型的成功应用为依托，进行了大量基础理论工作，将引力模型和潜能模型混为一体，形成了放大的引力模型，或称之为一般空间相互作用模型[2]。其一般表达式为：

$$T_{ij} = KQ_i D_j \cdot f(d_{ij}) \tag{7-8}$$

式中，T_{ij} 为第 i 个小区对第 j 个小区的作用量 (人员、物质、资金等的流量)；Q_i 为第 i 个小区流出的总量；D_j 为第 j 个小区流入的总量；d_{ij} 为从第 1 个小区到第 j 个小区的空间或经济距离；$f(d_{ij})$ 为距离反函数；K 为常数。

1972 年，沃尔夫 (Wolfe) 在克朗蓬模型的基础上引进了一个距离函数，公式如下[3]：

$$T_{ij} = G \frac{P_i A_j}{D_{ij}^b} D_{ij} \left[\left(\log D_{ij} / m \right) / n \right] \tag{7-9}$$

式中，m、n 是经验参数。这个模型确实比最初的引力模型能更准确地反

---

[1] Wilson. A statistical theory of spatial distribution models[J]. Transportation Research, 1967, 1: 253-267.
[2] Wilson. Entropy in urban and regional modeling[M]. Pion, London, 1970.
[3] Wolfe. The inertia model[J]. Journal of Leisure Research, 1972, 4: 73-76.

映在加拿大渥太华地区实际观测到的旅游行为。

1976 年，埃瓦德兹和丹尼斯（Eawards and Dennis）利用威尔逊的非线性模型，提出了另一种距离函数公式[①]：

$$C_{ij} = \left(\frac{(x_1)(x_2)(x_3)+(x_4)}{x_5} \right) X_6 \tag{7-10}$$

式中，C_{ij} 为从 i 到 j 的旅行费用；x_1 为每公升汽油的费用；x_2 为每公里消耗的汽油；x_3 为每小时游客量；X_6 为旅行时间。

用（7-10）式最后推出更为准确的预测模型：

$$T_{ij} = P_i S_i^b A_j \exp(-\lambda C_{ij}) \tag{7-11}$$

埃瓦德兹和丹尼斯应用上述模型对英格兰西南部的一日游旅游者进行了研究，取得了较好成绩，其实际状况与预测数据比较吻合。

（4）切萨里奥和克内奇（Cesario and Knetsch）的综合模型[②]

1976 年，切萨里奥和克内奇在前人工作的基础上，将无约束模型和有约束模型综合考虑，即将旅游产生模型和旅游分布模型的特征合二为一，提出了一个综合模型：

$$T_{ij} = \left[GP_i K_j^{a+1} \right] \times \left[\frac{A_j \exp(bD_{ij})}{K_i} \right] \tag{7-12}$$

式中，A_j 是某一给定终点的吸引力；K 是所有其他终点的竞争力。式中右边第一个括号部分是"旅游产生模型"，即客源地 i 所产生的旅行次数（游客量）；第二个括号部分是"旅游分布模型"，即目的地 j 所能得到客源地 i 产生的旅行次数（游客量）的比率。该比率公式如下：

$$K_i = \left[A_k \exp(bD_{jk}) \right]^a; (j \neq k) \tag{7-13}$$

他们应用美国宾夕法尼亚州立公园的资料检验这一模型时，发现各个公园的实际人数与期望数非常接近。

2. 弗拉里奥（Ferrario）模型

1979 年，南非学者弗拉里奥提出了一个不同于上述引力模型的市场引力模

[①] Edwards, Dennis. Long distance day tripping in Great Britain[J]. Journal of Transport Economics and Policy, 1976 (10): 237-256.

[②] Cesario, Knetsch. A recreation site demand and benefit estimation model[J]. Regional Studies, 1976(10): 97-104.

型[①]，公式如下：

$$I = \frac{A+B}{2} \quad (7-14)$$

式中，I 为旅游潜力指数；A 为旅游需求；B 为旅游供给。

为了反映旅游地的等级、水平和知名度，弗拉里奥进一步引进了权重系数 G，将（7-14）式改写为：

$$I = \frac{\sqrt{AG}+B}{2} \quad (7-15)$$

（7-15）式与其他引力模型不同，距离因子并不单独作为一个因素出现，而是以可进入性的子因素形式包容在供给因素中。费拉里奥应用此式，做了大量的问卷调查，最后得出南非的旅游潜力指数分布图，与当地的旅游业发展情况较为吻合。

3. 干预机会理论模型研究

一般的引力模型十分强调距离的影响。斯托弗（Stouffer）认为干扰机会（intervening opportunity）的重要性胜过距离[②]。张凌云（1989）将干扰机会解释为处在一种竞争或有多种选择条件下的情形，它与市场竞争模型在研究思路上是基本相似的。干扰机会值的大小和旅行次数与到可供选择的目的地的距离成反比，而与可选择的地区的面积成正比。

1940 年，斯托弗提出了干预机会理论。他认为机会的重要性要胜过距离。1968 年，格鲁布和戈德温（Grubb and Godwin）在对美国得克萨斯州的水库旅游研究中，就把干预机会与其他四个变量综合起来考察，提出下列模型：

$$T_{ij} = G P_i^a C_{ij}^b I_i^c S_j^d X_{ij}^e \quad (7-16)$$

式中，C_{ij} 代表从 i 到 j 的旅行费用；I_i 代表始点的收入中值；S_j 代表水库（终点）的表面积；X_{ij} 为始点 i 到 j 利用水库的比例；a、b、c、d、e 为经验系数。

干预机会实际上是指处在一种竞争或有多种选择条件下的情形。干预机会值 X_{ij} 和旅行次数 T_{ij} 与到可供选择的旅游区的距离成反比，而与可供选择地区的面积成正比。

1972 年，张（Cheung）在研究萨斯喀切温公园一日游游客时，应用了一个多重回归方程：

---

① Franco, F. The evaluation of tourist resources: An applied methodology[J]. Journal of Travel Research, 1979, XV (3).

② Stouffer. Intervening opportunities: A theory relating mobility and distance[J]. American Sociological Review, 1940(5): 845-867.

$$T_{ij} = \frac{G + (aP_j + bP_jA_j + eT_j + d)}{f(D_{ij})} \quad (7\text{-}17)$$

其中，a、b、e、d 为待定系数。（7-18）式中的 f(D$_{ij}$) 为分段函数：

$$f(D_{ij}) = \begin{array}{ll} \frac{1}{2}D_{ij} & D_{ij} < 30(km) \\ D_{ij} & 30 \leq D_{ij} \leq 90(km) \\ D_{ij}^{1.3} & D_{ij} > 90(km) \end{array} \quad (7\text{-}18)$$

他假定各种公园的吸引力相同。那么，旅游地的吸引竞争参数可定义为：

$$A_j = \sum \frac{1}{\sqrt{D_j}} \quad (7\text{-}19)$$

对比（7-16）（7-17）和（7-18）（7-19），可以看出格鲁布和戈德温模型与后一个模型的不同之处是前者把距离处理成线性关系，而后者则认为距离与应变量之间是开平方根的关系。

1976年，毕曼和史密斯（Beaman and Smith）对格鲁布和戈德温模型进行修正，得出公式如下：

$$X_i = \left(\sum \frac{A_k}{D_{jk}^a} \right) \quad (7\text{-}20)$$

上式中，X_i 为始点 i 在设施方面的竞争点变量；A_k 为 A 竞争点 K 的吸引力；D_{jk} 为 j 和 k 之间的距离；a 是常数。

从上述一些干预机会模型看出，这一流派的学者都十分重视"机会"和"竞争"问题，并把这些因素引入模型中。1972年，美国学者威廉姆（William）在亚利桑那州的水库旅游研究中，从旅游市场学的角度出发，进行价格需求交叉弹性分析，他把各水库分为两两一组进行比较研究，建联立方程组：

$$\begin{cases} Y_1 = a_1 + b_1p_1 + c_1p_2 \\ Y_2 = a_2 + b_2p_2 + c_2p_2 \end{cases} \quad (7\text{-}21)$$

其中，Y_1、Y_2 分别为去水库1、2的平均游客人数；P_1、P_2 分别为去水库1、2旅游者的平均花费；a_1、a_2 为常数；b_1、b_2 分别为水库1的回归系数；c_1、c_2 分别为水库2的回归系数。

相对于水库2，水库1的交叉弹性为：

$$\frac{\Delta Y_1}{\Delta P_2} = \frac{\partial Y_1}{\partial Y_2} \times \frac{P_2}{Y_1} = C_1 \times \frac{P_2}{Y_1} \quad \frac{\Delta Y_1}{\Delta P_2} = \frac{\partial Y_1}{\partial Y_2} \times \frac{P_2}{Y_1} = C_1 \times \frac{P_2}{Y_1} \tag{7-22}$$

库尔茨（Kurtz）利用交叉弹性的数值，描述水库间的竞争行为。由此看出，干预机会模型与市场竞争模型在研究思路上是基本相似的。这或许代表了引力模型研究的一种发展趋势。

由此可见，旅游地的门槛研究，其领域不仅涉及理论地理学和应用地理学，而且还超出了旅游地理学传统框架，横跨到旅游经济学、旅游市场学等相关学科。正是由于这些边缘性和交叉性的特点，才给引力模型的研究带来勃勃生机，并为旅游地理学的研究展示了广阔的前景。

二、旅游引力模型的不足

1. 旅游吸引力概念以及旅游吸引力的产生和作用机制的研究明显存在欠缺。旅游吸引力是旅游研究中的一个特有概念，也是一个使用较多但又是很模糊的概念，许多旅游事物或旅游现象往往与其吸引力联系起来，但究竟为何产生吸引力，吸引力的强度、方向、水平、动态变化和速率如何衡量以及吸引力作用机制原理等问题都缺乏深入而广泛的讨论。

2. 旅游吸引力必须要更多地考虑旅游者属性以及属性的动态变化。在传统的关于旅游活动发生的研究工作中，几乎一致认为闲暇时间的增多和可自由支配收入的提高是居民旅游活动产生的原因，而从现代旅游发展的实际特征看，闲暇时间和可支配收入只是旅游活动发生的基础，而旅游活动的选择都是由居民的消费意识和价值观所决定的（刘德谦，1999）。因此来自旅游者的属性以及属性的动态变化在旅游活动中起着主导作用，旅游吸引力分析应该包括这一方面。

3. 旅游吸引力的衡量问题。以往的研究中往往用客流量来衡量旅游吸引力的大小，但这是两个截然不同的概念。可以认为没有吸引力就没有客流，但不能认为没有客流就没有吸引力。例如，太空旅游对人们都有极强的吸引力，但相对人们来说太空旅游还只是未来的事（王海鸿，2003）。对单个旅游者而言，目的地客流规模并不一定能对他产生强大的旅游吸引力。因此，客流量仅反映了旅游吸引力的量，而不是旅游吸引力的质。而旅游吸引力与引力模型研究且从另一角度分析，客流量反映的是实际产生的旅游吸引力，未来客流量则反映潜在的旅游吸引力。潜在吸引力才是影响客流量发展变动的因素，将旅游吸引力分为现实吸引力和潜在吸引力，有助于从本质上划分二者的界限。

4. 旅游吸引力是一个动态变化的因素。可以认为旅游地的生命周期是由其旅游吸引力决定的。各项旅游规划、开发和投资活动，其目的也是为增强自身的旅游吸引力。吸引力是个可变的因素，那种认为"没有知名度就没有吸引力和旅游业"的观点是片面的。吸引力的可变性和可控性使得旅游活动发生和发展具有复杂性和多样性的特点。

第三节　旅游枢纽与旅游目的地

从旅游服务功能看，一个地方可以是旅游枢纽，也可以是旅游目的地。旅游枢纽主要是承担客流的聚散功能，旅游目的地主要是承担游客的接待功能。

一、旅游枢纽

旅游枢纽（Tourism hub，Tourism nexus，Tourism gateway）往往是一个城市。旅游城市的核心能力是它的旅游产业控制力。旅游产业控制力是指城市拥有的整合和配置旅游资源要素从而实现价值最大化的能力和权力。旅游枢纽是一个城市提高旅游产业控制力的关键。它主要体现在要素聚集能力与要素辐射能力两个方面。要素聚集程度反映城市旅游业的吸引力，而要素辐射程度则反映了城市旅游业可以影响的地域空间。

1. 定义

枢纽在交通业上已经明确定义为多个交通线路（通常是航空或铁路交通）交汇和发散地。卡夫和高斯林（Caves and Gosling，1999）使用"门户枢纽"一词来定义那些位于欧洲外围，为进入欧洲次级旅游中心提供服务的地方。奥凯利和米尔（O'Kelly and Miller，1994）把枢纽定义为"一个大交通发散系统下的主要换乘中心"（a major sorting or switching centre in a many-to-many distribution system），关键在于客流从出发地到目的地城市流转的途中会经过一个或多个这样的枢纽地。奥凯利（1998）认为地理意义上的枢纽应该有一个特定的服务区域，并给这些区域带来利益，它是集聚效应与规模经济的催化剂[①]。卢和迈克尔彻（Lew and McKercher，2002）第一次从旅游角度定义了旅游门户与交通枢纽。他认为旅游门户城市是指为其他旅游目的地提供入口，通常也提供相应旅游服务的地方。枢纽型旅游目的地指"在一个多目的地的旅途中，访问过至少两次的地方"，并且可以通过服务聚集（concentrations of service）与规

[①] O'Kelly, Miller. The hub network design problem: A review and synthesis[J]. Journal of Transport Geography, 1994, 2 (1): 31-40.

模经济（economies of scale）获得经济效率。[①]

奥凯利基于"枢纽—轮辐"系统，从旅游枢纽城市与轮辐城市之间关系的角度出发，阐释了旅游枢纽城市的含义：旅游枢纽城市（hubs）是区域外部客源的主要进出通道，为旅游轮辐城市（spokes）提供客源和信息服务；旅游轮辐城市（spokes）为旅游枢纽城市（hubs）提供丰富的旅游项目，可缓解旅游高峰期枢纽城市的旅游压力，如图7-3所示。

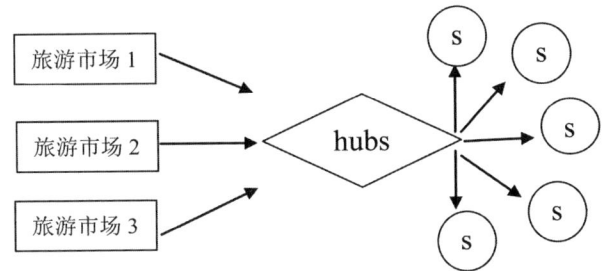

图7-3 旅游枢纽城市与旅游轮辐城市

旅游枢纽功能又包含四层含义：国内游客进行国内旅游的中转地、国内游客出国旅游的中转地、入境游客的旅游中转地和过境游客的旅游中转地。

2. 旅游枢纽功能的内涵

旅游枢纽（城市）作为旅游客源地与目的地之间的桥梁与中介，其功能主要包含实现游客聚集、换乘、扩散的功能以及在游客集散与换乘过程中为游客提供各种辅助管理与服务的功能，如图7-4所示。

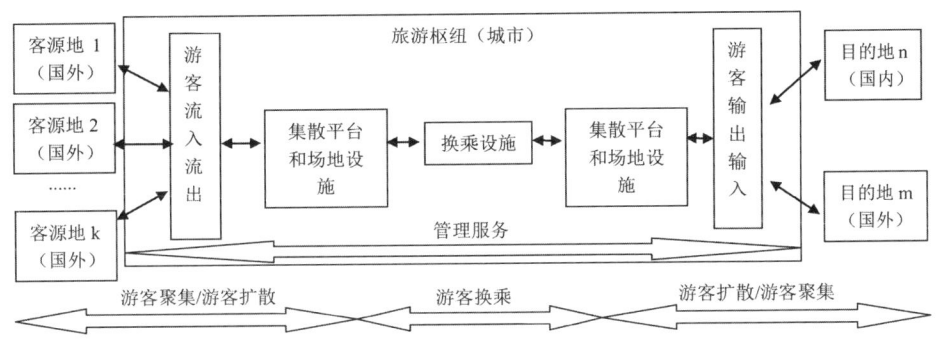

图7-4 国际城市旅游枢纽功能示意图

---

① Alan. Lew and Bob McKercher. Trip destinations, gateways and itineraries: The example of Hong Kong[J]. Tourism Management, 2002, 23: 609-621.

（1）集散功能。由于旅游资源的不可移动性，旅游者需要离开常住地前往旅游目的地。"客源地—旅游枢纽—目的地"旅游模式中，必然会有众多游客通过交通的媒介作用，聚集到旅游枢纽，然后再借助旅游枢纽城市的交通实现向目的地的扩散。返程亦然，众多游客从目的地聚集到旅游枢纽，然后通过旅游枢纽城市的交通扩散至客源地。在聚集与扩散的过程当中，旅游枢纽城市与客源地、目的地的交通衔接性，即旅游枢纽城市的对外交通的状况，是游客能否顺利完成聚集和扩散重要条件。

（2）换乘功能。在"客源地—旅游枢纽—目的地"的旅游模式中，游客聚集到旅游枢纽城市再扩散到目的地的过程必然会发生交通的中转换乘。在中转换乘的过程当中，旅游枢纽城市不同（或相同）的交通方式之间的衔接性，即旅游枢纽城市内部交通的状况，是游客能否顺利完成换乘的重要条件。

（3）服务功能。在"客源地—旅游枢纽—目的地"的旅游模式中，游客聚集、换乘与扩散的全过程都伴随着辅助服务的需要，如聚集过程的签证服务、换乘过程中的行李服务与扩散过程中目的地旅游信息服务等。

3. 国际枢纽城市的发展模式与协调机制

塔菲（Taaffe，1962）运用重力模型分析了美国航空客流的空间组织规律[①]。奥凯利（1998）对旅游流的空间分布规律及枢纽城市的客流特征进行了相当多的研究，对美国辐射状航空枢纽系统（hub-and-spoke networks）进行研究时，提出了三种航空枢纽城市选址模型，即单一选址模型、多重选址模型和流动区位模型。奥凯利和霍纳（2001）运用规模经济学理论，通过重力模型研究发现，洛杉矶、纽约和芝加哥等大城市在美国辐射状航空枢纽系统中已经在发挥航空客流的门户作用。[②]松本（Matsumoto，2007）运用重力模型，包括该地的GDP、人口、距离和城市的一些亚变量，从航空客运和货运角度，分析了致力于创建国际枢纽城市的东京、新加坡、伦敦、纽约、巴黎、阿姆斯特丹及迈阿密等地的交通密度，发现东京和新加坡是亚洲最重要的航空枢纽，并且首尔和阿姆斯特丹的交通密度正在飞快增长。[③]

4. 建设旅游枢纽的实践经验研究

较多集中于新加坡与中国香港的研究。新加坡组织、输出客源，打造"东南亚的旅游中转站"。新加坡利用地理位置的优越性，发展成为东南亚的旅游中

[①] Taaffe. The urban hierarchy: An air passenger definition[J]. Economic Geography, 1962, 38: 1-14.

[②] Mark Horner and Morton O'Kelly. Embedding economies of scale concepts for hub network design[J]. Journal of Transport Geography, 2001, 9 (4): 255-265.

[③] Hidenobu Matsumoto. International air network structures and air traffic density of world cities[J]. Transportation Research, 2007: 269–282.

转站。游客可从新加坡开始游览,然后辐射整个东亚地区,这种旅游结构既有利于增加对旅游者的吸引力,又增加了旅游业经济收入的财源。洛和衡(Low and Heng,1997)认为新加坡能够成为一个旅游门户的关键在于它扮演着促进者和组织者的角色。一些新加坡的旅游景点已经成为其他生态旅游目的地,如马来西亚的塔曼内加拉、印尼的巴厘岛和泰国的芭堤雅的门户。新加坡政府为建设旅游枢纽提供了很大支持,包括"新加坡过境随意行"(Singapore Stopover Holiday)项目,乘坐新加坡航空或胜安航空的乘客到达樟宜机场后,将会获得SSH识别卡,乘客能够以近乎免费的价格在新加坡过境停留。该项目包含免费机场接送以及新加坡某些景点免门票等项目,及指定餐馆、酒店、景点、购物中心和汽车租赁公司的折扣(Raguraman,1997)。

张和拉格拉曼(Chang and Raguraman,2001)认为作为一个旅游之都,新加坡正在力图成为旅游企业和旅游企业家聚集的、旅游新思维与创新诞生的领袖之地。中国香港联合内地城市,宣传一程多站旅游,打造"中国内地门户城市"。[①]洛曼,埃尔伯、科克和帕夫洛维奇(Lohmann,Albers,Koch,Pavlovich,2009)研究了新加坡和迪拜作为国际航空中转站的发展模式,以及如何实现航空部门、政府和旅游部门间的战略协调。他们认为新加坡旅游局提出的新加坡"旅游之都"三位一体发展远景包括:一个国际旅游目的地、一个充满活力的旅游商业中心和一个通往亚洲的旅游枢纽或门户。香港旅游发展局(2008)与深圳市旅游局合作,合办"深圳、香港双城游";联同海南省旅游发展委员会向俄罗斯市场推广,推动游客同时到访香港与海南;与广东、澳门合作,三地联合宣传一程多站旅游,推动粤港澳的区域旅游。卢和迈克尔彻(2002)以中国香港为研究对象发现了旅游线路中的5种目的地类型:唯一的目的地、门户型目的地、出口型目的地、旅途中间的目的地和枢纽型目的地。他认为中国香港在打造"中国门户城市"和"亚洲旅游枢纽"的同时,应该与周边的旅游目的地合作推行"一程多站"的旅行模式。其他地方的研究包括罗曼和皮尔斯(Lohmann and Pearce,2010)对新西兰惠灵顿和皮克顿之间轮渡交通的四种旅游功能的研究,包括旅游客源地、旅游门户、旅游中间的停留地和旅游目的地。[②]

---

① Chang and Raguraman. Singapore Tourism: Capital Ambitions and Regional Connections [J]. Interconnected Worlds Tourism in Southeast Asia, 2001, 47-63.

② Gui Lohmann and Douglas Pearce. Conceptualizing and operationalizing nodal tourism function[J]. Journal of Transport Geography, 2010, 18: 266-275.

二、旅游目的地

1. 定义

国外对于旅游目的地的研究始于20世纪70年代，最初它是一个明确的地理区域。美国学者甘恩（Clare Gunn）于1972年提出了"目的地地带"的概念。所谓的"目的地地带"包括：主要的通道和入口、社区（包括吸引物和基础设施）、吸引物综合体与联结道路（吸引物综合体和社区之间的联系通道）。他认为这些要素的整合有利于旅游开发的成功。旅游目的地是一个感性概念，它为消费者提供一套完整体验的旅游产品系统综合体。旅游目的地，就是吸引旅游者短暂停留、参观游览的地方，是由各类资源要素和设施要素共同构成的能够为旅游者提供完整旅游体验的综合系统。利珀（1995）把目的地解释为一个可以让旅行者待上一段时间，并体验富有当地特色吸引物的地方。布拉姆韦尔（Bramwell，1996）指出，一些标准化的东西有助于城市形象的塑造，例如使用"宏大"的城市形象突出那些能够吸引境况优越的旅游者的主题等。库珀（Cooper，1998）则认为目的地是那些能够满足游客需要的设施和服务的集中地。罗宾斯（Robbins，2007）认为旅游目的地包含旅游者需要消费的一系列产品和服务。世界旅游组织（2004）的定义是：游客至少滞留一夜的自然空间，它包括旅游产品，如服务、吸引物、旅游资源，拥有统一的管理与明确的行政边界。布哈里斯（Buhalis，2000）同样认同旅游目的地是一个明确的地理区域，这一区域被旅游者理解为可用于旅游营销和规划的政策与法律框架的独一无二的实体。

2. 构成要素

库珀（Cooper，1998）把旅游目的地的构成要素归纳为"4A"：吸引物（Attractions）、接待设施（Amenities）、进入通道（Access）与辅助性服务（Ancillary Service）。格德纳（Goeldner，2000）从供给的角度，指出了供给的四要素：自然资源与环境（Natural Resources and Environment）、人文环境（Built Environment）、交通运输（Transportation）、接待服务和文化资源（Hospitality and Cultural Resources）。①布哈里斯（Buhalis，2000）从系统论角度提出的旅游目的地的"6A"模型，如表7-2所示。②

---

① 邹统钎. 旅游目的地开发与管理[M]. 天津：南开大学出版社，2015.
② Buhalis, Dimitrios. Marketing the Competitive Destination of the Future [J]. Tourism Management, 2000, 21(1): 97-116.

表 7-2 旅游目的地 6A 模型（Buhalis，2000）

	要素名称	具体构成
旅游目的地	吸引物 Attractions	自然风景、人造景观、人工物品、主题公园、遗产、特殊事件
	进入设施 Accessibility	整个旅游交通系统，包括道路、终端设施和交通工具等
	便利设施 Amenities	住宿业和餐饮业设施，零售业，其他旅游服务设施
	预定服务组合 Available Packages	预先由旅游中间商和相关负责人安排好的旅游服务
	活动 Activities	包括所有目的地活动，以及游客在游览期间所进行的各种消费活动
	辅助性服务设施 Ancillary Services	各种游客服务，例如银行、通信设施、邮政、报纸、医院等

"6A"模型将旅游目的地看作一个完整的地域综合体，系统地指出了旅游目的地的六大构成要素：吸引物（Attractions）、进入设施（Aceessibility）、便利设施（Amenities）、有效产品组合（Available Packages）、活动（Activities）以及其他辅助性服务设施（Ancillary Services）。由此可以看出一个旅游目的地的竞争力并非由吸引物或产品等单一要素决定，而是由实现旅游体验的各种目的地功能综合体现出来的。旅游目的地之间的竞争也不再停留于优势旅游资源的竞争，而是目的地整体实力和综合旅游服务系统的竞争。

皮尔斯（Pearce，2001）提出旅游目的地整合性概念框架，认为旅游目的地由三个维度构成：地理维度（空间与地方）、生产方式维度（结构、行为与角色）和动态维度（结构演化、驱动因素），如表 7-3 所示。旅游目的地三个维度的关系框架如图 7-5 所示。

表 7-3 旅游目的地的维度与要素（Pearce，2001）

地理维度：	生产方式	动态维度
（1）空间	（1）结构	（1）结构演化
空间密度	相互依存、互补、对角线生产	（2）驱动因素
空间范围	（2）行为	
空间尺度	合作：	
子系统	互补性、信任和规模经济	
外部联系	竞争：	
双重或多重身份	公司层面,目的地的水平	

续表

地理维度： （2）地方	生产方式 （3）角色	动态维度
语境因素		
文化特征		
社会嵌入性		
地域根植性		
旅游资源		

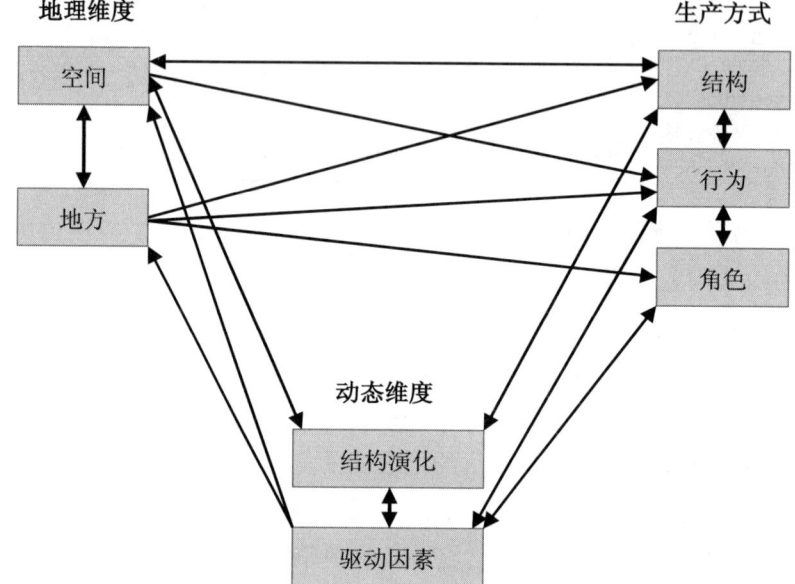

图 7-5　旅游目的地整合概念框架

3. 旅游目的地管理的核心任务

世界旅游组织 2004 年总结了旅游目的地管理的 13 项核心任务：

（1）社区福利；

（2）维持文化资产；

（3）社区参与；

（4）游客满意；

（5）健康与安全；

（6）经济利润；

（7）保护珍贵自然资产；

（8）管理稀缺自然资源；

（9）控制旅游业的影响；
（10）控制旅游活动与水平；
（11）目的地规划与控制；
（12）设计产品与服务；
（13）维护营运与服务。

第四节　空间布局

一、区域旅游空间布局模式

（一）点轴模式

1977年英国著名地理学家哈格特（Haggett）描述空间结构模式与秩序时，以宏观层次将区域抽象为点，识别出5个几何要素：（1）运动模式，表示事物的空间移动特点；（2）路径，表示事物运动沿着特定的路线；（3）结点，表示运动路径的交点，诸多结点控制着整个系统结点层次，表示各个结点的重要程度；（4）地面，位于由结点和路径形成的框架中；（5）扩散，地面的时空变化过程叫空间扩散[①]。哈格特所描述的空间结构模式，在要素提取时主要面向系统间的联系和作用，但忽略了区域系统内部状况和作用关系的描述，没有系统内部之间各要素空间关系的结构和阐释，如图7-6所示。

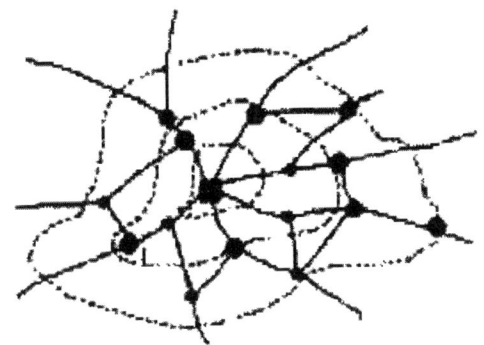

图7-6　哈格特的空间结构模型

后来，陆大道提出点轴理论，认为"点"是各级中心地，或由地区旅游经

---

① 约翰斯顿. 地理学与地理学家[M]. 唐晓峰, 译. 北京：商务印书馆, 1999.

济要素内聚而形成的"中心节点",主要体现为"旅游聚集体"①。"轴"是在一定方向联结"点"的旅游产业带,又称"开发轴线"或"发展轴线"。区域旅游经济的发展总是从不平衡到相对平衡,在开发条件的限制下,总是集中力量先开发高等级的点和生长轴。点轴结构的形成经历了一个时间过程,从初期孤立的数个中心地,逐步发展成为具有一定空间结构的发展轴线,最终形成"点—轴—面—网"的空间系统。这个结构的关键在于确立并重点发展"点"和"轴"。如图 7-7 所示。

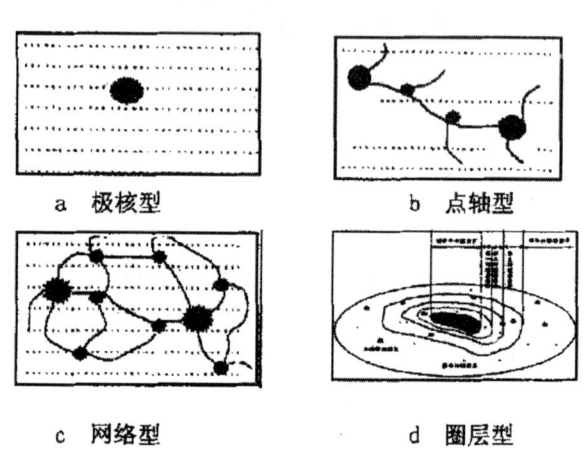

图 7-7 陆大道旅游地发展过程

(二)空间分布规律理论

1. 胡焕庸线

1935 年,胡焕庸提出黑河(爱辉)—腾冲线即胡焕庸线,首次揭示了中国人口分布规律,即自黑龙江瑷珲至云南腾冲画一条直线,线东南半壁 36%的土地供养了全国 96%的人口;西北半壁 64%的土地仅供养 4%的人口。二者平均人口密度比为 42.6∶1。1987 年,胡焕庸根据中国内地 1982 年的人口普查数据得出:中国东半部面积占目前全国的 42.9%,西半部面积占全国的 57.1%。在这条分界线以东的地区,居住着全国人口的 94.4%;而西半部人口仅占全国人口的 5.6%。2000 年第 5 次人口普查发现,"胡焕庸线"两侧的人口分布比例,与 70 年前相差不到 2%。

随着时间的推移,人们逐渐发现,这条人口分割线与气象上的降雨线、地貌区域分割线、中国景观分界线、文化转换的分割线以及民族界线均存在某种

---

① 陆大道. 我国工业生产力布局总图的科学基础[J]. 地理科学, 1986(2): 110-118.

程度的重合。这条线也是中原王朝直接影响力和中央控制疆域的边界线，是汉民族和其他民族之间战争与和平的生命线。

2007年，成都大学林光旭提出中国版图上存在着两条与旅游经济密切相关的主线，即中国胡氏线和国道318，这两条线交汇于成都地区。2010年，他进一步在我国特有的三级台阶式地理分布形态基础上，将边界效应和旅游空间虫洞效应同时作用于户外旅游空间上，将这两条主线命名为中国旅游双线，将成都定义为中国旅游双线原点。"胡氏线"除了是我国的地理人口的分界线之外，同时也是中国的自然类生态旅游资源疏密分界线。国道318线既是中国目前最长的国道，也是中国最为著名的景观大道。它犹如一条汇集了无数支流的干流，引导我国广大经济发达人口稠密地区的、以西部高原为旅游目的地的自驾车旅游流，通过各种支流，最终聚集于东西两段的交会处——成都。林光旭由此提出，这一得天独厚的地理优势必将让成都成为青藏高原自驾旅游集结地。

2. 旅游中部塌陷理论

中国的自然地貌存在由西向东从高到低的三级台阶，经济上也存在从西向东由低到高的反趋势，但有学者提出中部地区旅游资源市场不东不西，出现旅游经济中部塌陷。旅游中部塌陷是指一定时期在全国范围内，中部地区旅游产业的发展总量、发展水平和发展速度等指标低于同一时期内其他区域旅游产业的发展水平，或是在与其他区域旅游发展程度的比较中处于弱势地位，如图7-8所示。

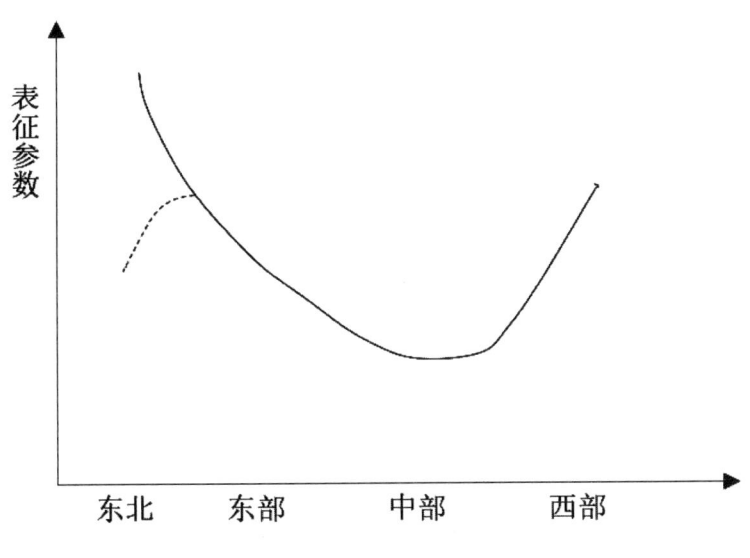

图 7-8　旅游中部塌陷模型

但马晓龙与保继刚通过比较东北部、东部、中部和西部，认为中部塌陷并不存在。中部省份不存在"旅游塌陷"的现象和结构，四个区域资源竞争力、市场水平、空间区位、交通通达性和软环境水平等地理学因子区域优势度的比较结果表明，中部地区省份不存在"旅游塌陷"的物质条件。进而从"人地关系"相互作用的角度出发，得到"由于游客旅游行为或目的地选择受政策影响较弱的开放性特征，使得在全国尺度上不存在'中部旅游塌陷'现象"的结论。

二、区域枢纽与区域门户

（一）奥凯利（O'Kelly）的枢纽网络模型

在枢纽网络的研究中有传统的枢纽网络 A 协议，其有 3 个制约条件：（1）所有的枢纽都互相连接；（2）所有的节点仅和一个枢纽连接；（3）非枢纽和非枢纽之间没有直接的联系。

A 协议有两个重要的特点：首先是确定路由。给定一个枢纽位置，所有的非枢纽都始于和止至枢纽，根据距离的三角不等式，起止之间只有一条最短路径。由于每个非枢纽起于和止至唯一一个枢纽而且所有的枢纽都是互相连接的，根据三角距离不等式，这意味着最短路径仅仅存在于一个非枢纽的起止点之间的直接联系以及枢纽和其他枢纽之间。其次是 P 中位问题限制。A 协议框架的枢纽网络设计问题和传统的最佳选址问题的研究形式类似，因此相关的选址研究为枢纽选址问题提供了丰富的理论基础。图 7-9 是一个典型的 A 协议下的枢纽网络示意图。

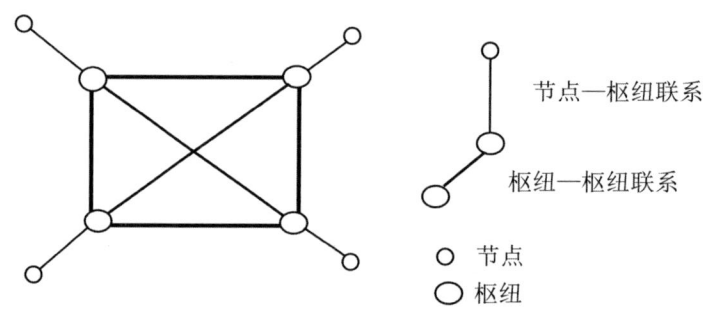

图 7-9　A 协议下的枢纽网络示例

资料来源：O'Kelly, Miller. The hub network design problem: A review and synthesis[J]. Journal of Transport Geography, 1994, 2(1), 31-40.

通用的轴辐理论是多对多分布问题的基础，然而现实中的问题给 A 协议分析框架的约束条件带来了挑战。奥凯利和米勒（O'Kelly and Miller, 1994）通过对传统的枢纽网络 A 协议进行扩展，提出了枢纽网络定义体系[①]。网络枢纽包括三大组成部分：服务节点、枢纽和弧。服务节点是一个点位置，可以是客流的起点和终点，仅仅以该节点为目的地的客流可以到达。节点和枢纽存在着一些同样的特征，枢纽可以是客流的起点和终点，但也可以是通过客流和中转，而不是以它为目的地。

连接起点和终点的弧线有如下特征：（1）每个服务节点至少和一个枢纽相连；（2）所有的枢纽之间都存在有效路径。这两个特征保证了任何起点和终点之间都存在可达路径，同时表明如果一个服务节点同时和所有服务节点相连接也不会影响整个枢纽网络的设计，因此如果一个服务节点绕开了整个网络就可以在这个网络中忽略它的作用。

枢纽网络存在 3 个变量：（1）节点功能，单一功能还是多功能；（2）直接的节点联系，容许还是禁止；（3）枢纽间的联系是全部还是部分。通过这 3 个变量可以定义 8 类枢纽网络，如表 7-4 所示，其构造如图 7-10 所示。

奥凯利（O'Kelly，1998）进而通过对美国 100 座城市之间的联系总结出 3 类模型[②]：（1）单枢纽分布模型，这对游客来说是最不便捷的模型，但对区域空运和通信来说是最理想的模型；（2）多任务模型，这是对游客来说最理想的模型，但不够经济；（3）流量与价格相关模型，其中的动机能够促使游客自发的形成经济的团聚。

表 7-4 枢纽网络定义体系

规划类型	规划变量		
	节点—枢纽布局	节点间联系	枢纽间联系
A 协议	单枢纽	不存在	全部存在
B 协议	单枢纽	不存在	部分存在
C 协议	单枢纽	存在	全部存在
D 协议	单枢纽	存在	部分存在
E 协议	可以存在多枢纽	不存在	全部存在
F 协议	可以存在多枢纽	不存在	部分存在
G 协议	可以存在多枢纽	存在	全部存在
H 协议	可以存在多枢纽	存在	部分存在

---

① O'Kelly, Miller. The hub network design problem: a review and synthesis[J]. Journal of Transport Geography, 1994, 2(1), 31-40.

② O'Kelly. A geographer's analysis of hub-and-spoke networks [J]. Journal of Transport Geography, 1998, 6(3): 171-186.

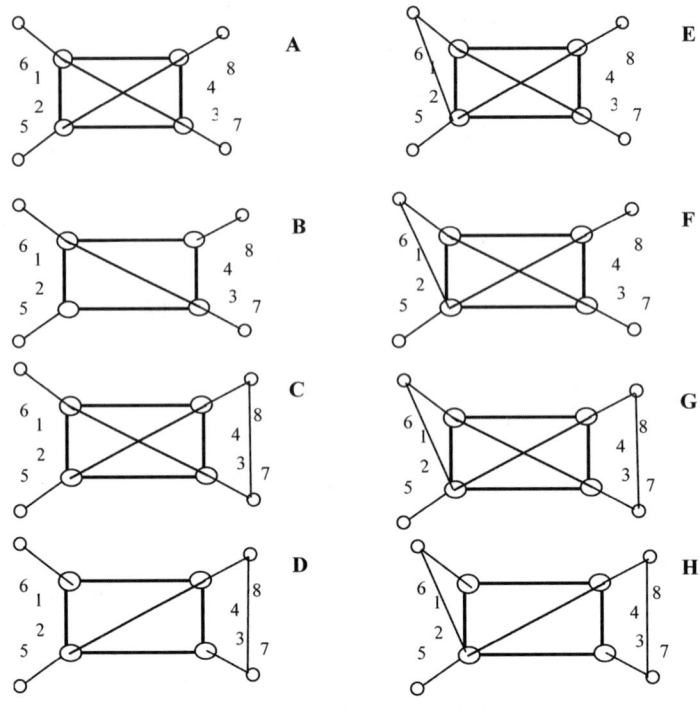

图 7-10　八类枢纽网络示意图

资料来源：O'Kelly, Miller. The hub network design problem: A review and synthesis[J]. Journal of Transport Geography, 1994, 2(1), 31-40.

　　单枢纽分布模型中一个节点只和唯一的枢纽直接相连，构成了一个非常集约的网络模型。该模型主要考虑的是枢纽间的交通成本，如果枢纽间的交通成本没有很大的下调，模型表现为被迫将节点指派给枢纽而不是增强彼此之间的联系，因此在规划实践上该模型需要考虑的是把节点分配到哪里。当枢纽间的旅行成本小于辐射部分的旅行成本时，该模型有很大的动机将节点和枢纽迅速连接，从而享受枢纽间的价格优势。

　　在多任务模型里游客有很高的自主选择权，客流享有相同的价格，而与枢纽间客流的规模和种类无关。因此枢纽间的交通成本也是多任务模型中的重要考察因素。在规划实践上表现为即使某个节点存在多条可替代的路线，其中一些也可能几乎没被使用，使用模式取决于价格模式。由于每次流动都有机会经过枢纽间的联系，因此枢纽间联系通道上的客流较少。当游客在枢纽间流动的动机增大，三角不等式定律将会放宽，游客可能选择距离稍远但价格较低的路线。

　　流量与价格相关模型主要是针对航空线路规划，在该模型里，节点可以尽可能多地和有意义的枢纽相连，与此同时成本也成比例下降，这为集聚发展提供动力，客流会自发的形成经济集聚。

（二）伯格哈特（Burghardt）的门户城市假设

门户城市出现在不同强度或类型的生产区域之间，位于其节点服务区的一端，重视运输和批发。假设，如果一个门户城市的属地足够大，足够多产，足以支撑大的中心地的崛起，那么门户城市将会失去它以前的许多内地贸易区，本身成为一个中心位置。

门户城市处于有能力控制物流和人流的地理位置，最开始门户城市在交通运输上相对于其潜在竞争对手有很大的优势。在将门户城市的服务区域连接到更大的国家互联网络时，它们可以作为连接房屋与城市公用事业网的"动力箱"或"阀门"。图7-11显示了门户城市的功能。

Ⅰ.门户作为交通系统中的连接节点

A 单枢纽案例，如20世纪初的加拿大温尼伯　B 多枢纽案例，如20世纪40年代的明尼阿波利斯、奥马哈、堪萨斯城

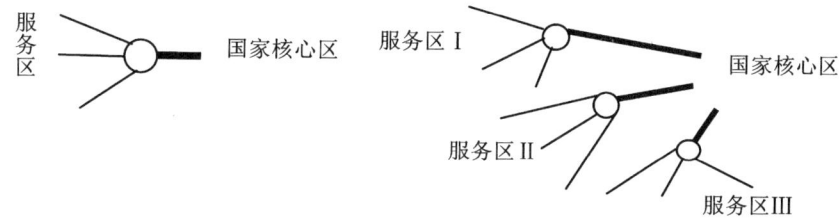

Ⅱ.门户作为两个矩阵联系间的接点

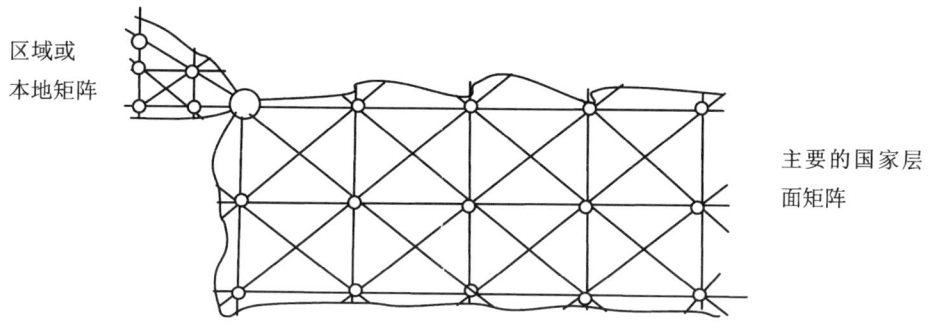

图7-11 门户作为节点和连接点的示意图

资料来源：Burghardt. A hypothesis about gateway cities[J]. Annals of the Association of American Geographers, 2015, 61(2), 269-285.

Ⅰ部分将门户城市看作高度简化的流程图的节点，Ⅱ部分将门户城市看成两个矩阵之间的连接点①。作为两个矩阵之间的连接点，当移居者进入门户服务区时，门户城市的生长曲线陡然攀升。门户城市成为著名的繁荣城镇，并被认为拥有令人乐观的发展前景，成为推动者、支持者和那些希望迅速致富的人的聚集地。后来，如果该门户开始感受到来自新发展起来的城市的竞争，其增长曲线就会迅速下降。曾经喧闹的城市变得保守，而且看起来相对停滞。

三、城市旅游空间布局模型

（一）国外大都市旅游圈的一般地域模式

经济地理学家认为城市市域是由市中心、市区和郊区组成的，同时城市又是由不同功能区构成的地带组合。经济地理学家们重点研究了城市的功能区分布，认为城市的主要功能区分布遵循一定的地域经济规律，且在典型的情况下，其分布呈向心带状，形成城市地域的"杜能环"。"河湖山岭的分布、地下水的走向、风向等地方自然条件会打乱排列的严谨性，城市的历史基础和交通站、线、网的分布也会使布局变得十分复杂，但均无法从根本上改变城市土地利用的环状结构"（杨吾扬、梁进社，1997）。这一观点在20世纪20年代至40年代创立、已在国外广泛传播的3种著名城市理论模型，即布尔吉斯（Burgess）的向心带模式、郝爱特（Homer Hoyt）的扇面模式和哈里斯（Chauncey Harris）与乌尔曼（Edward Ullmann）共同创立的多核模式中表现得十分明显。

1. 甘恩（Gunn）的旅游圈环带模式

1972年甘恩关于市内与周围休闲和旅游功能区位模型提供了一个有用的观察路径。他以城市的核心都市区为空间上的旅游中心，在其外围用4个环型带来区分不同带状区域的旅游功能与特点。甘恩随后对这4个旅游带的功能及旅游吸引物和旅游设施、旅游活动在空间上的分布进行了探索。他认为大都市内的旅游吸引物有13种。1976年迈塞克（Miossec）也提出了整个城市地域的旅游空间模型。

2. 大都市旅游圈空间模式的探索

在甘恩研究结论的基础上，我们根据对国外大都市郊区农村旅游和休闲

---

① Burghardt. A hypothesis about gateway cities[J]. Annals of the Association of American Geographers, 2015, 61(2), 269-285.

实际发展状况的分析，对甘恩的环带状模式进行了适当的修改，如图 7-12 所示。

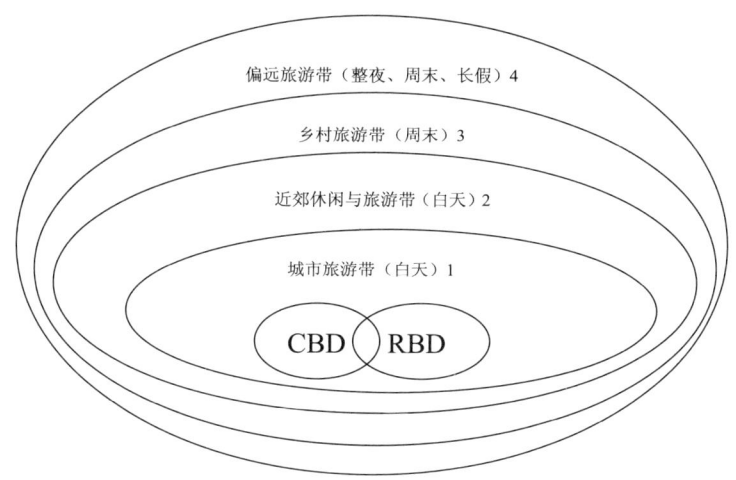

图 7-12 大都市旅游圈的一般空间模式

（1）城市旅游带。主要包括自然风景区，餐馆，酒店，酒吧，节日和庆祝活动，剧院，画廊，历史吸引物（历史景点和建筑等）博物馆，体育竞技场和体育事件，音乐厅、剧院等文化艺术类场所，广场，塔和高层建筑，购物、会议和贸易中心，酒店和汽车旅馆群，少数民族街区，公园和开放的空间（绿化廊道等），动物园等。

（2）近郊休闲与旅游带。主要包括工业与科技园区，机构，历史建筑与名胜，体育馆，酒店群，大型超市购物区，娱乐公园，水上运动地，野营地等。

（3）乡村旅游带。主要包括野营地，度假村，旅游服务中心，水上运动与度假地，历史与乡土建筑，特色街区，古镇，历史定居地（村落），农场与牧场旅游等。

（4）偏远旅游带。主要包括国家或地方性公园，森林公园，野生动植物保护区，国家野营地，开车，打猎，钓鱼，爬山，野外体验，远足等。

（二）郊区旅游时间、距离与设施配置机制

1. 罗多曼理论模式①

罗多曼理想模式是在对自然公园研究的基础上提出的。罗多曼注意到："游

---

① 王云才，郭焕成. 略论大都市游憩地的配置[J]. 旅游学刊，2002（2）：55.

憩业开展的直接结果,是都市公园和在城市近郊建立起来的绿色地带式小公园。同时形成一个规律,就是距离城市越远,则越能建立了更大的自然公园和游憩地供人们长期停留。在郊区游憩地的建设过程中,出现了依据游憩者行为特征建设游憩地功能区的深层次开发。"他提出了自然公园配置的"极化生物圈"理论模式,其成就在于:在土地利用上将景观划分为城市历史与建筑保护区、社会服务设施与交通道路、永久性住宅和工业建筑、高度和中度集约的农场、天然牧场、森林工业和康乐公园、自然保护区和旅游基地、旅游道路等,在城市之间汇成一个连续的网络。

2. 克罗森—科尼奇(Clawson and Knetsch)模式[1]

1966年克罗森与科尼奇提出3个圈层模式,即空间利用者指向地域、中间地域和资源指向地域。空间利用者指向地域指向都市区,主张在都市区修建都市公园和运动场;中间地域是近郊的乡村游憩地,服务设施配备好,是都市游憩者光顾的首选地区,主要游憩地类型有康乐公园、田园公园、农村博物馆、主题公园;资源指向地域是都市的远郊区,乡村景观的完整性和地方性保持较好。景观结构包括自然景观、乡村聚落景观、田园生活景观、农业生产景观、民风民俗景观,形成了以"闲、静、乐、纯"的整体景观特征。[2]远郊游憩区类型主要有国家森林公园、国家公园、城市野营公园、狩猎场、野生地域和特殊保护地。

地理学家采用革新性的技术和方法深化了对需求概念的认识,分析了需求与旅行距离、旅行费用的关系从而推导出休闲需求曲线。休闲需求曲线直观反映了人们休闲时间长短与旅行距离之间的正相关关系,即休闲时间越长,人们越喜欢涉足离城市更远的郊区。这同时也反映了距离对人们休闲与旅游活动的限制性影响。旅游地类型也有城市旅游带、集中休闲带、乡村度假带、广泛度假带、国家或国际级旅游度假地等。

(三)高特斯(Kotus)等的同心球结构模型[3]

高特斯等(2015)通过对波兰的一个典型城市波兹南(典型的单中心空间布局)的游客行为、动机和运动进行研究,提出了一个可以代表波兰大城市的旅游空间结构模型。根据其功能和空间布局可以对构成城市旅游空间结构的地点进行分类:

---

[1] 王云才,郭焕成. 略论大都市游憩地的配置[J]. 旅游学刊,2002(2):55.
[2] 王云才,郭焕成. 略论大都市游憩地的配置[J]. 旅游学刊,2002(2):55.
[3] Kotus, Rzeszewski, Ewertowski. Tourists in the spatial structures of a big Polish city: Development ofan uncontrolled patchwork or concentric spheres?[J]. Tourism Management, 2015, 50: 98-110.

1. "感应点"（induction spots）。通往城市，可能仅仅是一个在参观之前从旅游指南和广告中了解的景点，通过这个景点旅游者能够规划出一条遍及整个城市的旅游线路网。

2. "通向城市的大门"（gates to the city）或入口枢纽。火车站、汽车站、机场和推荐度最高的住宿设施。

3. "锚点"（anchor spots）。在一次造访中一直返回的有吸引力的地方或者在一次逗留某一城市期间多次造访的地方。这种地方很少，而且大多集中在某个区域。如果在严格的中心之外还有其他"锚点"，游客很难看到它们。

4. "桥梁"（bridges）。景点之间的通道，提供去"未被推广"地方的机会（"未被发现的地方"的入口）。换句话说，发现一个未知的城市的可能性。

根据上述类型及其空间布局，高特斯（Kotus）等提出了游客活动影响下的单中心城市模型，在该模型中城市被分成两部分：几乎是居民完全使用和游客越来越多但还没有挤走居民的地方。

四、度假区的同心圆布局模式和地带布局模式

（一）娱乐同心圆布局模式①

1970 年，沃尔布林德（Wolbrind）在制定夏威夷室外娱乐综合规划时，提出了"娱乐同心圆"（Rereation Centric）的概念，这种布局方式是在旅游度假区中心布置服务中心，在服务中心的外围地带布置吸引物组团，服务中心与外围吸引物之间通过连接通道连接，这种布局方式适合山地避暑型旅游度假区或温泉疗养型旅游度假区。

（二）目的地地带空间布局模式②

2002 年，甘恩在"社区—吸引物综合体"③的基础上提出了旅游目的地地带（Tourism Destination Zone，TDZ）的概念，由通道、入口、吸引物综合体、社区服务 4 部分组成。吸引物综合体是一系列通过线路而有序集聚的吸引物，是旅游者进行旅游休闲活动的场所。服务社区是提供食宿服务设施、交通设施、旅游购物设施等的场所。两者通过连接通道联系在一起，如图 7-13 所示。

---

① 邹统钎. 旅游度假区发展规划[M]. 北京：旅游教育出版社，1996.
② Gunn, Var. Tourism Planning: Basics, Concepts，Caseson Region (4th ed.)[M]. London: Routledge, 2002.
③ Clare Gunn. A Concept for the Design of a Tourism-Recreation Region[M]. Mason，MI：BJ Press, 1965.

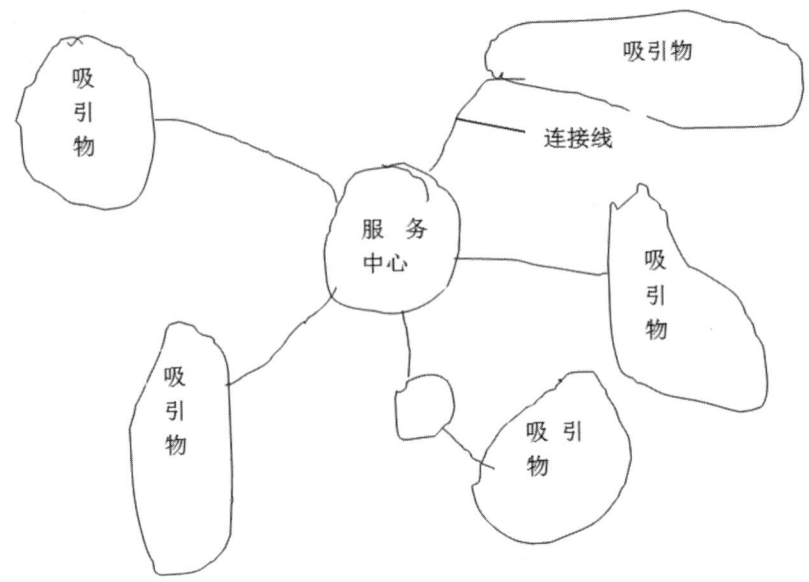

图 7-13 社区—吸引物综合体（Gunn，1965）

五、主题公园的时间块活动矩阵[①]

（一）时间活动块矩阵（TBAM）

瓦丝赖尔迪斯（Vassiliadis，2013）等人最先在旅游研究中提出时间成本块的概念，是用来收集客流和在一天中的不同时间块内游客行为的工具。这个分析工具将时间进行分割（时间块），基于时间分析游客从到达到离开某一个地点的活动。时间日记（Time diaries）记录一个人在给定的一天内所进行的所有活动，是时间使用分析的基础。时间分析的一个优势是它提供了游客行为更详细的信息，因此可以指导主题公园优化其产品供给和布局。

在对希腊某滑雪场运用时间块进行分析的实践中提出了时间活动块矩阵，如图 7-14 所示。该矩阵通过收益指标和参与密度两个维度，划分出 4 种活动类型，分别命名为收益性活动（beneficial activities）、刺激性活动（motivational activities）、有前途的活动（promising activities）和无关紧要的活动（indifferent activities）。参与密度（PI）指在某个时块内选择某一活动的游客人数占总人数的百分比，收益指标（BI）用该时段内游客在该活动上的花费占总花费的比例表示。

---

① Vassiliadis C A, Priporas C V, Andronikidis A. An analysis of visitor behaviour using time blocks: A study of ski destinations in Greece[J]. Tourism Management, 2013, 34(1): 61-70.

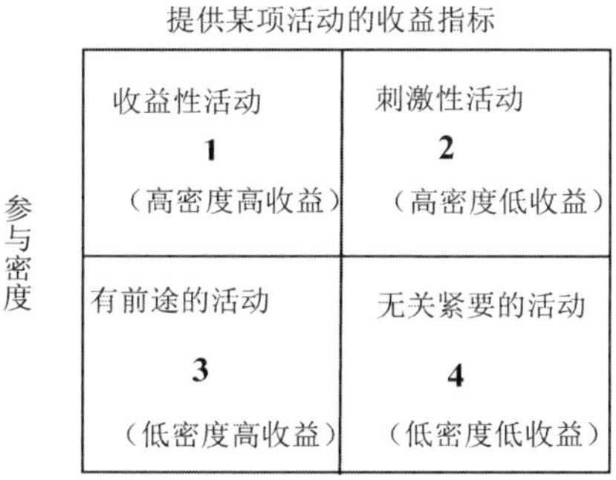

```
                    提供某项活动的收益指标
           ┌─────────────────┬─────────────────┐
           │  收益性活动      │  刺激性活动      │
           │      1          │      2          │
   参      │  （高密度高收益）│  （高密度低收益）│
   与      ├─────────────────┼─────────────────┤
   密      │  有前途的活动    │  无关紧要的活动  │
   度      │      3          │      4          │
           │  （低密度高收益）│  （低密度低收益）│
           └─────────────────┴─────────────────┘
```

图 7-14 主题公园时间活动块矩阵

资料来源：Vassiliadis, Priporas, Andronikidis. An analysis of visitor behaviour using time blocks:A study of ski destinations in Greece[J]. Tourism Management, 2013, 34(1): 61-70.

1. 收益性活动。收益性活动构成了主题公园的核心竞争优势。它们一方面有高参与度，另一方面有高收益，为主题公园提供了高利润。主题公园的管理者应该保持这些活动。

2. 刺激性活动。刺激性活动有很高的参与密度但是收益低。针对这一类型的活动，主题公园的管理者应该寻找增加价格的机会，比如在大多数情况下可能增加一点价格并不会影响参与密度但却能从很大程度上提高利润。

3. 无关紧要的活动。这类活动的特征是低参与密度和低收入。对于这类型活动，主题公园管理者应该考虑撤销，因为它们会降低企业利润，而且对游客忠诚度和满意度的贡献也不大。

4. 有前途的活动。这类活动是主题公园管理者应关注的，管理者应该谨慎地提高这类活动的参与密度。当然，管理者也应该权衡投资回报，因为这类型活动的投资花费往往会很高。

六、保护型景区的分区布局模型

圈层模式是景区布局中最常用也最典型的模式，其布局是以服务或自然景观为核心，各景点分别组成由内到外扩展的圈层。其理论基础是"核心—边缘"理论。

（一）"核心—边缘"理论

伦德格伦（Lundgren，1973）[①]、希尔斯（Hills，1977）和布里顿（Britton，

---

① Hills, Lundgren. The impacts of tourism in the Caribbean: A method logical study[J]. Annals of Travel Research, 1977, 4 (5): 248-267.

1980）[1]建立了"核心—边缘"理论模型（Core-periphery Model），认为任何尺度的旅游空间结构基本上都可以简化为该模型，并可以用圈层布局描绘，如图7-15所示：(1) 核心区；(2) 边缘区；(3) 腹地区。旅游地区空间结构由"核心"和"边缘"构成，"核心"指具有旅游业先发优势的地域，"边缘"则指发展条件较差地域。"核心"对旅游地区起主导作用，"边缘"对"核心"存在明显依赖性，两者优势互补、合作共赢，核心区和边缘区的边界会不断发生变化，区域的空间关系不断调整，最终达到协同发展的过程。这是一种理想状况下的理念构想。

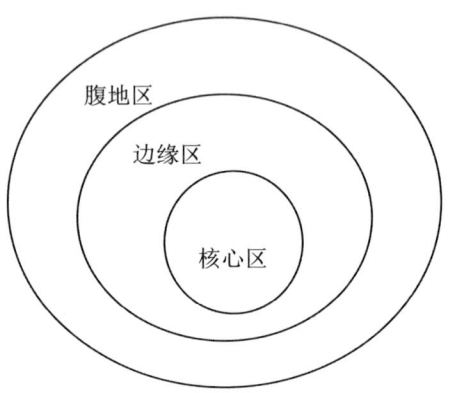

图 7-15 "核心—边缘"理论

（二）福斯特（Forster）的三区结构模式

1973 年，福斯特提出同心圆空间布局模式，确立了从内到外分为核心保护区、游憩缓冲区和密集游憩区的分区布局模式[2]，如图 7-16 所示。

1. 核心保护区。旅游景区系统结构的核心是受绝对保护的地区，是人为活动干扰最少、自然生态系统保存最完整、野生动植物资源最集中的地区，或者具有特殊保护意义的地段。核心区担负着有效保护目标的功能，其大小和形状应能满足保护目标的需要。根据实际情况，在一个旅游景区内，核心区可以是1个，也可以是多个。核心区内对人为活动要严加控制。

2. 游憩缓冲区。而处于核心区外围、与周边社区互相交错的地带，是核心保护区与密集游憩区之间的过渡区域。既可以有明确的界限，也可以只确定一

---

[1] Britton. The spatial organization of tourism in a neo-colonial economy: A Fiji case study[J]. Pacific View point, 1980, 21 (2): 144-165.

[2] Richard Foster. Planning for man and nature in national parks: Reconciling perpetuation and use [J]. IUCN Publications New Series No. 26, Morges, 1973.

个范围。但为了便于管理,最好与自然村或相应的行政界线相一致。本区的作用主要是减缓周边人为活动对核心区的干扰,并通过自然生态系统的保护与恢复以及必要的景观建设,逐步扩大保护区对周边地区的影响。除了少量科研活动外,只允许有限的旅游活动(包括控制游客数量和旅游互动类型),以及只允许步行或不对环境造成伤害的简单交通工具进入。

3. 密集游憩区。这是游客在旅游景区内的主要活动场所。由于该区域内旅游活动相对比较集中,因而可以允许较大数量的游客和一定数量、类型的机动车辆进入,可以集中布局旅游接待设施,包括与旅游、娱乐、体育活动相关的各类永久性设施。本区内可能由于历史原因有数量不等的农田、村落,或从事其他产业如林、牧、渔业的产区。但对于上述产业,特别是影响和破坏该旅游景区整体景观的产业,应该限制其发展,同时,区内的居民也应出而不进。

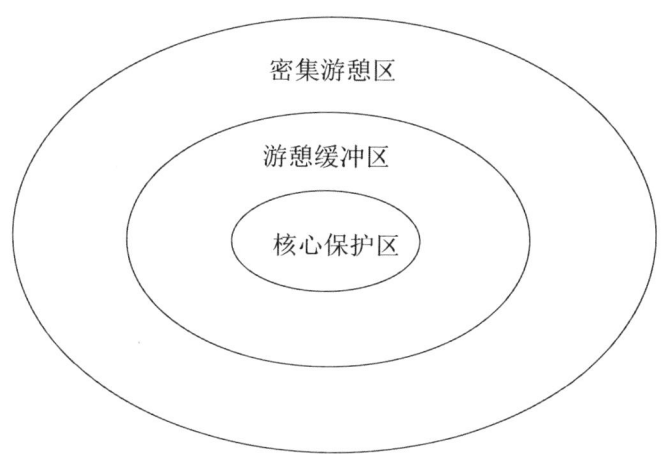

图 7-16 福斯特的同心圆式景区功能分区示意图

(三)特拉维斯(Travis)的"双核原则"

1974年特拉维斯提出"双核原则"(Twinning Principle),这为旅游者需求和自然保护区之间提供了一种商业纽带。通过精心设计,使旅游服务全部集中在一个辅助性社区内,处于保护区的边缘,如图 7-17 所示。

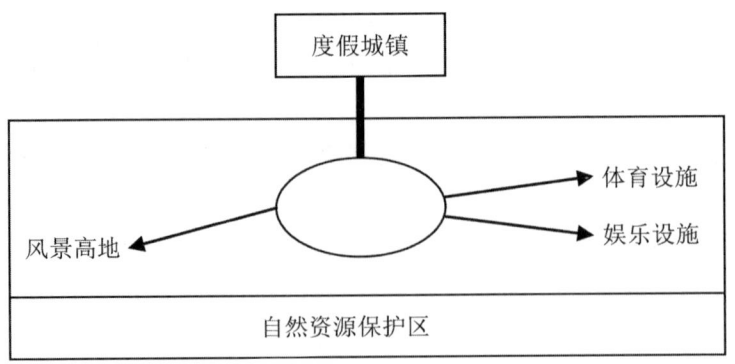

图 7-17　特拉维斯的双核结构模式

（四）游憩分区空间布局模式①

1988 年，甘恩根据人们多样化的游憩体验需求将密集游憩区进一步细化，结合生态旅游、国家公园和保护区的旅游功能整合，提出重点资源保护区、低利用荒野区、分散游憩区、密集游憩区和公园服务社区。这一空间模式建议将大部分的旅游服务设施布置在公园之外，使得可以对公园主体部分进行有效保护。细化的游憩分区更有利于景区的后期管理。1991 年，加拿大国家公园局借鉴该模式，将公园划分为特别保护区、荒野区、自然环境区、户外游憩区以及公园服务区。

（五）国家公园分区布局

分区制是国家公园管理的主要手段，用以保证公园内的土地及自然资源保持在野生状态，把人为设施限制在最小范围内。世界各国都十分重视国家公园的土地利用分区，形成各自的分区模式，用于指导国家公园的规划和管理。

1. IUCN 公园分区方案。成立于 1948 年的世界保护联盟（IUCN）于 1972 年提出国家公园分区方案，分为 3 类 8 区，并认为国家公园是主要以生态系统保护和游览为目的实施管理的保护区，对该类陆地和海洋自然区有以下要求：为现在及将来一个或多个生态系统的完整性保护，禁止有损于保护区规定目标的资源开发或土地占用活动，为精神、科学、教育、娱乐及旅游等活动提供一个环境和文化兼容的基地，因此 IUCN 提出了将国家公园分为受保护的自然区域、受保护的人类学区域以及受保护的历史考古区域的国家公园分区方案，如图 7-18 所示。

---

① Clare Gunn. Vacationscape: Designing: Designing Tourist Regions 2nd(ed)[M]. New York: Van Nostrand Reinhold，1988.

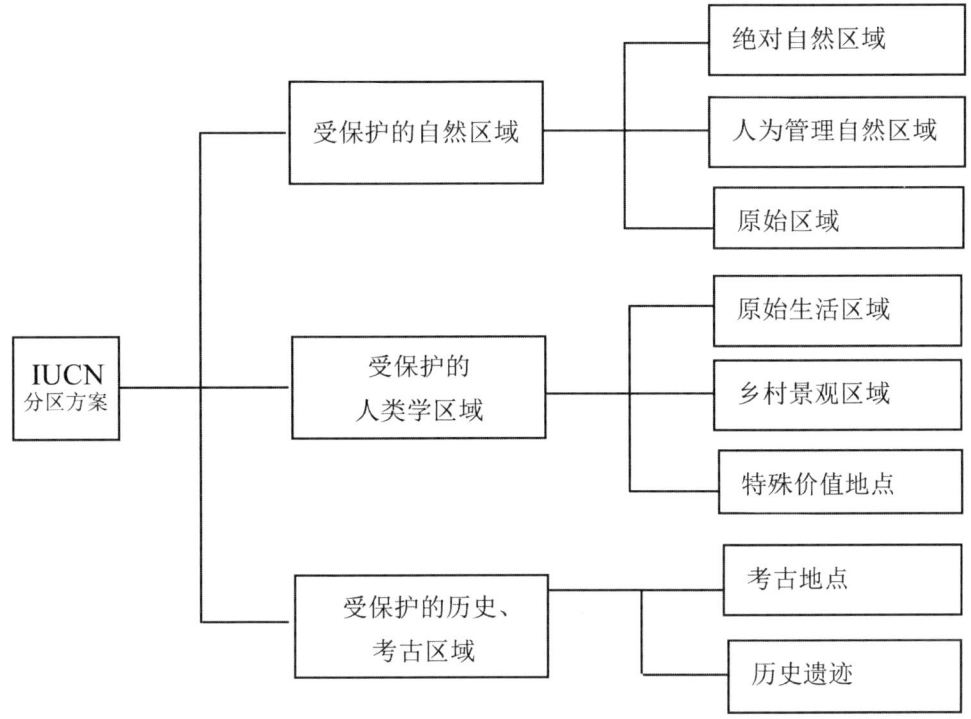

图 7-18　IUCN 国家公园分区方案（IUCN，1972）

2. NPS 公园分区方案。美国国家公园的分区方案最为完善，在自然区、历史区、公园开发区、特殊用途区四大分区下直设若干次区，国家历史公园根据其自然、文化、社会、科研等资源特征的不同被分为不同的分区和次区，如图 7-19 所示。

3. PC 公园分区方案。加拿大国家公园（PC）以自然风景和海域风光为主，国家公园署对"国家历史古迹""国家历史公园""传统运河"等自然历史遗产按照需要保护的情况和可对游人开放的条件，以资源状况为基础划分不同区域，包括特别地区、荒野游憩区、自然环境区、一般户外游憩区和高密度使用区。加拿大国家公园的分区在保护生态系统完整性的基础上，特别注重了游客在游憩需求上的多样性，在生态系统承载力范围内，从荒野区到户外游憩区，不同区域提供不同游憩体验，让人们充分领略国家公园的魅力。如表 7-5 所示。

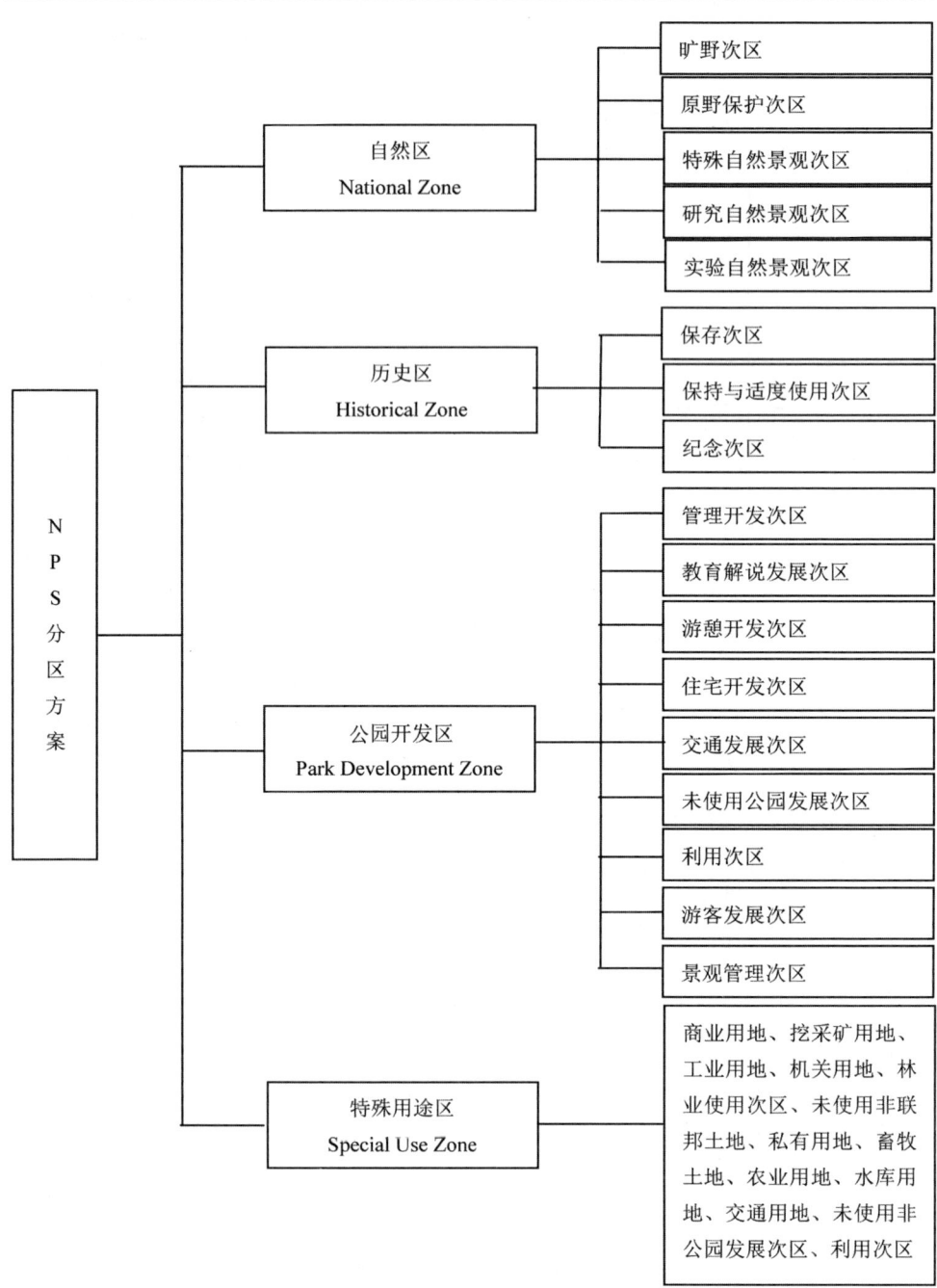

图 7-19 美国国家管理局的公园分区方案（NPS，1982）

表 7-5 加拿大公园分区方案①

类别		位置	开发程度	游憩活动	景观特征
I	特别地区	中央保护区	维持自然及原始状态，开发极小	未经许可，禁止人车入内进行任何活动，在限定时间内提供解说、观察	具有独特而优美的景观、生态体系及文化体系
II	荒野游憩区	于 I 之外围	开发程度小，但在保护下仅供非破坏的游憩使用	提供骑马、划船等较原始性游憩使用	具有自然生态演进及野生动物观赏的景观特征
III	自然环境区	I、II 与开发地区间的缓冲区	开发较频，如车道、设施等	提供接近大自然的度假住宿、乘车赏景等	含自然及人文景观，具有游憩资源
IV	一般户外游憩区	属于国家公园边缘开发地区	具有极大的开发潜力，作为车道露营地、眺望台及其他户外游憩设施	提供种类较频繁的户外游憩活动	具有较多的人文景观与游憩资源
V	高密度使用区	较小面积，但高度使用	已开发地区，或原有相当多的人为设施	游客中心解说服务及各类旅游服务	充满人为的建筑、庭院与服务设施

从美国、加拿大国家公园分区方案可以看出，为了保护资源与生态完整性，他们在进行公园分区规划时开辟了严格保护区和重要保护区，构成了国家公园的主体部分；同时设立不同的游憩体验功能区，满足公众了解自然、享受自然、接受教育以及进行研究的需求。这样的功能分区方案，不仅能满足多样化的游憩体验，而且将生态系统的完整性保护作为了国家公园开发的重要目标。

第五节 旅游地生命周期

旅游地生命周期理论是旅游学关于时间的理论。自克里斯塔勒（Christaller）对旅游地发展的最早研究，到巴特勒（Butler）生命周期理论的产生，而后有众

---

① Richard Foster. Planning for man and nature in national parks: Reconciling perpetuation and use [J]. IUCN Publications New Series No. 26, Morges, 1973.

多学者致力于对其研究，或理论延伸，或实证应用。学者们不断对其进行批评与修正，或全盘否定，或辩证对待。也正因为如此，该理论在不断的发展中。

一、源自产品生命周期理论——市场营销学的基础

1966年哈佛大学经济学教授弗农（Vernon）在美国《经济学季刊》发表了一篇著名论文《产品生命周期中的国际投资和国际贸易》，第一次提到了产品生命周期理论。根据克拉维斯的"技术差距论"，用市场营销学中的产品生命周期概念对国际贸易和国际投资形式做出新的解释。该理论认为，工业制成品的发展一般可分为三个阶段：新产品阶段、产品成熟阶段、产品标准化阶段。弗农（1968）发表了一项重要发现，即停滞是随着经济增长放缓而发生的。这一发现表明上述模型可以用来解释市场分割，因而受到了广泛的关注。弗农和威尔斯（Vernon and Wells, 1976）通过对20世纪初到20世纪中期的创新和贸易模式进行分析总结出产品创新和世界贸易以创新的国家为起点，以产品创新和国际贸易为起点。一旦国内市场饱和，产品和生产就会转移到其他工业化国家。最后，产品和生产转移到发展中国家。他们的理论反映了大多数产品创新始于美国，并最终转移到其他发展中国家。随着生产工厂的重建，这个理论的缺陷变得明显起来。

二、克里斯塔勒（Christaller）最早对旅游地发展过程的描述——地理经济学的解释

克里斯塔勒是最早对旅游地生命周期进行阐释的学者，在其1963年发表的论文《对欧洲旅游地的一些思考：外围地区—低开发的乡村—娱乐地》中，他从人类经济活动空间分析的角度出发，提出经济活动大多分布在中心区域，而旅游很特殊，旅游活动会避开中心区域和密集区。他总结了欧洲旅游地发展的状况，提出旅游发展的模式是一个逐渐向外围地（periphery）扩展的连续过程。他最先对旅游地的发展过程进行了生动朴素的描述：画家最先寻找人类未曾到达的和不同寻常的地方作画，这个地方逐渐变成了一个所谓的"画家沙龙"。之后一波诗人跟了过来，再之后来了摄影师、美食家和阔少。从此这个地方开始变得流行，公司开始注意这个地方。渔民的小屋有了寄宿功能，酒店开始出现。在这个时候，画家开始逃离这个地方，寻求新的外围（外围指有隐喻意味的一个地方，"被遗忘"的空间和景观），只有那些想要从事商业活动的画家留了下来，因为曾经的"前画家"身份使旅游者更信任他们。越来越多的城市居民开始选择这个地方，这个地方逐渐成为时尚，开始出现在报纸广告上。后来，那些追求真正娱乐的美食家也逐渐离开，旅行社带来了包价旅游者，最后大众

也开始避免去这个旅游地。与此同时，这个周期开始在其他地方上演，越来越多的外围地走进时尚，转型成为每个人的魂牵梦绕旅游地。

三、普洛格（Plog）的心理图示假说——心理学视角的探讨[①][②]

从 1967 年起，普洛格对旅行习惯、媒体使用习惯、购买习惯等进行了若干研究，提出了消费者的人格特征是从"自我中心（psychocentrics）"到"多中心（allocentrics）"的心理过渡连续体，如图 7-20 所示。随着研究的深入，普洛格逐渐把研究重心放在旅行上，认为要想理解目的地游客数量的变化必须从旅行者的心理视角进行探讨。普洛格（1973）总结了自我中心者和多中心者的旅行特征，不同的游客特征为解释旅游目的地游客数量的变化提供了新的思路。

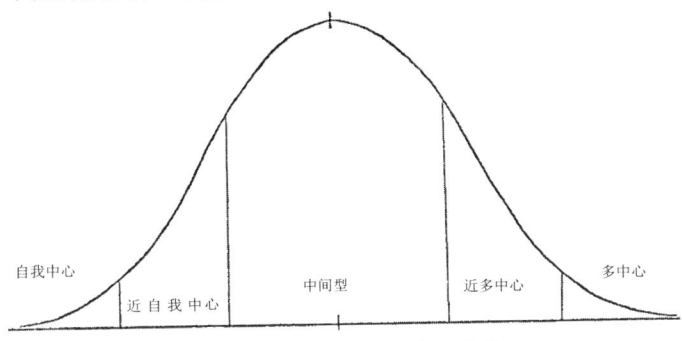

图 7-20　心理图示的人口曲线

资料来源：Plog. Why destination areas rise and fall in popularity: An update of a Cornell Quarterly, classic[J]. Cornell Hotel and Restaurant Administration Quarterly, 1974, 42(3): 13-24.

在上述特征的基础上，普洛格（Plog）对旅游目的地的演进进行了描述。旅游目的地是从最开始吸引多中心者到最后吸引自我中心者的连续变化体。最开始探索一个地方的是好奇心强、爱探险的多中心型旅游者，随着多中心者开始向周边的朋友宣传，新兴的旅游地变成"流行旅游地（in spot）"，从而有了更大的市场，近多中心型的旅游者开始游览。近多中心型的旅游者虽然不是发现者，但他们紧随其后。随着游客数量的增多，带来了酒店、餐饮和其他旅游设施的发展。可以看出，根据目的地吸引游客的类型变化，目的地在心理图示连续体上发生变化。

随着目的地越来越流行，中间型群体开始跟上。游客数量的不断增多带来

---

① Plog. The power of psychographics and the concept of venturesomeness[J]. Journal of Travel Research, 2002, 40(3): 244-251.

② Plog. Why destination areas rise and fall in popularity: An update of a Cornell Quarterly, classic[J]. Cornell Hotel & Restaurant Administration Quarterly, 1974, 42(3): 13-24.

了目的地酒店、旅游商店、旅游活动等的发展，目的地开始能够为旅游者提供"成熟"的日常服务。与此同时，由于大量游客的涌入，目的地丧失了对最开始的多中心者的吸引力，大多数多中心者不再到访。到现在为止，旅游地的接待量达到顶峰，每新增加一种类型的旅游者，意味着游客接待量的增加。根据图7-21，目前目的地的中间型群体数量>近多中心群体数量>多中心群体数量。然而，随着游客数量的继续增加，旅游目的地开始面临走向衰落的威胁。

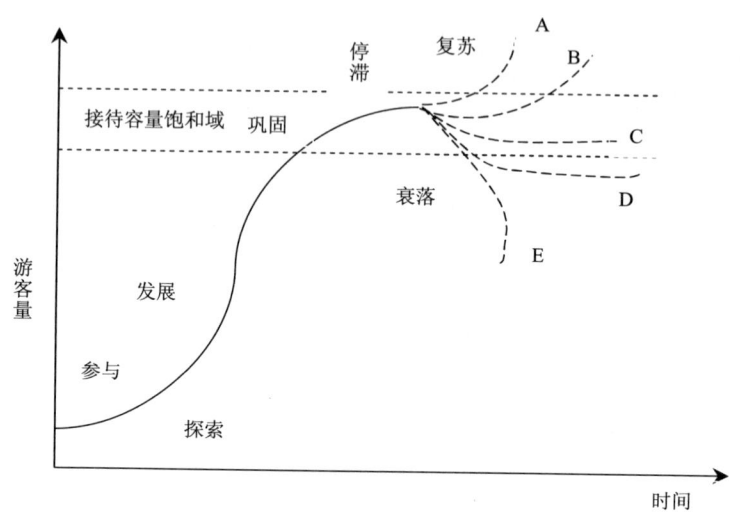

图 7-21　旅游地生命周期曲线

资料来源：Butler. The concept of a tourist area cycle of evolution: implications for management of resources[J]. Canadian Geographer, 1980, Vol. 24, P5-12.

当旅游地的吸引力过了图 7-21 中游客人口曲线的中间点时，旅游地会发生以下变化：首先，现在旅游地吸引的游客大多是中间型和近自我中心型群体，从这个点开始吸引游客数量开始下降；其次，即便旅游地对这两种类型的游客很有吸引力，但是这些游客的特征导致旅游地很难吸引到他们，他们没有多中心者爱旅游，也不愿意去距离惯常居住地远的地方；最后，他们的停留时间和人均花费都会低于多中心者。

普洛格的研究为我们呈现了一个旅游地或慢或快的连续变化体，但是大多数会走向衰亡。随着旅游地越来越商业化，失去了最开始吸引旅游者的独特特征，旅游地给自己埋下了自我毁灭的种子。此外，普洛格把旅游地放进图 7-21 的旅游者类型曲线中，通过对平均的旅游者类型排序，确定了当时世界上一些著名的旅游地所处的阶段。那些已经跨过了中心点的旅游地正在面临经营困难。那些吸引力更多的近中心者和中心者的旅游地即将面临挑战,因此旅游地需要开发新的手段接触他们的潜在旅游者,以及开发新的活动吸引经常旅游和花费较多的群体。

普洛格从 1968 年到 21 世纪初 30 多年的时间里,对心理图示的研究不断进行完善。其中 1973 年发表在《康奈尔酒店餐饮管理季刊》上的文章被后来学者引用得最为广泛。1995 年,普洛格把图示中的多中心和自我中心替换成了冒险者和依赖者,进而提炼出冒险性(venturesomeness)这一概念,在当时大多旅游供应商用家庭收入这一人口统计变量预测旅游行为,普洛格通过大量的定量研究提出冒险性对于旅游特征的影响高于家庭收入,收入会影响旅游消费,但冒险性和整个旅游行为更相关。

四、巴特勒(Butler)的旅游地生命周期模型

克里斯塔勒和普洛格等最早对旅游地的周期性发展做了描述,但可以说这是他们在各自研究领域中的"附属产品",旅游地生命周期的概念尚未明确。旅游地生命周期的概念最早出现于斯坦斯菲尔德(Stansfield,1978)发表在《旅游研究》上的 *Atlantic City and the resort cycle background to the legalization of gambling* 一文中,文中作者对美国大西洋城的案例研究指出其发展存在明显的周期,包括探索(expansion)、向游客光顾的社会经济中心转变(shift in socio-economic base of patronage)和衰落(decline)3 个阶段。

1980 年,巴特勒(Butler)在产品生命周期概念的基础上对旅游地周期理论重新进行了系统阐述。他将旅游地生命周期分为 6 个阶段:探索(exploration)、起步(involvement)、发展(development)、稳固(consolidation)、停滞(stagnation)、衰落(decline)或复兴(rejuvenation),并且引入了使用广泛的 S 形曲线来加以表述。巴特勒认为旅游地像产品一样,也经历一个"从生到死"的过程,只是旅游者的数量取代了产品的销量。目的地不断地进化和改变,它的改变因为各种各样的因素,包括旅游者偏好与需求的变化、物资设备与设施不断退化以及可能的更新;原生态自然和文化吸引物的改变(甚至消失),而这些正是该地区最初的吸引力。

巴特勒提出旅游目的地的演化要经过 6 个阶段:探索阶段、参与阶段、发展阶段、巩固阶段、停滞阶段、衰落或复苏阶段,如图 7-21 所示。

(1)探索阶段(Exploration Stage):其特点是旅游目的地只有探险型游客,且数量有限,分布零散,他们与当地居民接触频繁。旅游目的地的自然和社会经济环境未因旅游而有所改变。南极洲的部分地区,拉丁美洲和加拿大的北冰

洋地区处于这一阶段。

（2）参与阶段（Involvement Stage）：旅游者的人数逐渐增多，吸引当地居民开始专为旅游者提供一些简易设施。旅游者依旧频繁与本地居民交往。旅游季节逐渐形成，广告也开始出现，旅游市场范围也已界定出来。太平洋和加勒比海的一些较小的、次发达的岛屿正处于这一阶段。

（3）发展阶段（Development Stage）：一个庞大而又完善的旅游市场已经形成，吸引了大量的外来投资。旅游者人数继续上涨，在高潮时期甚至超过长住居民人数。交通条件、当地设施等都得到了极大的改善，广告促销力度也大大增强，外来公司提供的大规模、现代化设施已经改变了目的地的形象。旅游业发展之迅速使其部分依赖于外来劳动力和辅助设施。这一阶段应该防止对设施的过分滥用，因而国家或地区的规划方案显得尤为重要。墨西哥的部分地区，北非和西非海岸属于这一阶段。

（4）巩固阶段（Consolidation stage）：目的地经济发展与旅游业息息相关。游客增长率已经下降，但总游客量将继续增加并超过长住居民数量。为了扩大市场范围，延长旅游季节，吸引更多的远距离游客，广告促销的范围得到进一步扩大。当地居民对旅游者的到来已产生反感。以前的设施现在降为二级设施，已不再是人们向往的地方。大部分加勒比海和北地中海地区属于此阶段。

（5）停滞阶段（Stagnation Stage）：在这个阶段，旅游环境容量已达到或超过最大限度，导致许多经济、社会和环境问题的产生。具有完善的旅游地形象，但是已经不流行。游客数量达到最大，使得旅游市场在很大程度上依赖于重游游客、会议游客等。自然或文化吸引物被人造景观所取代，接待设施出现过剩，旅游地形象与地理环境脱离。

（6）衰落或复苏阶段（Decline or Rejuvenation Stage）：在衰落阶段，旅游者被新的目的地所吸引，该旅游地面临无论从空间上或数量上都缩小的旅游市场，只留下一些周末度假游客或不露宿的游客。大批旅游设施被其他设施所取代，房地产转卖程度相当高。这一时期本地居民介入旅游业的程度又恢复增长，他们以相当低的价格去购买旅游设施。此时原来的旅游目的地或者成为所谓的"旅游贫民窟"，或者完全与旅游脱节。另外，旅游目的地在停滞阶段之后进入复苏期，有两种途径：一是创造一系列新的人造景观，但是如果临近的地区或竞争对手模仿这种模式，这种策略的功效将大大降低；二是发挥未开发的自然旅游资源的优势，进行市场促销活动以吸引原有的和未来的游客。英国和北欧的许多旅游目的地都属于此类。但可以预见重新复苏的旅游地最终也会面临衰落。独一无二的目的地也会因为旅游者需求与偏好的改变而不能永远具有吸引力。只有根据旅游者不断改变的旅游偏好更新旅游产品，才能使旅游地或产品具有长久的竞争力，人造景观迪士尼乐园便是一个成功的案例。

在衰落或复苏阶段有 5 种可能性：①重新开发旅游目的地很有成效，使游客数量继续上升，旅游目的地进入复苏阶段；②限于小规模的调整和改造，使游客量以较小幅度继续增长，复苏幅度缓慢，注重对资源的保护；③重点放在维持现有游客量，避免其出现下滑；④过度使用资源，不注重环境保护，导致竞争力下降，游客量剧减；⑤战争、瘟疫或其他灾难性事件的发生会导致游客量急剧下降，而且很难恢复到原有水平。

尽管旅游地持续不断发展是理想的状态，但是必须再次强调并不是每个旅游地都经历了生命周期的每个阶段，"即时的胜地"建立便是一个例子。墨西哥的坎昆（Cancun）发展过程中，其探索阶段与参与阶段都非常短。在旅游规划中，旅游地永远是旅游地，永远对旅游者具有吸引力这种说法过于绝对。巴特勒（Butler）指出等达到了旅游地的最大容纳量后，终会出现在旅游总体质量和吸引力上的降低。与此同时，生命周期曲线形状可能会因为不同旅游目的地所具有的不同特征而发生变化，如发展率、游客数量、可进入性、政府政策和相似的竞争地数量。对旅游地规划者、开发者、管理者来说，必须有个态度上的转变，旅游吸引物不是无限的，而是有限的、不可再生的，它们应该被小心保护与保存。旅游地的开发应保持在一个可承受的范围内，其潜在竞争力才能持久。

大部分学者认为旅游地生命周期模型（TALC）源于巴特勒（1980）发表的 *The Concept of a Tourist Area Cycle of Evolution: Implications for Management of Resources* 一文，该文截至 2017 年 8 月已经达到了 2904 的引用量。巴特勒（2005）对 TALC 进行了总结，书中提到早在 1972 年布鲁厄姆和巴特勒（Brougham and Butler）的一篇未曾公开发表的文章就对 TALC 进行了研究。在这篇文章中，作者提出了 TALC 曲线的核心公式，解释自我增值系统在一些固定条件（或者说承载力）下是如何发展的。作者在该文章中提出旅游地发展过程可以拟合到逻辑斯蒂方程中：

$$dV/dt = kV(M-V) \qquad (7-23)$$

在该方程中，V 代表游客数量；t 是时间；M 代表游客数量的最大值；K 是一个经验参数代表"告知率"，即旅游地的传播水平。当游客数量逐渐趋近最大值时，公式中的（M-V）决定增长速度下降的水平。随着时间的推移，旅游地被所有人熟知，只有少数人第一次听说旅游地，增长开始减缓。当游客数量达到最大值（V→M）时，市场渗透停止。巴特勒（2005）指出承载量是一系列指标而非一个单一的"神奇"数字，他在1972年提到了扩张的限制和设施的拥挤等指标。

巴特勒（2009）对旅游界应用了近 30 年之久的 TALC 模型进行总结：首先，由于其他测量变量难以获得，最开始的 TALC 模型用游客数量描述旅游地的发展，由于很多旅游地游客数量数据的缺乏造成了这个简单的测量在一段时期内也很难达到应有的信度；其次，该模型强调了旅游地通过管理手段阻止旅游地发展超过承载量的重要性。

最初的模型认为，当一个旅游地达到了它的发展极限时，一个新的旅游地将在接近原旅游地的地方产生，因此该模型被认为能够解释旅游地发展的空间模式，在当时也有案例证明了这一点。不清楚的是这一模型可以被用来预测一个旅游地在什么时间会衰落，以及一个新的目的地什么时候在该区域发展起来和原来的旅游地竞争，后来的一些学者在这两方面都有研究。巴特勒（2009）承认无论是用来干什么，在全球化高度发展的今后，旅游地的竞争开始在世界范围内进行，像 TALC 这样简单的模型已经很难准确预测一个旅游地的发展情况了。在 TALC 产生的那个时代，一个旅游地的寿命可能达到一个世纪甚至更长，而现在的旅游地可能几十年后就开始走向衰退，一个单向线性模型已经无法预测如今快速变化和激烈竞争的市场。除了大的市场背景，还有旅游业本身复杂的特性，这种复杂性表现在供给和需求两个方面，旅行社的介入也不断改变预期的增长和发展模式。在过去几十年里研究过旅游业的人会很清楚，一些地区的变化速度是惊人的，而在其他地区，变化相对较小。旅游发展和增长的混乱模式说明了旅游业存在一个主要的二分类，即它的动力和惯性，这两个属性之间的紧张关系在一定程度上解释了预测未来旅游模式的普遍困难。巴特勒（Butler）进而提出在旅游地的研究中应该同时关照进化和革新，整合混沌理论和机会增长方程，以此来反映旅游中固有的动力和惯性[①]。

五、海伍德（Haywood）的适用性探讨：TALC 模型 vs.达尔文的自然选择理论

理论的论证以及应用都需要数据的支撑，对于生命周期理论的研究以及生命周期曲线的应用，统计数据就显得尤为重要了。海伍德（1986）指出收集充分并且合适的数据来验证及利用这个模型是非常困难的。统计数据的缺失，使学者在研究该理论以及应用该理论时面临了一系列问题，从而也引发了一系列质疑。海伍德在研究过程中，提出推动旅游地演进的 7 种主要的经济和社会力

---

① Butler. Tourism in the future: Cycles, waves or wheels?[J]. Futures, 2009, 41(6): 346-352.

量,这 7 种力量的综合作用决定了旅游地的演进过程[①],如图 7-22 所示。

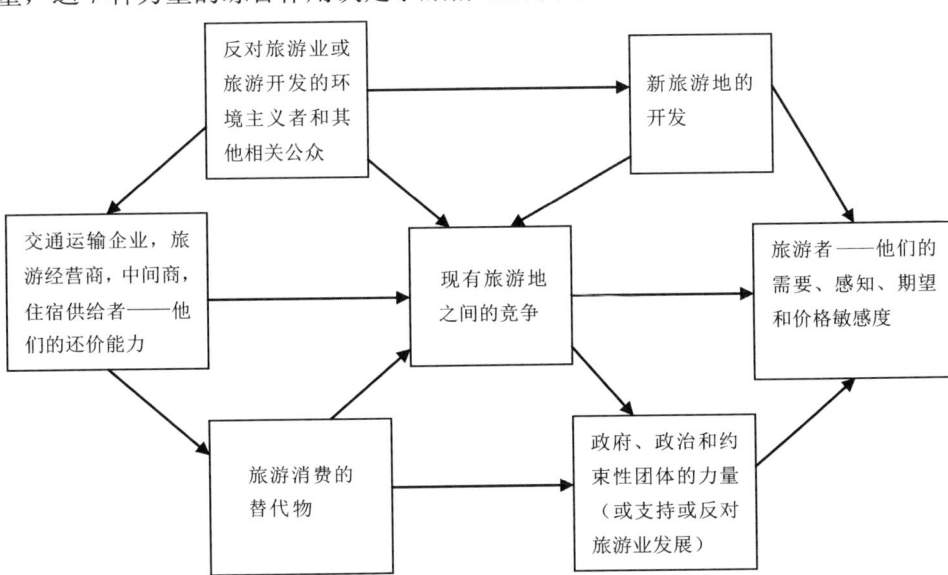

图 7-22 推动旅游地演进的力量结构

资料来源:译自 Haywood. Can the tourist-area life cycle be made operational?[J]. Tourism Management, 1986(7):165.

海伍德对周期理论的运用潜力进行了详细而全面的探讨。

(1)欲使周期理论模型具有可操作性,则需要考虑到以下 5 个概念和量度:①分析单元,即如何界定"旅游地",是一个地区、一个城镇、城镇内的某一特定区域,或是一座饭店等;②适当的客源市场,即是把全体客源市场看作一同质市场,还是应区分出细分市场分别考虑;③旅游地生命周期的模式与阶段,旅游地生命周期有多种模式,由此海伍德还指出多种模式的存在暗示着有不同于传统的周期阶段存在;④选择度量单位,除了常用的"旅游者人数"单位之外,还应考虑"停留长度、旅游者在旅游地的分布、旅游者特征、光顾发生的时间"等;⑤选择适当的时间单元,即是用年度资料,还是用季度、月度资料。

(2)运用周期模型进行的预测应该是条件预测,即不仅要考虑旅游者人数或支出与时间的关系,而且还应考虑异质客源市场、营销战略决策和竞争地的行为等因素。

(3)周期理论所建议的在不同的阶段应采纳的营销战略也只是一种假说,基本上未得到经验证据的支持。并且,问题的关键不是旅游地在不同的阶段应

---

① Haywood. Can the tourist-area life cycle be made operational?[J]. Tourism Management, 1986(7): 154-167.

采纳什么营销战略,而是怎样运用周期阶段的特征来形成、发展和评价更好的营销战略。

(4) 推动旅游地演进的是 7 种力量的综合作用。任何一种力量发生较大变化都会对旅游地的演进形成重大影响。周期理论的描述易使人以为旅游地的演进过程是事先确定的,从而用周期理论对旅游地的演进过程进行描述的意义也受到了怀疑。因此,海伍德(Haywood)建议用达尔文的自然选择模型来描述旅游地的演进过程。

(5) 作为总结,海伍德(Haywood)指出,周期理论除了"旅游地终将衰落"这一基础命题假设之外没有别的什么意义。旅游规划者如果要想透彻了解如何去管理一个演进中的旅游地,就应该抛开旅游地生命周期这一概念。

六、以盖茨、库珀和阿加瓦尔(Getz, Cooper and Agarwal)为代表的质疑与修正

国外学者在不同的旅游地都对该模型进行了实证的检验,这些实例研究的结果基本上支持周期理论的基础命题假设,即旅游地有一个由起步经盛而衰的过程。但是,实例研究的结果也引发了对周期理论的多方面的质疑,其焦点在于:周期理论模型的有效性、运用潜力和影响旅游地演进的因素(Getz, 1992)。

库珀和杰克逊(Cooper and Jackson, 1989)在对男人岛的研究中指出,它的明显衰落归因于英国海滨胜地总体受欢迎度的下降,以及它自身不能掌握市场变化趋势从而未能保持竞争力。实例研究结果虽然表明男人岛的演进过程非常符合周期理论模型,但是他们指出,周期概念同样可以应用于某一设施和行政管理结构的发展和演进过程。因此,一种能有效归纳起旅游地演进的所有方方面面,或者确定任何旅游地现处周期阶段的单一量度是不存在的。并且,对于一个具体旅游地,它的生命周期反映着政策决策,所以周期阶段之间的转折点只有在事后才能确定,而不能事先预知。也正因为如此,旅游地的生命周期是因地而异的。所以,他们总结说,周期理论模型在预测方面毫无用处,它的用途只在于描述和分析旅游地的发展轨迹[①]。他们的研究也证实处于发展期的旅游地,通过人为调整可将停滞期延后。库珀(Cooper)认为旅游地生命周期曲线形状的变化与供给因素(如发展速度、可达性、政府政策和与之竞争的旅游地)和需求因素(如游客的类型、出游动机)有关,这些基本因素发生任

---

① Cooper, Jackson. The destination area lifecycle: The isle of Man case study[J]. Annals of Tourism Research, 1989, 16: 377-398.

何一种变化都会对旅游地造成重大影响。在旅游地复兴方面，库珀（1997）通过对英国海滨旅游胜地的研究，认为通过开发新的吸引物、开发尚未开发的自然资源以及重新定位客源市场三个方面可以带动旅游地复兴。同时，库珀提出英国海滨度假胜地衰退的参数和指标，认为床位的低使用率和床位过剩是下降的重要参数。

盖茨（Getz，1992）探讨了目的地生命周期同旅游规划的潜在关系。他指出，在尼亚加拉瀑布，起步阶段与发展阶段之间并无明确的界限，而且没有单独完整的稳固、停滞、衰落与复兴阶段。它们是并存的，因为迫于竞争与为了获利，无论是在微观层次还是在宏观层次都不会允许停滞与衰落状态长期存在，复兴的努力是一贯的。尼亚加拉瀑布的情况与周期理论模型并不十分相符，说明尼亚加拉瀑布旅游目的地已进入旅游的永久性成熟期，也就是说，它的巩固期、停滞期、衰落期和复苏期都已融为一体，交织在一起。盖茨认为这说明周期理论模型对于尼亚加拉瀑布的旅游规划几乎没有用处。因此，盖茨建议说，旅游规划者不应设法去确定旅游地的发展阶段，而应注意监控和预测一系列与重要产品、客源市场和影响相关的并能揭示行业健康及相关问题的指标。他指出有意识的规划和管理决策对旅游地演进的重要性：它们将促使旅游地不断走向复兴。旅游地随时间自然成长，必然遭遇发展、成熟直到衰退等各阶段。而旅游地规划与管理的一个重要目的就是要努力促使旅游区保持吸引力，延长其发展稳定期，或当其到停滞期时能使其复兴，从而进入下一个生命周期。①

此外，还有其他学者根据目的地的实际情况对巴特勒的理论进行了一定的修正。阿加瓦尔（Agarwal，2002）研究生命周期时发现发展阶段的起止时期同巩固阶段没有明显区别，因此他将 1950—1975 年这段时间作为发展和巩固阶段的共同时期，并没有将其截然分开。除此之外，周期阶段之间的转折点只有事后才能确定，事先预知很困难。

此外，其他学者对生命周期理论进行了修正：

艾恩奈兹（Ioannides）研究了塞浦路斯的旅游发展状况后指出，尽管这个岛屿的旅游业在相当程度上受到跨国公司的影响，但本地政府在其发展模式中起重要作用。他强调了政府机构的行为及其与国外旅行社的关系对旅游目的地发展及生命周期有重大影响。盖茨探讨了目的地生命周期同旅游规划的潜在关系。

迈耶-阿伦特（Meyer-Arendt）用巴特勒的 TALC 理论分析了美国路易斯安

---

① Getz. Tourism planning and destination life cycle[J]. Annals of Tourism Research, 1992, 19(4), 752-770.

那海湾的一个度假区格兰德岛（Grand Isle）的发展情况，指出该旅游目的地的每一发展阶段都有其不同的独特的居住模式，这些模式反映了环境、观念的变化。例如在开始的几个阶段，人们选择海滩边作为居住地，旅游也朝着海岸边的方向发展，这使得人们过度开发海滩，加速了水土流失的过程，使格兰德岛提前进入停滞阶段。然而于1984年底竣工的一项耗资巨大的恢复海岸线（或保护岛屿）工程是否能将格兰德岛带进复苏阶段，这取决于该工程的时限及其效用。

迪贝克（Debbage）以巴哈马的帕拉代斯岛作为案例，研究当旅游市场上出现少数人控制市场的局面时，对旅游目的地生命周期所造成的影响。他指出被少数旅游经营者控制的旅游目的地往往出现游客量减少的情况，因为这种局面将会使这部分经营者获取暴利，从而使得他们只关心对市场的占有和在竞争中的稳定性，而忽视了对新产品的引进和创新，最终导致游客的不满和游客量的减少。而现实当中，许多度假区都存在这种现象，即一小部分数量的跨国公司控制着目的地的经营状况，从而严重影响着该地的生命周期。

普莱斯利和满德（Priestley and Mundet）的研究尤为具有特色，他们提出了一个新的概念——"后滞涨期"（post-stagnation phase），它描述了许多具有竞争优势、较长时间处于不败之地的旅游胜地的生命周期现象。在经历了一般的增长过程达到最高发展水平之后，旅游地并没有马上出现衰落，而是经历了较长一段时间的平稳发展阶段。

七、迪米特里奥斯（Dimitrios）：生命周期与旅游影响

迪米特里奥斯（Dimitrios，2000）[①]通过对之前的巴特勒、库珀、海伍德、盖茨等有关生命周期理论的研究进行总结，综合分析了生命周期的不同阶段并阐述了其对旅游影响的作用，着重阐述了不同的生命周期阶段所需要的不同营销手段和规划方案。这主要是不同阶段的供需差异造成的，在早期阶段需求超过供应，在成熟阶段和巩固阶段则相反。因此在早期阶段，市场营销的重点是树立意识和推广目的地产品，而后期的市场营销重点是形象重塑以及重新设计和打造旅游产品。因此，整个营销组合应该适应目的地的发展阶段。此外，表7-6展示出目的地在不同发展阶段有不同的经济、社会和环境影响。因此，目的地需要通过营销促进游客和产业的可持续发展，同时适应和调整其环境和社会文化政策。

---

① Dimitrios. Marketing the competitive destination of the future[J]. Tourism Management, 2000, 21: 97-116.

表 7-6　旅游目的地生命周期和旅游影响

影响分析	引进	增长	成熟	饱和	下降
形式	新风尚的目的地	更多的游客感兴趣	游客数量达到最大	供大于求	需求下降
目的地特性					
游客数量	少	多	太多	多	多
增长率	低增长	快速增长率	快速增长率	缓慢增长率	负增长
住宿量	很低	低	高	很高	很高
市场占有率	低	很高	很高	高	低
服务价格	高	很高	高	低	很低
人均消费	高	很高	很高	低	很低
游客类型	流浪者	革新者	革新者	追随者	大众市场
形象与吸引物	低	很高	高	低	很低
居民对游客的态度	客人	客人	消费者	消费者	外来者
经济影响					
就业	低	高	很高	高	低
外汇	低	很高	很高	高	低
私人部门的盈利	负盈利	增长	很高	高	降低
居民收入	低	很高	很高	低	很低
投资	低	很高	很高	低	很低
国家收税	低	很高	很高	低	很低
经济结构	平衡	旅游导向的	旅游主导	依赖旅游	不平衡与不能自我满足
对媒体的依赖	可以忽略	低	高	过于依赖	过于依赖
输入	低	很低	很高	很高	高
通货膨胀	低	很高	很高	高	低

续表

	社会影响				
游客类型	多中心型	多中心型	中间型	自我中心型	自我中心型
当地人与游客之间的关系	欢欣	冷漠	愤怒	对抗	终结
目的地的人口统计	外来移民和年长的当地人	年轻人涉及与旅游业有关的工作	平衡	平衡	外来移民和年龄较大的当地人
到旅游地的移民	低	高	很高	高	低
旅游地的犯罪率	低	高	很高	高	低
家庭结构	传统	受影响	现代	现代	现代
	环境影响				
环境与风景	未被损坏	改良	不被注意	污染	破坏
保存与继承	未被损坏	改良	不被注意	衰退	破坏
生态破坏	未被损坏	改良	不被注意	衰退	破坏
与旅游有关的污染	可以忽略	低	高	很高	很高
水污染	可以忽略	低	高	很高	很高
交通堵塞	低	低	很高	很高	低
侵蚀	低	高	很高	很高	很高
	市场营销				
营销目标	了解	告知	说服	说服	游客忠诚/开发新的市场
策略中心	开拓	渗透	防御	防御	重新引入
营销支出	增长	高	高	支出无效	巩固
产品	基本	改良	好	恶化	衰退
促销	引进	广告	旅游交易会	旅游交易会	旅游交易会
价格	高	高	低	低	低于成本价
渠道	独立	独立	旅游交易会	旅游交易会	旅游交易会

资料来源：Dimitrios. Marketing the competitive destination of the future[J]. Tourism Management, 2000, Vol.21, 2000, P97-116.

八、科尔（Cole）：旅游的微观动力学模型和逻辑斯蒂方程（LTM）

在巴特勒（1980）提出最经典的旅游地生命周期 S 曲线之前，他和布鲁厄姆（Brougham）曾建立过一个核心公式解释一个自我增值系统（self-reproducing system）在固定条件的限制（或者说承载力）下是怎样发展的，这也一直是 TALC 的基本核心方程，但是后来大部分研究都将关注点定在对各个不同阶段的分析以及服务于产品演替和目的地竞争的理论模型上，忽略了这个核心的方程。科尔（2007、2009）回归到生命周期理论最初的核心方程中，对其进行修正，用于解释旅游企业和产品的聚集以及旅游需求和投资的全球化。

传统的 TALC 有很大程度上无法全面解释旅游地的发展，尤其是在全球化发展的时代。不仅仅是在游客到达和住宿方面有着巨大变化，增长和衰落具有不规则模式，此外还有目的地对一些相对微不足道的事件有戏剧性的反应。即便对一些已知的事件和周期（如需求中断或季节性）也很难解释，更不用说预测个别目的地的"混乱"行为了。虽然有各种各样的关于混沌的正式定义，但这种极端的敏感性、可变性和不可预测性都是问题的关键。

科尔（2007）建立了旅游地发展的微观动力模型，如图 7-23 所示。模型结合了一系列彼此分离的投资和政策选择来解释在全球化的竞争中，一个度假地尺度的旅游地的持续变化过程。它展示了巴特勒（Butler）生命周期模型中的增长阶段受公共政策、投资者心态、投资规模和跨国参与的组合影响，包括投资的混乱、营销和建设的延迟、国内和国际旅游花费的分配，以及与规模有关的经济和限制。尽管模型相对简单，但结果的范围很广，从缓慢到非常迅速的起步，从持续的长期增长到早期的下降。该模型展示了不同的生长阶段特征，这其中包括生命周期模型 TALC，同时也展示出其他模型，如阶梯生长和循环。它解释了其他外生和内生变量（如全球竞争和承载力）怎样影响旅游生命周期理论的核心方程，并总结了旅游目的地不健康发展的决定因素。[①]

---

① Cole S & Razak V. Beyond the resort life cycle: the micro-dynamics of destination tourism[J]. Journal of Regional Analysis & Policy, 2007, 37(3), 266-278.

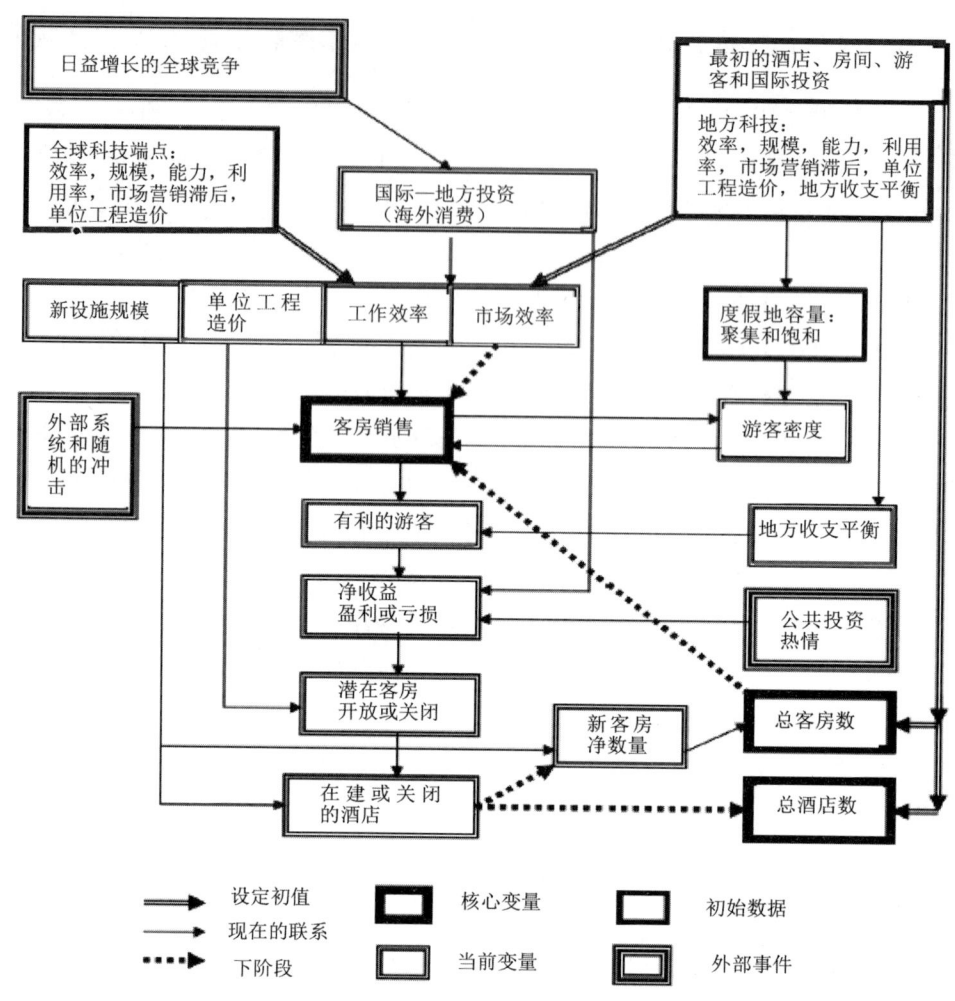

图 7-23 旅游地发展的微动力模型

资料来源：Cole, Razak. Beyond the resort life cycle: The micro-dynamics of destination tourism[J]. Journal of Regional Analysis & Policy, 2007, 37(3), 266-278.

科尔（2009）进一步通过旅游逻辑斯蒂模型（LTM）解决了旅游系统中可能出现的敏感性和可变性的普遍问题。所采用的方法是证明度假旅游的生成过程可以被形式化为一个离散的逻辑方程（DLE），一个经过充分研究的"混沌"模型产生了无数可能的轨迹，包括熟悉的 S 形曲线。LTM 的核心是在全球、目的地和项目尺度下的旅游发展供需关系。该模型提出了在不同的旅游习惯、地理、住宿和相关的公共政策下的旅游开发条件。在发展阶段，其他旅游者明显地感知探险者的聚集、扩张和大规模旅游住宿与设施的集聚。在成熟的、能力受限的阶段，LTM重现了旅游目的地的多样性和可变性，包括产品更迭和度假胜地的衰落。LTM能够说明在每个阶段旅游习惯、产品设计和政策的具体细节如何影响目的地的发展。[1]

科尔（2012）继续研究了旅游目的地发展过程中，住宿、娱乐和其他组成部分之间的协同增效，研究结果展示出旅游地发展的一个核心困境，即旅游地应该关注积极的协同效应以实现自我的持续增长，然而当规模到达某一门槛后，协同发展带来的快速投资可能会导致目的地过度、不均衡的增长。[2]

---

[1] Cole. A logistic tourism model: Resort cycles, globalization, and chaos[J]. Annals of Tourism Research, 2009, 36(4), 689-714.

[2] Cole. Synergy and congestion in the tourist destination life cycle[J]. Tourism Management, 2012, 33(5): 1128-1140.

第四篇　管理篇

第八章 目的地管理

第一节 推拉效应

随着旅游市场的竞争日益激烈，如何使旅游目的地成功突围，吸引更多的旅游者？对现有旅游资源模式的识别和分析是评估特定地区吸引旅游者潜力的关键（Gunn，1988）。目的地吸引力来源于目的地，同时也是旅游者根据自己的兴趣和偏好选择目的地的最初动机（Benckendorff and Pearce，2003）。目的地吸引力研究比较成熟的理论是"推—拉"理论，推力因素决定了旅游者是否出游，拉力因素决定了旅游者去哪出游[①]（Klenosky，2002）。拉力因素作为外在动力，通过大规模的宣传促销等手段塑造目的地形象，最终表现为目的地的吸引力（Kassean and Gassita，2013）[②]。目的地吸引力的测度多将吸引力作为吸引旅游者的目的地各属性特征的集合。

一、吸引力概念与理论来源

（一）需求与供给视角下的吸引力概念

学者们主要从供给和需求两个角度定义旅游目的地吸引力。考尔（Kaur，1981）较早地从供给的角度将目的地吸引力定义为目的地的所有吸引物在特定时间对给定市场产生的拉力。供给视角强调旅游资源在塑造旅游者体验过程中的作用，然而旅游目的地发展的不同还取决于旅游者的感知。因此，有学者从需求的角度认为目的地吸引力是个体感知益处的重要性，和目的地能够满足这

[①] Klenosky. The "pull" of tourism destinations: a means-end investigation[J]. Journal of Travel Research, 2002, 40(4): 396-403.

[②] Kassean, Gassita. Exploring tourists' "push and pull" motivations to visit Mauritius as a holiday destination[J]. Designing Techniques of Posts & Telecommunications, 2013, 8(2): 39-56.

些益处的能力的结合[1]（Mayo and Jarvis，1981）。从需求角度定义目的地吸引力虽然能够反映个体的情感、信念和观点，但由于不同个体对目的地吸引力的感知存在差异，给目的地吸引力评估带来了一定的困难[2]。

（二）理论来源：丹恩和康普顿的"推—拉"理论

"推—拉"理论为目的地吸引力提供了理论支持，其中拉力因素成为构建目的地吸引力指标的主要来源。丹恩和康普顿等学者于20世纪70年代提出了旅游动机"推—拉"理论，将旅游动机分为"推力"因素和"拉力"因素。推力由旅游者自身产生，而拉力则产生于目的地的属性，从而将旅游产品的需求和供给联系在一起。推力因素源于马斯洛需求层次模型，丹恩（Dann，1977）认为推力因素可以定义为动机因素或需求，其来源于动机系统中的不平衡或紧张状态。其中，失范和自我提高是主要的推力因素。前者指超越日常生活的孤独，摆脱一切。后者指通过旅行满足自我认可的需要[3]。康普顿（Crompton，1979）提出了七个社会心理因素作为推力因素，分别是逃离日常环境、探索和评价自我、放松、复原、增强亲属关系与社会互动；两个文化因素作为拉力因素，分别为新奇事物和旅游的教育功能[4]。总的来说，推力因素揭示了为什么旅游者会选择某个目的地、旅游者寻求何种体验和偏好哪种活动类型[5]（Ryan，1991）。

拉力因素从另一方面描述了何人、何时、何地出游的影响因素，这些因素涉及目的地特征、吸引物和其本身的属性（Klenosky，2002），具体包括旅游地的自然资源、人文资源、吸引力程度、旅游地形象、实用价值等（Crompton，1979；Dann，1977；Epperson，1983；Mcintosh and Goeldner，1990）。普拉亚格和瑞安（2011）认为拉力因素是通过一系列具有地方代表性的目的地属性来衡量的。这些属性又可以分为核心属性和附加属性（Hu and Ritchie，1993；Thach and Axinn，1994）。核心属性指独特的自然或文化资源，包括历史、音乐、民俗和特殊事件（Bonn, Joseph-Mathews, Dai, Hayes, and Cave，2007；Gelbman and Timothy，2011）。附加属性指代功能性特性，包括交通、解说服务、基础设施和环境服务（Hou et al.，2005）。学者们构建的吸引力评价指标多来源于拉力因素。国内学者吴必虎（2001）提出旅游资源、产品、设施、企业、政策环

---

[1] Mayo, Jarvis. The psychology of leisure travel[J]. Effective marketing and selling of travel services.
[2] 郭安禧，郭英之，孙雪飞，等. 国外旅游目的地吸引力研究述评与展望[J]. 世界地理研究，2016，25(5)：153-166.
[3] Dann. Anomie, ego-enhancement and tourism[J]. Annals of Tourism Research, 1977, 4(4): 184-194.
[4] Crompton. An assessment of the image of Mexico as a vacation destination and the influence of geographical location upon that image[J]. Journal of Travel Research, 1979, 17(4): 18-23.
[5] Ryan. Recreational tourism: a social science perspective[J]. Contemporary Sociology, 1991, 22(3): 436.

境是影响目的地旅游吸引力的五大主要因素[①]。陈岩英（2004）将客源市场特征、通达性、旅游地发展作为衡量旅游市场吸引力的三大指标。

二、吸引力测量

目的地的总体旅游吸引力取决于现有景点的可获得性和重要性，因此目的地吸引力测量一般有两个步骤：第一，构建吸引力相关的目的地属性列表；第二，吸引力相关的属性列表的评估。由于目的地种类多样，学者们发现很难开发出成熟的测量模型适用于测量评估和比较所有的旅游资源。不同的研究视角测量方法也不同，如表 8-1 所示，包括最初的供给视角，即对目的地现有资源和吸引物目录研究（Backman，Uysal and Backman，1991；Chengfei and Huang，2014），以及需求视角，即游客感知的目的地资源和吸引物研究（Hu and Ritchie，1993；Kim，1998；Ritchie and Zins，1978）。供求视角结合的多为专家感知目的地资源和吸引物研究（Formica and Uysal，2006；Gearing，Swart and Var，1974）。竞争力视角主要是目的地资源和吸引物的研究。供给视角侧重于目的地的旅游吸引物的数量和质量，需求视角则是基于旅游者对目的地属性的感知和兴趣（Formica，2000）[②]，竞争力视角考虑的是与竞争者相比较之后的相对吸引力（Cracolici and Nijkamp，2009；Mikulic et al.，2016）。此外，具体方法上，目前的研究综合运用了内容分析法、层次分析法（AHP）、重要性—绩效表现分析（IPA）、线性回归模型等方法测度属性目的地吸引力贡献的大小以及这些因素对旅游者行为的影响。

表 8-1　不同视角的目的地吸引力测量方法和属性类别

作者	视角	方法	属性类别
吉尔林等（Gearing et al.，1974）	需求视角	专家小组法	自然 社会 历史 娱乐和购物 设施、美食和住宿
弗拉里奥（Ferrario，1979）	供求视角	专家小组法，游客调查法，内容分析法	典型的环境特征 当地居民和典型的生活方式 旅游设施、体育和娱乐活动

[①] 吴必虎. 区域旅游规划原理[M]. 中国旅游出版社，2001: 188.

[②] Formica. Destination attractiveness as a function of supply and demand interaction[J]. Journal of Molecular Biology, 2000, 303(2): 329-344.

续表

作者	视角	方法	属性类别
胡和里奇（Hu and Ritchie，1993）	需求视角	电话问卷调查，特定情景多属性态度模型	气候 住宿的质量/可达 运动/休闲机会 风景 食物 娱乐 当地生活的独特性 历史景点 博物馆，文化景点 语言障碍导致的沟通困难 节庆，特殊活动 可达性 购物 对旅游者的态度 当地交通的质量和可达性 物价水平
基姆（Kim，1998）	需求视角	游客问卷调查面对面访谈	季节性和文化的吸引力 干净、和平的环境 住宿和休闲设施质量 面向家庭的设施及其安全性 可达性和声誉 休闲和娱乐机会
福米卡和乌伊萨尔（Formica and Uysal，2006）	供求视角	二手数据内容分析，专家小组法	旅游服务和设施 文化/历史 乡村住宿 户外娱乐
克拉科利奇和内坎普（Cracolici and Nijkamp，2009）	竞争视角	游客问卷调查，主成分分析法	当地居民的接待和同情心 城市艺术文化 景观、环境与自然 酒店及其他住宿 特色食物 文化活动（音乐会、艺术展览、节庆等） 价格水平和生活水平

续表

作者	视角	方法	属性类别
克拉科利奇和内坎普（Cracolici and Nijkamp，2009）	竞争视角	游客问卷调查，主成分分析法	商店出售商品的质量和种类 信息和旅游服务 旅游安全 葡萄酒的质量
李和黄（Lee and Huang，2014）	供给视角	专家小组法，层次分析法	旅游景点 可达性 设施 补充性服务

资料来源：由参考资料及笔者整理所得。

参考资料：Huang H. A Study of Destination Attractiveness through Domestic Visitors' Perspectives: The Case of Taiwan's Hot Springs Tourism Sector[J]. Asia Pacific Journal of Tourism Research，2009, 14(1): 17-38.

（一）不同目的地类型的吸引力属性

除了从不同视角构建目的地属性，近年来学者们也开始关注不同类型目的地吸引力属性，其中比较有代表性的是李和黄（Lee and Huang）以及辛和韦贝里（Xin and Weberg）几位学者，他们分别研究了温泉、森林、自行车和会展旅游目的地吸引力，如表8-2所示。

李和黄（Lee and Huang）分别在2009年、2010年和2014年研究了中国台湾地区作为温泉旅游、森林旅游和自行车旅游目的地的吸引力中具有重要决定性作用的属性，发现在温泉旅游中，游客认为重要属性是安全、自然资源、住宿和食物、交通基础设施、休闲娱乐与文化资源，其中住宿设施的感知重要性还会正向影响游客的重游率[1]。在森林旅游中，通过层次分析法得出的重要因素为森林景观、特殊气候、进入景区的可靠性和便利性、住宿与食物质量[2]。自行车旅游中，决定性因素为宜人气候、专设的自行车骑行设施和车道的路面质量[3]。这些属性中决定性因素包括了核心属性和附加属性，对于目的地而言，更看重目的地本身独一无二的属性，而旅游者则不然，附加属性带来的安全和便利可能会成为最有吸引力的属性，因此目的地管理者同时要兼顾这两种属性。

---

[1] Cheng-Fei Lee, Wei-Ming Ou & Husn-I Huang. A Study of Destination Attractiveness through Domestic Visitors' Perspectives: The Case of Taiwan's Hot Springs Tourism Sector[J]. Asia Pacific Journal of Tourism Research, 2009, 14(1): 17-38.

[2] Lee, Huang, Hueryren. Developing an evaluation model for destination attractiveness: sustainable forest recreation tourism in Taiwan[J]. Journal of Sustainable Tourism, 2010, 18(6): 811-828.

[3] Lee, Huang. The attractiveness of Taiwan as a bicycle tourism destination: A supply-side approach[J]. Asia Pacific Journal of Tourism Research, 2014, 19(3): 273-299.

辛和韦贝里（Xin and Weberg）主要是对会展旅游目的地吸引力进行研究，从参展者的角度来说目的地最具吸引力的属性为主办城市在行业中的领导地位、主办城市/地区作为参展商的来源[①]。相对于参观者来说，参展商可能会去任何具有商业潜力的目的地，而高可达性和有吸引力的休闲环境才是参观者最看重的属性[②]。

表 8-2　不同类型旅游目的地吸引力的主要属性

作者	目的地类型	主要属性
李（2009）	温泉旅游	安全 自然资源 住宿和食物 交通基础设施 休闲娱乐 文化资源
李（2010）	森林旅游	森林景观 特殊气候 进入景区的可靠性和便利性 住宿与食物质量
李和黄（2014）	自行车旅游	宜人气候 专设的自行车骑行设施 车道的路面质量
辛和韦贝里（2013）	会展旅游	主办城市在行业中的领导地位 主办城市/地区作为参展商的来源
辛和韦贝里（2016）	会展旅游	可达性 休闲环境

（二）目的地吸引力供需评估框架

福米卡和乌伊萨尔（Formica and Uysal，2006）基于供求视角，通过测量供求指标构建了一个目的地吸引力评估框架。研究假设目的地的整体吸引力取决于现有景点的可获得性（availability）和感知重要性（perceived importance），

---

① Xin, Weber, Bauer. Dimensions and perceptional differences of exhibition destination attractiveness: the case of China[J]. Journal of Hospitality & Tourism Research, 2013, 37(4): 447-469.

② Xin, Weber. Exhibition destination attractiveness-organizers' and visitors' perspectives[J]. International Journal of Contemporary Hospitality Management, 2016, 28(12): 2795-2819.

以弗吉尼亚为例,对其吸引力进行盘点、分组和评价,可概括为以下 7 步。

1. 对弗吉尼亚旅游指南进行内容分析,确定与吸引力结构相关的吸引物变量。
2. 将弗吉尼亚的县和独立的城市作为测量单位,收集具体变量数据。
3. 对吸引物变量进行因子分析,确定旅游吸引物维度。
4. 根据吸引物的维度对县和独立城市进行聚类分析。如果分析成功,旅游区域则采用同质资源区域化标准来划分。如果分析不成功,则使用弗吉尼亚旅游公司的先验标准来划分区域。
5. 计算供给吸引力分值。

(1)标准化处理。将各县或独立城市区域的吸引物维度的分值标准化,区域内各县或独立城市标准化分值求和得到各区域分值。

(2)得到供给吸引力得分。以各区域的吸引物数量作为可获得性指标,与各区域分值相乘得到供给吸引力得分。

6. 计算需求吸引力分值。

(1)确定认知可获得性。组建专家小组,通过李克特量表得到各区域可获得性得分。

(2)确定重要性。基于吸引物维度,通过多属性态度模型确定各维度权重,用分类算法对旅游区域进行重要性排序。

(3)得到需求吸引力得分。将各区域的吸引物可获得性得分与各区域重要性分值相乘得到需求吸引力得分。

7. 将供给吸引力得分和需求吸引力得分相加,得出弗吉尼亚地区整体的吸引力。

(三)竞争性绩效分析(CPA)和相关决定性分析(RDA)框架

该分析框架最早是米库里欧和普北扎克(Mikulic and Prebezac,2012)提出[①],后被运用到目的地吸引力研究中。该分析法弥补了传统 IPA 分析法不能兼顾所测属性的明确重要性(stated importance)和隐性重要性(derived importance)。明确重要性即普遍重要性,指相对稳定的、可评估的概念,由个人态度和偏好决定。隐性重要性并不是一个有意识的评价的概念,而是一个人对特定的使用或消费环境的反应。与明确重要性和隐性重要性相对应,目的地吸引力的各属性可分为具有普遍重要性的属性和基于目的地类型与旅游者体验

---

① Mikulić, Prebežac. Accounting for dynamics in attribute-importance and for competitor performance to enhance reliability of BPNN-based importance–performance analysis[J]. Expert Systems with Applications, 2012, 39(5): 5144-5153.

的属性（Hu and Ritchie，1989）[1]。RDA 分析法很好地结合了两种重要性特征，在吸引力评价中竞争力因素受到越来越多的重视，而 CPA 分析法进一步明确了目的地吸引力属性在竞争环境下的优势和劣势。2016 年，米库里欧等[2]从需求层面应用该分析方法对目的地吸引力进行了评估。

1. 相关重要性分析（RDA）测度属性的重要性（参见图 8-1）

图 8-1 相关—决定性矩阵

资料来源：Mikulić et al. Identifying drivers of destination attractiveness in a competitive environment: A comparison of approaches[J]. Journal of Destination Marketing and Management, 2016, 5(2): p154-163.

第一象限的属性为高影响核心属性（高相关性，高决定性）。消费者认为这些属性非常重要，且这些属性都会对总的绩效感知（如总的吸引力感知）产生重要影响。因此，第一象限的属性是发展战略制定的重点。

第二象限的属性为低影响核心属性（高相关性，低决定性）。虽然消费者认为这些属性非常重要，但都对总的绩效感知不会产生重要影响。因此，第二象限的属性应该与市场水平保持一致。

第三象限的属性为低影响次级属性（低相关性，低决定性）。消费者既不认为这些属性很重要，也不会对总的绩效感知产生重要影响，应该次于其他三个象限考虑。

第四象限的属性为高影响次级属性（低相关性，高决定性）。消费者认为这些属性不那么重要，但会对总的绩效感知产生重要影响。此象限的属性很可能是新产品扩增区域，能够带来与竞争对手差别开来的机会。

---

[1] Hu, Ritchie. Measuring destination attractiveness: a contextual approach[J]. Journal of Travel Research, 1989, 32(2): 25-34.

[2] Mikulić et al. Identifying drivers of destination attractiveness in a competitive environment: A comparison of approaches[J]. Journal of Destination Marketing & Management, 2016. 5(2): 154-163.

2. 竞争性绩效分析（CPA）测度属性绩效（参见图 8-2）

图 8-2 竞争—绩效矩阵

资料来源：Mikulić et al. Identifying drivers of destination attractiveness in a competitive environment: A comparison of approaches[J]. Journal of Destination Marketing & Management, 2016. 5(2): p. 154-163.

第一象限的属性属于"满意的表现"（高于平均水平，高于竞争者）。这些重点关注的属性绩效表现较好，也高于各自的竞争者水平，是竞争优势资源。需要指出的是这些竞争优势来自重点属性的高绩效，而不是竞争对手的低绩效。因此，这些属性应成为市场定位和活动宣传的重点。

第二象限的属性属于"达标表现"（低于平均水平，高于竞争者）。这些属性虽然低于平均水平，但却也高于各自的竞争者水平，也属于竞争优势资源，但竞争优势主要是竞争对手绩效表现较低的结果。因此，这些属性在增强旅游者体验和整体绩效感知方面有开发潜力。

第三象限的属性可以说是"不足表现"（高于平均水平，低于竞争者）。这些属性属于重点关注属性，但低于各自的竞争者水平，是竞争劣势资源，不建议作为营销的重点。

第四象限的属性可以说是"示警表现"（低于平均水平，低于竞争者）。这些属性表现糟糕，应该努力提升，转换到其他区域。

三、目的地吸引力与其他因素的关系

1. 早期旅游经历（熟悉度）影响吸引力感知

旅游者对已经旅游过的目的地有更积极的感知吸引力（Hu and Ritchie）。余意峰等（2010）将目的地吸引力分为整体环境吸引力和观光体验吸引力，发现目的地的初游者和重游者对旅游目的地吸引力的感知存在差异，表现为重游

者在整体环境吸引上的感知显著高于初游者，二者在观光体验吸引力的感知上没有显著差异[①]。

2. 目的地形象影响目的地吸引力

基姆和珀杜（Kim and Perdue，2011）对滑雪型目的地的研究表明感知形象（有趣和舒适的环境）和认知形象（滑雪质量）正向影响目的地吸引力。具体而言，对于娱乐和锻炼目的的滑雪者来说，感知形象对目的地吸引力影响更大；而对于专业滑雪者来说，认知形象对目的地吸引力的影响更大[②]。

3. 目的地吸引力影响地方依恋

旅游者感知的目的地吸引力越高，对目的地产生的地方依恋越强（Cheng et al.，2013）[③]。

一个拥有丰富自然资源的目的地将影响旅游者对自然资源的评价从而产生地方依恋（Warzecha and Lime，2001；Williams and Stewart，1998），此外如果目的地通过提供高质量的休闲、娱乐活动（Lee and Allen，1999；Moore and Graefe，1994）或者保护历史文化吸引旅游者，同样会增进旅游者的地方依恋。不过也有研究表明，目的地吸引力更多的是在态度的中介作用下才会对地方依恋产生影响。雷特桑梅尔（Reitsamer，2016）将目的地吸引力分为可达性、设施、风景和当地社区四种属性，发现只有设施会对地方依恋产生直接影响。

4. 感知吸引力影响旅游者对目的地的态度[④]

旅游者对目的地的态度指旅游者通过对目的地体验的正面或负面评价所表达的心理倾向（Lee，2009）。[⑤]从目的地吸引力需求角度定义来看，目的地吸引力也属于旅游者对目的地的一种主观评价，与态度有一定联系。雷特桑梅尔（Reitsamer，2016）的研究也表明可达性、设施和当地社区对旅游者的态度有积极的影响。

[①] 余意峰，保继刚，丁培毅. 基于旅游经历的目的地吸引力感知差异研究[J]. 旅游学刊，2010，25（5）：51-55.

[②] Kim, Perdue. The influence of image on destination attractiveness[J]. Journal of Travel & Tourism Marketing, 2011, 28(3): 225-239.

[③] Cheng, Wu, Huang. The influence of place attachment on the relationship between destination attractiveness and environmentally responsible behavior for island tourism in Penghu, Taiwan[J]. Journal of Sustainable Tourism, 2013, 21(8): 1166-1187.

[④] Reitsamer, Brunner-Sperdin, Stokburger-Sauer. Destination attractiveness and destination attachment: The mediating role of tourists' attitude[J]. Tourism Management Perspectives, 2016, 19: 93-101.

[⑤] Tsung Hung Lee. A Structural Model to Examine How Destination Image, Attitude, and Motivation Affect the Future Behavior of Tourists[J]. Leisure Sciences, 2009, 31(3): 215-236.

5. 目的地吸引力影响负责任环境行为

班贝格和施密特（Bamberg and Schmidt，2003）的研究表明，个体在目的地是否乐意采取对环境负责任的行为与其选择的旅游类型有关，如果选择的是基于当地自然环境类型的旅游，那么他采取对环境负责任行为的积极性和主动性会更大[①]。澎湖列岛属于环境脆弱的目的地，程（Cheng，2013）以此为案例研究证实了对澎湖列岛高的目的地吸引力感知会促进旅游者的负责任环境行为[③]。

目的地吸引力与其他因素的关系如图 8-3 所示。

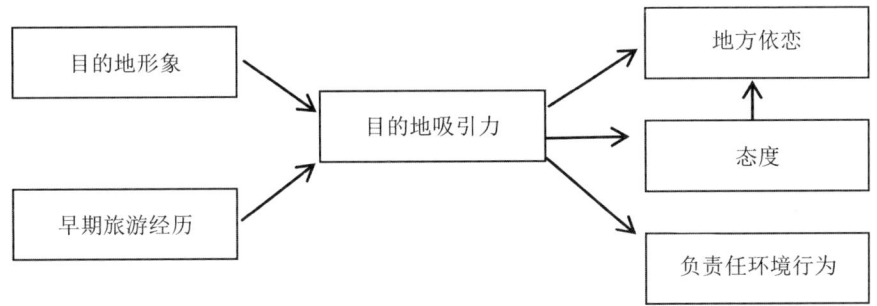

图 8-3　目的地吸引力与其他因素的关系

四、评述

"推—拉"理论架起了旅游需求与供给的桥梁，为研究旅游者行为提供了一个有效框架。但理论方面对推力和拉力的作用关系仍存在争议，有的学者认为推力因素作用于拉力因素之前（Gann，1981），其他一些学者则认为推拉因素不应该被视为相互独立的，两者应该是相互联系的（Klenosky，2002）。此外，基姆（Kim，2003）的研究表明推力因素和拉力因素不仅相关，其关系还受到社会人口学因素的调节作用[②]。在应用方面，首先，受吸引力影响的因素的研究多重视拉力因素的作用，"推—拉"理论将吸引力研究与推力因素（旅游者本身主观动机因素）相联系为研究旅游者的目的地选择、体验满意、重游意愿、旅游花费等提供了新的视角。此外，以系统的观点来看，在旅游系统中吸引力的影响因素除了客源地和目的地本身，还包括将两者相联系的交通、信息、营销要素（Gunn，1972），这些影响因素也应纳入吸引力研究范畴。其次，没有形成统一的目的地吸引力量表。虽然学者在使用多属性方法进行测量的方式上

---

① Bamberg, Schmidt. INCENTIVES, MORALITY, OR HABIT? Predicting Students' Car Use for University Routes With the Models of Ajzen, Schwartz, and Triandis[J]. Environment & Behavior, 2003, 35(2): 264-285.

② Kim, Lee, Klenosky. The influence of push and pull factors at Korean national parks[J]. 2003, 24(2): 169-180.

基本达成共识，但具体的属性选择并未统一，没有形成普适的量表。

第二节　可持续竞争力

国外学者自 20 世纪 60 年代就开始关注区域旅游竞争问题，研究最初集中于旅游地之间旅游资源的竞争。到 20 世纪 80 年代，研究开始强调旅游需求，把提高客源市场份额作为旅游竞争的目标。20 世纪 80 年代末，旅游形象成为旅游竞争研究的主题。旅游领域的"竞争力"研究在 20 世纪 90 年代以后才出现，而涉及"旅游目的地竞争力"（Tourism Destination Competitiveness，TDC）的研究则是更晚的事情。1993 年在阿根廷举行旅游科学专家国际联合会（International Association of Scientific Experts in Tourism），专门研讨了长途旅行目的地的竞争力问题。之后，国内外学者纷纷从不同的角度对旅游目的地竞争力进行了研究。

一、目的地竞争力的多维概念

虽然目的地竞争力研究成果丰硕，但目的地竞争力由于其模糊性和复杂性一直没有公认的统一概念。最常用的解释是目的地竞争力被视为实现特定目标的能力（Abreu-Novais et al.，2015）。这些目标可以分为三个维度：经济和人的福利（Azzopardi，2011；Bahar and Kozak，2007；Dwyer，Mellor，Livaic，Edwards，and Kim，2004；Ritchie and Crouch，2003）；吸引力和满意度（Crouch and Ritchie，1999；Dwyer and Kim，2003；Enright and Newton，2004）；可持续性（Azzopardi，2011；Crouch and Ritchie，1999；Hassan，2000）。里奇和克劳奇（Ritchie and Crouch，2003）认为竞争力能增加旅游消费，通过提供令人满意的难忘体验吸引更多游客并获利，同时提高目的地居民的福利和保护目的地的自然资源。同时，目的地竞争力也是一个相对概念，只有在进行目的地之间的比较时才有意义（Gomezelj and Mihalic，2008；Gooroochurn and Sugiyarto，2005），"目的地竞争力是在旅游体验中，特别是旅游者重视的方面能够提供比其他目的地更好的商品和服务的能力"（Dwyer and Kim，2003）。

基于不同利益相关者对目的地竞争力的理解，阿夫雷乌（Abreu Novais，2018）运用现象描述学的方法，总结出了目的地竞争力的三级概念：1. 目的地竞争力是目的地的一种感知；2. 目的地竞争力是一种绩效；3. 目的地竞争力是一个长期过程，如图 8-4 所示①。三个概念的复杂性逐级提高，概念 1 主要是从需求层面考量，认为目的地竞争力是游客对目的地属性的主观评价。类似于"吸引力"的概念，竞争力可视为几个独特属性或要素的组合，就这一层面来说目的地的目标本质上是通过提供产品与现有或潜在游客建立联系。概念 2 从游客个体（需求）转变到目的地本身及其获益（供给），此时竞争力可定义为目的地实现特定目标的能力。这一层面的目的地目标是将目的地潜力转化为现实的可测的绩效指标，如旅游收入和旅游人数。概念 3 的复杂性最高，吸收了前两个概念的同时加入了时间维度。目的地竞争力变成了一个过程，包括实现特定目标所需要的所有要素和步骤以及这些目标的影响。从时间层面上说，目的地的短期收益是不够的，保持长久收益至关重要。在这个概念中，目的地不再只是游客的体验环境或消费的产品，而是一个系统。因此，目的地的定位不再是简单的需求或供给，而是整体的视角，考虑各种利益相关者并视目的地为一个整体，重点关注目的地整体的福利。

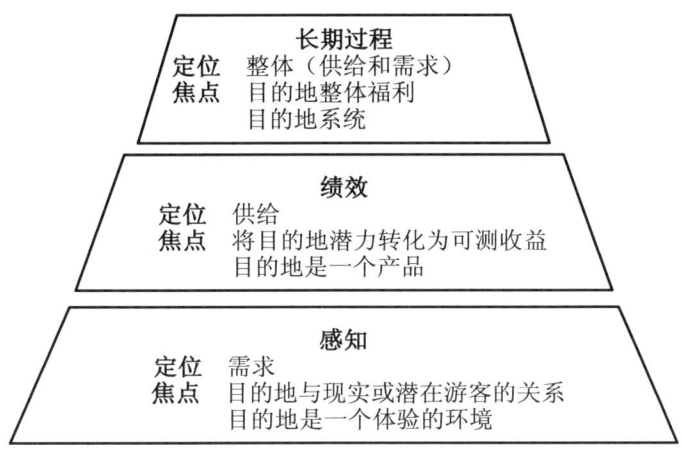

图 8-4　目的地竞争力概念

二、里奇和克劳奇的可持续竞争力模型及发展

（一）里奇和克劳奇（Ritchie and Crouch）的可持续竞争力模型

相对于概念界定，学者们更关注理论模型的开发来识别和理解目的地竞争力的驱动因素。里奇和克劳奇共同提出的旅游目的地可持续竞争力模型最具有

---

① Abreu, Ruhanen, Arcodia. Destination competitiveness: a phenomenographic study[J]. Tourism Management, 2018, 64.

代表性，基于这个模型他们还建立了旅游目的地竞争力指数（TDCI），按照指数（Index）、核心指标（Core Indicators）与标准（Criteria）构建了旅游目的地竞争力评价体系①，如图8-5所示。

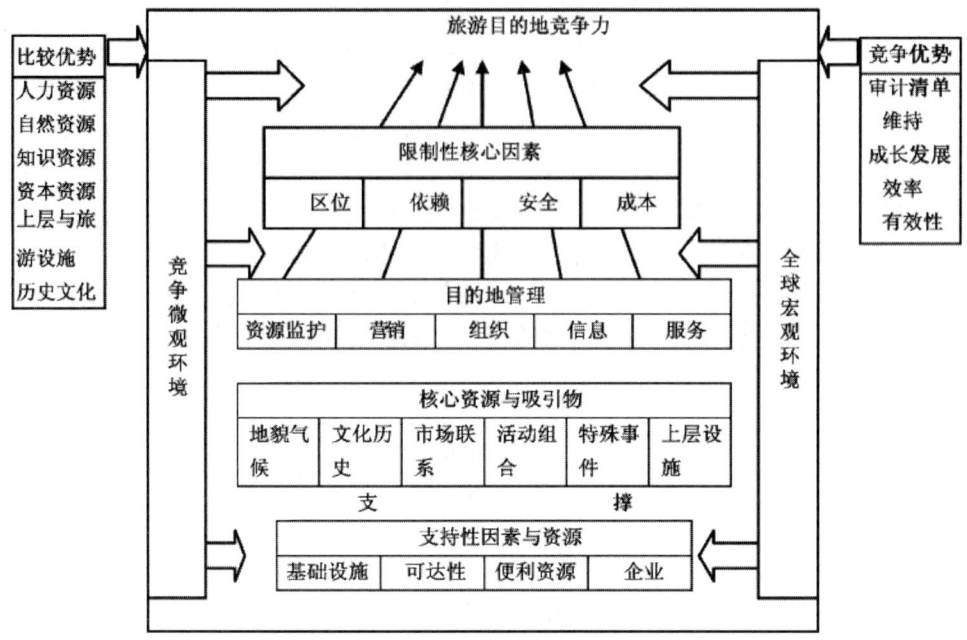

图8-5 里奇和克劳奇（2002）的旅游目的地可持续竞争力模型

资料来源：Ritchie, Crouch. Country and city state destinations-a framework for understanding, measurement and management[J]. Tedqual, 2002 (5): 13-16.

该模型基本上由4个主要部分决定：核心资源和吸引物（core resources and attractors）、支持性因素和资源（supporting factors and resources）、目的地管理（destination management）、限制性因素（qualifying resources），认为旅游目的地竞争力是在比较优势（资源禀赋）基础上发掘竞争优势（资源配置）的过程。该模型得到世界旅游组织的认可与推广。

在里奇和克劳奇模型中核心资源和吸引物是旅游者选择某地作为旅游目的地的基本条件，包括地理概况、文化和历史、市场联系、活动组合、市场联系与上层设施。市场关系，即联系的纽带是至关重要的，旅游目的地管理者在处理这个问题时，不仅要区分这些纽带关系（个人的和组织的）所涉及的对象，

---

① Ritchie, Crouch. Country and city state destinations-a framework for understanding, measurement and management[J]. Tedqual, 2002 (5): 13-16.

而且要决定如何去使用这些联系去刺激、引导游客到访特定的旅游目的地。里奇和克劳奇认为，旅游目的地吸引物中的市场联系部分有时也不在旅游目的地管理者的直接控制之中，然而随着时间的推移，它会不同程度地影响目的地管理者的决策。该模型将环境条件分为：全球环境（宏观）和竞争环境（微观）。宏观环境指的是影响世界旅游业的全球性因素，微观环境则指的是影响旅游目的地和旅游系统的因素。他们把环境条件当作对模型核心部分的作用力，并未上升到核心地位。

里奇和克劳奇（2003）在模型中加入了目的地政策、规划与开发这一核心要素，其中的子要素包括旅游政策、哲学体系、理想愿景、目的地审计、监控与评估、开发等，完善了原模型，使整个模型的功能发挥更加系统。基于可持续竞争力模型只是提供了一个广泛的决定因素表，而目的地管理者在实际操作中不可能面面俱到。为识别对目的地竞争力影响最大的属性，克劳奇（2011）运用层次分析法，确定了目的地竞争力的10个决定性属性，按照影响大小分为地形地貌和气候、活动组合、历史文化、上层设施、安全、成本/价值、可达性、特殊事件、感知/形象和区位[1]，建议目的地管理者将有限资源投入可能产生最大效益的主要属性，提高其竞争力绩效。

（二）德怀尔和基姆（Dwyer and Kim）的目的地竞争力整合模型[2][3]

以里奇和克劳奇模型为基础发展而来的德怀尔和基姆模型（2003）加入了国家和公司竞争力理论，如图8-6所示。其模型的主要属性包括资源禀赋、自然和遗产资源、人造资源和支持性资源。目的地管理包括政府和产业，是模型的第二个核心构成要素，具体又可分为目的地管理组织、目的地营销管理、目的地环境管理、人力资源开发与目的地政策、规划和开发5个方面。模型表明，资源和目的地管理与旅游需求（目的地感知、认知和偏好）和环境条件（全球环境、竞争环境、价格竞争、安全）相互作用，共同影响旅游目的地竞争力和社会经济的繁荣。

---

[1] Crouch. Destination competitiveness: an analysis of determinant attributes[J]. Journal of Travel Research, 2011, 49(1): 344-355.

[2] Dwyer, Kim. Destination competitiveness: determinants and indicators[J]. Current Issues in Tourism, 2003, 6(5): 369-414.

[3] Dwyer, Mellor, Livaic et al. Attributes of destination competitiveness: a factor analysis[J]. Tourism Analysis, 2004, 9(1-2): 91-101.

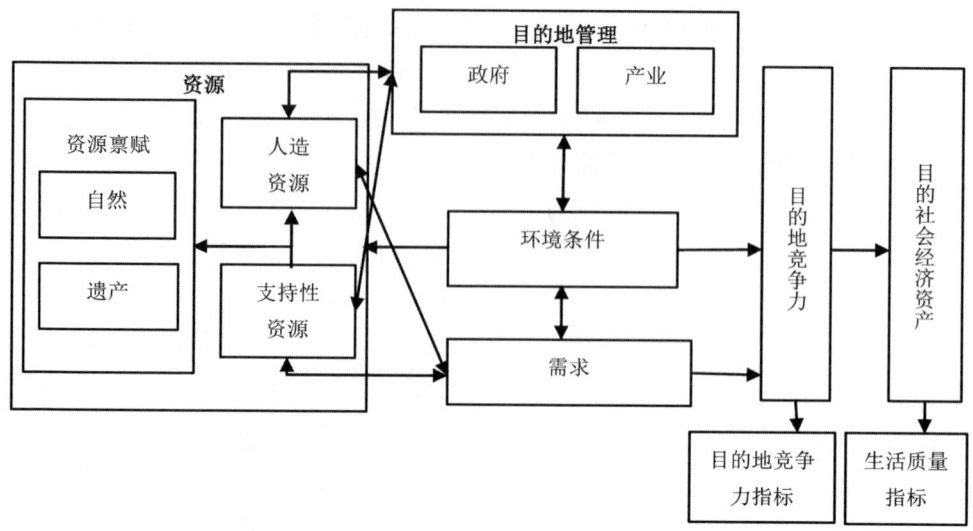

图 8-6　德怀尔和基姆的目的地竞争力整合模型

资料来源：Dwyer L, Kim C. Destination competitiveness: determinants and indicators[J]. Current Issues in Tourism, 2003, 6(5): 369-414

三、克劳斯和库比奇科娃目的地竞争力综合指数及其他模型

近年来学者们关注目的地竞争力的复杂性、潜在性和整体性，开始提出综合指标来衡量竞争力（Blanke Chiesa and Crotti，2013；Croes and Kubickova，2013；Gooroochurn and Sugiyarto，2005；Mazanec and Ring，2011）。克劳斯和库比奇克娃（Croes and Kubickova，2013）发现里奇和克劳奇可持续竞争力模型选取的目的地竞争力指标是基于潜在的因果关系假设，测量的是竞争力的输入，而现实中潜在的输入如价格和人力资本不一定能转化成目的地竞争力，因此克劳斯和库比奇科娃构建了一个基于绩效，即输出的综合指数来测量目的地竞争力，计算依据为 4 个指标，包括目的地在全球旅游市场下的绩效水平（旅游人均收入）、动态时间绩效（旅游收入增长率）、旅游在整体经济结构中的产业规模（旅游收入占 GDP 的比重）、生活质量标准（人类发展指数），通过皮尔森（Pearson）相关系数确定各指标权重，计算了美洲 7 个国家的旅游竞争力指数并进行对比排序[①]。

[①] Croes, Kubickova. From potential to ability to compete: Towards a performance-based tourism competitiveness index[J]. Journal of Destination Marketing & Management, 2013, 2(3): 146–154.

除了上述旅游目的地竞争力模型，国内外其他众多学者从旅游目的地发展的某一角度出发构建旅游目的地竞争力模型，为目的地竞争力管理提供理论依据，如表 8-3 所示。

表 8-3　国内外学者构建的旅游目的地竞争力模型

学者/机构	评价方法	数据来源	主要指标
刘长春，保继刚（2005）	因素分析法、案例分析法	调查问卷等	1. 绝对因素：区位要素、形象要素和政策要素 2. 相对因素：景区景点、交通、住宿、购物、餐饮及娱乐
约瑟夫、卡尔、安德烈亚斯（Josef, Karl and Andreas, 2007）	结构方程模型验证	全球 169 个国家各项指标数据	包括环境保持（人口密度、二氧化碳排放等）、遗产和文化（世界遗产数量）、价格（酒店价格、购买力）、教育（成人非文盲率等）、社会竞争力（人均 GDP、平均寿命等）、通信设施（网络服务器等）、基础设施（道路、卫生等）、开放性（签证、贸易开放性等）8 个变量 22 项指标
冯学刚，沈红，胡小纯（2009）	数据驱动赋值法、最大元素基准法	《中国统计年鉴》《中国旅游统计年鉴》《中国民航统计公报》，以及各省市国民经济和社会发展统计公报等	基于投入产出模型的包括旅游景区数量、旅行社固定资产、民用机场数量、国内旅游收入等在内的 18 个指标
WEF 旅行和观光竞争力指数（2015）	指标量化打分	国际航空运输协会（International Air Transport Association，IATA）、世界旅游组织（UNWTO）、世界贸易组织（World Trade rganization, WTO）、世界旅游理事会（The World Travel andTourism Council, WTTC）等国际组织的具体信息，以及对企业领袖的调查	1. 有利环境： （1）商业环境；（2）安全和保障；（3）健康和卫生；（4）人力资源和劳动力市场；（5）信息交流准备度 2. 旅游政策及有利条件： （1）旅行和旅游优化度；（2）国际化开放度；（3）价格竞争力 3. 基础设施： （1）空中交通基础设施；（2）地面和港口基础设施；（3）游客服务基础设施 4. 自然和文化资源： （1）自然资源；（2）文化资源与商务旅行

四、不足与发展

可持续竞争力模型通用但不好用。可持续竞争力模型具有扎实的理论基础，其理论基础来源于经济竞争力的基础理论和可持续理论，关注目的地的竞争优势和比较优势，以及为打造真正的竞争力所具备的各方面（环境、经济、社会、文化政治）可持续的能力，为管理者提供了一个全面综合的竞争力管理框架，也是最被学界接受的模型。但是作为通用的模型，实用性存在问题。模型没有具体的量化指标，只能通过主观的方法测量，缺乏数据支撑。模型试图考虑所有潜在的重要属性，而要目的地管理者进行全面竞争力管理是不可能的。事实上，这些因素对目的地竞争力的重要度是不同的。对管理者来说，识别并专注于特定方面的竞争力的管理来提高目的地整体竞争力更为重要。而其他学者提出的竞争力模型也因为适用范围和适用效度问题而难以推广。

首先，未来的竞争力管理模型需要在保证测量效果的前提下，在更少的情况下考虑更少的竞争力因素。其次，具体测量可以将主观指标和客观指标相结合使用。客观指标表达的是排除了个体体验感受的客观表现能力，而主观指标则表达了个体期望对目的地条件的评估，主要指旅游者主观期待的实现水平。因此，两种方法在本质上是互补的，因为竞争力的评估需要同时考虑个体（包括旅游者和利益相关者）感知的竞争力和客观测量的竞争力（包括到访游客数量、停留时间、花销等）[①]。

第三节　品牌形象与品牌个性

品牌源于营销领域，并逐渐延伸到旅游目的地品牌研究中（Morgan et al, 2003；Ritchie，1998；Blain，Levy and Ritchie，2005）。[②③]美国市场协会（1960）将品牌定义为：用以识别经营者或经营者集团的产品或服务的名称、术语、标记、象征、设计及其组合，以便和其他竞争者的产品或服务区别开来（Kotler，

---

① Zehrer, Smeral, Hallmann. Destination Competitiveness—A Comparison of Subjective and Objective Indicators for Winter Sports Areas[J]. Journal of Travel Research, 2017.

② Morgan, Pritchard, Piggott. Destination branding and the role of the stakeholders: The case of New Zealand[J]. Journal of Vacation Marketing, 2003, 9(3): 285-299.

③ Blain, Levy, Ritchie. Destination branding: Insights and practices from destination management organizations[J]. Journal of Travel Research, 2016, 43(4): 328-338.

1993）[1]。蔡（Cai[2]，2002）、郭永锐等[3]（2011）认为目的地品牌是通过选择一组一致的品牌要素组合，打造正面形象识别和区别一个目的地的过程。它传递了独特难忘的关于旅游目的地的旅游体验承诺，还有助于巩固和加强关于目的地体验愉快记忆的回忆（Pike，2005；Ritchie and Ritchie，1998）。[4]目的地品牌能帮助目的地创造一个更具有吸引力的形象，其影响旅游者的决策过程与行为，是一个强大的营销工具（Blain et al.，2005；Morgan and Prichard，2002）。[5][6]旅游目的地品牌战略就是发展与竞争旅游目的地不同身份和个性的过程（Morrison and Anderson，2002）。旅游目的地品牌战略理论经历了"形象派（Image School）"向"个性派（Personality School）"再到"品牌化（Branding）"的演变。

一、"形象派"与"个性派"

（一）"形象派"的主要理论与模型

关于旅游目的地品牌形象的研究兴起于20世纪50年代（Gartner and Levy，1955；Martineau，1957；Mayer，1958）。[7]"形象派"把形象作为旅游目的地品牌战略的核心任务（Ekinci，2003；Cai，2002），集中关注反映在游客脑海中的直觉、象征与印象（Dobni and Zinkhan，1990）。[8]甘恩（Gunn，1972）将旅游形象演变分为两个阶段，即原生形象（Organic Image）和引致形象（Induced Image）。原生形象主要是基于非旅游、非商业性的信息来源，如一般媒体（新闻、杂志、书籍、电影）、教育成果（学校课程）和家人、朋友的意见。随着越来越多商业信息来源，如旅游手册、旅游代理商和旅游指南的使用，原始形象得到修正，形成引致形象。

在此基础之上，艾奇特勒海和里奇（Echtnehe and Ritchie，1991）提出旅

---

[1] Kotler, Haider, Rein. There's no place like our place! The marketing of cities, regions, and nations[J]. Futurist, 1993, 27(6): 14-19.

[2] Cai. Cooperative branding for rural destinations[J]. Annals of Tourism Research, 2002, 29(3): 720-742.

[3] 郭永锐, 陶犁, 冯斌. 国外旅游目的地品牌研究综述[J]. 人文地理, 2011（3）: 147-153.

[4] Pike. Tourism destination branding complexity[J]. Journal of Product & Brand Management, 2005, 14(4): 258-259.

[5] Blain, Levy, Ritchie. Destination branding: insights and practices from destination management organizations[J]. Journal of Travel Research, 2016, 43(4): 328-338.

[6] Mangion, Durbarry, Sinclair. Tourism competitiveness: Price and quality[J]. Tourism Economics, 2005, 11(1): 45-68.

[7] Gartner, Ruzzier. Tourism destination brand equity dimensions: Renewal versus repeat market[J]. Social Science Electronic Publishing, 2011, 50(5): 471-481.

[8] Dobni, Zinkhan. In search of brand image: A foundation analysis[J]. Advances in Consumer Research, 1990, 17(1): 110-119.

游目的地品牌形象由三维连续体构成,即属性—整体、功能—心理、共有—独特,如图 8-7 所示[①]。加特勒(Gartner,1993)通过研究指出目的地品牌形象由认知、情感和意愿三个维度构成。艾奇特勒海、里奇和加特勒的理论相继得到推广和应用,其中认知形象和情感形象是最被广泛接受的目的地形象影响指标。

1. 艾奇特勒海和里奇的三维连续体概念模型

在这个模型中,目的地形象可以分为属性和整体两个成分,每个成分又包括功能的(有形的)和心理的(无形的)特性,这些功能和心理的特性又可以分为共有的和独特的两类。为获取目的地形象的所有维度,在目的地形象的测量实践中需要结合结构和非结构的方法。奎宋和基姆(Qu and Kim,2011)结合了艾奇特勒海、里奇和加特勒的理论,在加特勒的三维形象构成模型基础之上吸收了艾奇特勒海和里奇模型的独特形象这一指标,研究表明独特形象与感知形象、情感形象一起受整体形象的中介作用,最终对旅游意愿产生影响,如图 8-7 所示。

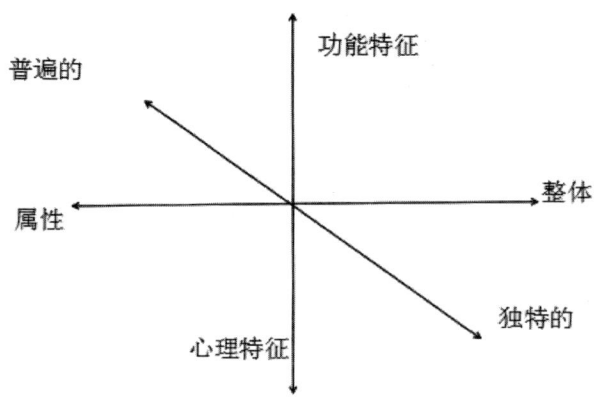

图 8-7 旅游目的地三维连续体模型

资料来源:Echtner, Ritchie. The measurement of destination image: an empirical assessment[J]. Journal of Travel Research, 1993, 31(4): 3-13.

2. 加特勒的三维形象构成模型

目的地形象由三个不同却相互关联的部分构成,即认知、情感和意愿。认知形象被看作有关目的地属性的观念和态度的总和。情感形象是与选择目的地时的动机相关的一种感觉和依恋。意愿是当所有内外部信息处理和决策做出后

[①] Echtner, Ritchie. The meaning and measurement of destination image[J]. Journal of Tourism Studies, 1991, 43: 1-8.

的行为倾向。此外,从目的地角度出发,加特勒将目的地形象构建视为不同代理商独立或合作最终使个体形成独特形象的连续过程,旅游者在不同阶段所接收的信息在可信度、市场渗透度和成本方面各有不同。从游客角度出发,巴洛格鲁和麦克里利(Baloglu and Mccleary,1999)提出了一个目的地形象构成通用框架,分析个人因素和刺激因素对目的地形象(认知形象、情感形象和整体形象)的影响,如图8-8所示[①]。

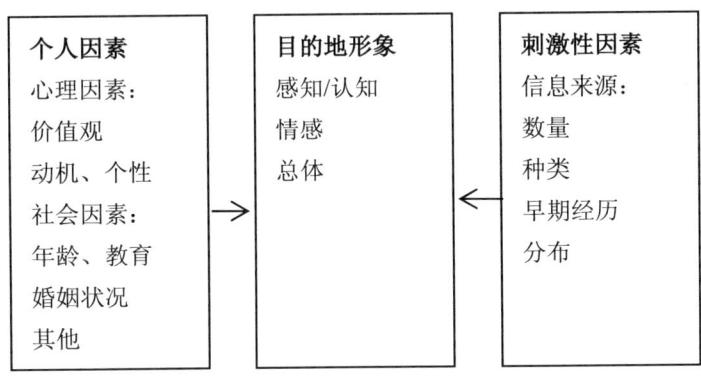

图 8-8 目的地形象构成通用框架

资料来源:Baloglu, Mccleary. A model of destination image formation[J]. Annals of Tourism Research, 1999, 26(4): 868-897.

(二)"个性派"——艾克(Aaker)的品牌个性量表

形象学派重视与竞争对手之间的形象差异因素,但忽视了游客的自身特征以及游客与品牌之间的情感关联(Rosaria,2012)。20世纪90年代,"个性派"在旅游目的地品牌战略研究中兴起,对品牌战略中的形象研究进行了补充与完善,假设将目的地品牌赋予某种个性特征有助于游客识别目的地,同时游客自身个性与目的地品牌个性之间的情感关联能够激发游客的旅游欲望(Ekinci and Hosany,2006;Murphy et al.,2007)。[②③]

以艾克的品牌个性量表为代表的品牌个性理论是目的地品牌个性派的理论源头。艾克(1997)运用访谈法构建出品牌个性的五大维度:真诚(Sincerity)、兴奋(Excitement)、才能(Competence)、教养(Sophistication)和强壮

[①] Baloglu, Mccleary. A model of destination image formation[J]. Annals of Tourism Research, 1999, 26(4): 868-897.

[②] Ekinci, Hosany. Destination personality: an application of brand personality to tourism destinations[J]. Journal of Travel Research, 2006, 45(2): 127-139.

[③] Murphy, Moscardo, Benckendorff. Using brand personality to differentiate regional tourism destinations[J]. Journal of Travel Research, 2007, 46(1): 5.

(Ruggedness)。2000年后目的地品牌研究引入品牌个性理论，将艾克的量表应用于目的地品牌个性的测量①，将目的地品牌个性定义为"游客所认同的目的地相互关联的一组个性特征"（Hosany and Ekinci，2006）。②在创造目的地独特个性过程中，品牌与旅游者之间建立的情感联系是目的地创造品牌差异的关键，而且品牌建设活动要集中传达目的地的精神与灵魂（Morgan et al.，2003）。③在品牌个性测量的具体操作方面以艾克的量表为基础，采用结构化（Murphy，2007；Pitt，2007；Sahin and Baloglu，2009；Lee，Soutar and Quintal，2010；Pereira et al.，2015；毛瑞谦等，2015）和非结构化的方式（Henderson，2000；Prayag，2007；Usakli and Baloglu，2011）。这两种方式各有其特点，都不能完整地测量出目的地个性特征，需要有机结合结构与非结构测量技术，以期获取较为全面的目的地品牌个性特征维度（Kumar and Nayak，2014）。④亨德森（Henderson，2000）把新加坡的目的地个性确定为世界性的、年轻的、活跃的、现代亚洲的、可靠的和安逸的⑤。埃金吉和霍桑尼（Ekinci and Hosany，2006）提炼出欧洲目的地的"真诚""兴奋""欢乐"3大个性⑥。基姆和莱赫托（Kim and Lehto，2013）认为韩国除了艾克提出的5大个性外，还具有"独特"与"家庭导向"。

尽管艾克的品牌个性量表得到广泛应用，但由于其并非专为旅游目的地而设计，有学者提出了质疑：在旅游目的地环境下量表中的一些项目明显是多余的，因为用这些项目定义目的地是不合适的，目的地的维度可以降为3个，即真诚、兴奋和欢乐（Hosany et al.，2006）。⑦与之相反，近期的一项研究证明了艾克的品牌个性量表在旅游目的地应用中的有效性（Aguilar et al.，2014）⑧。除了对目的地品牌个性的测量，学者们也在品牌个性与旅游者关系的研究中取

---

① Aaker. Dimensions of Brand Personality[J]. Journal of Marketing Research, 1997, 34(3): 347-356.

② Hosany, Ekinci, Uysal. Destination image and destination personality: An application of branding theories to tourism places[J]. Journal of Business Research, 2006, 59(5): 638-642.

③ Morgan, Pritchard, Piggott. Destination branding and the role of the stakeholders: The case of New Zealand[J]. Journal of Vacation Marketing, 2003, 9(3): 285-299.

④ Kumar, Nayak. The measurement & conceptualization of destination personality[J]. Tourism Management Perspectives, 2014, 12: 88-93.

⑤ Henderson. Selling places: the New Asia-Singapore brand[J]. Journal of Tourism Studies, 2000, 11(1).

⑥ Ekinci, Hosany. Destination personality: An application of brand personality to tourism destinations[J]. Journal of Travel Research, 2006, 45(2): 127-139.

⑦ Hosany, Ekinci, Uysal. Destination image and destination personality: An application of branding theories to tourism places[J]. Journal of Business Research, 2006, 59(5): 638-642.

⑧ Aguilar. Guillén, Roman. Destination Brand Personality: An Application to Spanish Tourism[J]. International Journal of Tourism Research, 2014, 18(3): 210-219.

得了进展，特别是引入自我一致性理论，即消费者倾向于那些与自己或者理想的自己相似的品牌或产品。最新研究表明实际的一致性和理想的一致性都可以对旅游行为意向产生积极的影响（Aguilar et al.，2011）[①]。

除了以艾克的品牌个性量表，个性派的另一个理论来源是以人格大五因素论（Big Five）为代表的人格特质理论（个性理论）。由戈德堡（Goldberg[②]，1981）提出，经由科斯塔和麦克雷（Costa and McCrae[③]，1985）完善的人格大五因素在人格特质研究方面影响巨大。大五因素包括经验开放性（Openness to Experience）、严谨性（Conscientiousness）、外向性（Extraversion）、和善性（Agreeableness）和神经质（Neuroticism），该理论也成为后来学者们进行人格特质目的地品牌个性测量的理论基础。

（三）形象派与个性派的关系

从概念上看，品牌形象通常被视为综合的概念，因此包括一些内在的特性或维度，如品牌个性（Plummer，1985；Patterson，1999）。不过学界并未就此达成统一结论，因为一些学者认为品牌个性是品牌形象的上位概念，也有学者认为品牌个性和品牌形象有同等的地位，即都是品牌识别的上位概念（Kapferer，1997）。将学者们对两者定义概念汇总比较不难发现二者内在的联系，两个概念都涉及感知和认知或心理等元素，而品牌个性是将品牌与人的个性相联系，即拟人化。因此从时间维度上说，品牌个性是品牌形象在消费者和品牌之间建立联系的结果[④]（Pereira et al.，2012），如图8-9所示。

实证研究也表明品牌形象和品牌个性存在联系，目的地形象的情感维度可以解释目的地个性的大部分维度（Hosany et al.，2006）[⑤]，从而证明了品牌形象概念的综合性。此外，从对旅游者行为的影响出发，品牌形象和品牌个性都对旅游意愿产生影响，但对初次旅游者和重复旅游者的行为，即推荐意愿和重

[①] Usakli, Baloglu. Brand personality of tourist destinations: An application of self-congruity theory[J]. Tourism Management, 2011. 32(1): p. 114-127.

[②] Goldberg. Language and individual diferences: The search for universals in personality lexicons[J]. Journal of Personality & Social Psychology, 1981, 59.

[③] Costa, MaCrae. The NEO personality inventory manual[J]. Odessa, FL: Psychological Assessment Resources, 1985. 1-44.

[④] Pereira, Correia, Schutz. Destination branding: A critical overview[J]. Journal of Quality Assurance in Hospitality & Tourism, 2012, 13(2): 81-102.

[⑤] Hosany, Ekinci, Uysal. Destination image and destination personality: An application of branding theories to tourism places[J]. Journal of Business Research, 2006. 59(5): p. 638-642.

游意愿的影响有差异（Baloglu，2014）[①]。因此，品牌研究需要对更多形象学派理论和个性学派理论的结合进一步探索，推动旅游目的地营销实践。

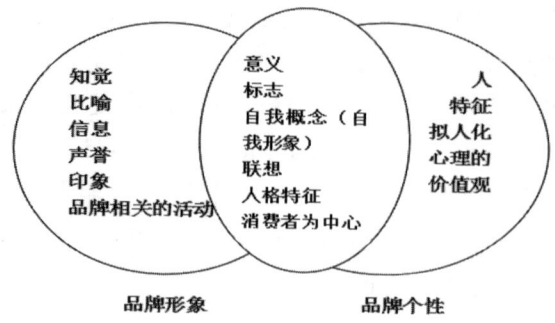

图 8-9　品牌形象与品牌个性的共同点及其具体要素构成

资料来源：Pereira, Correia, Schutz. Destination branding: a critical overview[J]. Journal of Quality Assurance in Hospitality and Tourism, 2012, 13(2): 81-102.

二、品牌化

与目的地品牌化概念相近的概念有目的地（再）定位（Gilmore，2002）、形象塑造（Curtis，2001；Cai，2002）和形象重塑（Hall，2002）。将目的地比作公司或品牌伞，因为就一个目的地的功能而言，其与生产不同的产品和服务品牌的公司类似（Gnoth，2002；Papadopoulos and Heslop，2002）。目的地品牌化的关键是与游客产生情感联系（Morgan et al.，2004），正如前文引用的莫里森和安德森（Morrison and Anderson，2002）的话：目的地品牌化是发展与竞争旅游目的地不同身份和个性的过程。埃金吉（Ekinci，2003）认为要成功塑造目的地形象需要经历 3 个阶段（如图 8-10 所示）：品牌形象→品牌化→品牌个性。第一阶段的目的地形象更多的是基于认知的，包括目的地主观知识的评价。当这种形象评价开始包含较强的情感依恋时，品牌化阶段就开始了。成功的品牌化包括通过满足旅游者的情感（如放松）和基本的需求（如吃的需求）来建立目的地和旅游者之间的相互联系，特别是可以建立目的地形象与旅游者自我形象的联系。品牌个性是其中的重要决定因素，品牌个性强调品牌形象中类似于人的特质，从而活化了目的地形象[②]。尹（Yoon，2002）指出了目的地人格化的三个条件：（1）有人的行为；（2）能够与环境互动；（3）特质的一致

[①] Baloglu, Henthorne, Sahin. Destination image and brand personality of Jamaica: A model of tourist behavior[J]. Journal of Travel & Tourism Marketing, 2014. 31(8): p. 1057-1070.

[②] Ekinci. From destination image to destination branding: An emerging area of research[J]. e-Review of Tourism Research, 2003, 1(2): 21-24.

和稳定。

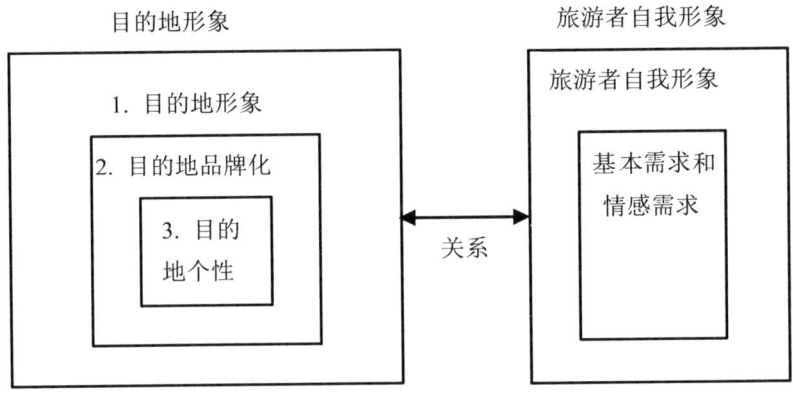

图 8-10 目的地形象与目的地品牌化

资料来源：Ekinci. From destination image to destination branding: An emerging area of research[J]. e-Review of Tourism Research, 2003, 1(2): 21-24.

（一）基于扩散激活理论的目的地品牌化模型[①]（以下简称 C-模型）

蔡利平（Liping Cai）认为目的地品牌化就是选择一致的元素组合并通过积极的形象塑造来识别和区分这些元素组合。基于安德森（1983）的激活扩散（spreading activation）理论，蔡利平（2002）吸收和扩展了加特勒的形象构成模型，提出了目的地品牌化模型，如图 8-11 所示。激活扩散理论将人的知识结构或记忆看作由节点和链接构成的网络，一旦一个节点被激活，激活就会沿链接扩展。如何激活和扩展取决于与激活节点相连的链接的数量和强度。从模型中可以看出目的地品牌化是一个循环过程，以品牌识别（Brand Identity）为中心，通过品牌要素组合、形象塑造、品牌联想（3As）和营销活动（3Ms）之间的动态链接激活扩散。激活扩散过程开始于选择品牌元素（如口号、标识、标语）组合。无论口号还是标识都能清晰地识别出目的地，形成强烈一致的品牌联想。品牌联想反映形象的属性要素、情感要素和态度要素，营销活动是营销方案、营销传播和次级联想管理的整合，保证了投射形象与感知形象的一致性。C-模型还指出了扩散激活作用产生的 4 个外在条件，即现有原生图像（Existing Organic Image）、现有引致形象（Existing Induced Image）、目的地尺度和结构（Destination size and Composition）以及定位和目标市场（Positioning and Target Markets），简称 4Cs。

---

① Cai. Cooperative branding for rural destinations[J]. Annals of Tourism Research, 2002, 29(3): 720-742.

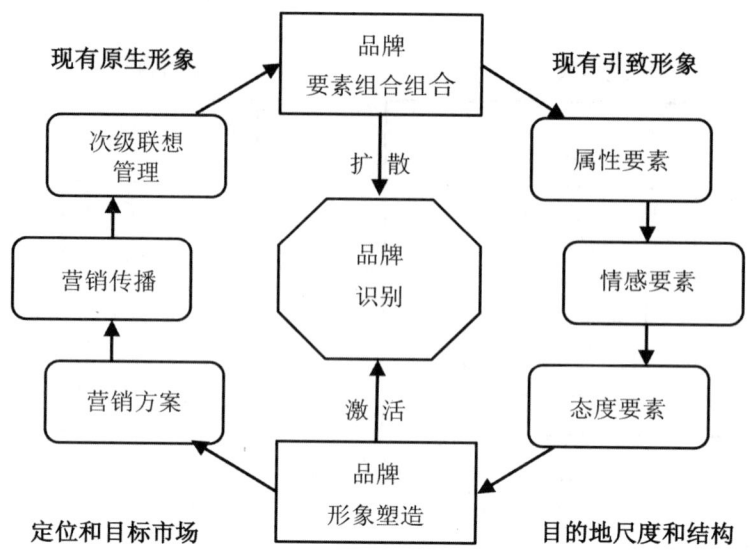

图 8-11　基于扩散激活理论的目的地品牌化模型

资料来源：Cai. Cooperative branding for rural destinations[J]. Annals of Tourism Research, 2002, 29(3): 720-742.

（二）目的地品牌化战略模型（以下简称 B-模型）

巴拉科瑞斯南（Balakrishnan，2009）在总结了 125 多个案例研究和相关文献后提出了目的地情境下的品牌化战略模型，如图 8-12 所示。巴拉科瑞斯南认为目的地品牌化过程主要围绕 5 个方面展开[①]。

1. 愿景和利益相关者管理

愿景是品牌化战略的起点，管理者在制定愿景时需要与所有利益相关者沟通和交流。首先，需要关注的是当地社区的期望和诉求。其次，目的地名称因为过去的历史会产生类似于原产地效应的作用，即品牌原产地影响消费者对品牌的评价，进而影响购买倾向。这种作用可能是积极的也可能是消极的，目的地应该更多关注中性或积极的形象实施品牌策略。

2. 目标市场和产品组合的匹配

要从客户的来源、消费潜力和心理特征等方面确定主要目标群体，目的地的产品和服务组合必须与总体品牌战略相结合，并以现有资源（Hankinson，2004）及其能够开发的资源为基础。目的地可以有目的地选择多样化产品组合

[①] Balakrishnan. Strategic branding of destinations: a framework[J]. European Journal of Marketing, 2009, 43(5/6): 611-629.

战略和品牌组合战略。目的地多样化产品组合能够降低风险、拓宽市场并促进忠诚度，更多的目的地正在开发基于商业或基于假期的产品组合（Hankinson，2005，2004）。地方也在通过远离历史印记来进行自我再造，一些成功的旅游目的地品牌重塑策略包括娱乐、体育、文化和生态旅游（Ibrahim and Gill，2005）。品牌组合战略是以创造协同作用、杠杆作用和明确作用为目标，涉及的品牌不仅包括组织内的品牌，还包括虽在组织外部但与内部品牌的联系得到积极管理的品牌（Aaker，2004）。通过光环效应和外部验证，可以利用任何具有更大价值的要素品牌来提高品牌的价值、竞争地位，增加购买意愿。由于品牌资产与全球消费者文化有关联，目的地与世界级品牌的关联可以提高游客的舒适度，减少游客的不和谐感。

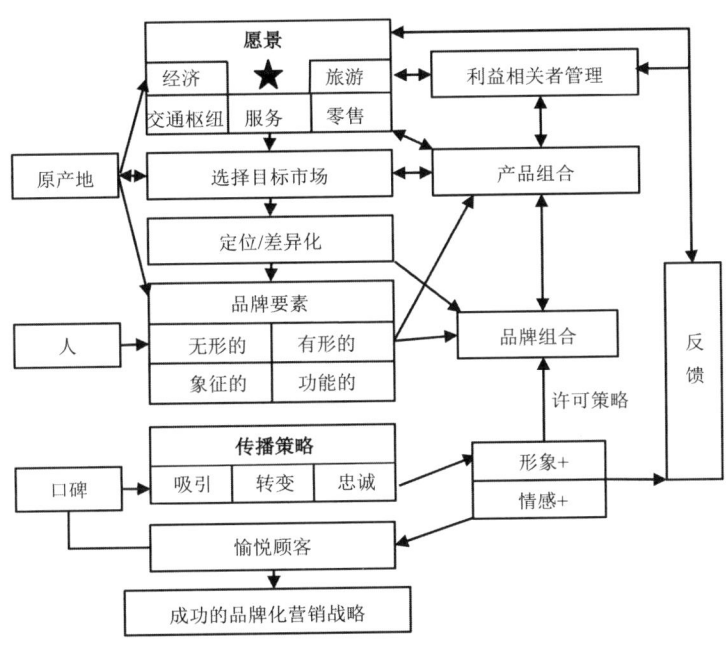

图 8-12　目的地情境下的品牌化战略模型

资料来源：Balakrishnan. Strategic branding of destinations: a framework[J]. European Journal of Marketing, 2009, 43(5/6): 611-629.

3. 使用品牌要素定位和差异化策略

差异化策略旨在目标客户中留下清晰独特的形象，这些形象必须在所有媒体营销中保持一致。目的地必须选择品牌要素组合来吸引消费者，帮助消费者做出决策和建立忠诚度。这个过程从客源地开始，在目的地逗留中强化，在回程和再次访问时修正。品牌要素可以是有形的或无形的，是功能性的或象征性的。目的地应集中在少数（3~7 个）有形和功能的目的地属性上，而不是"全面发展"战略（Woodside and Dubelaar，2002；Woodside and Trappey，2001），也有研究表明象征性价值赋予了目的地可持续竞争优势（Mowle and Merrilees，2005）。

4. 传播策略

在目的地营销渠道中，报纸、电视、杂志和收音机比在线广告更值得信赖。旅游者偏爱基于口碑选择目的地，一旦选择再通过网络资源来缩小范围。

5. 反馈和响应管理策略

在管理目的地品牌时，可以通过市场调查来减少理想和现实品牌营销的差距。但目的地必须提供真实而非夸大的信息（Palumbo and Herbig，2000）。品牌的网络民族志（Martin et al.，2007）、口碑效应（Wangenheim and Bayon，2004；Grace and O'Cass，2002；Ennew et al.，2000；Gremler and Brown，1999）、纪念品策略等都有助于反馈和响应方面的管理。目的地必须管理好其许可策略以维持品牌标准和正确表征（Rangan et al.，2006）。

（三）基于利益相关者的目的地品牌化模型（以下简称 S-模型）

C-模型和巴拉科瑞斯南（Balakrishnan）的模型分别从理论和实践方面为目的地品牌化提供了思路，但从涉及的对象可以看出，C-模型是以旅游者为核心，巴拉科瑞斯南的模型开始考虑其他的利益相关者，而加西亚等人（García et al.,2009）则更进一步，提出基于利益相关者利益的目的地品牌化模型[①]，不过从功能上看 S-模型更侧重于对目的地品牌化的评价，如图 8-13 所示。

S-模型是由贝里（Berry，2000）的服务品牌化模型转化而来，从原来六要素，即现有品牌（Present Brand, PB）、外部品牌传播（宣传和口碑传播）、消费者体验、品牌知名度（Brand Awareness, BA）、品牌意义（Brand Meaning, BM）、品牌资产（Brand Equity, BE）中选取了 PB、BA、BM、BE 四要素作为利益相关者视角的目的地品牌化测量指标。PB 是指一个公司概念化和推广的品牌信息（如名称、标识及其可视化表示），在 S-模型中，PB 通过令人心动的（appealing）、有吸引力的（attractive）和感兴趣的（interesting）（Wells，1964）3 个指标来衡量。BA 指识别和回忆起一个品牌的能力（Aaker，1991；Berry，2000；Berry and Seltman，2007），反映品牌在消费者心中的突出地位（Aaker，1991），依次分为能识别、能想起和主导 3 个层面。BM 指利益相关者对品牌的主要看法（Berry，2000），测量指标为可靠、感受、鲜明的个性和信任。艾克（Aaker，1991）将

---

① Garcia, Gomez, Molina. A destination-branding model: an empirical analysis based on stakeholders[J]. Tourism Management, 2012, 33(3): 646-661.

BE 定义为与品牌等相关的现实的或感知的资产或负债,通过感知质量、忠诚度和口碑 3 个指标衡量。

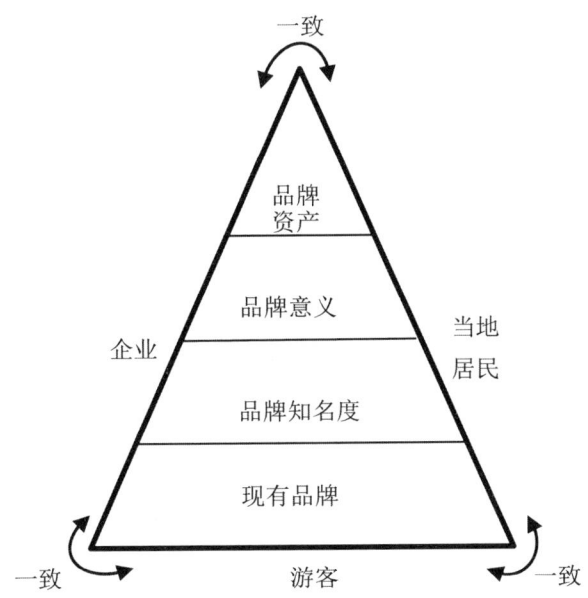

图 8-13 基于利益相关者的目的地品牌化模型

资料来源:García, Gómez, Molina. A destination-branding model: an empirical analysis based on stakeholders[J]. Tourism Management, 2012, 33(3): 646-661.

模型的另一个重要思想是强调利益相关者之间的一致性对于实现目的地品牌成功的重要性。基于利益相关者的品牌资产概念与基于旅游者的品牌资产概念相比更为合适。管理者只有长期有效地协同管理每一个利益相关者,地方品牌战略才能成功。基于旅游者、当地居民和企业对目的地品牌 4 个维度的不同评价,加西亚等人还构造了称为"三维钻石成功指数"(Success Index of Triple-Diamonds, SITD)的评价指数。SITD 指数大小范围在 0~150,通过 SITD 指数不仅可以横向分析竞争目的地的品牌化情况,也可以纵向分析某一目的地品牌化演变过程,从而为品牌化管理实践提供参考。

三、品牌理论的局限与趋势

纵观品牌理论的发展史可以发现,品牌理论从最初的品牌识别(什么是品牌)形成了"形象派"和"个性派"两大主要学派,过渡到品牌化(如何打造品牌和评价品牌),过程中取得了很多成果,但也有一些不足。在品牌识别阶段,品牌个性学派虽然在形象学派基础上研究完善了旅游目的地品牌战略理论,但其品牌测量方法上仍存在不足。首先，旅游目的地不同于人类和一般的商品，它作为一个"地方"存在天然的"自然与人文"二元性，很难统一为某一种个性。纵观国内外优秀旅游目的地品牌多数采用自然与人文"二元基因"，如"晋善晋美"的"善"与"美"、"灵秀湖北"的"灵"与"秀"、"诚义燕赵、胜境河北"的"诚义"与"胜境"等。其次，人类和旅游目的地的本质存在着不同之处（Kassarjian，1971；Pereira et al.，2009）[1][2]，基于人类性格特征的分类量表无法准确表述目的地的个性特征，并不能完全适用于所有目的地的品牌测量，存在一定的片面性（Hosany and Ekinci，2003；Back and Lee，2003；Douglas and Mills，2006）。[3][4][5] 最后目的地品牌个性理论缺乏对目的地、客源地与竞争地三者竞合关系的综合考虑。埃金吉（Ekinci，2003）做出了尝试，在其建构的模型中，目的地形象由整体形象、目的地品牌和品牌个性3部分构成。目的地形象与旅游者的自我形象联系在一起[6]。自我形象和目的地形象之间的这种联系，即目的地和客源地之间的联系，反映了生活方式和价值体系等因素在目的地选择过程中的关键作用。此外，世界旅游组织专家摩根（Morgan，2002）综合多种理论提出了旅游目的地品牌金字塔模型，指出旅游目的地品牌的选择需要通过 SWOT 分析找出目的地最重要的资产（理性归属），继而通过消费者分析找出游客对目的地的情感利益，再通过竞争者分析确定目的地品牌个性，然后确定定位，最后确定目的地品牌的基因（UNWTO，ETC，2009），如图 8-14 所示。未来的旅游目的地品牌研究需要在考量品牌个性，重视与目的地游客的情感关联的同时不忽略目的地本身物化的属性，同时兼顾与竞争地的差异化，实现目的地品牌的全面、科学管理。

---

[1] Kassarjian. Personality and consumer behavior: A review[J]. Journal of Marketing Research, 1971, 8(4): 409-418.

[2] Pereira, Correia, Schutz. Towards a taxonomy of a golf-destination brand personality: Insights from the Algarve golf industry[J]. Journal of Destination Marketing & Management, 2015, 4(1): 57-67.

[3] Hosany, Ekinci, Uysal. Destination image and destination personality: An application of branding theories to tourism places[J]. Journal of Business Research, 2006, 59(5): 638-642.

[4] Back, Lee. Brand personality and its impact on brand loyalty in the upper-upscale hotel industry[C]//Proceedings of the first Asia-Pacific CHRIE conference, 2003: 205-215.

[5] Douglas, Mills. Logging Brand Personality Online: Website Content Analysis of Middle Eastern and North African Destinations[C]// Information and Communication Technologies in Tourism, Enter 2006, Proceedings of the International Conference in Lausanne, Switzerland. DBLP, 2006: 345.

[6] Ekinci. From destination image to destination branding: An emerging area of research[J]. e-Review of Tourism Research, 1(2): 21-24.

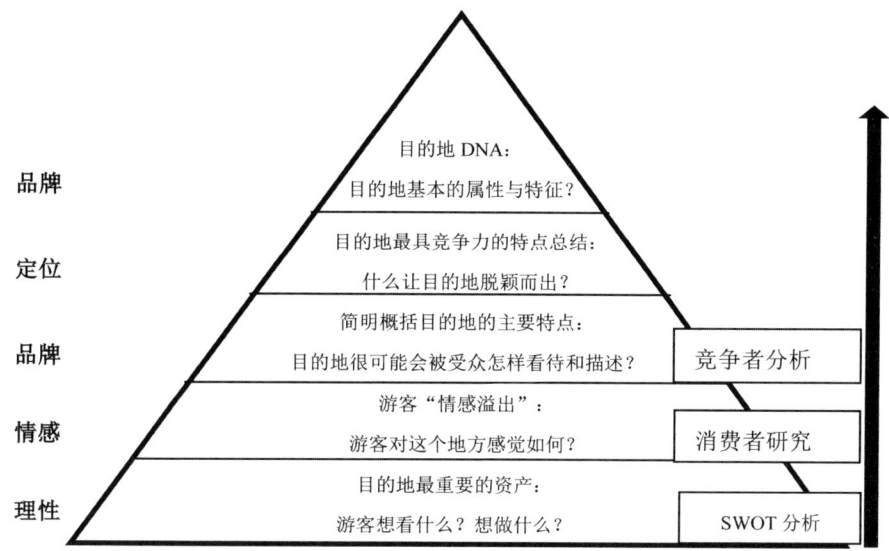

图 8-14 目的地品牌金字塔模型

资料来源：Anholt, S. Handbook on tourism destinations branding[M]. World Tourism Organization, 2009.

品牌化阶段中存在的研究空白和趋势有：（1）对品牌口号和标识的有效性研究。一直以来，目的地的营销推广活动都被认为缺乏创意，市场反应冷淡，这些活动生命周期短暂并且不能区别于其他竞争地。鉴于目的地多用口号和标识作为自己的品牌定位，学者们应该更多关注营销活动口号和标识成功因素的研究（Pike，2009）。有学者已经做出了这方面的探索，加里尔特（Galiet，2017）在研究了150多个成功目的地，并从国家、区域和城市3个地理层面进行分析，发现不同区域层面目的地口号的共同点是语言简单并具有排他性的吸引力，强调情感成分。不同点在于：首先，国家和城市层面的策略与区域层面的品牌策略有所不同，表现在国家和城市层面倾向于将品牌名称和标识相结合，区域层面则不会。其次，品牌标识的侧重点不同，国家和城市层面重点强调"优而选"，区域层面强调与竞争目的地共有的属性。（2）目的地政策在品牌化中的作用。尽管利益相关者管理和政策一直是品牌化管理的关键问题（Pride，2001；Balakrishnan，2009），但很少研究当地产业政策在公私合作中的作用（Pike，2009）。杰森·瑞恩和沙丽·西尔万托（Jason Ryan and Sari Silvanto，2010）专门对遗产地的政策因素进行了研究，发现民主性的作用要高于经济、管理质量和旅游业的作用，政策的不稳定性反而没有很大影响[1]。

第四节 危机管理

一、旅游危机研究的兴起

国外对于旅游危机的研究起源于20世纪70年代。1974年，在当时的世界旅游业（尤其是发达国家）遭受世界范围内的能源危机严重冲击的背景下，旅行研究协会（The Travel Research Association）开始关注危机，召开了主题为"旅行研究在危机年代中的贡献"的年会，探讨旅行和旅游在面对灾难与危机时的脆弱性，这是业界在旅游业危机管理方面的首次努力。尽管这次会议的报告集中于对某类危机影响的描述和汇报，但还是在旅游科学和实践中领先引入了关于危机的重要研究课题[2]。为了帮助各个成员国能更好地应对危机，世界旅游组织（WTO）专门在2001年11月成立了一个新的下属机构——危机委员会（后改名为旅行和旅游恢复委员会），及时出台各种指导性规章条例。同年，福克纳（Faulkner）发表了题为 Towards a framework for tourism disaster management 的文章，指出不论是自然还是人为的危机和灾难，其数量的上升都影响了旅游及相关产业的发展。过去，旅游业经历的灾难和危机涉及恐怖袭击、政治动乱、经济衰退、生物安全威胁和自然灾害。他还指出了当时旅游危机研究存在的空白，自此开启了旅游危机和灾难的研究热潮。

二、混沌理论下的旅游危机管理框架

（一）危机概述

危机指组织的任何作为或不作为，干扰了组织职能的持续、目标的实现和组织的生存，或被大多数或部分员工、用户认为产生了不利的影响。危机与灾难的区别在于事件本身在多大程度上是由组织自身造成的。从这个角度出发，危机可以描述为那些根本原因是由组织自身造成的，原因可能是无效的管理结构或者不能适应变化；而灾难是组织面临的突发、不可预知的和无法掌控的灾

---

[1] Jason Ryan, Sari Silvanto. World Heritage Sites: The Purposes and Politics of Destination Branding[J]. Journal of Travel & Tourism Marketing, 2010, 27(5): 533-545.

[2] 邓冰，吴必虎，蔡利平. 国内外旅游业危机管理研究综述. 旅游科学，2004（3）：p2.

难性变化[①]（Faulkner，2001）。

危机可以分为三类：突发性危机，生成性危机和持续性危机。突发性危机没有任何预警，因此在危机来临之前组织无法进行研究或预防。生成性危机发展较慢，可能被组织的行动制止或控制。持续性危机可能持续几个星期、几个月或几年[②]。

每个危机可以划分为不同的生命周期，包括事前期、先兆期、产生期、事中阶段、恢复期、解决阶段（Faulkner，2001）。危机生命周期的划分有助于管理者在危机的不同阶段采取不同策略阻止或促使危机进入下一阶段，但是危机管理问题的复杂性不仅表现在时间有所限制、可控性差和不确定性上，识别危机所处的阶段也存在困难，混沌理论的提出为危机管理提供了理论指导。

（二）混沌理论

混沌理论认为，宇宙本身处于混沌状态，一件微小的事情足以产生变异而威胁整个系统的完整性和连贯性，蝴蝶效应即是混沌理论的一个例证。另外，混沌理论认为混沌是一个创造的过程而非破坏的过程。一旦一个系统被某个危机或灾难推过临界点，系统整体可能被摧毁，也可能恢复到原来的结构，甚至产生一个新的更高效的结构。福克纳和罗素（Faulkner and Russell，1997）将混沌理论应用到旅游领域，将危机管理看作一个创造过程。旅游目的地创造性地设计其营销活动可以使其从危机提供的转型机会中受益并取得潜在的积极效果，从而抵消原有的破坏性影响。通过有效的动态营销及管理，目的地可以将危机转化为其发展的催化剂，重新取得其危机前的地位，甚至拥有一个全新的更富有活力的旅游系统。由此，福克纳（Faulkner，2001）建立了一个用来分析和制定旅游危机管理策略的 TDMF（Tourism Disaster Management Framework）模型。

（三）福克纳的 TDMF 模型及其发展

福克纳通过对一系列与旅游业中不可预期事件的影响相联系的问题进行研究，发现现有模型如卡西迪（Cassedy）模型和德拉贝克（Drabek）模型不能为旅游业应对灾难和危机提供有效的概念框架。基于特纳和昆兰特里（Turner and Quarantelli）的研究，福克纳增加了"灾难生存战略"和卡西迪与德拉贝克建立的旅游灾难战略的组成要素，提出了 TDMF 模型，成为目前旅游业危机管理中最为普遍采用的模型，如表 8-4 所示。

[①] Faulkner, Wilks, Page. Towards a framework for tourism disaster management[J]. Tourism Management, 2001, 22(2): 135-147.

[②] Parsons. Crisis management[J]. Career Development International, 1996, 1(5): 26-28.

表 8-4　TDMF 模型

灾难过程阶段	灾难应对管理的组成要素	灾难管理战略的主要组成部分
1. 事前阶段 此时可以采取行动以阻止或减轻潜在灾难的影响	前兆 • 识别相关的公共/私人部门机构/组织 • 建立合作/协商框架和沟通系统 • 建立、记录和沟通灾难管理战略 • 教育产业股东、员工、顾客和社区居民 • 同意草案或承诺协议 • 建立一个联合的行业/政府灾难协调委员会	风险评估 • 对潜在灾难及其发生的可能性进行评估 • 潜在灾难的成因和影响及其系列发展 • 建立灾难统一规划 • 建立一个预测能力 • 识别可能的公共部门政策应对
2. 前兆 此时很显然灾难即将来临	动员 • 警告体系（包括大众传媒） • 建立灾难管理命令中心	灾难一致性规划 • 确认可能的影响及处于危险境地的人群 • 评价社区和顾问处理影响的能力 • 清楚阐述各个（具体的灾难）一致性规划的目标 • 确认各个阶段可以避免或最小化消极影响所应采取的必要行动 • 修正各个时期战略的优先轮廓 　前兆 　紧急情况 　危机中间阶段 　长期（恢复） • 依据以下几点继续回顾和修正 　经验 　组织结构改变和人事变动 　环境改变 • 事件过去以后对风险评估进行回顾
3. 发生 人们已经感觉到灾难的影响，应该采取措施保护人们的生命和财产	行动 • 救援/评价程序 • 媒体大战以使人们恢复信心或者获得新的市场 • 决定政府援助所需的水平 • 其他的安全策略	
4. 事中阶段 此时人们的短期需求受到重视，活动的主要焦点集中在恢复服务和使社区生活恢复正常	恢复 • 破坏审查/监视系统 • 清扫和修复 • 媒体沟通战略	
5. 长期（恢复） 前面阶段的延续，那些无暇顾及的项目在这个阶段会得到处理，事后的调查分析、自我分析、复原	再造和重新评估 • 对被破坏的地区和设施进行修复和复原 • 安慰受害者 • 恢复商业、消费者信心发展投资计划 • 听取修改后的战略汇报 • 公共部门资金支持需要	
6. 解决阶段 秩序恢复或者新的更好的秩序状态形成	回顾 • 回顾政策成功或失败，校正任何缺点	

TDMF 模型框架有 3 个主要部分：第一，危机过程分析。主要包括事前、前兆期、发生时、事中、长期恢复和解决 6 个主要阶段，始于事前阶段，结束于解决阶段。第二，细化危机管理应对过程要素。第三，灾难管理战略的主要组成部分概述。对于大多数危机来讲，第一部分和第三部分都是类似的，第二部分却会因灾难类型的不同而不同。在随后的研究中，福克纳和维库洛夫（Faulkner and Vikulov，2001）运用 TDMF 对 1998 年发生在澳大利亚凯瑟琳的洪水对旅游业产生的影响进行了研究。他们发现，TDMF 既可以用作事前的规划工具，也可以作为灾难发生时的管理模板。但是，TDMF 处理大型灾难的能力尚未成熟，而且也没有形成合适的框架。在现实中，除了处理单个的大型灾难的需要外，还需要建立一个可以处理多个危机和灾难的模型[1]。

福克纳模型的优点在于它不仅仅关注重大事故本身，而且延伸到事前预防。亨德森（Henderson，2003）利用福克纳模型对新加坡航空公司空难危机进行了实证研究，并指出危机还会引导学习过程[2]。在上述理论中暗含着危机难以避免的假设。因此，他们都倾向于危机影响的缓解战略，而非危机的预防。尽管该模型比原有的模型迈了一大步，但是对它的检验只是在一个范围相对较小的灾难中。TDFM 看上去有很强的可操作性，对于具体的灾难类型有很好的适应性和灵活性，但作为一个管理工具还从未尝试过应用于大型危机和灾难。

在福克纳模型基础上，保罗和孔（Paul and Kong，2004）认为政府失误和公众过度反应等都会对危机恢复产生影响，由此建立了扩展的旅游危机管理模型，如图 8-15 所示[3]。里奇（2004）在福克纳模式的基础上构建了旅游危机与灾难管理的战略和整体框架，将福克纳的管理机制中的各部分划分为危机的 3 个主要阶段：预防与计划、应用、评估与反馈。里奇还指出旅游危机管理研究不应只限于旅游领域，而应借鉴企业管理、公共关系和传播管理等相关领域的理论和概念[4]。

---

[1] Faulkner, Vilulov. Katherine, washed out one day, back on track the next: a post-morterm of a tourism disaster[J]. Tourism Management, 2001, 22, 331-344.

[2] Henderson. Communication in a crisis: Fights SQ 006[J]. Tourism Management. 2003a, 24(3), 279-287.

[3] Paul Leung, Creamy Kong. A Typical Case of Crisis Management: The Outbreak of a typical Pneumonia (SARS)[C]// Asia Pacific Tourism Association Tenth Annual Conference Proceedings, Nagasaki, Japan, July 4-7, 2004. 73.

[4] Ritchie. Chaos, crises and disasters: A strategic approach to crisis management in the tourism industry[J]. Tourism Management, 2004, 25(6): 669-683.

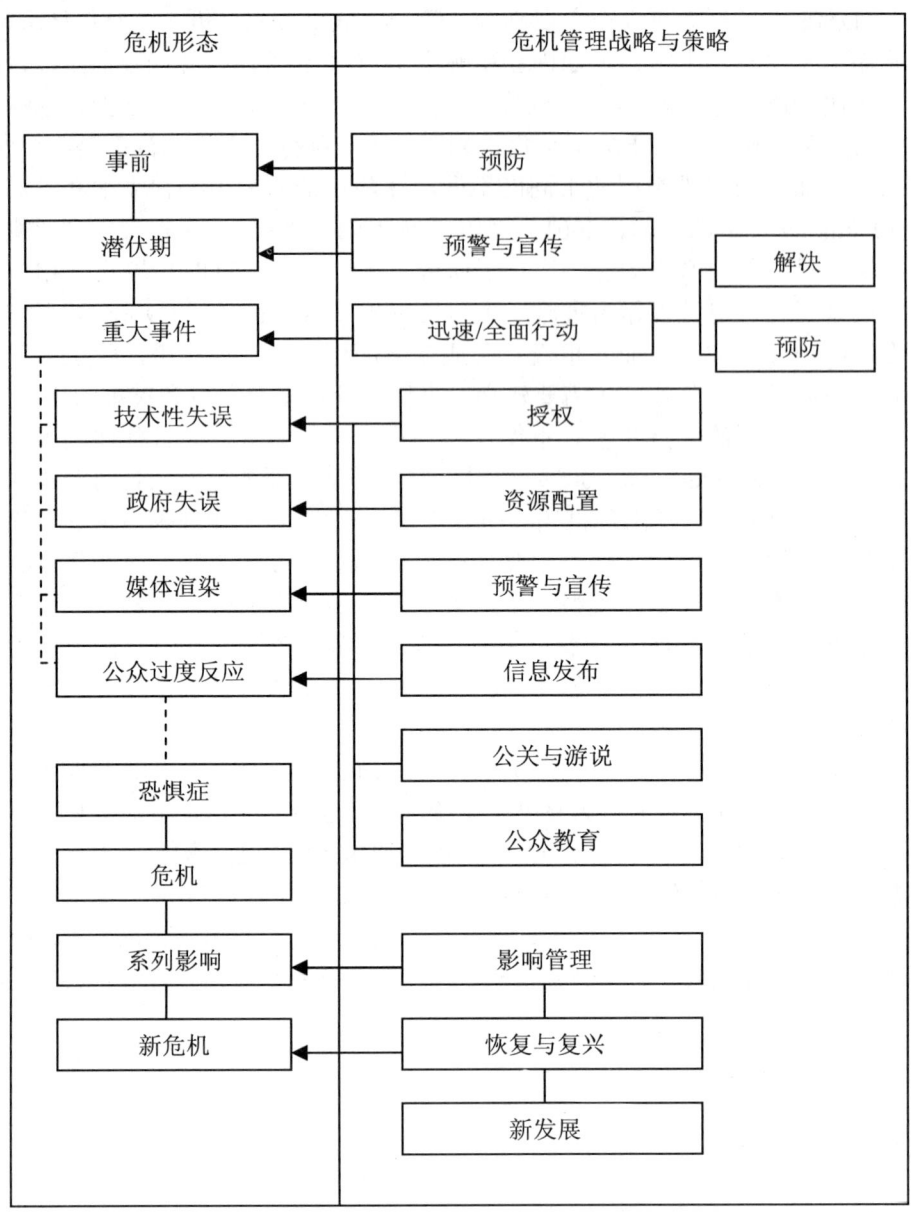

图 8-15 扩展的危机管理模型

资料来源：Paul Leung, Creamy Kong. A Typical Case of Crisis Management: The Outbreak of a typical Pneumonia (SARS) [C]//Asia Pacific TourismAssociation Tenth Annual Conference Proceedings, Nagasaki, Japan, July 4-7, 2004, 73.

三、4R（Reduction，Readiness，Response，and Recovery）模型

黄等人（Huang et al.，2007）将 1986 年至 2006 年学者提出的 11 个危机管理模型分为 4 类：（1）生命周期模型（Fink，1986；Roberts，1994；Faulkner，2001；Luhrman，2005）；（2）战略模型（Preble，1993，1997）；（3）行动导向模型（Mitroff，1988；Pearson and Mitroff，1993；Burnett，1998；Wilks and Moore，2005）；（4）综合模型（Moe and Pathranarakul，2006）。其中应用于旅游危机管理研究的除了生命周期模型中的 TDMF 模型，还有行动导向模型中的 4R 模型[①]（Penningtongray，2010）。4R 模型将危机管理分为四个基本阶段：缩减（Reduction）、预备（Readiness）、反应（Response）、恢复（Recovery）。

在缩减阶段，重点是通过潜在危机识别、确保政治意识和制定标准操作程序来提高危机意识，以应对危机对旅游业可能产生的影响，主要通过 SWOT 分析完成。准备阶段指的是制定战略计划来管理潜在危机，包括行动计划和沟通计划，主要从以下 3 个方面着手，以保证生命财产安全：（1）危机管理计划；（2）社区意识计划；（3）安全管理行动计划。反应阶段指在实际的危机期间对计划战略的实施。这一阶段包括计划执行和其有效性评估。在反应阶段，目的地进行应急反应测试，测度危机期间消费者态度和行为的变化，对目的地的家庭、游客、员工及其家属进行救助并促进沟通。恢复阶段是指通过控制危机的影响使社区恢复正常的程序和计划。这一阶段包括业务连续计划、针对受危机影响员工的人力资源计划以及危机后的评估过程。最后，通过反馈对计划进行调整，启用新的经过测试的战略。反馈程序很重要，因为吸取过去危机中的经验教训，可以提高计划的总体质量。

彭宁顿-格雷（Pennington-Gray，2010）运用 4R 模型对美国佛罗里达州旅游组织的危机管理计划进行分析，发现组织越大越能提供有效的管理政策。彭宁顿-格雷的研究并非限于对目的地管理组织的研究。2013 年，彭宁顿-格雷从旅游者角度，探索性地研究了旅游者对美国危机预防证书的认知，发现目前旅游者虽然对危机预防证书与认知、安全、福利和未来旅行的关系持中立或者不确定的态度，但认为认证书的认证有助于目的地准备得更好，更加安全[②]。

---

① Penningtongray, Cahyanto, Thapa et al. Destination management organizations and tourism crisis management plans in Florida[J]. Tourism Review International, 2010, 13(4): 247-261.

② Penningtongray, Schroeder, Wu et al. Travelers' perceptions of crisis preparedness certification in the United States[J]. Journal of Travel Research, 2013, 53(3): 353-365.

四、评述与展望

旅游危机管理研究经过几十年的发展，已经开发出一批相对成熟的危机管理模型，但从学科理论发展和旅游实践现实需求来看，旅游危机的研究刚刚起步。旅游危机的概念、分类、特征、影响机理等基础性理论亟待系统梳理和规范，对旅游危机管理系统和旅游危机各阶段的影响评估有待深入。总体来说，还存在以下问题值得继续探讨：第一，在旅游危机和灾难管理理论或概念框架方面，研究应该从简单描述管理者在危机前、中、后应该怎么做的模型转向验证模型，完善危机管理概念和理论来说明旅游危机管理为什么成功或失败[1]。另外，鉴于旅游研究涉及的内容广泛，可以借鉴其他学科的理论和概念，目前已经有学者应用到了传播学、环境管理学的理论，如刘和彭宁顿-格雷（2016）运用扩展平行程序模型研究了人们对于邮轮旅游危机的反应[2]，加德利等人（Ghaderi et al., 2016）研究了旅游危机管理情境下的组织学习[3]。其他可以借鉴的学科还有规划学、政治学等。第二，在研究范式方面，除了混沌理论在旅游危机管理中的应用研究以及验证危机管理模型的案例研究，另外两种范式，即量化旅游业对危机和灾害的准备与反应并通过计算机模型进行预测的实证主义方法、探索公共和私营部门管理者对待危机与灾害的态度和观点的现象学方法，同样会为旅游危机管理研究提供新的思路。

---

[1] Ritchi. Chaos, crises and disasters: a strategic approach to crisis management in the tourism industry[J]. Tourism Management, 2004, 25(4): 669-683.

[2] Liu, Pennington-Gray, Krieger. Tourism crisis management: Can the Extended Parallel Process Model be used to understand crisis responses in the cruise industry?[J]. Tourism Management, 2016, 55: 310-321.

[3] Ghaderi, Ahmad, Wang. Organizational learning in tourism crisis management: An experience from Malaysia[J]. Journal of Travel & Tourism Marketing, 2014, 31(5): 627-648.

第九章　服务管理

质量，就其目标而言，在于在为顾客创造价值、为企业创造利润的价格基础上，不断提供产品和服务，以达到或超过顾客期望。在产品质量基本相同、核心产品价格基本相同的情况下，提升服务是形成别人无法替代的顾客价值创造，超越竞争对手的唯一正确途径。20世纪八九十年代，随着旅游资源同质化现象的日益严重，越来越多的旅游企业开始重视自身的服务质量。事实上，服务质量问题也已经引起旅游部门管理者、游客及旅游学者的广泛关注。正如哈德森和谢帕德（Hudson and Shephard，1998）所言："服务质量已日益成为凸显旅游产品，构建旅游业竞争优势的必备条件。"[1]

服务质量的研究发端于"服务工业化的观点"（Levitt，1972），即将制造业企业的管理方法用于服务业企业的管理，使服务业的运作活动"工业化"，只关注服务业的某些生产运作环节与制造业的相似处。因这一时期服务的消费需求特征表现为规模大而品种单一，研究学者将重点放在服务设计、服务程序等的标准化研究上[2]。与此同时，大众旅游以其固定的价格、标准化的服务以及大批量的销售形式成为逐渐兴起的旅游热点，越来越多的学者开始将标准化管理的基本原则和方法运用于旅游行业。

随着顾客的需要越来越趋向个性化与差异化，对服务人员的需要也越来越趋向个性化与差异化，顾客与服务人员已经无法从标准化、无差错服务上得到个性化的价值满足，倡导个性化旅游服务的新旅游理论框架诞生。然而，追求个性化需求、强调定制化服务却极大地提高了服务失误率，并由此带来顾客抱怨。如何在失误发生后进行补救，以及如何提高补救水平以维护客户满意水平，提升企业形象逐渐成为理论界研究的热点问题，学者们开始广泛地开展"服务补救"的研究工作，相关的研究成果也逐渐增加。与此同时，大量研究者开始

---

[1] Hudson, Shephard. Measuring service quality at tourist destinations: An application of importance-performance analysis to an alpine ski resort[J]. Journal of Travel & Tourism Marketing, 1998(7): 61-77.

[2] Levitt. Production-line approach to service[J]. Harvard business review, 1972, 50(5): 41-52.

以行业的调查研究和案例研究为主，采用经验和实证的研究方法开始探索服务质量评价的理论和模型，至今它们仍然得到普遍的应用。

因此，标准化注重的是规范和程序，个性化强调灵活性和有的放矢；标准化强调整体形象和效率，个性化提倡主观能动性和效益；标准化服务注重掌声四起，个性化服务追求的是锦上添花；标准化需要严谨的全局理念和规章制度，而个性化需要浓厚的感情因素和情感投入。标准化旅游服务和个性化旅游服务是旅游服务质量管理的两翼，是全面提升旅游产品质量和服务水平，进而提升旅游企业基本素质和竞争能力的两大法宝。

第一节　标准化

一、标准化旅游服务的起源

20 世纪 60 年代以来，全世界进入了现代管理的新阶段，标准化随之扩展到社会生活的各个领域。标准化是为了在一定范围内获得最佳秩序，对现实问题或潜在问题制定共同使用条款和重复使用条款的活动。20 世纪 80 年代，标准化应用于旅游产业。标准化旅游服务是通过制定和实施旅游服务标准，运用标准化基本原则和方法，以达到旅游服务质量目标化、旅游服务方法规范化、旅游服务过程程序化，从而获得优质旅游服务的过程。

二、标准化管理的原理

（一）桑德斯七项原理

英国标准化专家桑德斯，曾任 ISO 标准化原理委员会主席，于 1972 年出版了《标准化的目的与原理》一书，该书系统地总结了标准化的活动过程，即"指导—实施—修订—再实施"过程的实践经验，分析并阐述了标准化活动的目的、作用和方法[1]。主要观点有以下几点：

1. 标准化从本质来看，是人们有意识地达到统一的做法。标准化不仅是为了减少当前事物的复杂性，也能预防事物将来产生不必要的复杂化。

2. 标准化不仅是经济活动，也是社会活动，标准化工作应在社会各方面的通力协作下推进。

---

[1] 桑德斯. 标准化的目的和原理[M]. 北京：科学技术文献出版社，1974.

3. 标准发布的目的是实施，不实施的标准是没有意义的。在标准实施过程中，可能为了整体利益的最优化而牺牲局部的利益。

4. 制定标准要慎重地选择对象和时机，并保持相对稳定。

5. 标准在规定的时间内，应根据需要进行复审和必要的修订。

6. 在规定产品的性能或其他特点时，必须规定相应的测试方法和必要的实验装置。

7. 在产品需要采用取样的情况下，应规定取样方法，必须慎重考虑标准的性质、社会工业化程度及现行的法律配套等各方面因素。

（二）松浦四郎十九条原则

日本标准化专家松浦四郎，先后发表了《工业标准化理论》《简化的经济效果》和《产品标准化》等著作和文章来阐述标准化理论。他在1972年出版了《工业标准化理论》一书，系统地研究和阐述了标准化活动的基本规律[1]，其主要观点如下：

1. 标准化的本质是简化，简化不仅要减少某些事物的数量和复杂性，而且要预防将来产生的不必要的复杂性。

2. 标准化的目的是实现最佳"全面经济"，需要从系统的思维理论和全球的视野出发，通过制定和实施国际标准来实现。标准化是一项社会活动，需要社会各方面协作，共同推进。

3. 简单决定于"互换性"。"互换性"不仅适应于实物，而且适用于抽象的概念和思想。

4. 制定标准的活动，实质上是慎重做出选择的过程，必须根据不同的观点仔细地选择标准化主体和内容，标准的制定应以全体一致同意为基础，一旦形成标准应保持规定。标准必须定期评审和及时修订。有关人身安全和健康的标准，通常以法律形式强制实施；国家标准以法律形式强制实施的，必须参照标准的性质和社会工业化的水平；用精确的数值定量地评价经济效果，仅仅适用于适用范围窄小的具体产品标准。

（三）全面质量管理

全面质量管理是标准化管理的一个典型工具。美国通用电气公司质量管理部的部长费根鲍姆（Feigenbaum）博士在1961年出版的著作《全面质量管理》是质量科学的理论代表作。他将全面质量管理定义为："为了能够在最经济的水平上并考虑到充分满足顾客要求的条件下进行生产和提供服务，并把企业各部门在研制质量、维持质量和提高质量方面的活动构成一体的一种有效体

---

[1] 松浦四郎. 工业标准化原理[M]. 技术标准出版社，1981.

系。"[1]

费根鲍姆认为,为了生产具有合理成本和较高质量的产品,以适应市场的要求,只注意个别部门的活动是不够的,需要对覆盖所有职能部门的质量活动策划。他强调清晰定义和全过程推行全面质量体系(total quality system)为全面质量控制(total quality control)提供强大基础,当它涵盖全公司范围(organization wide)时就为全面质量管理(total quality management)提供了强大基础。可见,他的全面质量管理是全公司范围推行全面质量控制活动的综合与升华,即以顾客为中心开展覆盖全公司范围和全过程的全面质量控制活动,最终实现全面质量管理。

1. 朱兰(Juran)的质量三部曲

朱兰提出了"质量管理三部曲"的观点,他将管理过程分为三个步骤:质量策划(quality planning)、质量控制(quality control)和质量改进(quality improvement)。他对实行组织内部质量策划的主要观点包括:识别客户和客户需求;制定最佳质量目标;建立质量衡量方式;设计策划在运作条件下满足质量目标的过程;持续增加市场份额;优化价格,降低公司或工厂中的错误率。此外还有质量控制,它用已经制定的目标比较绩效评估质量绩效,并弥合实际绩效和设定目标之间的差距。朱兰(Juran)将第三步质量改进作为持续发展的过程,这一过程包括建立形成质量改进循环的必要组织基础设施。他建议使用团队合作和逐个项目运作的方式来努力保持持续改进和突破改进两种形式。

朱兰首创将人力与质量管理结合起来,弥补了费根鲍姆的"全公司范围+全过程"式的全面质量管理概念。如今,朱兰的这一观点已包含于全面质量管理的概念之中,形成了"全员+全方位+全过程"式的TQM[2]。

2.戴明的14要点

戴明(Deming)被称为产品质量和质量控制之父,戴明14点表现了全面质量管理的核心思想。他把提高产品质量的工作划分为4个阶段[3]:

(1)计划(plan)阶段:制定方针目标及活动计划。

(2)执行(do)阶段:按计划去执行。

(3)检查(check)阶段:对结果进行检查总结,发现问题,找出原因。

(4)处理(action)阶段:把经验教训变成标准或规范。

---

[1] Feigenbaum. Total quality control: engineering and management, the technical and managerial field for improving product quality, including its reliability, and for reducing operating cost and losses[R], 1961.

[2] Juran. Juran on planning for quality[M]. New York: Free Press, 1988.

[3] Deming. Improvement of quality and productivity through action by management[J]. Global Business and Organizational Excellence, 1981, 1(1): 12-22.

以上 4 阶段总称 PDCA 循环，又称戴明环。产品质量提高的过程可以说是戴明环不断转动的过程。

戴明 14 点的要点如下：[①]

（1）为改进产品和服务而设立长远目标。

（2）采用新经营哲学。

（3）不靠检查监督维护质量，不能等出了废品再回炉，员工要做到一次到位。

（4）与供应商建立长期的合作，不要以"价签"来确定业务关系。

（5）不断改进产品和服务系统。

（6）实行岗位培训。

（7）实施有效领导。

（8）消除恐惧感。

（9）消除部门间的隔阂。

（10）消除空洞的口号与说教。

（11）消除定额限制。

（12）消除对员工自豪感的不利因素。

（13）实行有力的教育、改进方案。

（14）采取行动来完成转变。

戴明还提出推行全面质量管理容易犯的 7 个致命错误：没有提供足够的人力、财力资源来支持质量改进这个目标；强调短期效益和股东收益；依靠观察与判断来评价年度业务状况；工作的忙碌造成管理不一致；管理采用易得的资料，不管需要什么来改进过程；过多的纠错成本；过多的法律花费。[②]

（四）标准化管理贡献测评模型：柯布—道格拉斯模型

20 世纪末，德国利用柯布—道格拉斯生产函数（Cobb-Douglas Production Function，简称 C-D 生产函数）对标准化的经济贡献进行了研究，随后英国、澳大利亚等国也采用了该方法对本国的标准化经济贡献率进行了研究。经济学家提出了多种生产函数，其中柯布—道格拉斯生产函数是运用最广泛的。该函数是美国数学家柯布（Cobb）和经济学家道格拉斯（Douglas）共同探讨投入和产出的关系时创造的生产函数。

根据西方经济学理论，生产函数是指投入和产出之间的关系，是在一定的

[①] Woods, King. Quality leadership and management in the hospitality industry[J]. The educational institute of the American Hotel & Motel Association, 30-37.

[②] Williams. Essentials of Total Quality Management[M]. American Management Association. 1994.

技术条件下,任何一组特定投入所产生的最大产量。C-D 生产函数描述了在技术、经济条件不变的情况下,产出 Y 与投入的劳动 L 和资本 K 之间的关系[①],即:

$$Y = A \cdot K^{\alpha} \cdot L^{\beta} \qquad (9-1)$$

其中,α 是资本产出的弹性系数,说明当资本增加 1%时,产出平均增长 α%;β 是劳动力产出的弹性系数,说明当劳动力增加 1%时,产出平均增长 β%;A 是常数,即效率系数。生产效率系数在短期内可近似为常数,但在长期内产出的增加除了依靠劳动和资本的增加外,还包含技术进步的因素,在技术进步的作用下,投入的资本和劳动力都扩大了 M 倍,产出的增长也将扩大 M 倍,即 α+β>1。因此,经济学家为了反映技术进步对经济增长的贡献,在 C-D 生产函数中引入了技术进步系数 A(t),将上式转化为:

$$Y = A(t) \cdot K^{\alpha} \cdot L^{\beta} \qquad (9-2)$$

该式中技术进步系数 A(t)=$A \cdot e^{rt}$,其中 A 为初始生产技术水平,r 为技术进步对经济增长的贡献。

德国、英国和澳大利亚等国均采用了 C-D 生产函数对标准化的贡献进行了分析。尽管各国情况有所区别,但普遍认为标准化通过影响技术进步,进而正面推动经济发展。

三、标准化旅游服务的研究内容

由于标准化建设的长期性和旅游业的综合复杂性,目前世界范围内对旅游标准化的理论研究还处于起步阶段,尚未形成较为成熟的发展模式,理论阐述非常少,更多体现在应用成果上。总体来讲,已有学者主要从标准化思想研究、标准化影响研究和标准化问题研究三个方面进行阐述。

(一)标准化思想研究

目前学者对于旅游标准化的研究不是很多,学者们往往是从比较小的方面入手研究旅游标准化的问题。

国外对标准思想的应用主要体现两个方面:首先,体现在旅游数据的统计中,而旅游数据的统计对于城市的管理者来说是一个难题,道格拉斯(1999)通过世界贸易组织对标准的定义、分类和方法,对旅游统计的发展进行了介绍。卡尔·韦伯(Karl Wober,2000)运用标准化的思想建立了一个智能数据库系统,其中的城市数据库的标准化活动对于欧洲城市旅游业的发展起到了促进作

---

① Cobb, Douglas. A theory of production[J]. The American Economic Review, 1928, 18(1): 139-165.

用。①其次,体现在教育和培训中,雷(Ray,2010)以亚太地区为例,分析了限制这一地区旅游可持续发展的因素是员工服务能力的欠缺,并进一步指出建立教育和培训的区域性标准可以帮助旅游目的地的员工提高服务质量,从而促进区域旅游的发展。②

对于旅游目的地的可持续发展来说,游客对于环境条件标准的感知可以提供大量有用的信息,苏珊(Susan,2007)和莫娜(Mona,2012)分别通过对澳大利亚开普山脉和伊朗卡拉奇河流域的调查,确定了旅游对保护区域影响的因素及标准③④。

(二)标准化影响研究

在标准化的影响方面,杰姆(2004)等学者研究认为,可持续旅游标准是打破政府垄断壁垒的重要手段,并基于UNWTO的相关文件给出了可持续旅游发展的标准,对政府在旅游方面的政策和活动进行了批判。⑤为使标准认证活动达到可持续旅游发展的目的并实现旅游业的利益,方特(Font,2004)等人开展了对可持续旅游和生态旅游认证标准的研究。⑥凯文(Kevin,2005)分析了旅游标准化作为外部力量对当地文化传统的影响。⑦旅游税收和服务质量标准是实现旅游政策目标的两种工具,雷伊-迈凯尔亚(Rey-Maquieira,2009)等通过借助动力环境模型的分析工具,发现服务质量标准化相比税收更能达到旅游政策的目标,且更有效率。⑧

学者们从政策目标、经济增长和贸易保护等方面对标准化的必要性进行了探讨。索罗门(Solomon,2004)研究认为,旅游标准化特别是旅游税收和质量标准对经济的持续长远发展具有重要意义,服务质量标准比税收更能达到旅

---

① Wöber. Standardizing city tourism statistics[J]. Annals of Tourism Research, 2000, 27(1): 51-68.

② Pine. Standardization of tourism education and training to address the increasing demand for tourism staff in the East Asia/pacific region[J]. Asia Pacific Journal of Tourism Research, 2001, 6(1): 20-25.

③ Moore, Polley. Defining indicators and standards for tourism impacts in protected areas: Cape Range National Park, Australia[J]. Environmental Management, 2007, 39(3): 291-300.

④ Jalilian, Danehkar, Fami. Determination of indicators and standards for tourism impacts in protected Karaj River, Iran[J]. Tourism Management, 2012, 33(1): 61-63.

⑤ Bendell, Font. Which tourism rules? Green standards and GATS[J]. Annals of Tourism Research, 2004, 31(1): 139-156.

⑥ Font, Harris. Rethinking standards from green to sustainable[J]. Annals of tourism Research, 2004, 31(4): 986-1007.

⑦ Gotham. Tourism gentrification: The case of new Orleans'vieux carre (French Quarter)[J]. Urban studies, 2005, 42(7): 1099-1121.

⑧ Rey-Maquieira, Lozano, Gomez. Quality standards versus taxation in a dynamic environmental model of a tourism economy[J]. Environmental Modelling & Software, 2009, 24(12): 1483-1490.

游政策目标，也更有效率。①方特（Font，2002）强调生态和环境标准的重要性，认为生态和环境的标准化能够为生态和环境的有效保护直接带来经济的增长。②泽维尔（Xavier，2004）等学者探讨了标准和贸易之间的关系，指出标准是国家进行贸易保护的重要手段。瓦帝维索（Valdivieso）、本德尔（Bendell）等学者研究发现，适当的标准和可靠的认证是实现可持续发展、维护生物多样性和促进小企业发展的重要工具，并以加拉帕戈斯旅游业发展为例进行了论证。

（三）标准化问题研究

旅游标准化有其存在的必要性，同时在发展过程中也存在着一定的问题，并制约着标准的效用和价值的体现。国外学者对标准存在的问题的研究主要有：尼达姆（Needham，2005）等学者从利益相关者的角度分析了旅游环境质量标准在实施过程中存在的一系列问题；泽维尔（Xavier，2005）对标准制定的方法进行了回顾，并对标准化实施过程中出现的问题进行分析，试图寻求改进方法；沙迪德哈兰（Sasidharan，2002）对旅游认证标准混乱、含糊不清、多头管理等现象进行了讨论；桑德福（Sandoff，2005）对标准化和定制化的矛盾进行了探讨；博登等（Boden et al.，2010）指出，在国际酒店及旅游业走向电子商务的过程中，缺乏相关标准来规范其发展，并进一步提出了建立电子商务标准，加快电子商务应用的意见。

四、标准化服务管理的局限性

标准化的旅游服务有助于提升服务效率，保证服务质量。然而，简单地实施标准化服务也会给企业和游客造成严重困扰。首先，游客的需求差异会导致游客需求的个性化，统一的服务形式和服务内容能够保证基本服务质量，但很难满足游客多样化的需求。其次，很多标准的制定是以方便企业管理为目的，而不是针对游客的需求，标准的企业导向明显。随着顾客消费权益意识的日益觉醒，这些"自我中心"的标准已经不合时宜，阻碍了企业的进一步发展。再次，从层次上看，标准包括了国家标准、行业标准、地方标准和企业标准。在服务标准化领域，我国的旅游业走在了全国甚至是世界的前列，而且各地还纷纷发布了关于旅行社等级评定、乡村旅游等各类地方标准，但是这些具有普适性的标准只能作为最基本服务质量的保证，而无法有效地提升服务企业的整体质量水平。

---

① Ojumu, Yu, Solomon. Production of polyhydroxyalkanoates, a bacterial biodegradable polymers[J]. African journal of Biotechnology, 2004, 3(1): 18-24.

② Font. Environmental certification in tourism and hospitality: Progress, process and prospects[J]. Tourism management, 2002, 23(3): 197-205.

第二节 个性化

一、标准化旅游服务的衰落

进入20世纪80年代，消费者、科学技术、生产流程、管理技术以及行业和经济结构都出现了新的变化，尤其是更加成熟的消费者和日新月异的科学技术，标准化的大众旅游服务受到了越来越多的否定，要求个性化新旅游服务的声音高涨。"新"旅游者的出现是新旅游产生的最初推动因素，由于旅游者对旅游更有经验而不再满足于能预知一切的固定包价旅游，旅游者的价值观和生活方式的改变，他们希望旅游活动成为生活本身的一种全球延伸，因而希望增强旅游活动的探险性（不确定性）和主动参与性（运动性）。另外，由于旅游者受教育程度的增加，他们更希望减少旅游活动的破坏性。新科学技术的加速产生使得满足这种新旅游需求成为可能，这些技术主要指高度联网化的电子信息技术，它能方便地变更旅游过程中的任何环节，使之符合个体的需求。在这两个因素的作用下，生产过程、管理方式和行业结构全部都要进行相应的调整以适应新的形势（Poon，1993）。

二、个性化旅游服务

这里的个性化旅游服务有两层含义，一是服务应满足顾客的个性化需要；二是服务要体现服务人员的个性。戈戈和摩伊兰恩（Kokko and Moilanen，1997）对个性化下的定义是："改变服务的质量，使之适应顾客的个人价值，包括把个人计划的细节融进服务过程中。"服务的个性化要求顾客更多的可靠参与，同时服务人员要有更高的创造性与挑战性，也要求在产品提供上给顾客以更大的自由选择余地。"新旅游（new tourism）"概念提出是对旅游服务个性化研究的集大成。这一概念是1989年蒲恩（Poon）在《新旅游的竞争战略》一文中最先提出的，4年后，她在著名的《旅游业：技术和竞争战略》这一著作中较为系统地、完整地阐述了新旅游的理论框架。

蒲恩对新旅游的解释具体如下：①旅游产品是灵活的，价格上可与大批量生产的产品竞争；②旅行及旅游相关产品的生产不再仅取决于规模经济，而是在生产过程中兼顾规模经济和满足不同客户的特殊需求（提供量身定做的产品）；③生产更多地受消费者的不同需求驱动；④旅游产品的促销手段也因消费者需求、收入、时间和兴趣的不同而异，大众化的营销理念不再占主导地位了；⑤新的旅游产品仍会被旅游者大规模消费，但这个消费群体会更有经验、受过更多的教育、更能为目的地着想、更独立、更灵活、更环保；⑥消费者会把目的地的环境和文化视为旅游体验的一个重要组成部分。①

可以看出，蒲恩认为大众旅游时代的标准化旅游服务即将退出历史舞台，取而代之的是个性化旅游服务将成为新旅游时代的主导。图 9-1 全面展示了蒲恩大众旅游与新旅游的对应关系。

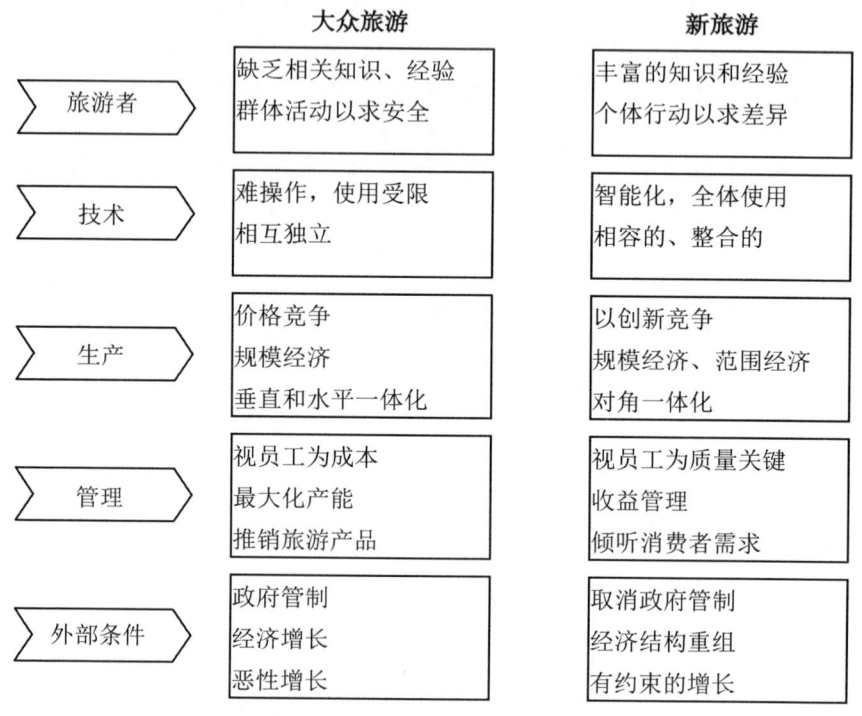

图 9-1　大众旅游与新旅游对应关系

资料来源：根据 Poon. Tourism, Technology and Competitive Strategies[J]. CAB International, 1993, 32: pp16-17 整理。

三、个性化旅游服务学说的局限

蒲恩"新旅游"学说倡导的个性化旅游服务无疑是旅游研究的一个重大创新，其理论价值是不言而喻的。然而，学术界也有众多著名学者对其提出质疑。新旅游替代大众旅游只是西方发达国家的环保思潮在旅游业中的反映，迄

---

① Poon. The "new tourism" revolution[J]. Tourism Management, 1994, 15(2)：91-92.

今还没有明确的迹象表明大众旅游会被新旅游所取代（Cohen，1987；Weaver，1998）。事实上，旅游服务的标准化与个性化共存于当代社会，甚至大多数人还是愿意做大众旅游者，这是因为他们不愿意过多地为旅游行程操心，不愿意自己在目的地为预订和安排食宿而学习外语；也有的是因为既要旅程舒适，吃到可口熟悉的食物，而又不想花费太多的金钱和时间（Bulter，1990）。

国内学者张凌云（2002）也指出了蒲恩新旅游理论的几点欠缺之处：①忽视了大众旅游的存在在经济上的合理性和普遍性；②忽视了大众旅游在世界各国发展的不平衡性和不同步性；③忽视了大众旅游自身的市场适应性和应变性；④过高估计了新的消费和经营观念对新旅游持续的支撑作用；⑤过高估计了大众旅游对环境绝对的破坏作用；⑥过高估计了新技术对新旅游直接的推动作用。①

第三节　服务补救

一、背景及含义

信息技术的进步和知识经济的发展使得企业之间的竞争越来越激烈，顾客的招徕和保持变得越来越难，企业在市场的优势地位也变得越来越脆弱。如何赢得并提高顾客忠诚度就成了决定企业成败的重要因素。顾客满意度是忠诚度的重要前提，而决定顾客满意程度的则是服务质量或者说是顾客感知服务质量。然而，与有形产品相比，服务无形性、生产和消费同时性等特征，使服务消费与有形产品消费有很大的差异，有形产品的消费是结果消费，而服务消费则是过程消费，即消费者把服务生产过程看作消费的一部分。②过程消费的特征使服务企业很难保持较高的、一致的服务质量，在服务提供过程中难免会出现服务失败或者差错（Bitner et al.，1990）。③追求个性化需求、强调定制化服务更是极大地提高了服务失误及由此带来的顾客抱怨，只要有一次服务失败就可能导致顾客抱怨，并寻求替代者，所以服务企业必须采取有效的补救行动，这将

---

① 张凌云. 大众的"新旅游"还是新的"大众旅游"[J]. 旅游学刊，2002（6）：64-70.

② Grinroos, Christian. 服务营销与管理——基于顾客关系的管理策略[M]. 韩经纶，等译. 北京：电子工业出版社，2002.

③ Bitner, Booms, Tetreault. The service encounter: Diagnosing favorable and unfavorable incidents[J]. Journal of Marketing, 1990(1): 71-84.

直接影响企业的市场份额和经营绩效。服务补救可以提供一个机会去弥补这些缺陷并提供一个让顾客留下正面服务经验的机会，它包含了重新解决问题，转变不满意顾客的负面态度和消除顾客的抱怨，最终保留住顾客。"服务补救（Service Recovery）"一词，最早由英国航空公司在其"以顾客为先"的活动中首次提出，认为服务补救是组织为了抵消由于服务失误或者失败而产生负面影响的努力。20 世纪 70 年代末 80 年代初，人们开始运用"服务补救"处理消费者对计算机和电信服务业的抱怨，甚至用来解决自然灾害发生后的重建工作（Brown et al.，1996），但是在竞争性服务领域中运用很少。

格罗路斯（Gronroos，1988）认为："服务补救是指服务提供者应对服务失误所采取的行动。"[①] 1990 年哈特（Hart）等人在《哈佛商业评论》发表了其经典论文 The Profitable Art of Service Recovery 其中认为服务补救是以顾客抱怨为前提，在服务流程没有结束之前，对服务过程中的失误进行即时性补救[②]。贝里和帕拉休拉曼（Berry and Parasuraman，1992）指出服务补救是指当服务失败发生后，企业面对顾客抱怨所采取的一系列活动。[③] 詹姆斯（James，2001）等人也认为服务补救是指企业为纠正服务失败（如服务差错、员工冷漠、其他顾客的干扰等）所进行的各种努力。[④] 斯特拉瑟（Strasser，1993）等人从质量管理的角度对服务补救进行了分析，认为服务补救是质量管理的一部分，其目的是赢得顾客满意，并保持或者加强企业与顾客的关系[⑤]。

二、服务补救属性研究

学者们对服务补救研究的进一步深入，自然而然地展开对服务补救结构属性的进一步研究，即有效的服务补救应该包括哪些具体内容。归纳起来，主要有服务补救的三维、四维、五维和六维观点（参见表 9-1）。其中，只有"经济补偿（Compensation）"和"道歉（Apology）"两个维度被大部分研究所认同，其他维度的内容还没有达成一致的结论。哈特（Hart）、赫斯克特（Heskett）和

[①] Grinroos, Christian. 服务营销与管理——基于顾客关系的管理策略[M]. 韩经纶，等译. 北京：电子工业出版社，2002.

[②] Hart, Christopher, James, Heskett, and Earl Sasser, Jr. The Profitable Art of Service Recovery[J]. Harvard Business Review, 1990(4)：148-157.

[③] Berry. and Parasuraman. Prescriptions for a service quality revolution in America[J]. Organizational Dynamics, 1992(4)：5-15.

[④] Maxhamm, James. Service recovery's influence on consumer satisfaction, positive word-of-mouth, and purchase intentions[J]. Journal of Business Research, 2001.

[⑤] Strasser, Melissa, and Sharon. Service recovery in health services organizations[J]. Hospital & Health Services Administration, 1993, 1.

萨瑟（Sasser）的研究认为：经济补偿的内容主要包括赔偿、赠品、折扣处理和小礼物等各种能用货币衡量的补偿方式。波谢德（Berscheid）认为，道歉是一种符号性资源（声誉、尊重）的交换，道歉主要代表着一种人际处理和沟通的符号。

表 9-1 服务补救属性观点

代表人物	服务补救属性
贝尔和泽克（Bell and Zemke，1987）的五维观点	道歉、真诚理解、紧急修复、象征性弥补、跟进[①]
比特纳等（Bitner et al.，1990）的四维观点	承认、解释、道歉、补偿[②]
贝尔和里奇（Bell and Ridge，1992）的五维观点	道歉、公平解决、真情对待、弥补、承诺[③]
博肖夫和梁（Boshoff and Leong，1998）的三维观点	归因、道歉、授权给员工[④]
博肖夫（Boshoff，1999、2005）的六维观点	沟通、解释、补偿、授权、回复、有形情境[⑤]

资料来源：转引自丛庆，王玉梅. 服务补救研究综述[J]. 成都大学学报（社科版），2007（2）：6-9.

三、服务补救策略研究

制定科学有效的服务补救策略，使服务失误得到满意的解决，并在不断的"失误——补救"循环中提升总体服务质量才是服务补救研究的最终目的。贝尔和泽克（Bell and Zemke）在提出著名的服务补救五维度观点后，又指出服务补救战略的合理性取决于被顾客感知的满意度水平。斯旺森和凯利（Swanson and Kelley）对服务管理者提出了如下建议：第一，服务组织应尽可能地使服务失误最小化；第二，收到抱怨之后，快速有效地补救；第三，保持稳定的满意的服务补救。[⑥]施普伦（Spreng）等则认为应该从三个方面来提高服务补救水平：

---

① Bell, Zemke. Service Break-down: The road to recovery[J]. Management Review, 1987, October: 32-35.

② Bitner, Booms, and Tetreault. The service encounter: Diagnosing favorable and unfavorable incidents[J]. Journal of Marketing, Vol. 54, 1990, January: 71-84.

③ Bell, Ridge. Service recovery for trainers[J]. Training and Development, 1992, May: 58-63.

④ Boshoff, Leong. Empowerment, attribution and apologizing as dimensions of service recovery: An experimental study[J]. International Journal of Service Industry Management, 1998, 9 (1): 24-47.

⑤ Boshoff. A re-assessment and refinement of RECOVSAT: An instrument to measure satisfaction with transaction specific service recovery[J]. Managing Service Quality, 2005, 15(5): 410-425.

⑥ Swanson, Kelley. Service recovery attributions and word-of-mouth intentions[J]. European Journal of Marketing, 2001, 35: 194.

一是建立一套完善的服务补救程序；二是鼓励抱怨；三是重新分配资源。由于保持顾客比吸引新顾客更重要，公司需要对这两方面的预算分配进行重新规划，以给予服务补救更多的支持。[1]麦科尔和斯帕克斯（McColl and Sparks）为服务补救策略提出了五个方面的建议：第一，服务组织应该掌握有关解决方法的知识；第二，建立顾客解决方案工作室；第三，培训员工解释事件和沟通的技巧，以确保这种解释不会造成混乱；第四，向顾客显示服务者的努力，并让顾客有所感知；第五，服务组织应提高道德准则方面的认知。[2]

四、评述

可见，服务补救对企业重新获得顾客满意，对提高顾客忠诚度具有重要作用，一些变量对这一作用具有显著的调节作用，很多学者也针对服务补救的过程进行了研究。但是，从所发表的文献来看，现有研究在研究方法、涉及领域、研究内容等方面还存在一定的局限性[3]。

1. 已有的研究中，相互独立的维度研究是主导，缺乏多维度交叉的分析。单一因素研究很容易扩大、缩小甚至掩盖某些因素的作用。因此，在今后的研究应尽可能采用多维度分析方法，通过不同维度作用的比较，同时考虑相关因素的调节作用，才能发现服务补救过程中不同因素的真实作用。

2. 服务补救对于企业来说是一种"投资"（或者说是负担），尽管这种投资可能有利于提高顾客满意、增加顾客的重购倾向、降低消极口碑效应的可能性，这种受益是否能够弥补服务补救的投入还有待进一步分析。

3. 服务补救有许多不同方式和手段，在不同场合、不同行业各种补救战略的效用究竟如何、如何选择合适的补救战略、不同战略之间如何搭配使用等问题的研究尚未展开。

五、服务补救悖论

服务补救试图弥补由于服务失误带来的负面影响，但对于服务补救能否恢复到未失误之前，学者们并不确定，甚至有的研究者认为服务补救可能不

---

[1] Spreng, Harrell, Mackoy. Service recovery: Impact on satisfaction and intentions[J]. Journal of Services Marketing, 1995(1): 15-23.

[2] McColl-Kennedy, Sparks. Application of fairness theory to service failures and service recovery[J]. Journal of Service Research, 2003(3): 524-266.

[3] 王文超. 服务补救研究评析：1990—2007——一个基于内容分析方法的趋势研究[J]. 当代财经, 2008(4): 124-128.

能完全弥补服务失误（Colgate and Norris，2001）。同时研究者们在研究服务补救的效果时，也常常主张希望服务补救能够消除一些负面影响，如顾客背离、负面口碑传播、诉诸法律等，而并未明确主张服务补救会取得比未失误前更高的顾客满意。这就意味着，在多数人的理解中，服务补救未必能达到未失误前的满意[1]。

服务补救悖论（service recovery paradox）是20世纪90年代西方学者提出来的一个概念，它是指服务企业先故意制造或放任服务失误，然后主动给予顾客提供高水平的服务补救，以增加顾客满意度和建立顾客忠诚，进而实现更多利润。服务补救悖论是建立在"高水平的服务补救能使顾客更满意"这一假设基础之上的。20世纪90年代后期，一些服务营销专家对服务补救与顾客满意之间的关系进行的实证研究验证了这一假设基础。

需要指出的是，到目前为止，关于服务补救悖论是否有效和是否符合道德仍存在较大争议。一般认为，服务补救悖论是有效的，但不是无条件的。服务补救悖论有效性之所以存在较大分歧，主要原因是研究者调查行业（风险大小）、顾客（受服务失误伤害程度）和补救类型（弥补损失效果）不同所致。因此，不能笼统地说服务补救悖论有效还是无效，而必须结合行业、企业和顾客综合考察。依据服务补救悖论定义，企业先故意制造或放任服务失误，然后给予顾客提供高水平服务补救（即超值补救），从逻辑上来说，获得补救的顾客会对企业更满意，即服务补救悖论是有效的。因此，企业尤其是服务类企业可以此作为营销策略，以建立顾客满意和忠诚、激励顾客口碑传播等，进而获取更多利润。真正的服务补救悖论是在道德允许范围内进行的。它是企业先故意制造或放任服务失误，然后主动给予顾客提供高水平的服务补救。显然，服务补救悖论的前提不是故意制造或放任服务给顾客带来难以弥补的损失，而是允许、放任或故意制造一种较小的并可以赔偿（而且是超值赔偿）的损失，因此没有违背道德原则。当然，如果企业故意制造或放任对顾客大的伤害，则是不道德的；同时也不符合服务补救悖论的要求，因为此时企业根本无法弥补顾客损失，更不要说超值补救了。[2]

---

[1] 于志华，胡正明. 服务补救悖论的研究线索与管理启示[J]. 生产力研究，2007，10：123-124.
[2] 张圣亮，周海滨. 服务补救悖论及其应用价值[J]. 北京理工大学学报（社会科学版），2008，10(6)：55-58.

第四节　旅游服务质量评估模型

旅游服务质量是指旅游企业能满足游客享受旅游服务的水平。由于讨论服务质量的目的是为了寻求顾客满意和顾客忠诚，因此当前旅游服务质量评价的主流视角是从顾客角度出发，了解他们对服务质量的感知。目前，就旅游服务质量评价模型来讲，主要涉及以下三种类型。

一、多维度感知模型

服务的特殊性，决定了服务质量是一个抽象的概念。服务质量是通过游客对服务感知而决定的，服务质量是一个复杂的集合体，对服务质量的衡量并不能单测量服务这一指标，而是对构成服务质量的多个具体要素进行评价。在对构成服务质量维度的研究过程中，北美和北欧两大学派有显著的研究成果。

总体来讲，两大学派的共同点是：服务质量是建立在差异理论基础上，通过游客对期望的服务和感知的服务相比较而形成的主观结果。同时，他们根据游客感知服务的内容将服务质量的构成要素具体化，其中北欧学派的代表人物克里斯琴·格罗路斯（Christian Gronroos）教授在1982年提出的服务质量是由技术质量和功能质量构成的，如图9-2所示。前者是游客在服务过程后的"所得"，又称为结果质量；后者是游客在服务过程中是如何感知服务的，又称为"过程质量"。格罗路斯（Gronroos）认为，在服务提供者提供服务和游客消费服务的过程中，游客对服务质量的感知不仅包括他所得到的服务结果，而且包括他被提供服务的方式、方法和态度等。通过这种概述，可以看出技术质量是可以采用客观标准来衡量的，但是功能质量却只能通过游客的主观标准来判断，且主观的标准本无一个明确的量化尺度，因此衡量整体的服务质量还需要进一步明晰和量化。

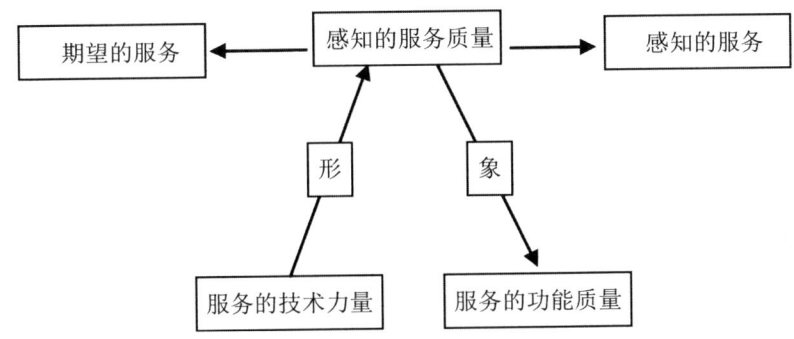

图 9-2 北欧学派服务质量模型图

在克里斯琴·格罗路斯之后,学者拉斯特和奥利费(Rust and Oliver)认为,除了格罗路斯所提出的技术质量和功能质量两个维度外,服务质量还应该包括环境质量,即游客在怎样的有形环境中接受服务。上述分析虽然指明了服务质量的构成维度,但是这种说法只是浅显地将总体服务质量这一抽象的概念进行简单概述,并未详细说明这 3 个维度所具体包括的内容。在上述学者对服务质量构成维度研究的基础上,北欧学派的服务研究组合帕拉苏曼娜、蔡特哈姆尔和贝里(Parasurmana,Zeithaml and Berry,1985)等人通过对服务质量的决定因素和游客如何对服务质量进行感知的研究发现,约有 10 个维度决定服务质量。之后,他们将这 10 个维度归纳为 5 个维度:服务的有形性、可靠性、响应性、真实性和移情性,如图 9-3 所示。游客对服务的这 5 个维度的感知并不代表服务质量的水平,而是游客在对感知的服务与期望的服务比较后对服务质量的判断。在游客对服务 5 个维度的感知与期望之间差距的基础上,帕拉苏曼娜、蔡特哈姆尔和贝里等人创建了一种量化评价服务质量的 SERVQUAL 方法。

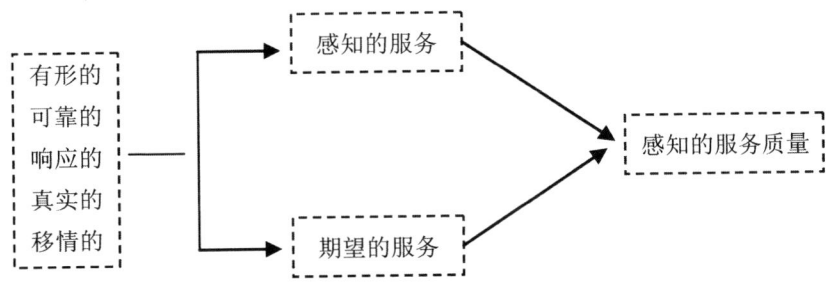

图 9-3 北美学派的服务质量模型

帕拉苏曼娜、蔡特哈姆尔和贝里对服务质量维度的研究是建立在美国环境中个别有限行业之下，并未考虑其他国家和地区的不同情况对服务质量的影响。不同的文化背景和社会条件下，以及不同的服务内容中未必只有这5个维度决定服务质量水平，因此可以认为，在不同的环境下，服务质量的维度可能增加也可能减少。其中真实性和移情性是任何服务提供者所必不可少的条件，而其他维度具有一定程度的灵活性，可增可减。虽然帕拉苏曼娜、蔡特哈姆尔和贝里所述的5个决定服务质量的维度及其SERVQUAL评价方法有一定的争议性，但是这个研究结果具有前言的实践意义和科学的指导价值，为今后学者对服务质量的构成和评价的相关研究奠定了理论和实证基础。

二、多层次感知模型

戴布赫卡和索普（Dabholkar and Thorpe）等人认为，游客对服务质量的评价是分层级的，他们通过对美国零售业服务质量的研究发现，游客对服务质量的感知过程有3个层次：一是对总体服务质量的感知，二是对服务质量主要维度的感知，三是对服务质量亚维度的感知，如图9-4所示。

首先，游客接触的是服务质量亚维度的内容，游客对服务亚维度感知和评价之后形成对主要维度的感知；其次，游客综合考虑对主要维度的评价，再构成对整体的服务质量的感知。虽然上述模型只是适用于零售业中的服务企业，而且也未详细说明各层维度的主要内容，但是它为下面的服务质量等级模型奠定了基础。

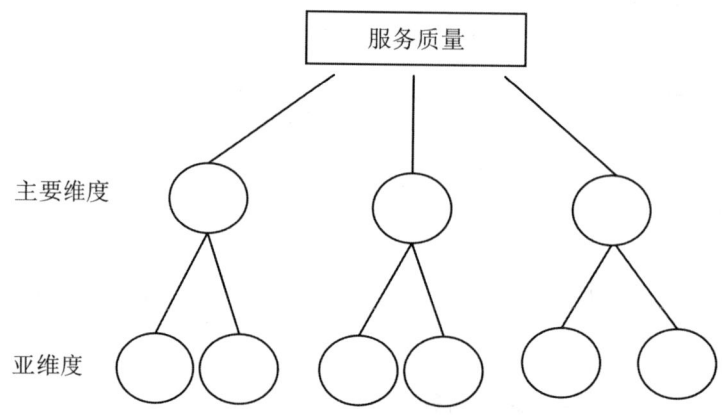

图9-4　多层次服务质量模型图

米迦勒·波特（Michael Porter）在服务质量多层次模型的基础之上构建了等级模型，该模型采用多层次模型的框架，将各层次的内容具体化并适当地加以修正。其中,主要维度是由过程质量、有形环境质量和结构质量构成的。同时游客对亚维度的评价就形成他们对每一个主要维度绩效的感知,然后游客将对主要维度的感知加以综合,形成对总的服务质量的感知。该模型中的亚维度是采用帕拉苏曼娜、蔡特哈姆尔和贝里所创建的 SERVQUAL 中的 9 个因素,如图 9-5 所示。这 9 个因素明确了主要维度的具体内容,即"什么需要具有可靠性、反映性和移情性"。

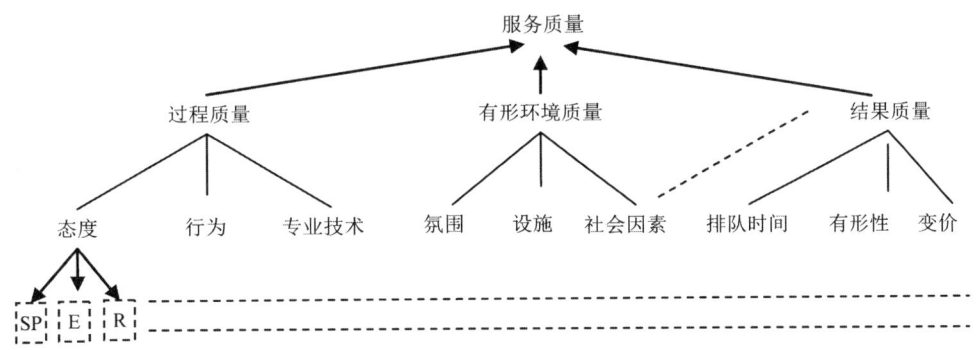

图 9-5　服务质量等级模型图

这个模型直接列出了服务质量所要评价的 9 个方面的内容,这也是北欧学派所赞同的观点,同时又将帕拉苏曼娜、蔡特哈姆尔和贝里等人所提出的 SERVQUAL 中的因素作为主要维度的具体内容(亚维度),并将帕拉苏曼娜、蔡特哈姆尔和贝里等人所提出的服务质量的 9 个维度列为对亚维度的评价要素,弥补了 SERVQUAL 模型所出现的感知内容笼统的问题。需要说明的是,这个模型并非一成不变,而是针对不同的服务领域和不同的研究对象,亚维度是可以进行相应调整的。

三、综合感知模型

鉴于服务本身的特殊性和游客消费服务的复杂性,服务质量可以被视为由生产和消费服务的过程中各个环节质量共同综合而成的。许多学者如古门逊、帕拉苏曼娜、蔡特哈姆尔和贝里(Gummesson,Parasurmana,Zeithaml and Berry)等人都在游客对服务过程中各环节的感知与期望之间差异的基础上构建了相应的模型,并将总体服务质量分成几个部分质量,说明游客在分辨对各部分质量的评价之后综合形成对总体服务质量的评价。

1. 古门逊的"四质量"模型

古门逊（2004）根据生产和消费服务的业务流程将服务过程分为设计、生产传递、技术、与游客的关系4个部分。整个业务流程相应地由设计质量、生产传递质量、技术质量和关系质量组成。游客在感知这4个流程的过程中，如果感知设计没有达到游客的期望，则说明这部门流程出现质量问题；如果超出或与期望相当则说明该流程的质量良好，如图9-6所示。

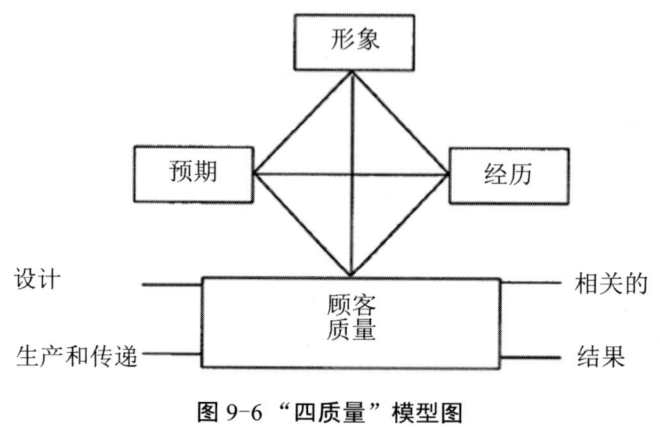

图9-6 "四质量"模型图

该模型建立在游客对服务的期望与感知差异的基础上，根据生产和消费服务的流程将服务分成4个环节，这种方法将服务过程视为一个系统，而各组成部分的质量综合构成了整个系统的质量，这种模型适用于分工明确的组织部门。各部门有自己明确规定的任务和范围，同时又与其他部门联合起来共同创造高水平的服务质量。在应用这个模型时，应采取灵活的方法协调各部分的分工与协作，并整合全部流程才能准确无误地提供游客所期望的服务。

2. 服务质量差距模型

服务质量差距模型是美国市场营销协会资助下的服务管理研究组合 PZB（Parasurmana，Zeithaml and Berry）在20世纪90年代的研究成果，其目的是分析服务质量产生的原因并帮助服务企业的管理者了解如何改进服务质量。在这个模型中，他们提出了5种服务质量差距。其中，他们提出将顾客所期望的服务质量与顾客实际体验到的服务质量之间的差距作为最重要的差距，并指出这一差距是由于服务管理过程的不完善造成的。具体是由管理者认识上的差距、服务质量规范的差距、服务交互的差距和市场沟通的差距4种差距共同作用的结果。该模型如图9-7所示。

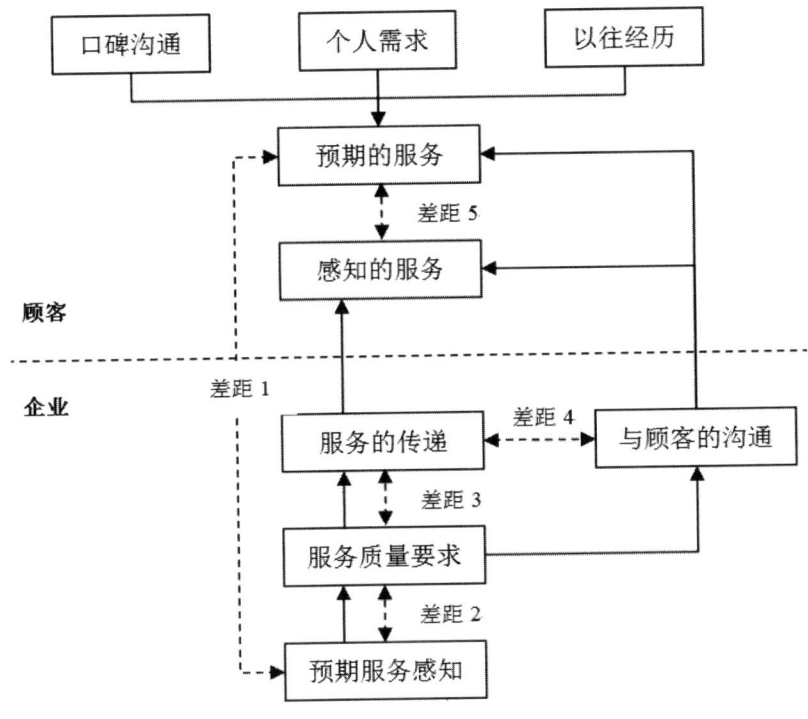

图 9-7 服务质量差距模型

服务质量差距模型说明了服务质量是如何形成的。模型的上半部与顾客有关，而下半部则与服务提供者有关。预期的服务是顾客以往的经历、个人需要以及口碑沟通共同作用的结果。同时，它还受到企业营销宣传（与顾客的沟通）的影响。顾客所体验到的服务（在该模型中被称为感知的服务）是服务提供者一系列内部决策和活动的产物。管理层对顾客服务预期的感知决定了组织将要执行的标准，然后员工根据服务标准向顾客传递服务，而顾客则根据自身的服务体验来感知服务的生产和传递过程。上图还说明，营销宣传对顾客体验到的服务和预期服务均会产生影响。该模型还说明了服务质量计划和分析工作的基本程序和步骤。根据这些步骤，管理者可以发现产生服务质量问题的原因。更重要的一点是，该模型显示出在服务设计和提供的过程中，不同阶段所产生的 5 项质量差距。

服务质量差距分析模型指导管理者发现引发质量问题的根源，并寻找适当的消除差距的措施。差距分析是一种直接有效的指导，它可以发现服务提供者与顾客的服务观念的差异。明确这些差距是制定战略、战术以及保证期望质量和现实质量一致的理论基础。这会使顾客给予质量积极评价，提高顾客满意度。

第十章 节事管理

节事是重要的动态旅游吸引物,这一点已经被广大旅游目的地所认识,并且在实践中获得了很大的发展。由于它具有能够引发大量集中消费、带动举办地产业联动发展和社会文化全面变革的作用,近些年来备受关注。

第一节 节事管理发展概述

一、发展历程

(一) 20 世纪六七十年代

20 世纪 60 年代到 70 年代,节事还没有引起人们的太多关注,节事旅游还没有成为一个独立的研究领域,大多掺杂在休闲研究、旅游研究、娱乐研究等领域中。相比于这些领域,节事方面的研究无论在理论还是实践方面都显得更为"冷清"。

(二) 20 世纪八九十年代

20 世纪 80 年代,节事旅游成为一个主要的研究话题,大量的研究开始关注节事旅游的经济影响,也有少量研究开始关注其社会和文化影响。

1990 年是节事旅游管理理论发展的重要一年,这一年戈德布拉特(Goldblatt)的 *Special Events: The Art and Science of Celebration* 发表了,盖茨(Getz, 1991)的 *Festival, Special events and tourism* 以及霍尔(Hall, 1992)的 *Hallmark tourist Events* 也相继发表。20 世纪 90 年代初期,学术界引领节事旅游的发展。90 年代中期到后期是节事管理的学术机构迅速发展的时期,节事旅游研究有了更大的进展。1995 年,美国华盛顿大学首先开设了节事管理课程。这一过程比酒店、旅游、休闲大约晚了 25~30 年,但是旅游、酒店和休闲的研究无疑为节事旅游研究提供了理论和方法基础。

(三) 21 世纪以来

随着 20 世纪的结束和 21 世纪的到来，世界各地不断举行各种形式的庆祝活动。这些或大或小的活动为节事旅游的研究进展提供了难得的素材。节事旅游成为当代生活方式中的一部分，也成了学术研究中的重要话题，多部重量级文献面世。这些研究成果或多或少地让人们不再关注那些无谓的争论，即应该研究些什么和如何研究才更为有效。

二、学术期刊

旅游专业刊物和旅游专业研究人员对节事旅游研究在时间上远迟于非旅游专业的研究刊物和人员。之所以会出现这种现象，一是由于节事旅游研究具有一定程度的"非旅游"性质和较强的综合性；二是节事旅游本身尚未形成自己独立的理论基础，也还未取得突出的创新成果。正如福米卡（Formica，1998）所说，节事旅游研究还是一个"年轻的学术领域"。

国际上最著名的旅游类期刊包括《旅游研究纪事》（ATR）、《旅行研究杂志》（JTR）和《旅游管理》（TM）。基姆（Kim，2013）对发表在这三个期刊上且与节事相关的文献进行回顾（包含 1980 年至 2010 年的 178 篇文献），发现节事相关的文献中，25%的文献发表在 ATR 上、30%发表在 JTR 上、45%发表在 TM 上。这些文献中，只有 41%的文献是从节事旅游的视角进行研究的，还有一些是关于节事活动的组织和管理，研究大多关注的是国际性的节事活动（如奥运会）。JTR 聚焦于节事活动参与者的行为和节事活动的经济影响，TM 更关注节事旅游的计划和管理，ATR 的话题范围更广泛。

除了旅游期刊以外，专业的会展期刊，如《会展管理》（*Event Management*）和《会展旅游》（*Convention and Event Tourism*）上刊登了大量的节事旅游的文章。《会展管理》（*Event Management*）涵盖了许多相关的话题，如音乐和节日旅游，社会、经济和目的地形象影响，旅游者动机、体验和消费，活动质量和游客满意度等。《会展旅游》（*Convention and Event Tourism*）也刊载了节事组织管理和节事旅游相关的文献，其中与会展和商务活动相关的文献比较多，关于体育和文化的内容相对较少。除此之外，还有《国际会展与节日管理》（*International Journal of Event and Festival Management*）、《国际会展管理研究》（*International Journal of Event Management Research*）、《旅游政策研究》（*Journal of Policy Research in Tourism*）、《休闲和会展》（*Leisure and Events*）和《体育与旅游》（*Journal of Sports and Tourism*）等也刊登了一些有关节事旅游的文章。

第二节　节事组织管理

一、节事

"节事"是近些年国内在旅游研究中新出现的一个术语，它是由英文 event 翻译过来的，其他相应的中文术语还有"活动""事件""节庆"等。戴光全、保继刚认为节事是节日（Festivals）和特殊事件（Special Events）的统称。[1]盖茨（Getz, 2007）强调："节事是指在特定时间和地点、特定情形下发生的引人注目的事情。"乔·戈德布拉特（Joe Goldblatt）对节事这样定义："一次特殊的节事是为了满足某些具体需要而确立的一个与众不同的瞬间，它通常与典礼和仪式一起进行。"[2]

关于节事的分类，很多人按照不同的标准给出了不同的分类方法。盖茨（Getz）把事先经过策划的事件（planned event）分为 8 大类，分别为：文化庆典（包括节日、狂欢节、宗教事件、大型展演、历史纪念活动）、文艺娱乐事件（音乐会、其他表演、文艺展览、授奖仪式）、商贸及会展（展览会/展销会、博览会、会议、广告促销、募捐/筹资活动）、体育赛事（职业比赛、业余竞赛）、教育科学事件（研讨班、专题学术会议、学术讨论会、学术大会、教科发布会）、休闲事件（游戏和趣味体育、娱乐事件）、政治/政府事件（就职典礼、授职/授勋仪式、贵宾 VIP 观礼、群众集会）、私人事件（个人庆典，如周年纪念、家庭假日、宗教礼拜、社交事件等）[3]。罗奇（Roche）从研究事件的现代化角度出发，综合事件的规模、目标观众及市场、媒体类型覆盖面等标准，把事件划分为重大事件、特殊事件、标志性事件和社区事件 4 类[4]。他认为，重大事件是现代社会的大型"狂欢秀"，是指具有戏剧特点、可以反映大众流行诉求和有着国际重大意义的大规模文化、商业和体育事件。重大事件一般由国家政府不同的部门联合起来并与非官方的国际组织共同组办，因此，重大事件是"官方"

---

[1] 戴光全，保继刚. 西方事件及事件旅游研究的概念、内容、方法和启示[J]. 旅游学刊，2003.

[2] Goldblatt. Special events: The art and science of celebration[M]. New York: Van Nostrand Rheinhold, 1990.

[3] Getz. Event management and event tourism (1st ed.)[M]. New York: Cognizant Communications Corporation, 1997.

[4] Roche. Mega-events and modernity: Olympics and expos in the growth of global culture[M]. London: Routledge, 2000.

版本大众文化的重要部分。在现代社会中,无论是国家还是国际层面,重大事件都有着丰富大众文化、强化文化身份以及实现文化包容/排斥的意义和作用。另外,国际节日和事件联合会(也译为国际节日与活动协会,IFEA)将节事划分为大型节事、小型节事、艺术节日、体育事件、展览会、与公园和游憩相关的事件、城市相关的事件以及会议与观光局相关的事件等类型。

二、节事旅游

"节事旅游"是随着实践的发展不断提出的一个全新概念。1987年,新西兰的旅游和公共管理部门首次提出:"在国际旅游中,节事旅游是一个重要的且发展迅速的旅游分支。"[1]1989年,盖茨(Getz)在他的一篇文章中为有计划的节事旅游总结出了一个理论框架。自此,"节事旅游"这一概念便从其他相关概念中独立出来,成了一个完整的概念。[2]因此,1989年是对节事旅游认知的转折年。

正如其他形式的旅游一样,节事旅游被分为供给和需求两方面的问题。从需求方的角度而言,需要确定节事旅游者的动机,评估节事旅游者的旅游行为[3]。从供给方角度而言,要评估节事旅游在目的地形象提升、目的地营销以及品牌建立中的价值以及目的地发展等。节事旅游可以看作一个产业,但更确切地讲,节事旅游是一个旅游战略或者目的地营销实践[4]。节事活动逐渐成为目的地营销组织关注的焦点,他们试图利用节事活动作为增长旅游业的旅游资产,而这种做法可能对当地社区产生重大影响,因此需要制定相应的旅游政策和规划。[5]

三、节事旅游管理相关研究领域

尽管不同类型的节事活动都有旅游的潜力,甚至包括最小的婚庆或聚会[6],但是较大型的节事活动在文献和节事旅游发展中占据主导地位。已有文献研究中,节事活动的研究领域主要涉及以下4个方面:商务旅游、体育旅游、节庆旅游、娱乐旅游。

---

[1] The New Zealand Tourist and Publicity Department. New Zealand tourism report no. 38, 1987, 11.

[2] Getz. Special events: Defining the product[J]. Tourism mnagement, 1989, 10(2), 135-137.

[3] Getz. Event tourism: Concepts, international case studies, and research[M]. New York: Cognizant, 2013.

[4] Leiper. Why "the tourism industry"is misleading as a generic expression: The case for the plural variation, "tourism industries" [J]. Tourism Management, 2008, 29(2), 237-251.

[5] Freya Higgins-Desbiolles. Event tourism and event imposition: A critical case study from Kangaroo Island, South Australia[J]. Tourism Management, 2018, 64, 73-86.

[6] Kruger, Saayman, Ellis. The influence of travel motives on visitor happiness attending a wedding expo[J]. Journal of Travel and Tourism Marketing, 2014, 31(5), 649-665.

（一）商务旅游

对于商务活动旅游价值的研究有着很长的历史，这里所说的商务活动主要包括会议、集会、贸易洽谈会、交易会等，它们能够带动旅游产业的发展。因此，几乎所有大城市都有代表自身特色的节事活动、展览会等，而且还有为这些活动服务的中介组织。世界上许多国家和地方政府成立了专门的会议管理部门，或者与旅游部门一起联合成立会议观光局（Convention and Visitor Bureau，简称 CVB）。美国最早的会议局在 1896 年就已经设立了，国际会议协会（the International Congress and Convention Association，简称 ICCA）创建于 1963 年，是世界上最具权威性的会议业协会组织。

根据国外相关文献可以总结出广义与狭义的会展旅游的概念体系。广义的会展旅游包括展览会/展销会、博览会、会议、广告促销募捐/筹资活动等商贸及会展事件以及奖励旅游等部分，而狭义的会展旅游则专指与各种会议和展览直接联系的旅游或旅行活动。

梅尔（Mair，2012）[1]和李等人（Lee and Lee，2014）[2]分别对有关会议和展览会的研究进行了回顾。研究发现，文章都反映出的一个共同特点，它们都说明这些节事活动对于商务活动市场的发展具有理论研究的价值。梅尔的研究发现，从 2000 年到 2009 年，商务活动方面的研究主体主要包括会议策划者、技术、经济影响研究、目的地及场地选择、满意度评估、目的地形象以及参与者的决策过程等[3]。近年来，商务活动的经济价值也成为很多研究的主题[4]，包括乡村层面、城市层面，以及整个国家层面。为了吸引各类公司、机构前来本地举办各种会议、各类展览，许多地方及其宾馆、酒店、景点、航空公司等实体企业都采取具有强针对性的策略，或者通过专业的会议策划人员和机构，对会议会展市场进行促销，以塑造会议目的地的良好形象。

旅游者的外部动机可以解释大多数的商务旅游活动，研究表明，通过参加一些商务活动以提升自己的职业能力是有必要的。商务旅游者的行为被学者们反复研究，参与者的动机、满意度和忠诚度是主要的研究话题，例如卢和蔡（Lu and Cai，2011）、坦福德等（Tanford et al.，2012）、宇和姜（Yoo and Chon，2010）、拉米雷兹等（Ramirez et al.，2013）、芬里兹等（Fenich et al.，2014）学者的研究。

---

[1] Mair. A review of bisiness events literature[J]. Event Management. 2012, 16(2), 133-141.

[2] Lee J &Lee S. Subject area and future research agendas in exhibition research: Visitors' and orgnizers' perspectives[J]. Event Management. 2014, 18(3), 37-386.

[3] Mair. A review of business events literature[J]. Event Management, 2012, 16(2), 133e141.

[4] Deng, Li. A model of event -destination image transfer[J]. Journal of Travel Research, 2014, 53(1), 69-82.

会议策划者、协会或公司选择目的地的决策行为也是学者们研究的重点，包括帕克等（Park et al.，2014）专门研究了会议策划者对北京作为商务活动目的地城市的感知[1]。主要的国际会议会吸引大量的与会者，从旅游的角度可以将其视为大型事件。然而，与世界级的博览会相比，其媒体曝光率和吸引游客数显然比较少。最近，李等（Lee et al.，2014）研究了韩国博览会中游客的行为意向差异。[2]

商务旅游离开特殊的商务活动场所将不复存在，但是对于活动场所的研究还是有限的。已有研究中，纳尔逊（Nelson，2006，2012）[3][4]研究了会议酒店的公共资金问题，以及城市在其中获得的利益；贝尔尼尼（Bernini，2009）研究了意大利会议产业的竞争力[5]；瓦恩（2011）评估了澳门作为商务旅游目的地城市的竞争力。[6]

创刊于1999年的《会展旅游杂志》（*The Journal of Convention and Event Tourism*）是最专业的研究会议旅游的杂志。早期它主要关注的是节事管理方面的内容，但现在已经成功转型，研究领域囊括了所有与旅游相关的话题，如2006年就刊登了麦凯勒的关于网络推动节事旅游的文章。[7]

（二）体育旅游

作为巨大的"商机"，体育赛事一直以来都是国外学者关注的焦点。亚历山大和卡普兰尼奥（Alexandris and Kaplanidou，2014）认为"体育旅游是国际上特殊旅游中发展最快的部分之一"。与此同时，有关体育旅游的相关文献也明显增多。[8]

---

[1] Park, Wu, Ye, Morrison, Kong. The great halls of China?Meeting planners' perceptions of Beijing as an international convention destination[J]. Journal of Convention & Event Tourism, 2014, 15(4), 244-270.

[2] Lee, Mjelde, Kim, Lee. Estimating the intentione behavior gap associated with a mega event: The case of the Expo 2012 Yeosu Korea[J]. Tourism Management, 2014, 41, 168-177.

[3] Nelson. Public financing of headquarter hotels in the United States[J]. Journal of Convention & Event Tourism, 2006, 8(4), 29-46.

[4] Nelson, Baltin, Feighner. Public-private financing Structures used in the United States to develop convention hotels[J]. Journal of Convention & Event Tourism, 2012, 13(2), 135-146.

[5] Bernini. Convention industry and destination clusters: Evidence from Italy[J]. Tourism Management, 2009, 30(6), 878-889.

[6] Wan. Assessing the strengths and weaknesses of Macao as an attractive meeting and convention destination: Perspectives of key informants[J]. Journal of Convention & Event Tourism, 2011, 12(2), 129-151.

[7] Mackellar. Conventions, festivals, and tourism: Exploring the networkd that binds[J]. Journal of Convention and Event Tourism, 2006a, 8(2), 45-46.

[8] Alexandris, Kaplanidou. Marketing Sport event tourism: Sport tourist behaviors and destination provisions[J]. Sport Marketing Quarterly, Special Issue: Marketing Sport Event Tourism, 2014, 23(3), 125-126.

体育事件和目的地城市发展或更新的关系是学者们关注的话题。罗津（Rozin）认为，美国印第安纳（Indianapolis）赛道是体育运动推动城市转型的一个"典型案例"[①]。体育商业市场研究公司（Sports Business Market Research Inc.）对20世纪八九十年代的美国城市发展模式进行研究，指出"将体育活动、休闲业与旅游业作为重中之重，因为它们是税收的主要来源"。[②]整个北美，几乎每个城市都有一个体育旅游计划，由个人或机构申办活动，从而吸引全球的体育旅游者。另外，格拉顿和科科拉卡兹（Gratton and Kokolakakis）认为对于英国大多数城市来说，发展体育赛事已经成了它们经济复苏的重要选择。[③]

国外学者在"体育旅游"的定义研究方面比较系统，他们从不同方面对这一概念进行了比较和定义，如表10-1所示。[④]国外学者在此基础上总结出的"体育旅游"的定义为：在特定时间内以体育为基础的外出旅游活动，其中体育活动有其特殊的比赛规则，并体现出玩乐性。

表10-1 关于体育旅游的定义

维度	定义
体育旅游	1. 非商业目的的参与或观战的外出旅游活动 2. 指人们在物理境（如假期）进行的休闲行为方式，其对象一部分是特别的自然吸引物，一部分是人工体育和户外休闲设施 3. 度假过程中涉及参与和观战的体育旅游活动 4. 以休闲度假为基础的旅行，主要是个人暂时到外地参与体力活动、观看体育比赛或者观看与体育活动有关的吸引物 5. 在居住地或办公地以外的地方参加的体育活动中所有的主动和被动参与形式，是非正式的或者商务/商业原因的体育活动
体育旅游者	1. 指在节事活动地区停留至少24小时的短时游客，他们的主要目的是参与体育节事活动，并把该地作为次要吸引物 2. 指外出旅行或停留在他们不熟悉的地方主动或被动参与竞技性或休闲性活动的个人或集体（把体育作为首要旅行动机）

关于体育旅游的特征，里夫斯（Reeves）根据旅游者的出游决定、动机和

[①] Rozin. The amateurs who saved Indianapolis[J]. Business Week, 2000, April 10.
[②] Sports Business Market Research Handbook[J]. Sports Business Market Research Inc. 2000-2006, p167.
[③] Gratton, Okolakakis. Economic impact of sport in England 1995[M]. London: The Sports Council. 1997.
[④] Hinch, Higham. Sport Tourism: A Framework for Research[J]. International Journal of Tourism Research, 2001, 3(1): 45-48.

生活方式等方面划分了 6 种体育旅游者类型，并得出了体育旅游的部分特征[①]，如表 10-2 所示。

表 10-2　体育旅游类型及其参与者特征描述

类型	决策	参与原因	不参与原因	个人/团体	生活方式	花费
突发	不重要	非责任	不是休闲、度假	家庭	体育是有意义的	最小
零星	相对重要	方便与否	易包含/劝阻	朋友、家庭	不重要	最小（一次性除外）
适时	有时可决定	欢迎增加旅行经历	其他义务	通常个人，尤其是商务游客	奢侈消费	大
规律	重要	娱乐的重要部分	金钱或时间限制	团体或个人	重要	相当大
专门	非常重要	重在经历	归因于不可预知壁垒	个人和兴趣相投者	重要	很大且稳定
被动	非常重要，主动因素很少	理由唯一	受伤或害怕	精英团队或个人	职业的	很大但有人资助

根据吉布森（Gibson）的研究，国外的体育旅游研究的主要问题包括：体育赛事和体育旅游的经济影响研究、体育赛事的服务质量评估、体育赛事的财政平衡与财政贡献评价、体育旅游与城市发展的关系、体育旅游与社会文化发展和体育赛事目的地的发展战略。

西蒙·哈德森（Simon Hudson）在其著作《体育和探险旅游》（Sport and Adventure Tourism）中提出了"体育旅游的动态模型"，如图 10-1 所示。该模型主要为体育旅游供应者更好地理解、评估以及如何使他们在整个旅游行业的利益最大化提供思路。

体育旅游者的行为研究被学者们广泛关注。罗宾斯和甘蒙（Robinson and Gammon，2004）研究了体育旅游的首要动机和次要动机。[②] 费尔利和甘蒙（Fairley and Gammon，2006）研究了恋旧这一动机，发现这与社区利益和亚文化有着显著关系。彼得里克等（Petrick et al.）和尤苏科（Yosuke，2013）研究

[①] Hinch, Higham. Sport Tourism: A Framework for Research[J]. International Journal of Tourism Research, 2001, 3(1): 45-48.

[②] Robinson, & Gammon. A question of primary and secondary motives: revisiting and applying the sport tourism frame-work[J]. Journal of Sport Tourism, 2004, 9(3), 221-223.

了体育旅游者的满意度和忠诚度[1]。田径运动员和三项全能运动员在体育旅游中被反复研究,代表性的学者包括米勒(Miller,2012)、希普韦和琼斯(Shipway and Jones,2007,2008)等。普拉亚格等(Prayag and Grivel,2014)研究了年轻的体育旅游者的动机和满意度,以及行为意向[2]。另外,瓦恩(2008)比较了不同体育活动旅游者的动机[3]。

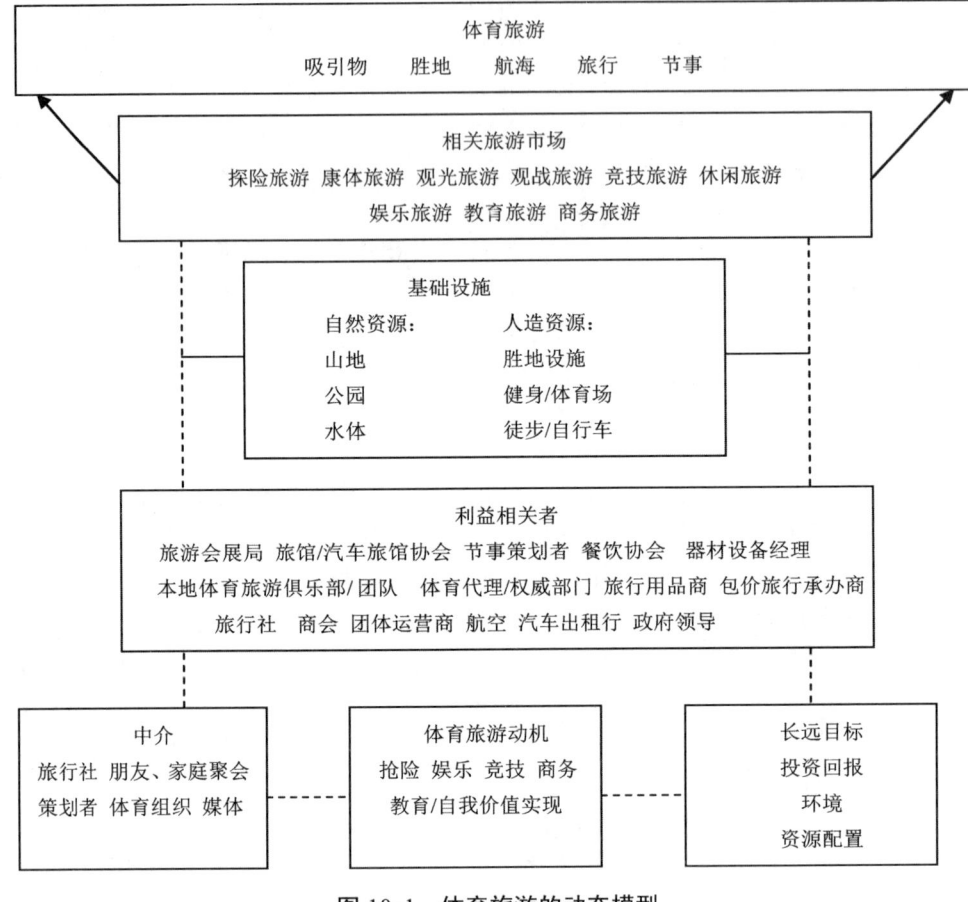

图 10-1　体育旅游的动态模型

---

[1] Petrick, Bennett, Yosuke. Development of a scale for measuring event attendees' evaluations of a sporting event to determine loyalty[J]. Event Management, 2013, 17(2), 97-110.

[2] Prayag, Grivel. Motivation, satisfaction, and behavioral intentions: Segmenting youth participants at the Interamnia World Cup 2012[J]. Sport Marketing Quarterly, 2014, 23(3), 148-160.

[3] Wann, Grieve, Zapalac, Pease. Motivational profiles of sport fans of different sports[J]. Sport Marketing Quarterly, 2008, 17(1), 6-19.

（三）节庆旅游

文化庆典，包括节日、狂欢节/嘉年华、宗教活动、艺术与文艺表演一般情况下被归在文化旅游的子项目内。许多人在研究目的地营销、城市发展、旅游以及近期社会变革时已经涉及了节庆旅游的研究。

盖茨（Getz，2011）对节庆旅游的研究进行了回顾，与节日相关的经典主题主要包括：神话、仪式和象征意义、庆祝典礼、精彩的表演、主客之间的交互影响、阈限体验、狂欢节、真实性和商品化、朝拜等[1]。

拉苏瓦（Lashua，2014）指出，音乐节、音乐会作为一个文化和旅游现象在快速增长和发展，涉及的话题主要包括节日体验、歌迷、真实性和商品化的冲突、自我认知、地点营销等。[2]吉伯森和康奈尔（Gilbson and Connell，2012）在《音乐节和澳大利亚地区发展》一文中指出："自1980年以来，在澳大利亚和其他地区，一些音乐节和当地的旅游战略相关。"而且，安德鲁·戴维斯（Andrew Davis，2016）也认为，节日为旅游创造了特殊的环境，依附于节日的氛围和环境可以促进旅游行为[3]。

节庆旅游者的行为研究是一个持久的研究主题，动机问题的研究是普遍的。尼科尔森和皮尔斯（Necholson and Pearce，2001）对新西兰的4个截然不同的节日中游客的动机进行研究，发现游客存在多种参与动机。虽然社交动机是普遍存在的，但是其本质是不同的，具体动机的不同与每个活动的创新性和独特性相关[4]。荣格（Junge，2008）研究了异性恋者参加同性恋活动的动机[5]，格尔德和罗宾逊（Gelder and Robinson，2009）比较了英国两个音乐节中旅游者的动机[6]，基姆等（Kim et al.，2006）研究了人们参加巴西电影节的动机[7]，林苑等（2005、2008）研究了白酒节游客的动机、满意度和行为意向[8]，

---

[1] Getz. The nature and scope of festival studies[J]. International Journal of Event management Research, 5(1), (online).

[2] Lashua, Spracklen, Long. Introduction to the special issue: Music and tourism[J]. Tourism Studies, 14(1), 3-9.

[3] Andrew Davis. Experiential places or places of experience? Place identity and place attachment as mechanisms for creating festival environment[J]. Tourism Management, 2016, 55, 49-61.

[4] Necholson, Pearce. Why do people attend events: A compractive analysis of motivations at four south island events[J]. Journal of Travel Research. 2001, 39, 449-460.

[5] Junge. Heterosexual attendance at gay events: The 2002 Parada Livre Festival in Porto Alegre[J], Brazil. Sexuality & Culture, 2008, 12(2), 116-132.

[6] Gelder, Robinson. A critical comparative study of visitor motivations for attending music festivals: A case study of Glastonbury and V Festival[J]. Event Management, 2009, 13(3), 181-196.

[7] Kim, Borges, Chon. Impacts of environmental values on tourism motivation: The case of FICA, Brazil[J]. Tourism Management, 2006, 27(5), 957-967.

[8] Yuan, Jang. The effects of quality and satisfaction on awareness and behavioural intentions: Exploring the role of a wine festival[J]. Journal of Travel Research, 2008, 46(3), 279-288.

佩格和帕特森（Pegg and Patterson，2010）对地区标志性节日的旅游者进行了研究[1]，沙维诺惟克等（Savinovic et al.，2012）回顾了少数民族节日的观众动机、满意度和重游意向[2]，李（Lee，2016）探索了政府参与和环境质量对节庆旅游者忠诚度的影响[3]等。

另外，一些有着特殊旅游目的的节日被学者们所研究，如威廉姆斯等（Williams et al.，2013）研究了服装节，盖茨等（Getz et al.）和武伊契奇（Vujicic，2014）研究了美食节，卡维基和圣蒂尼（Cavicchi and Santini，2014）研究了美食和酒水节。还有学者对宗教旅游中朝圣者进行了研究，例如卢贝克等（Ruback et al.，2008）比较了印度的宗教活动中宗教人士和非宗教游客的感知差异，布林德等（Buzinde et al.，2014）研究了朝圣者的动机和体验。

（四）娱乐旅游

娱乐旅游是近年来才兴起的一种形式。斯泰因和埃文斯（Stein and Evans，2009）定义娱乐产业包括媒体（TV/广播）、录制音乐、电脑游戏、电影出版业、剧院、体育场、主题公园、赌场、博物馆、购物和其他特殊活动等[4]。它的范围极广，以至于难以测量，但毫无疑问的是，戏剧、演唱会、娱乐表演等是节事旅游的一部分。当然，体育和节庆在某些方面也有娱乐的价值，正如精彩的表演会有烟火或游行一样。任何娱乐活动都具有快乐的、消遣的特性。尽管休斯（Hughes，2000）认为艺术通常与高雅的、崇高的文化相关，相比之下，娱乐更主流或者更受欢迎[5]。娱乐活动通常由私人部门提供，且具有营利性，但杜·克罗斯和约利夫（Du Cros and Jollife，2014）更多的是个人判断的问题[6]。娱乐活动的研究比较少，大概是因为娱乐活动与其他活动大多融在一起的缘故。

伊士托和特鲁兹（Easto and Truzzi，1973）研究了美国狂欢节的本质，这是一个具有代表性的研究[7]。狂欢节作为一个娱乐活动，包括即兴表演、骑行、游戏和茶点，通常由商业企业组织。塞蒙（Saayman，2012）研究了南非音乐

---

[1] Pegg, Patterson. Rethinking music festivals as a staged event: Gaining insights from understanding visitor motivations and the experiences they seek[J]. Journal of Convention and Event Tourism, 2010, 11(2), 85-99.

[2] Savinovic, Kim, Long. Audience members' motivation, satisfaction, and intention to re-visit an ethnic minority cultural festival[J]. Journal of Travel &Tourism Marketing, 2012, 29(7), 682-694.

[3] Yao-Kuei Lee. Impact of government policy and environment quality on visitor loyalty to Taiwan music festivals: Moderating effects of revisit reason and occupation type[J]. Tourism Management, 2016, 53, 187-196.

[4] Stein, Evans. An introduction to the entertainment Industry[M]. New York: Peter Lang. 2009.

[5] Hughes. Arts, entertainment and tourism[M]. Oxford: Butterworth-Heinemann. 2000.

[6] Du Cros, Jolliffe. The arts and events[M]. London: Routledge. 2014.

[7] Easto, Truzzi. Towards an ethnography of the cainival social system[J]. The Journal of Popular Culture. 1973, 23(4), 485-515.

旅游者的动机。有关于娱乐旅游的研究还不是很多，有待进一步的发展[1]。

第三节 节事对目的地的影响

节事对目的地的社会、经济、文化、环境等多方面具有广泛而深入的影响，从而引起了学界和旅游目的地的浓厚兴趣。盖茨（Getz）曾经说过："节事的强大号召力可以在短时期内使得节事发生地的口碑获得'爆发性'的提升。"因此，对节事影响及其评估的研究也是节事旅游研究的重要内容和前沿课题之一。

迪南兹（Dinanche）通过 1984 年新奥尔良世界博览会的案例研究，验证了节事对于举办地旅游业的发展具有广泛而深入的影响，并绘制了利益相关图，如图 10-2 所示。而这个图成了后来研究节事旅游活动的学者引用次数较多的一张经典关系图。

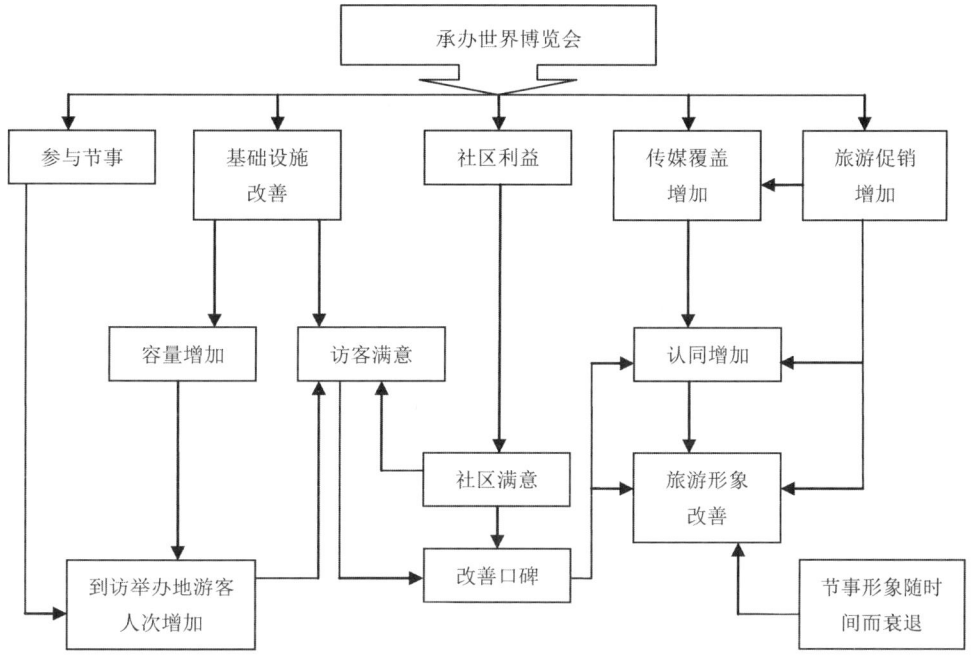

图 10-2 节事对举办地旅游业的影响[1]

---

[1] Saayman. The economic impact of the Comrades marathon[J]. International Journal of Event and Festival Management, 2012, 3(3), 220-235.

盖茨（Getz）对节事影响做出了精辟概括，他指出，从系统和发展的角度来看，节事的影响应当从节事所承担的不同角色出发，把节事作为一个产品来进行分析，从不同的角度来进行研究。[②]在具体内容上，节事影响可以从持续时间、影响程度、影响深度、影响对象和具体的影响指标等角度进行全面的分析，如图10-3所示。

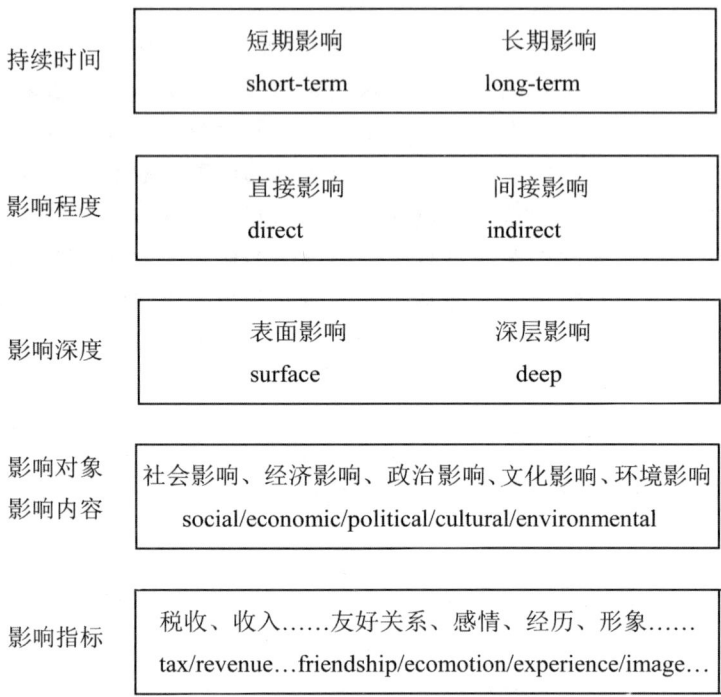

图 10-3　节事对举办地的影响

虽然节事旅游是由经济利益驱使的，但是有必要评估他们在个人、社会、文化和环境等方面的影响。过去，大量的研究工作致力于经济影响的研究，其他方面的影响一直被人们所忽略。随着节事旅游的发展，无形的影响得以发展，比如社会和文化的影响。

一、经济影响

正如前面所述，最早的期刊文章是黛拉·毕特等（Della Bitta et al., 1978）

---

① 转引自：吴必虎. 区域旅游规划原理[M]. 北京：中国旅游出版社, 2001：266(有修改).
② Getz. Event Management & Event Tourism[C]. New York: Cognizant Communication Corporation, 1997.

和戴维森·谢弗（Davidson Schaffer，1980）写的，这是第一个对节事旅游影响进行的综合研究，后来断断续续还有一些相关的研究。世纪之交，出现了大量的文章，包括德怀尔等（2000）对节事旅游的经济影响进行的评估[1]。

（一）经济影响的发生原理

对"什么是节事旅游的经济影响"有一个逐渐认识和理解的过程。目前，学术界普遍认为：由于节事旅游所引发的新资金的注入，这些新资金参与到举办区域的经济循环，从而引起区域经济总量发生变化，其变化反映程度可计量为节事旅游的经济影响[2]。

康普顿（Crompton，1994）对节事旅游的经济影响的基本原理进行了简单阐述，如图10-4所示。

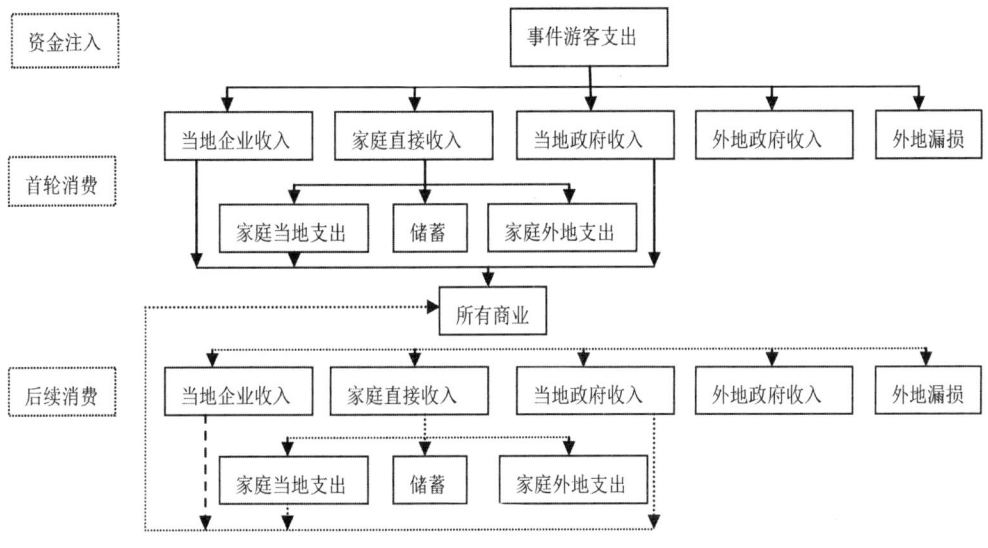

图10-4　节事旅游的经济影响的基本原理

节事游客在当地消费，这部分消费即为新注入的资金。新注入的资金以不同形式流入当地企业、家庭、当地政府以及非当地政府和外地，其中外地政府收入和外地漏损资金流出了当地经济圈，当地企业、家庭和当地政府则继续在当地消费，资金以相同的方式循环，从而形成波纹效应，经济影响得以放大[3]。

---

[1] Dwyer, Mellor, Mistillis, Mules. Forecasting the economic impacts of events and conventions[J]. Event Management, 2000, 6(3), 191-204.

[2] Crompton, Mckay. Measuring the economic impact of festivals and events: some myths, misapplications, and ethical dilemmas[J]. Festival Manage Event Tour, 1994, 2(1): 33-43.

[3] Crompton. Economic impact analysis of sports facilitie and events: Eleven sources of misapplication[J]. Journal of Sport Man age, 1995, 9: 14-35.

琼克兹克（Janeczko，2002）则直接用波纹图对直接经济影响、间接经济影响、引致经济影响和总体经济影响及其产生的原因进行了详细的阐释。因为节事活动的举办，"游客"到访节事活动的举办地，在举办地购买产品和服务，所产生的消费为"范围内消费"，即直接经济影响。这部分新资金的注入将引发新一轮的消费，即间接经济影响。第二轮的消费支出将继续引发第三轮的消费，即引致经济影响。其中，第一轮消费为初始经济影响，第二轮及以后的间接经济影响和引致经济影响统称为次级经济影响。当然，在评估次级经济影响时，必须要考虑扣除漏损，如税收、外来投资、储蓄和外来产品及服务支出等[①]。

（二）经济影响的主要研究内容

从研究目的来看，逐渐从提供理论支持转向为活动的成功举办提供参考借鉴。西方对体育旅游的经济影响研究随着体育赛事的增加而逐渐升温。20世纪90年代以来，国家举办的大型体育赛事逐渐增多，当时的研究重心在于向政府解释体育活动对于旅游业的推动作用，以及它为举办地所带来的经济影响。随着研究的不断深入，既有的研究结论不断地受到挑战和猛烈的批评。萨克和约翰逊（1996）指出，既有的一些经济影响研究是不准确的，是片面的，是政治精英们出于政治目的特别希望的结果[②]。德怀尔等（2006）认为，节事旅游可能会导致成本增加，对当地居民的"非物质"收益产生负面效应[③]。因此，随后的研究越来越趋于理性，旨在运用客观的经济影响结论为政府确定对节事活动的投入和支持力度提供参考，详尽的经济影响分析能更好地使政府向公众报告资源使用情况[④]。

从研究区域来看，绝大多数研究集中在欧洲、北美和澳大利亚等发达国家和地区，然而随着亚、非、拉各国举办的大型节事活动数量的增加，部分学者开始把关注点转移到发展中国家。比如，马西森和贝特（Matheson and Baade，2004）专门研究了发展中国家举办大型体育赛事的经济效益问题及其对策[⑤]。

---

① Janeczko, Mules, Ritchic. Estimating the economic impacts of festivals and events: A research guide[J]. 2002: 17.

② Sack, Johnson. Polititics, economic development, and the Volvo International Tennis Tournament[J]. Journal of Sport Management, 1996, 10(1): 1-14.

③ Dwyer, Forsyth, Spurr. Assessing the economic impacts of events: A computable general equilibrium approach[J]. Journal of Travel Research, 2006, (45): 59-66.

④ Murphy, Carmichael. Assessing the tourism benefits of an open access sports tournament: The 1989 B. C. Winter Games[J]. Journal of Travel Research, 1991, 29: 32-36.

⑤ Matheson, Baade. Mega-sporting events in developing nations: Playing the way to prosperity[J]. South African Journal of Economics, 2004, 7(5): 1085-1096.

随后，霍恩和曼深莱特（Horne and Manzenreiter，2004）、欧文（Owen，2005）、博尔曼和希尔登（Bohlmann and Heerden，2006）分别研究了2002年日韩世界杯、2008年北京奥运会和2010年南非世界杯的经济影响。

从经济影响的正、负面效应来看，现有的研究经历了一个从只重视正面经济影响甚至夸大正面影响到逐渐关注负面影响的过程。里奇和艾特肯（Ritchie and Aitken，1984）、霍尔（Hall，1987）重点研究了节事旅游的积极影响，比如活动场馆和基础设施的建设、城市经济复苏、城市知名度的提高、公共福利的改善、对旅游业的促进和就业机会的增加等[1]。达西和维尔（Darcy and Veal，1994）指出，之前的研究过于重视积极影响，而忽视了其负面影响，比如高额的设施建设成本与投资将影响节事活动举办地对居民福利方面的支出，甚至让举办城市背上沉重的财政赤字负担[2]。还有研究认为节事旅游为节事活动举办地带来交通拥挤、房租上涨、环境破坏等消极影响。

随着研究的深入，决定节事旅游经济影响大小的因素被学者们所关注。节事旅游的经济影响受到节事活动规模的影响，丹尼尔斯和诺曼（Daniels and Norman，2003）以美国南卡罗来纳州7个不同类型的常规体育赛事为例，比较其经济影响的差异。研究表明，体育赛事的类型和性质决定了参与者到访目的、年龄层次、收入水平、停留天数和旅行距离，从而决定了经济影响的大小。另外，经济影响的大小还与是否有互补的休闲娱乐互动有关[3]，与地理位置和资源相关。丹尼尔斯（Daniels，2007）基于中心地理论，研究比较了相邻两县共同举办的联赛对两县的经济影响。研究表明，尽管大部分运动项目在规模较小的约克县举办，但是规模较大、基础设施较完善的梅克伦堡县的经济受益程度仍远大于约克县[4]。康奈尔和佩奇（Connell and Page，2005）还研究了企业空间分布与经济影响的关系，发现尽管大部分比赛项目位于郊区，但是位于市中心的企业受益程度仍远大于位于郊区的企业[5]。

---

[1] Ritchie, Aitken. Assessing the impacts of the 1988 Olympic Winter Games: The research program and initial results[J]. Journal of Travel Research, 1984, 22(3): 17-25.

[2] Darcy, Veala. The Sydney 2000 Olympic Games: The Story so far[J]. Austrilia Journal of Leisure Rcreation, 1994, 4(1): 5-14.

[3] Daniels, Norman. Estimating the economic impacts of seven regular sport tourism events[J]. Journal of Sport Tour, 2003, 8(4): 214-222.

[4] Daniels. Central place theory and sport tourism impacts[J]. Annals Tour Research, 2007, 34(2): 332-347.

[5] Connell, Page. Evaluating the economic and spatial effects of an event: The case of the world medical and health Games[J]. Tour Geog, 2005, 7(1): 63-85.

在计算节事旅游的经济影响时，首先要界定经济影响的来源，已有研究大多是从游客消费的角度来评估节事旅游的经济影响。蒂勒尔和约翰逊（Tyrrell and Johnson，2001）指出，除了节事活动引致游客外，还应该关注其他游客的消费支出[1]。游客包括因节事活动的举办而到访事件发生地的所有人员，在体育活动中，包括观众、运动员、裁判员、媒体记者、主办方、赞助商、随同人员等都被称为游客，这些人在节事活动举办地的消费均应当算作节事旅游的直接经济影响。其次，需要考虑游客的出游目的和空间行为模式。普罗伊斯（Preuss，2005）根据游客的出游目的和空间行为模式，将游客分为事件引致游客、常规旅游者、避免旅游者和本地居民[2]。事件引致游客是指因为节事活动而出游，其支出可视作节事旅游的直接经济影响；而常规旅游者因为观光、探亲或商务等目的而出游，无论是否有节事活动，他们都会到访该目的地，其支出不应当算作节事旅游的直接经济影响[3]。康普顿（Crompton）也认为，常规旅游者只是碰巧参加了活动，其支出与活动无关，他们的花费不应该算作节事旅游的经济影响。但是，他们如果因为节事活动而延长了停留的时间或产生了更多的花费，那么新增加的花费就应该算作有效的经济影响[4]。另外，康普顿（1995，2001）认为本地居民的消费不应当算作有效的经济影响。盖茨（1991）则认为，如果本地居民因为节事活动的举办而取消外出计划，那么这部分消费应当算作节事旅游的经济影响[5]。此外，马西森和贝特（Matheson and Baade，2004）认为，要考虑节事旅游的挤出效应，避免旅游者和逃离居民因为活动举办而取消到节事活动举办地的旅游计划或者逃离城市外出旅游，这部分旅游预算应当算作节事旅游的负面经济影响[6]。具体游客类别如图10-5所示。

---

[1] Tyrrell, Johnson. A framework for assessing direct economic impacts of tourist events: Distingushing origins, destinations, and causes of expenditures[J]. Journal of Travel Rasearch, 2001, 40: 94-100.

[2] Preuss. The economic impacts of visitors at major multisport events[J]. Eur Sport Manage Quar, 2005, 5(3): 281-301.

[3] Tyrrell, Johnson. A framework for assessing direct economic impacts of tourist events: Distingushing origins, destinations, and causes of expenditures[J]. Journal of Travel Rasearch, 2001, 40: 94-100.

[4] Crompton, Lee, Shuster. A guide for undertaking economic impact studies: The springfest example[J]. Journal of Travel Research, 2001, (40): 79-87.

[5] Getz. Festivals, apecial events and tourism[M]. New York: Van Nostrand Reinhold, 1991: 68.

[6] Matheson, Baade. Mega-sporting events in developing nations: Playing the way to prosperity[J]. South African J Economics, 2004, 7(5): 1085-1096.

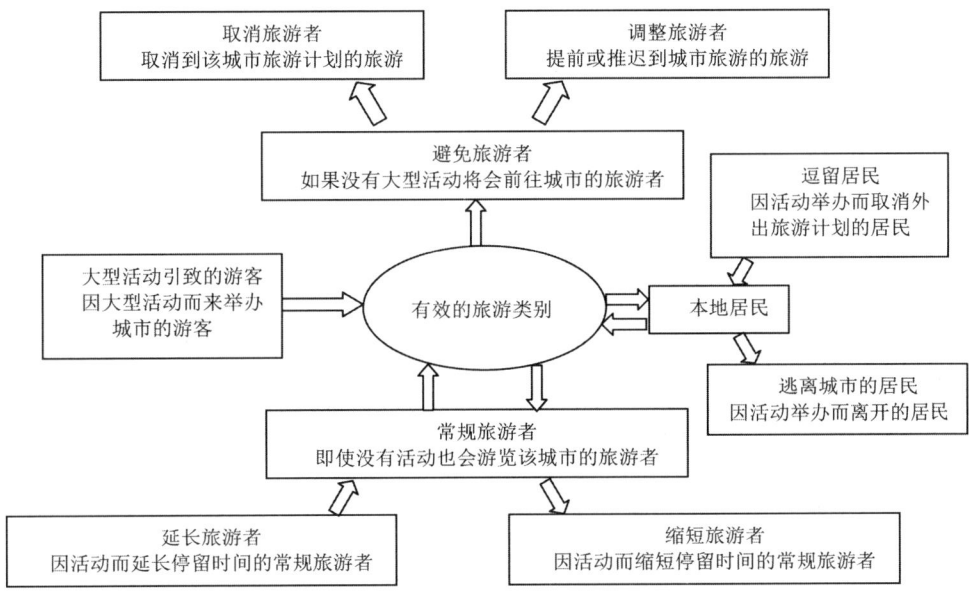

图 10-5　游客类别及其空间模式示意图

（三）经济影响的主要评估方法

盖茨（Getz，1991）指出，严谨的研究方法对于节事旅游的影响的评估非常关键[①]。关于游客数量的评估，对于需要买票进入或者进入受控制的活动，可以通过门票数量、旋转栅门获取游客人数数据；对于观众进入不受控制的开放式活动，观众数量的估计就相对困难，可以采用捕获再捕获法、空中摄影法、进出口计算法等。关于游客消费情况的调查，常用的方法有回忆法和日记法。

关于节事旅游间接影响的计算方法，经历了从简单到复杂的过程。在研究的初始阶段，经济影响评估仅仅是简单计算直接经济影响或者借用其他乘数来粗略估计总体经济影响。随着研究的不断深入，投入产出模型（I-O）开始被广泛应用于经济影响的评估中。投入产出模型因为操作简单、过程清晰的优点，在经济影响研究中被广泛运用，但是其忽略了经济运行中的种种约束，容易夸大间接经济影响，造成对经济影响的高估，因而受到不少质疑。利珀（1997）认为，投入产出模型无法模拟所有经济波动，比如奥运会期间临时的物价上涨以及交通拥挤导致本地居民选择外出旅游，增加了经济影响中分离本地消费的

---

① Getz. Festivals, special events, and tourism[M]. New York: Van Nostrand Rheinhold. 1991.

难度①。布莱克（Blake，2005）也指出，投入产出模型假定各部门间的直接消耗系数和价格固定不变，不能评估价格上升等导致的挤出效应，因此会出现高估的倾向②。随后，更加复杂但也更有效的可计算的一般均衡模型（CGE）被引入大型活动的经济影响中来。德怀尔（Dwyer，2005）通过投入产出模型与可计算的一般均衡模型的实证对比，证实了CGE模型的各项乘数均小于I-O模型。虽然CGE模型在经济影响评估中有着巨大的优越性，但也有一些限制。模型的选择依赖于节事活动的大小和研究的范围。节事活动规模越大越适合选择CGE模型，如全国或全省；研究范围越小（如某城市）越适合选择I-O模型。此外，CGE模型需要很多假定，对数据要求很高，模型相对复杂。

二、社会文化影响

社会文化影响的研究还处于非常初级的阶段，对其系统的评估还缺乏研究。与经济影响不同，社会文化影响很难客观评估，因为很多社会文化影响无法量化，而且社会文化影响对社区中的不同成员有不同的影响。

关于节事旅游社会文化影响的概念，至今还没有达成一致意见。奥尔森和默温（Olsen and Merwin）认为社会影响是"与环境、技术或社会创新相连的模式化的社会秩序结构和功能的变化"③。马西森和沃尔（Mathieson and Wall）认为社会影响是"旅游目的地居民生活质量的改变"④。霍尔（Hall）认为社会影响是"在集体与个人价值系统、行为模式、社区结构、生活方式和质量方面的旅游及旅行方面的变化"⑤。泰奥（Teo）对节事旅游的社会文化影响定义是"旅游促进价值体系、道德和行为、家庭关系、集体生活、创造性表现、传统节庆与社区组织等方面变化的方式"⑥。

节事旅游社会影响通常被理解为短期结果，这种短期结果在生活质量方面即刻的变化，以及对于旅游产业的调整方面的改变是明显的。相比之下，文化影响对举办社区的社会关系、规范和标准的变化是长期的。这意味着文化影响

---

① Leiper. A town like Elis?The Olympics: Impact on tourism in Sydney[C]. Proceeding of the Austrilian Tourism and Hospitality Research Conference: Sydney, 1997.

② Blake. The economic impact of the London 2012 Olympics[M]. Nottingham: Nottingham University, 2005: 35.

③ Olson, Merwin. Towards a methodology for conducting social impact assessments using quality of life indicators, 1977.

④ Mathieson, Wall. Tourism: economic, physical and social impacts[M]. London: Longman, 1982.

⑤ Hall. Hallmark tourist events: Impacts, management and planning[M]. London: Belhaven, 1992.

⑥ Teo. Assessing social-culture impacts: The case of Singapore[J]. Tourism Mangement, 1994, 15(2): 126-136.

不会马上显现出来，而可能在当地居民日后的生活中得以体现。史蒂文森（Stevenson，2012）对奥林匹克的文化遗产进行了研究[1]，关于节事旅游对文化影响的研究可能出现在宗教朝圣、艺术节等的研究中，比如辛格（Singh，2006）、蒂莫西和奥尔森（Timothy and Olson，2006）、奎恩（Quinn，2009，2010）等。

关于节事旅游社会文化影响研究最早可以追溯到格林伍德（Greenwood，1972）从人类学角度进行的研究，他提出了传统文化的商品化问题。里奇（1984）也提供了一个节事旅游影响的全面评价，其中包括社会文化影响[2]。一个有代表性的研究是甘利恩和林奇（Gunneen and Lynch，1988）对体育事件中暴乱问题的研究。

进入21世纪以来，学者们开始对社会文化影响进行系统且有理论基础的全面研究，总体而言，社会文化影响可以从正面影响和负面影响两个方面来看。节事旅游的正面影响包括：增加社区自豪感、加强传统和价值教育、参与更多的体育艺术活动、增加社区团体活动和文化交流[3]，并增加了社区或家庭一起娱乐的机会。节事旅游的负面影响得到了更多关注，主要包括社会秩序紊乱、娱乐设施损失、交通拥挤、偷窃、噪音、卖淫等[4]，以及对当地生活方式的打扰、人权压制、粉丝的不良行为等[5]，并且由于商品和服务价格上涨，使得低收入人群生活质量下降等[6]。基姆（Kim，2015）通过大型体育活动对当地社会影响的研究，认为可以通过6个方面、23个指标来评估社会影响，这6个方面主要包括经济利益、社区自豪感、社区发展、经济成本、交通问题和治安风险[7]。

在相关的文献中，社会资金投入是近年来比较关注的话题，例如阿卡迪亚和怀特福德（Arcodia and Whitford，2007），芬克尔（Finkel，2010），斯楚仁克夫、汤姆森和施伦克尔（Schulenkorf、Thomson and Schlenker，2011），沙普利和斯通（Sharpley and Stone，2012），理查兹等（Richards et al.，2013）都进行了一些相关研究，但并没有得到清晰的结论，例如设立并维持一个活动的投入

---

[1] Stevenson. Culture and the 2012 Games: Creating a tourism legacy? [J]. Journal of Tourism and Cultural Change, 2012, 10(2), 137, 149.

[2] Ritchie. Assessing the impacts of hallmark events: Conceptual and research issues[J]. Journal of Travel Research, 1984, 23(1), 2-11.

[3] Ritchie. Assessing the impacts of hallmark events: Conceptrual and research issues[J]. Journal of Travel Research, 1984, 23(1): 2-11.

[4] Hall. Hallmark tourist events: Impacts, management and planning[M]. London: Belhaven, 1992.

[5] Higham. Commentary: Sport as an avenue of tourism development an analysis of the positive and negative impacts of sport tourism[J]. Current Issues in Tourism, 1999, 2(1), 82-90.

[6] Getz. Event tourism and event tourism[M]. New York: Cognizant, 2005, 21.

[7] Wonyoung Kim, Ho Mun Jun, Matthew Walker, Dan Drane. Evaluating the perceived social impacts of hosting large-scale sport tourism events: Scale development and validation[J]. Tourism management, 2015, 48, 21-32.

是否是值得的，或者能否在活动中产生内在的网络和关系影响等。而且，旅游收入与社会资金的关系是不确定的。

可以从不同的理论视角解释社会文化影响过程和节事旅游的居民反映，但应用最广泛的是社会交换理论。社会交换理论是主张从经济学中投入与产出关系的视角研究社会行为的理论。该理论认为趋利避害是人类行为的基本原则，人们在互动中倾向于扩大收益、缩小成本，或者倾向于扩大满意度、减少不满意度。它主张应该尽量避免人们在利益冲突中的竞争，应通过相互的社会交换获得双赢或多赢。例如，杰克逊（Jackson，2008）发现居民通常支持那些为目的地带来社会和经济贡献的活动，只要该过程中居民感知到的利益大于消极作用，就会产生支持的态度[①]。

图10-6是社会交换程序模型。社会交换理论认为，居民对节事旅游的评价是正向的还是负向的，取决于他们从所提供的服务中获得的是期望收益还是成本。双方在交换关系中都有高水平的社会影响力，就会产生正向的感知。相反，负面感知则与参与者的低水平社会影响力有关，因为他们在交换中获益较少。另外，社会交换理论认为居民对节事旅游的评价依赖于居民和节事旅游的关系。正向和负向的评价使用"存在或缺乏先行条件"，即理性、满意收益、互惠性和公平原则（Searly，1991）[②]。"理性"是参与者建立在"报酬搜寻"基础上的行为。在社会和经济福利的维持和提高方面有收益感知的居民，总体来说可能会正向评估节事旅游的影响。"满意收益"认为居民也许很了解负面影响，但依然接受旅游，因为他们所感知的正向影响超出了成本。居民被假定为通过社会交换关系获得一个满意的、合理的或可接受的收益水平，而不是最大化收益。然而，旅游容忍度的门槛被假设为随着时间和空间而变化，而且一旦越过了这个门槛，就会释放出负面效应。如果期望收益达到了可接受的预设满意度水平，居民将会只发展正面态度。"互惠性"认为如果居民和产业之间交换的资源大体相等，那么所有成员都会有正向影响感知。居民的感知收益应当与居民意愿相等，如承担基础设施建设成本、扩展交际圈、对游客谦恭有礼并热情好客和忍受不便（比如排队等候服务、分享当地设施、过度拥挤、交通阻塞、线路崩溃等）。"公平原则"认为每一次交换应该以公平原则为基础，保证居民在支持和参与节事旅游的过程中能够获得合理的回报。

---

① Jackson. Residents' perceptions of the impacts of special event tourism[J]. Journal of Place Management and Development, 2008, 1(3), 240-255.

② Searle. Propositions for Testing Social Exchange Theory in the Context of Ceasing Leisure Participation[J]. Leisure Studies, 1991, 13: 179-194.

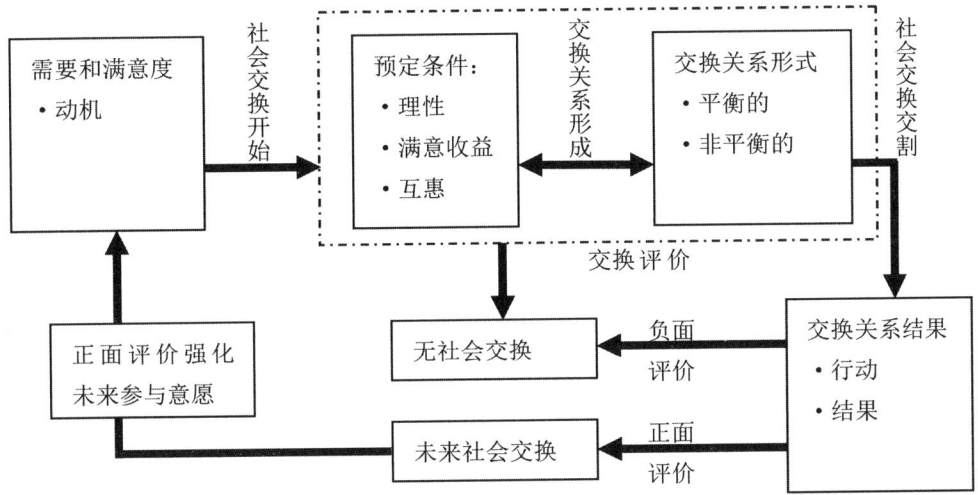

图 10-6 社会交换程序模型

福克纳和泰德斯韦尔（1997）通过内在的和外在的二分法总结区分个人和集体交换关系的变量[①]。个人对旅游的评估与所感知的社会公平和其他的内在变量有关，这些内在变量包括居民住所与吸引物的距离、事件"利他剩余"再评价和人口统计学特征。简单地说，距离旅游集聚区越近的居民，越有可能由于接触更多的外部性，如交通拥挤、噪音、垃圾等而对旅游有负面感知。利他剩余效果表现在，当总结社会收益时，把团体收益放在个人收益之前。人口特征影响也可能取决于居民人口和节事旅游目标市场的相似度。外部维度包括旅游发展阶段、旅游活动的季节模式、旅游者与居民比例以及举办地的居民和客人的文化差异。

三、环境影响

节事旅游不仅对举办地的经济、社会文化有影响，还可能因为使用不可替代自然资源、排放二氧化碳而影响当地环境。近年来，很多公共部门和城市机构已经意识到了节事旅游的环境影响，但这方面的研究还比较少。

在很多大型节事活动中，尤其是大型体育赛事，经常要新建场馆和一些基础设施，建筑活动会涉及很多重型材料及其碳排放。这些与事件直接相关的环境成本是巨大的，奥运会组织者已经采取了一些措施尽可能降低现场环境成本，

---

① Faulkner, Tideswell. A frame for monitoring community impacts of tourism[J]. Journal of Sustainable Tourism, 1997, 5(1): 3-28.

如绿色建筑、奥运村使用可持续能源、发展公共交通通往场馆等。除此之外，旅游模式是节事旅游环境影响的重要推动力。高斯林（Gossling）、汉森（Hannson，2002）表明运输应该对长距离旅游所导致的环境影响承担绝大部分责任，现在一些概念很少能够对不同旅游模式的环境影响提供有用的信息，没有间接的环境成本，如观众到达举办地国家乘飞机的环境影响[1]。除了关注节事旅游过程中所产生的环境成本和资源需求以外，还应当更多地关注积极的环境影响，包括环保意识和教育等方面。

节事旅游的环境影响仍然是学术研究中经常被忽略的领域，舍伍德（Sherwood，2007）对85个节事活动影响研究进行归纳，发现只有两篇提及了节事旅游的环境影响[2]。关于节事旅游的研究文献发展很慢，艾哈迈德等（Ahmed et al.，2008）着眼于南非的一个冲浪活动周边的沙滩体育旅游，包括对于环保教育潜力的研究[3]。凯斯（Case，2012）[4]记录和描述了2012伦敦奥运会的可持续性。安德森等（Andersson et al.，2012）[5]与安德森和伦德贝里（Andersson and Lundberg，2013）[6]在关于节庆的研究中，采用生态足迹的方法分析了节事旅游的环境影响，为系统地比较不同活动的环境影响提供了可能。

目前评估节事旅游环境影响的常用方法有两种：第一种是环境投入产出模型（Environment Input-Output Modelling，ENVIO），第二种方法是生态足迹法（Ecological Footprint Analysis）。

投入产出法长期被应用于估计游客的经济影响，把旅游和环境卫星账户联系在一起还是非常新鲜的。帕特森和麦克唐纳（Patterson and McDonald，2004）在新西兰使用该方法来研究旅游活动对环境结果的影响[7]。同样，可用的投入产出框架在环境方面的延伸可用于确定游客的环境影响。环境投入产出框架可

---

[1] Gossling, Hannson et al. Ecoladical Footprint analysis as a tool to assess tourism sustainablility[J]. Ecological Economics, 2002, 43: 199-211.

[2] Sherwood. A triple bottom line evaluation of the impact of special events: The development of indicators. Unpublished Doctoral dissertation[J]. Melbourne: Victoria University, 2007.

[3] Ahmed, Moodley, Sookrajh. The environmental impacts of beach sport tourism events: A case study of the Mr. Price Pro surfing event, Durban, South Africa[J]. Africa Insight, 2008, 38(3), 73-85.

[4] Case. Event impacts and environmental sustainability[M]// Page, Connell. Routledge handbook of events. London: Routledge, 2012.

[5] Andersson, Armbrecht, Lundberg. Estimating use and non-use values of a music festival. Scandinavian[J]. Journal of Hospitality and Tourism, 2012, 12(3), 215e-231.

[6] Andersson, Lundberg. Commensurability and sustainability: Tripleimpact assessments of a tourism event[J]. Tourism Management, 2013, 37, 99-109.

[7] Patterson, McDonald. How clean and green is New Zealand tourism? Lifecycle and future environmental impacts[J]. Landcare Reasearch.

以记录评估生产过程对环境关键指标的影响，如给出影响的经济产出与大气排放、后工业废弃物和水利用之间的比例（REWARD，2003）。这样，节事旅游的环境影响可以使用和经济影响相似的方法来计算。

生态足迹法在 20 世纪 90 年代，由加拿大大不列颠哥伦比亚大学规划与资源生态学教授里斯（Willian Rees）提出。生态旅游足迹也称为"生态占用"，是指特定数量人群按照某一种生活方式所消费的、自然生态系统所提供的各种商品和服务功能，以及在这一过程中所产生的废弃物需要环境吸纳，并以生物生产性土地（或水域）面积来表示的一种可操作的定量方法。他显示在现有技术条件下，指定的人和单位需要多少具备生物生产力的土地或水域来生产所需资源和吸纳所有衍生废物。生态足迹通过测定现今人类为了维持自身生存而利用自然的量来评估人类对生态系统的影响。生态足迹法的优势在于：第一，可以评估节事旅游的全球经济影响；第二，使用与评估多种形式经济活动一致的办法。然而，虽然环境影响的单一衡量具有清晰和一致的优点，但是数据产生需要假设，而这些假设对于政策制定者而言，并不总是清晰的。另外，该方法还存在一定的局限性。维德曼等（Wiedmann et al.，2006）认为尽管生态足迹法在进步，且运用越来越普遍，但它还是因为没能反映消费活动的全部影响以及没能为政策制定者提供足够的信息而饱受质疑。维德曼等（2006）把足迹和产业部门以及最终消费种类结合在一起，这样可以部分解决上面提到的问题[①]。然而，用于联系生产和消费与理论上的全球土地面积的计算在恰当性及合适性方面还存在很多问题。

---

① Wiedmann, Minx, Barrett, Wackernagle. Allocating Ecological Footprints to household consuption activities by using Input-Output analysis[J]. Ecological Economics, 2006, 56: 28-48.

第十一章 遗产管理

以往的遗产型旅游目的地管理的理念强调保护，但不知道保护什么，以为是保护生物、保护文物、保护环境。其实，最本质的是保护地格。地格维系的三个最重要原则是：多样性、完整性与真实性。真实性在用于表示不可移动的文化遗产的特征时，它还具有完整的含义，即包括不可移动遗产所处的环境。真实性和完整性（Authenticity and Integrity）是关于世界遗产的非常重要的两个原则，在《世界遗产公约实施行动指南》（简称《行动指南》）中对其有明确规定。原本多样性原则与完整性原则只应用于自然遗产，真实性原则只应用于文化遗产，现在无论是自然遗产还是文化遗产，三大原则都同时应用。多样性、真实性和完整性原则既是衡量遗产价值的标尺，也是保护遗产所需依据的关键。

第一节 多样性（Diversity）

多样性包括生物多样性与文化多样性，反对单一主义，倡导多元化。自然资源与文化资源的多样性是旅游开发利用的基础。

一、生物多样性的定义

生物多样性（英文为 biodiversity 或 biological diversity）是一个描述自然界多样性程度的概念。对于生物多样性，不同的学者所下的定义是不同的。在1992年的《生物多样性公约》里，生物多样性的定义是"所有来源的活的生物体中的变异性，这些来源包括陆地、海洋和其他水生生态系统及其所构成的生态综合体，这包括物种内、物种之间和生态系统的多样性"。生物多样性是指一定范围内，多种多样活的有机体（动物、植物、微生物）有规律地结合所构成的稳定的生态综合体。2004年生物多样性国际日也对生物多样性进行了定义，即生物多样性是指地球上的生物（包括动物、植物、微生物）在所有形式、层次和联合体中生命的多样化,通常包括生态系统多样性、物种多样性和遗传多样性3个组成部分。

"2010生物多样性国际年"的目标包括:

(1)强化公众对保护生物多样性的重要性和生物多样性潜在威胁的认识。

(2)增进对政府和社会保护生物多样性的工作成就的了解。

(3)鼓励个人、组织和政府立即采取措施,防止生物多样性丧失。

(4)推动创新解决方案,减少生物多样性面临的威胁。

(5)就2010年后应采取的措施展开利益相关方对话。

IUCN的生物多样性保护工作主要是通过实施一系列项目来实现的:

(1)种群计划(IUCN Species Programme);

(2)全球海洋国际化(IUCN Global Marine Programme);

(3)水计划(IUCN Water Programme);

(4)森林保护计划(IUCN Forest Conservation Programme);

(5)生态管理计划(IUCN Ecosystem Management Programme);

(6)保护区计划(IUCN Protected Areas Programme)。

二、生物多样性的衡量指标与多样性价值

生物多样性指数有两个组成部分:绝对密度(丰富性)和相对丰度(均一性)。多样性指数是丰富性和均一性的统一。生物多样性的价值主要体现在以下2个方面:

1. 直接价值(Direct Value),也叫使用价值或商品价值,是人们直接收获和使用生物资源所形成的价值,包括消费使用价值和生产使用价值两个方面。消费使用价值是指不经过市场流通而直接消费的一些自然产品的价值。生物资源对于居住在出产这些生物资源地区的人们来说是十分重要的。人们从自然界中获得薪柴、蔬菜、水果、肉类、毛皮、医药、建筑材料等生活必需品。尤其在一些经济不发达地区,利用生物资源是人们维持生计的主要方式。

2. 间接价值。生物资源的间接价值与生态系统功能有关,它并不表现在国家的核算体制上,但它们的价值可能大大超过直接价值。直接价值常常源于间接价值,因为收获的动植物物种必须有它们的生存环境,它们是生态系统的组成成分。没有消费和生产使用价值的物种可能在生态系统中起着重要作用,并供养那些有使用和消费价值的物种。生物多样性的间接价值包括非消费性使用价值、选择价值、存在价值和科学价值4种价值。

①非消费性使用价值:保护生物资源可以为人类社会带来日益增长的效益,这种效益因地域和物种的不同而各不相同。大致可归纳为以下几个方面:

光合作用；生态系统的功能包括传粉、基因流动、异花受精的繁殖功能、维持环境的效力和对经济物种获取有益遗传品质有影响的物种，保持进化过程；污染物的吸收和分解；娱乐和生态旅游（recreation and ecotourism）；保护土壤；调节气候；稳定水文。

②选择价值：保护野生动植物资源，以尽可能多的基因，可以为农作物或家禽、家畜的育种提供更多的可供选择的机会。

③存在价值：有些物种，尽管其本身的直接价值很有限，但它的存在能为该地区人民带来某种荣誉感或心理上的满足。例如，我国的大熊猫、金丝猴、褐马鸡等，是我国的特产珍稀动物，全国人民都引以为荣。熊猫已成为中国的象征。

④科学价值：有些动植物物种在生物演化历史上处于十分重要的地位，对其开展研究有助于搞清生物演化的过程，如一些孑遗物种（银杏）。

三、多样性与稳定性关系

20 世纪 70 年代以前，生态学家企图发展一种联系稳定性和多样性的通用理论。例如，美国生态学家奥德姆（Odum）的研究表明，可通过食物网能量路径的数量度量群落稳定性。随着食物网中链环数量的增加，稳定性提高。如果生态系统变得比较简单，那么它们的稳定性就会变差。多样性所提供的稳定性对所有适应性最强的大动物都是很有价值的。

在景观单元多样性层次，许多生态学家认为多样性有利于区域生态环境安全。在 1969 年，奥德姆提出的生态系统的发展战略中指出，最舒适和最安全的景观是一个包含各种作物、树林、湖泊、河流、海滨和废弃用地等各种不同生态年龄群落的混合体。

四、多样性与生产力关系

根据达尔文的理论，群落的生物多样性是由共生物种的生态位多样化产生的，由于更有效的资源利用，这种多样化将导致更高的群落生产力。经济合作与发展组织（OECD）也认为，农业在基因层次以生物多样性作为基因库来提高作物和牲畜的生产力。景观单元多样性的减少，会使病虫害增加，因此导致了大量农药的使用，农田和农田以外的生物多样性遭到农药的破坏，往往会形成恶性循环。蒂尔曼（Tilman）等在美国 147 个试验点的研究结果也支持达尔文的观点。他们认为生物多样性对生态系统生产力和稳定性有积极影响。[①] 景

---

① 岳天祥. 生物多样性研究及其问题[J]. 生态学报，2001. 3.

观连通性被定义为在景观单元中动物迁徙或植物传播运动的平均效率。美国景观生态学家福曼（Forman）的有关研究成果可表述为：景观连通性与生物多样性有正相关关系。①

五、多样性保护的途径

生物多样性丧失的原因有很多，主要包括：生境被破坏、污染、过度开发、外来种的引入和入侵与气候的改变。②

1. 物种的保护有两种基本途径

包括就地保护（in situ preservation，on-site preservation）和迁地保护（ex situ preservation，off-site preservation）。就地保护是在野生动植物的原产地对物种实施有效保护。迁地保护是通过将野生动植物从原产地迁移到条件良好的其他环境中进行有效保护的一种方式。当然，在大多数情况下，就地保护是保护生物多样性的最根本途径。只有在野外，物种才能在自然群落中继续适应变化的环境进化过程。但随着自然界环境状况的日益恶化，迁地保护越来越显示出其重要性。对于一些濒危物种来说，如果其野生种群数量太少，或适合其生存的自然栖息地已被破坏殆尽，则迁地保护将成为保存这些物种的唯一手段，例如麋鹿、加州秃鹫等的保护即是成功的例子。我们应充分认识到迁地保护的作用，并在生物多样性的保护实践中积极有效地使用这一手段。迁地保护和就地保护策略是相互补充的途径。来自迁地保护种群的个体能被周期性的释放回野外，可加强就地保护工作；对圈养种群的研究能够增加对物种的基础生物学的了解，能为就地保护的种群提供新的保护策略。

保护景区的生态系统和生物多样性，这里既要求景区不能随便引进外来物种，同时也不能人为使某些物种消失。一个生态系统也许是经过几千年形成的，各种生物之间已经形成非常严格的生物链。外来入侵物种最主要的危害是采用各种方式杀死或排挤当地土著物种，从而引起生态系统中物种的单一化，进而导致很多相应的生态问题。近年来我国一直受外来物种入侵的威胁，我国云南滇池水葫芦的蔓延及其对水体造成的污染便是一个突出的例子。与此相对应的是，本地物种的缺失与恢复也已成为一个新的关注热点。美国黄石国家公园现已完成初期试验性地恢复灰狼在公园内的存在，借以恢复过去为保护农畜消灭灰狼之前的自然生态系统。

自然遗产生物多样性研究开展了不到 10 年，许多基础性研究尚待补充，

---

① 岳天祥. 生物多样性研究及其问题[J]. 生态学报，2001.3.
② 王红梅. 生物多样性的丧失及原因探析[J]. 大连教育学院学报，2004.2.

下列几项应该优先考虑：（1）物种的清查；（2）关键种（keystone species）的确定；（3）受胁（threatened）和濒危（endangered）种的查定；（4）种群生存力分析（population viability analysis，PVA）和最小能存活种群（minimum viable population，MVP）的确定；（5）一些具有象征意义名称的种，如伞护种（umbrellas）、旗舰种（flagships）的分析；（6）入侵外来物种（invasive exotics），尤其是外来植物的清查。①

2. 生物多样性的保护措施

（1）对策1：建立自然保护区实行就地保护

关于自然保护区，国内外都存在不同的理解，容易使人产生误解，下面将与自然保护区有关的同义语介绍如下：

①自然保护区。这是指对有代表性的自然生态系统、珍稀濒危野生动植物物种的天然集中分布区、有特殊意义的自然遗迹等保护对象所在的陆地、陆地水体或者海域，依法划出一定面积予以特殊保护和管理的区域。

②生物圈保护区。这是联合国教科文组织系统的保护区，强调保护、发展与后勤支持三大功能，提出著名的核心区、缓冲区与过渡区三区模式，该模式成为中国自然保护区立法的依据。目前中国有22个生物圈保护区。

③森林公园。这是强调通过保护森林生态系统及其景观为人类提供休憩与旅游的地区。

④风景名胜区。这是具有观赏、文化或科学价值，自然景物、人文景物比较集中，环境优美，具有一定规模和范围，可供人们游览、休息或进行科学、文化活动的地区。

⑤传统文化森林保护地。我国道佛寺庙通常位于深山密林，并有长期保护培育周围森林的传统，对保存不同地域的典型生态系统与物种多样性起了十分重要的作用。有许多因寺庙保存下来的森林生态系统直接成为国家或省县级自然保护区。我国农村有数千年保育风水林的传统，风水林在文化上有一些宗教色彩，但其本质是保护农村聚居点生态环境条件，如保护关键集水区、保存生物资源等。这一优良传统对我国自然保护还将起到重要的作用。

⑥天然林保护地。自1998年以来，国家正式启动天然林保护计划，这一类新的保护地，主要关注的是森林生态服务功能，尤其强调其涵养水源及水土保持的功能。

⑦自然遗产。这是联合国教科文组织系统的保护区，以保护著名的自然遗

---

① 陈昌笃. 加强自然遗产地生物多样性的研究和监测工作，进一步发挥其至关重要的生态功能[EB/OL]. http://www.whwy.org/ycdt/rt1.htm.

产地为主，保护对象有生态系统和地质遗迹。目前中国的自然与文化遗产有31处，包括武夷山、峨眉山、泰山、黄山、九寨沟、黄龙、张家界、长城、故宫、兵马俑、敦煌、丽江等，其中双遗产有4处（泰山、黄山、峨眉山、武夷山）。

⑧国际湿地。这是以保护湿地为主的自然保护区，又称为拉姆萨（Ramser）国际湿地，目前中国有21处，包括扎龙、向海、鄱阳湖、东洞庭湖、东寨港、青海湖、米浦等。

⑨地质公园。这是以保护地质遗迹为主要目的的保护区，如冰川遗迹、火山遗迹、丹霞地貌、溶洞等。

（2）对策2：迁地保护

这是在生物多样性分布的异地，通过建立动物园、植物园、树木园、野生动物园、种子库、精子库、基因库、水族馆、海洋馆等不同形式的保护设施，对那些比较珍贵的物种、具有观赏价值的物种或其基因实施由人工辅助的保护。

这种保护在很大程度上是挽救式的，它可能保护了物种的基因，但这种保护是被动的，最终可能保护的是生物多样性的活标本。因为，毕竟迁地保护是利用人工模拟环境，自然生存能力、自然竞争等在这里无法形成。

3. 旅游景区的生物多样性保护途径

生物多样性保护可分为两种途径：以物种为中心的途径和以生态系统为中心的途径。前者强调濒危物种本身的保护，而后者则强调景观系统和自然地的整体保护，力图通过保护景观的多样性来实现生物多样性的保护。保护战略上的两种不同途径也体现在以生物保护为目的的景观规划设计中，即以物种为出发点的规划途径和以景观元素为出发点的规划途径。尽管两者都考虑物种和生态基础设施的保护，但前者的规划过程是从物种到景观格局，而后者是从景观元素到景观格局。

4. 生物多样性保护的空间战略"斑块—廊道—基质模式"[①]

（1）斑块。斑块是指与周围环境在外貌或性质上不同，但又具有一定内部均质性的空间部分。通常，斑块面积越大，物种多样性越高，它们之间存在着正相关。

（2）廊道。对抗景观破碎化的一个重要空间战略是在相对孤立的栖息地斑块之间建立联系。其中最主要的是建立廊道。生态学家们普遍认为，通过廊道将孤立的栖息地斑块与大型的种源栖息地相连接，有利于物种持续和生物多样性增加。

（3）基质。基质是景观的本底，是景观中面积最大、连接度最好、对景观

---

① 赵青，胡玉敏，陈玲，陈志斌. 景观生态学原理与生物多样性保护[J]. 金华职业技术学院学报，2003.2.

控制力最强的景观要素。基质对斑块嵌体等景观要素内及景观要素之间的物质能量流动、生物迁移觅食等生态学过程有明显的控制作用，因而作为背景的基质对生物多样性保护起关键作用。

景观异质性是景观的基本属性，包含两重含义：景观各组成要素的不均质性和复杂性。任何景观都是由结构和功能不同的低层次的异质景观构成的镶嵌体。实验观察和模拟研究都显示，景观异质性或时空的嵌斑特性（Patchenes）有利于物种的生存和连续及整体生态系统的稳定。许多物种需要两种或多种栖息地环境。景观的空间格局与时间更替一样可能会显得杂乱无章。但这种动态和交替抹去了景观中的剧烈性的变化，使系统保持稳定。所以，保护和有意识地增加景观的异质性有时是必要的。增加异质性的人为措施包括控制性的火烧、水淹或采伐等。

六、文化多样性

文化多样性受到现代化、全球化的严重威胁。现代旅游加速了文化的交流，虽然催生了许多新文化，但更大程度上导致了文化的趋同。近年来实施天然林保护工程，居住在森林里的少数民族搬迁到平原，从事农耕，导致传统民族文化的丧失。

在教科文组织大会第三十一届会议上通过的《世界文化多样性宣言》指出：文化多样性是交流、革新和创作的源泉，文化多样性增加了每个人的选择机会；它是发展的源泉之一，它不仅是促进经济增长的因素，而且还是享有令人满意的智力、情感、道德精神生活的手段。文化权利是人权的一个组成部分，它们是一致的、不可分割的和相互依存的。

现代旅游开发在一定程度上促进了现代文明的传播，但对处于传播弱势的传统文化来说，如果不能作为一种资源来开发和展示就会处于被剥夺的状态。《世界文化多样性宣言》强调每个人都应当能够用其选择的语言，特别是用自己的母语来表达自己的思想，进行创作和传播自己的作品；每个人都有权接受充分尊重其文化特性的优质教育和培训；每个人都应当能够参加其选择的文化生活和从事自己所特有的文化活动，但必须在尊重人权和基本自由的范围内。在通过文字和图像自由交流思想的同时，务必使所有的文化都能表现自己和宣传自己。言论自由、传媒多元化、语言多元化、人们平等享有各种艺术表现形式、科学和技术知识（包括数码知识），以及所有文化都有表达和传播的机会等，均是文化多样性的可靠保证。

旅游开发带来了太多的移植，这些空降文化在当地形成文化飞地。《世界文化多样性宣言》要求每项创作都应该来源于有关的文化传统，但也在同其他文化传统的交流中得到充分的发展。因此，各种形式的文化遗产都应当作为人类的经历和期望的见证得到保护、开发利用和传承，以支持各种创作和建立各种文化之间的真正对话。

第二节　真实性（Authenticity）

麦坎内尔（MacCannell，1973）[1]以社会人类学者的角度观察旅游者经验与旅游地之间关系，并提出了舞台化真实性（staged authenticity）理论，此理论得到旅游学界巨大的回响，除了舞台化真实性理论本身带来的许多应用与讨论外（Chhabra，Healy and Sills，2003；Cohen，1988，1989；Goldberg，1983；Kontogeorgopoulos，2004；Papson，1981；Pocock，1992；Olsen，2007；Stevenson，1990；Xiao and Smith，2004）[2][3][4][5][6][7][8][9][10][11]，另外也引起对真实性（authenticity）的更多探讨（Cohen，2007）[12]。根据皮尔斯（Pearce，2007）[13]的研究，麦坎内尔发表舞台化真实性理论后至2006年，《旅游研究纪事》（*Annals of Tourism Research*）已有40余篇文章以"真实性"为关键词，截至2010年则已累计至

---

[1] MacCannell. Staged authenticity: arrangements of social space in tourist settings[J]. American Journal of Sociology, 1973, 79(3): 589-603.

[2] Chhabra, Healy, Sills. Staged authenticity and heritage tourism[J]. Annals of Tourism Research, 2003, 30(3): 702-719.

[3] Cohen. Authenticity and commoditization in tourism[J]. Annals of Tourism Research, 1988, 15(3), 371-386.

[4] Cohen. "Primitive and remote": Hill tribe trekking in Thailand[J]. Annals of Tourism Research, 1989, 16(3): 30-61.

[5] Goldberg. Identity and experience in Haitian voodoo shows[J]. Annals of Tourism Research, 1983, 10(4): 479-495.

[6] Kontogeorgopoulos. Ecotourism and mass tourism in southern Thailand: Spatial interdependence, structural connections, and staged authenticity[J]. GeoJournal, 2004, 61(1): 1-11.

[7] Papson. Spuriousness and tourism: Politics of two Canandian provincial government[J]. Annals of Tourism Research, 1981, 8(2): 220-235.

[8] Pocock. Catherine Cookson country: Tourist expectation and experience[J]. Geography, 1992, 77(3): 236-243.

[9] Olsen. Staged authenticity: A Grande idee[J]. Tourism Recreation Research, 2007, 32(2): 83-85.

[10] Stevenson. "Heiva" continuity and change of a Tahitian celebration[J]. Contemporary Pacific, 1990, 2(2): 255-278.

[11] Xiao, Smith. Residents' perceptions of Kitchener-Waterloo Oktoberfest: An inductive analysis[J]. Event Management, 2004, 8(3): 161-175.

[12] Cohen. "Authenticity" in tourism studies: Apres la Lutte[J]. Tourism Recreation research, 2007, 32(2): 75-82.

[13] Pearce. Persisting with authenticity: Gleaning contemporary insights for future tourism studies[J]. Tourism Recreation Research, 2007, 32(2): 86-89.

50余篇。贾法里（Jafari，2005）[1]也肯定"真实性"的研究为旅游学研究一个重要里程碑，因为它除了应用于旅游领域外，也被广泛用来探究其他的知识领域。

真实性（authenticity）的探讨自麦坎内尔提出舞台化真实性理论后已近40年，本节的主要目的是介绍有关真实性学说产生的背景，进而介绍舞台化真实性理论，最后介绍真实性学说的重要观点，即客观性真实性、建构性真实性，自然生成真实性与存在性真实性，并且探讨它们对旅游学理论发展所造成的影响。

一、真实性学说产生的背景

旅游学术领域中，真实性学说产生的时代背景为第二次世界大战后20世纪70年代高度现代化的美国社会，当时大众旅游是普遍与热衷的活动，而从事此活动的主流是新兴中产阶级，学术界许多学者开始透过不同视角对蓬勃发展的旅游活动进行观察。刚开始时，以玻尔斯丁（Boorstin）为主的学者们以较负面的观点看待旅游活动及游客行为，他们认为游客是肤浅的"傻子"，容易被取悦与欺骗，并且活动范围多局限于旅馆、餐厅与旅游设施内，与外界隔离，所以对他们参观的地点接触甚少，所得到的是一种虚假的文化印象（Boorstin，1961；Cohen，1979）[2][3]。旅游景点只是一个特殊安排的产物，它提供了做作、间接与人工化的产品给旅游者消费。另一派却独树一格，一反之前学者对旅游及游客的观察，麦坎内尔（1973）[4]将旅游者比拟为朝圣者，此二者都是从事旅游活动，所不同的是朝圣者的朝圣之旅与宗教有关，而一般旅游者却是追求真实性（authenticity）。旅游者之所以想追求真实性而去旅游是因为现代化所带来的组织脱序、疏离、暴力、虚假、无计划、不稳定与不真实，生活于现代化社会的人，平日的生活肤浅且缺乏真实性，他们想透过旅游找回他们失去的真实事物。柯恩（1988）[5]亦认同此观点，认为现代化对社会、对现存的机构与单位带来冲击，社会失去它原来的面貌，个体认为外面社会已丧失它的真实性，于是回归自我追求认知的真实性。社会与个人因为对真实性追求的关系而形成相

---

[1] Jafari. Bridging out; nesting a field: Powering a new platform[J]. Journal of Tourism Studies, 2005, 16(2): 1-5.

[2] Boorstin. The image: A guide to pseudo-events in America[M]. New York: Harper & Row. 1961.

[3] Cohen. Rethinking the sociology of tourism[J]. Annals of Tourism Research, 1979, 6, 18-35.

[4] MacCannell. Staged authenticity: A rrangements of social space in tourist settings[J]. American Journal of Sociology, 1973, 79(3), 589-603.

[5] Cohen. Authenticity and commoditization in tourism[J]. Annals of Tourism Research, 1988, 15(3), 371-386.

互拉扯的情形,这种追求真实性的动机成为现代旅游的重要动机。

基于前述的现代化社会现象,麦坎内尔(973)①认为社会学研究需要一个新的方向,于是他整合了社会结构与特殊社会情境下的两者间的关系,而当时社会学者研究的方向则是由研究社会结构转移至研究行为与信念结构。麦坎内尔认为由高夫曼(Goffman, 1959)②所提出的前后台区域(Front and Back Regions)社会结构在描述游客追寻真实性经验与个人私密性时有所不足。此外,他认为玻尔斯丁对现代化社会大众旅游的现象观察虽有贡献,但是此种观察却缺乏分析方法,所以便提出了舞台化真实性理论。

二、舞台化真实性

麦坎内尔在提出舞台化真实性理论时,他发现在后现代化社会中充斥着虚假与不真实,于是人们想追寻真实的经验,并且透过旅游来达成,旅游因此成为现代人的一种仪式。实际上,舞台化真实性的探讨最主要是延续高夫曼(1959)③的前后台区域理论。高夫曼以前后台区的区隔来说明社会关系之建立。前台区指的是主人与客人或服务人员与顾客见面的场所,而后台区则是指家庭其他成员或工作人员休息或做准备的场所。例如,厨房、锅炉间或洗衣房都是后台区的代表,而前台区的代表场所则包括接待室与客厅。虽然前后台的区隔可以透过建筑物来达成,但是不论前台或后台都是一种以社会表现型态(type of social performance)为基础的社会关系,而任何一种表现型态都有某种社会角色扮演于当中,而且在该处呈现舞台化(staged)现象(MacCannell, 1973④, 1976⑤)。

高夫曼(1959)⑥认为在前后台关系中,共有 3 种不同角色扮演者:表现者、被表现者(例如观众或顾客)与其他不相关者。表现者会出现在前后台区,观众则只出现在前台区,其他不相关者则不出现在任何区域。麦坎内尔对高夫曼的社会关系结构划分方式有不同见解,因为依据高夫曼的理论,如果后台区过于接近观众或其他不相干的外人,将使后台区的活动或道具的隐私被暴露,这将会影响或有损前台区人员的表现。麦坎内尔却认为此种情境似乎透露出,所谓社会的真实性是否需要一些神秘性在其中作为支撑(例如后台区的神秘

---

① MacCannell. Staged authenticity: Arrangements of social space in tourist settings[J]. American Journal of Sociology, 1973, 79(3): 589-603.

② Goffman. The presentation of self in everyday life[M]. Garden City, New York: Doubleday, 1959.

③ Goffman. The presentation of self in everyday life[M]. Garden City, New York: Doubleday, 1959.

④ MacCannell. Staged authenticity: Arrangements of social space in tourist settings[J]. American Journal of Sociology, 1973, 79(3): 589-603.

⑤ MacCannell. The tourist: A new theory of the leisure class[M]. New York: Schocken Books, 1976.

⑥ Goffman. The presentation of self in everyday life[M]. Garden City, New York: Doubleday, 1959.

性)。而此种前后台的社会结构由旧有社会进入现代社会中,事实(truth)似乎已不能说明一切。在现代社会,原来社会中的原始性与现代社会有所冲突,在原来社会中的许多原本就有的活动,例如礼物交换或择偶方式,并没有所谓真实性(authenticity)的问题,因为那就是原来的生活面貌,但是在现代社会中人们却生活于组织化、官僚化、小区与复杂的组织中,人们所体验的真实性是不同于以往的。例如,火腿加入红色素让它看起来更好吃,更像火腿;硅胶隆乳也是为了使女性更像女性。凡此种种,真实中似乎也带有一点点虚假。而个人所关心却也带点神秘的事,似乎也在操弄社会的面貌或社会的真实性,火腿与隆乳的事例则说明了此现象。因此,所谓的真实性就如同一场秀(show),依据不同认知的事实产生。例如厨房以前被视为后台,但现在却被人用来作为展示用的前台;交响乐团演出前的彩排,以前被认为不宜观赏,但是现在却有乐团售票供人观赏。

三、旅游背景(tourist settings)的真实性与舞台化真实性

麦坎内尔(1973,1976)认为旅游者与朝圣者追求真实经验的心态没有差异,所不同的是朝圣者拜访的地点与宗教有关,而旅游者则是亲自到旅游地体验当地社会、历史与文化。在旅游的过程中,旅游者对真实性的追求程度可能表现在融入旅游地的生活、看当地人日常的生活方式、偷窥当地人的后台生活,或以冒险的态度进入当地的后台地区或生活。然而,旅客们所认知的真实却不尽相同,麦坎内尔举出一些旅游者对真实性认知的实例。例如,一位游客到西班牙格那纳达的福丽葛理安纳旅游,由于该地并未经过任何修饰,此游客惊喜地说:"那是一座活村庄而不是一个经过整修过的'真实'西班牙村庄,人们在那里比较能看到安达鲁西亚(Andalusian)式的生活(1973)。"①该游客言下之意是:即便此村庄在西班牙,但只要经过整修就不够真实。另外一个例子是将建筑物的后台区当成观光的行程,而这种旅游方式在美国非常受欢迎。一位加利福尼亚大学伯克利分校学生活动中心经理安排访客参观学生活动中心的后台区,访客能够看到厨房、保龄球道后场捡放球瓶的情形,与屋顶上的巨大风扇。学生活动中心内的设施和活动,或它的后台区活动是否真实?很难定论。

这种参观机构以内部工作为主的旅游安排(参观学生活动中心的后台区)常常出现在许多学生的校外教学中。例如,学生参观消防局、银行、报社或牛奶制造工厂。然而,进入银行金库看到数以百万计的现钞或在牛奶工厂尝试挤

---

① MacCannell. Staged authenticity: arrangements of social space in tourist settings[J]. American Journal of Sociology, 1973, 79(3): 589-603.

牛奶，这种活动安排不是一般的游客可以看到的，那些活动似乎是以一种舞台方式呈现出来的，而这些活动与设施可以称为观光设置。声誉最高的观光设置可以说是在迪士尼乐园，它所有的设计与安排都是以游客为主的精心规划，通过特定主题、器具、机械、空间、活动、时间等的组合使游客得到一种全新的体验。

麦坎内尔认为旅游者所期待与追求的是真实性经验，但是旅游者在旅游中所得到的真实性经验是否真实，这很难定论。许多的旅游设置所呈现的，实际上是一种虚假与不真实的环境，旅游者在此设置中所得到的经验是不真实的。许多所谓前台区的旅游设置实际上是一种后台区的场景与活动，如挤牛奶或参观银行金库。因此，麦坎内尔认为在现代社会将旅游设置只分为高夫曼所定义的前后台区是不足的，而他也成为第一位将高夫曼前后台理论进行较完整理论性延伸的学者。他认为在前后台间应该有不同的社会情境，而且由前台至后台是连续性的过程，这个过程共有6个阶段或舞台（stage）：

（1）为高夫曼的前台区，游客在此社会空间内可能会想进入后台区。

（2）为一个观光的前台区，它被装饰成一个后台区，而产生一种特殊氛围。例如，一家海鲜餐厅以渔网点缀墙壁，或超级市场角落里的肉品铺用塑料的奶酪或香肠装饰门面。

（3）为一个前台区，但是完全被设计成一个后台区的模样。例如，月球漫步的模拟场景、活生生的性爱秀等。

（4）为一个后台区，但是开放给外人。例如，杂志报道名人的私生活，官方将外交谈判机密档案解密。此阶段不同于二、三阶段的后台区，因为它是不对旅游者开放的。

（5）为一后台区，不对外开放或只允许旅游者偶尔偷瞄一眼。例如，厨房、工厂、交响乐团的预演等。

（6）为高夫曼的后台区，一种可以使旅游者产生观光意识的社会空间。

虽然麦坎内尔将高夫曼的前后台理论延伸至旅客在旅游设置中的活动，游走在装饰成后台的地区与真正后台区之间，并将前后台区细分为6种。然而，由于此理论的提出，造成此后对舞台化真实性广泛的讨论与应用，并且也意外地将真实性（authenticity）推升为观光研究的显学之一。

四、真实性的研究

真实性的研究历经四个阶段，第一阶段是麦坎内尔所提出的舞台化真实性，这又被归类为客观性真实性（objective authenticity）；第二阶段以柯恩等所提出的社会建构性真实性（constructed authenticity）为主；第三阶段也是柯恩的理论，他提出了自然生成真实性（emergent authenticity）；第四阶段是王宁所提出的存在性真实性（existential authenticity）（Wang，2000；Cohen，2002）[①②]。虽然后来有学者（Lau，2010）[③]提出了社会现实主义的客观性真实性（social realist objective authenticity），并给出了一个全然不同于之前的定义，但此学说尚未经过广泛讨论，故于此章中暂不讨论。

（一）客观性真实性

客观性真实性的代表人物是麦坎内尔，他所提出的舞台化真实性为此学说的代表，他也是首位提出真实性议题的学者，他认为许多旅游设置（tourist settings）所呈现的场景（农场安排旅游者挤牛奶或银行安排参观金库），实际上是一种虚假与不真实的环境，旅游者在此设置中所得到的经验是不真实的。而此不真实性似乎是相对于客观的真实性而言的，因此客观性真实性是指一个物品的原本性（original），而此种真实性能透过一种固定标准与知识的事实来判断（Wang，1999）[④]。在旅游中，如游客认为旅游标的物（例如一个名人故居或纪念品等）是真实的，若此标的物实际上是假的，则此标的物仍是假的。麦坎内尔所提出的舞台化真实性就属于此。因为旅游业者透过场景的设计，使游客感觉所见与所体验的事物是真实的，然而即便如此，仍无法改变该事物不为真的事实（Wang，1999；Cohen，2007；Reisinger and Steiner，2006）[⑤⑥⑦]。玻尔斯丁（1964）[⑧]认为大众旅游为虚假的活动（pseudo-events），在此类活动中游客需要遵循一套虚假的规范，这似乎是相对于一个原本的标准来衡量的，所以这也属于客观性真实性（Wang，1999）。除此之外，另有一些学者针对如何判断真实性提出看法。布兰纳（Bruner，1994）认为真实性是：（1）逼真呈现的；（2）真正不假的（genuine）；（3）原本的（original）。莱辛格与史坦那（Reisinger and Steiner，2006）[⑨]引用现代主义和现实主义的观点，认为真实性应该是真正不假的（genuine）、事实的（actuality）、准确的（accuracy）、原本

---

① Wang. Tourism and modernity: A sociological analysis[M]. Kidllington, Oxon: Elsevier Science, 2000.

② Cohen. Authenticity, equity and sustainability in tourism[J]. Journal of Sustainable Tourism, 2002, 10(4), 267-276.

③ Lau. Revisiting authenticity a social realist approach[J]. Annals of Tourism Research, 2010, 37(2): 478-498.

④ Wang. Rethinking authenticity in tourism experience[M]. Annals of Tourism Research, 1999, 26(2): 349-370.

⑤ Wang. Rethinking authenticity in tourism experience[J]. Annals of Tourism Research, 1999, 26(2), 349-370.

⑥ Cohen. "Authenticity" in tourism studies: Apres la Lutte[J]. Tourism Recreation research, 2007, 32(2), 75-82.

⑦ Reisinger, Steiner. Reconceptualizing object authenticity[J]. Annals of Tourism Research, 2006, 33(1), 65-86.

⑧ Boorstin. The image: A guide to pseudo-events in America[M]. New York, Atheneum, 1964.

⑨ Reisinger, Steiner. Reconceptualizing object authenticity[J]. Annals of Tourism Research, 2006, 33(1), 65-86.

的或真实的（truth）。柯恩（Cohen，2007）[①]则总结了6种对客观性真实性的见解：（1）原本的；（2）真正不假的；（3）真诚的（sincerity）；（4）十足性的（pristinity）；（5）创造的（相对于复制的）；（6）有生命流动的（指不受景观、地点、事物与活动的干扰）。由以上可知，真实性的认定标准非常多样化，没有定论，再加上其他的观点（例如建构主义与存在主义），使得真实性处于不稳定的状态，甚至莱辛格与史坦那（2006）[②]认为应该舍弃客观性真实性这个概念。

另一位研究客观性真实性的重要学者是柯恩（Cohen）。柯恩（1979）[③]认为并非所有的旅游情境都能纳入麦坎内尔的理论，于是他将旅游情境以两大面向来说明：风景的自然性与游客的印象。柯恩认为风景的自然性可分为"真的"（Real）与"舞台化的"（Staged）二种，所以游客对风景的印象也可分为"真的"与"舞台化的"，于是旅游情境可分为4种形态，如表11-1所示。

（1）真实的。此情境必须是客观性真正的（real），并且也同样被游客如此认为。

（2）舞台化真实性。此情境如同麦坎内尔所描述的，旅游设施将景象舞台化，让想要呈现的景象看起来如同真的。但游客并不知情，而且将此景象视为真。此种情景可称为一种"隐藏的游客空间"。

（3）拒绝承认真实性。此情境的景象是真的，但游客因为受之前错误的旅游经验影响，怀疑此景象的真实性。

（4）不自然的。于此种情境，景象被接待者与旅游设施完成舞台化，而且游客知道此情形。此种情境又可称为一种"显露的游客空间"，民俗村或文化村即是此种情境。

柯恩所考虑的第二种面向（游客对风景的印象）是麦坎内尔所没有考虑到的，因为麦坎内尔认为只要事物是真的就是真实的，而没考虑真正的事物也可能被游客视为被舞台化过的事物。

表11-1 旅游情境形态

		游客对风景的印象	
		真的（Real）	舞台化的（Staged）
风景的自然性	真的（Real）	（1）真实的（Authentic）	（3）拒绝承认真实性（舞台化的猜疑）
	舞台化的（Staged）	（2）舞台化真实性（隐藏的游客空间）	（4）不自然的（显露的游客空间）

[①] Cohen. "Authenticity" in tourism studies: Apres la Lutte[J]. Tourism Recreation research, 2007, 32(2), 75-82.
[②] Reisinger, Steiner. Reconceptualizing object authenticity[J]. Annals of Tourism Research, 2006, 33(1): 65-86.
[③] Cohen. Rethinking the sociology of tourism[J]. Annals of Tourism Research, 1979, 6, 18-35.

（二）建构性真实性

什么是真实性？人们对真实性的认定一直都在改变中。事实上，真实性的使用源自博物馆对物品真伪的鉴定，但随着时空的转移，对真实性的认定亦有转变。例如，对一件非洲的艺术品是否为真的认定，刚开始的认定是该艺术品必须使用传统的原料、原住民的工匠制造，并且只供当地社会使用，但随着商业化的普及，开始要求此艺术品不得为市场需求而生产，最后转变成只要求此艺术品是手工制造并且使用天然的原料即可（Cohen，1988）[①]。

柯恩（1988）[②]发现将真实性带入旅游的研究有其基本的困难性，因为真实性的探讨已成为一种哲学概念。此外，当游客作为观察者，观察旅游业者提供的旅游活动或设施，观察旅游业所认知的真实性与这些游客所认知的是否相同？此外，社会学者认为他们与游客同处一个时代，所以他们了解游客所追求的真实性是什么？真实性于是成为现代人一种"被给予"或"客观"的标准。社会学者与游客唯一的不同是学者会较一般旅游者谨慎，较能辨识舞台化后真实性的差异，然而也可能有另外一种情形产生，当游客有学者的知识背景后，他们可能会拒绝"舞台化真实性"。柯恩于是提出不同于麦坎内尔对真实性的认定方式，柯恩认为真实性是社会性建构而成的，不是"被给予"，而是"协调"而成的。之后，布兰纳（1994）[③]与休斯（Hughes，1995）[④]也都拥护这种看法。

柯恩（1988）[⑤]认为真实性会因人的差异而有所不同。他认为个人的疏离感与追求真实性有关，如果一个人感觉愈疏离，则他追求真实性的心愈强。例如，博物馆馆长、人类学者与考古学者等专家学者所研究的真实性多是现代化之前的东西，认定也较为严格，他们感受的疏离程度远较一般社会中低阶的人来得深，所以他们有较高追求真实性的企图心。相反，大多数的游客为中低阶层的人，他们应该有较少追求真实性的动机，而且每一位游客有不同程度的疏离感所以有不同层次的真实性追求。

柯恩（1988）认同之前学者们对真实性的看法[⑥]，真实性的程度可从100%到0%，但柯恩认为此种看法已不是体验到真实性的问题，而是此种真实性是

[①] Cohen. Authenticity and commoditization in tourism[J]. Annals of Tourism Research, 1988, 15(3), 371-386.

[②] Cohen. Authenticity and commoditization in tourism[J]. Annals of Tourism Research, 1988, 15(3), 371-386.

[③] Bruner. Abraham Lincoln as authentic reproduction: A critique of postmodernism[J]. American Anthropologist, 1994, 96, 397-415.

[④] Hughes. Authenticity in tourism[J]. Annals of Tourism Research, 1995, 22, 781-803.

[⑤] Cohen. Authenticity and commoditization in tourism[J]. Annals of Tourism Research, 1988, 15(3), 371-386.

[⑥] Cohen. Authenticity and commoditization in tourism[J]. Annals of Tourism Research, 1988, 15(3), 371-386.

由游客以自己的角度来诠释的真实性。柯恩以莫斯卡多与皮尔斯（Moscardo and Pearce，1986）[①]对一个主题乐园的研究来说明该情形，澳洲有一座以澳洲古镇为主题的乐园，虽然此乐园是一座不真实的"古镇"，但是拜访的游客却认为那是真实的，游客成为真实性的诠释者。所以，依据建构性真实性的观点而言，真实性是由旅游者或旅游业者的期待、偏好、信念与力量共同投射出的产物，同一件物品可能有多种不同的"真实性"，而且旅游的经验与所参观的真实性事物相互影响，以至于所得到的真实性是一种象征性的真实性（Wang 1999）[②]。

（三）自然生成真实性

自然生成真实性源自柯恩的观察，真实性在柯恩的认知里非常多样性，之前他以观察者的角度来说明真实性会因为人的观点有所不同（建构性真实性）。此外，他也将时间的因素视为判断真实性的一种依据，他认为一处文化产物在刚开始时可能被游客认为非真实，但是随着时间的演变，游客甚至专家也认为那是真的（Cohen，1988）[③]。这就如同仿古的赝品，在开始时被人视为假货，但随着时日的变迁到了后代，此仿古的物品却被后代人视为真品。格林伍德（Greenwood，1982）[④]甚至认为所有能存活的文化都一直处在杜撰（make up）自己的状态。柯恩（1988）[⑤]将此称为"传统的发明"（invention of tradition）。自然生成真实性也提供了外来游客观点形成当地新文化产物的机会，当地人将游客所认为的真实性融入他们的文化产物，产生了新的文化产物。然而，这种文化产物可能只供外来游客欣赏，当地人却不使用。此外，文化产物随着商业化的影响也可能产生自然生成的真实性，许多文化产物是因商业化而产生的。此文化产物随着时间的演变，被视为一种真实的文化产物，此商业化的文化产物因而产生新的内涵。

（四）存在性真实性

当麦坎内尔所提出的舞台化真实性成为客观性真实性的代表后，柯恩也提出自然生成真实性与建构性真实性概念，王宁（1999）[⑥]则是首先将存在主义哲学应用于旅游活动经验，提出存在性真实性。存在性真实性指一个生命潜在存在的状态可能因为旅游活动而被激发出来，所以追求真实的旅游经验主要是

[①] Moscardo, Pearce. Historic theme parks: An Australian experience in authenticity[J]. Annals of Tourism Research, 1986, 13(3), 467-479.
[②] Wang. Rethinking authenticity in tourism experience[J]. Annals of Tourism Research, 1999, 26(2): 349-370.
[③] Cohen. Authenticity and commoditization in tourism[J]. Annals of Tourism Research, 1988, 15(3), 371-386.
[④] Greenwood. Cultural "authenticity"[J]. Cultural Survival Quarterly, 1982, 6(3), 27-28.
[⑤] Cohen. Authenticity and commoditization in tourism[J]. Annals of Tourism Research, 1988, 15(3), 371-386.
[⑥] Wang. Rethinking authenticity in tourism experience[J]. Annals of Tourism Research, 1999, 26(2), 349-370.

依靠由旅游活动激发出此种存在的状态，因此存在性真实性与旅游地事物的真实性无关。在海德格尔（Heidegger）的理论中，存在的自我只是短暂的过渡，无法持久，因为那纯粹是经验诉求。一个人可能在不同的情境中得到真实感，所以并没有所谓真实的或非真实的游客（Steiner and Reisinger，2006；Kim and Jamal，2007）[①②]。人如果要成为真实的，必须使自身成为自己想要的样子，调整成自己的经验，而不是用别人给定的抽象概念来诠释世界。人的意义来自体验不同事情，例如体验爱、有创意的活动，甚至体验苦难；相反，如果存在是没有意义的，则容易产生焦虑（Steiner and Reisinger，2006）[③]。所以一个人要有存在的意义，他必须追求体验，或许透过真实的旅游体验，他的潜在状态受到激发，使自己成为想要的自我，以至于他更能感觉自己存在的意义。

（五）其他

除了前面所提的4种主要的真实性理论，一些学者在研究中陆续阐释真实性。沃尔与谢（Wall and Xie，2005）[④]认为真实性不是一种绝对性的现象，而是一种协调后的产物，参与协调的人是所有的关系人，包括国家、企业、旅游者与种族。柯尔（Cole，2007）[⑤]认为真实性的认知会因人、因目的与环境的不同而不同。约曼等人（Yeoman et al.，2007）[⑥]认为真实性应该包括伦理、自然、诚实、简单、美丽、根源与人性。皮尔斯（Pearce，2007）[⑦]指出积极心理师（positive psychologist）近来开始使用真实性，并且将真实性定义为"说出真实（truth）并且真诚地发现自我"，但此用法在旅游研究中仍不普遍。柯恩（2007）[⑧]认为真实性应该将现在正在发生的变动与事件的情形考虑进去，例如地区的更新或天然灾害，没有计划的景象或事件是最真实的，并且是最值得积累的旅游经验。最后，有学者（Lau，2010）[⑨]以社会现实主义观点，给了真实性全然不同的4

---

① Steiner, Reisinger. Understanding existential authenticity[J]. Annals of Tourism Research, 2006, 33(2), 299-318.

② Kim, Jamal. Touristic quest for existential authenticity[J]. Annals of Tourism Research, 2007, 34(1), 181-201.

③ Steiner, Reisinger. Understanding existential authenticity[J]. Annals of Tourism Research, 2006, 33(2), 299-318.

④ Wall, Xie. Authenticating ethnic tourism: Li dancers'perspectives[J]. Asia Pacific Journal of Tourism Research, 2005, 10(1): 1-21.

⑤ Cole. Beyond authenticity and commoditization[J]. Annals of Tourism Research, 2007, 34(4): 943-960.

⑥ Yeoman, Brass, McMahon-Beattie. Current issue in tourism: The authentic tourist[J]. Tourism Management, 2007, 28(4): 1128-1138.

⑦ Pearce. Persisting with authenticity: Gleaning contemporary insights for future tourism studies[J]. Tourism Recreation Research, 2007, 32(2): 86-89.

⑧ Cohen. "Authenticity" in tourism studies: Apres la Lutte[J]. Tourism Recreation research, 2007, 32(2): 75-82.

⑨ Lau. Revisiting authenticity a social realist approach[J]. Annals of Tourism Research, 2010, 37(2): 478-498.

种主要真实性定义，称为社会现实主义者客观性真实性（social realist objective authenticity），但是这种论述尚未成熟。前面对真实性的阐释大多脱离不了前段所描述的四种主要真实性的内容（Wall and Xie，2005；Cole，2007）[①②]，或补充真实性的内涵（Yeoman et al.，2007）[③]，但柯恩所提出的动态形式的真实性与皮尔斯所引介的积极心理师所阐述的真实性都是比较特殊的研究方向。

五、舞台化真实性与真实性研究评论

麦坎内尔所提出的舞台化真实性理论为观光旅游研究带来了新的研究方向与内涵，并且此理论大量地出现在文章、电视节目、广告，以及旅游者口述的旅游经验中（Olsen，2007）[④]，但此理论或它的应用也遭到许多学者的批评。首先是此理论提出的时空背景，舞台化真实性理论的背景是现代西方社会，真实性为一种价值或构想并且与现代化西方有关，所以将真实性的概念用于非西方地区则可能成为一种谬误（Olsen，2007）[⑤]。其次，麦坎内尔所谈的真实性只着重于客观性的真实与否，却忽略了当代西方文化的背景（Olsen，2002）[⑥]。最后，关于舞台化真实性理论的内容，柯恩（1988）[⑦]认为麦坎内尔并未考虑研究者和分析者所使用的真实性定义与游客所理解的定义或许不相同，因为专家与游客之间有知识的差距。如果他们之间无知识上的差距，或许游客会拒绝"舞台化真实性"。

有关真实性的研究，柯恩（2007）[⑧]认为麦坎内尔的舞台化真实性理论强调"舞台"却忽略了真实性的探讨，虽然学术界后来想填补此不足，并且也有丰硕的研究成果，提供了许多的不同定义，但仍没有一个统一的见解，并且已沦为哲学层次的论述（例如存在主义、建构主义与社会现实主义），以至于莱辛格与史坦那（Reisinger and Steiner，2006）[⑨]认为应该舍弃真实性概念。皮尔斯（2007）回顾有关真实性定义相关的文献，亦表示无一清楚可用的真实性定义。

---

① Wall, Xie. Authenticating ethnic tourism: Li dancers'perspectives[J]. Asia Pacific Journal of Tourism Research, 2005, 10(1): 1-21.

② Cole. Beyond authenticity and commoditization[J]. Annals of Tourism Research, 2007, 34(4): 943-960.

③ Yeoman, Brass, McMahon-Beattie. Current issue in tourism: The authentic tourist[J]. Tourism Management, 2007, 28(4): 1128-1138.

④ Olsen. Staged authenticity: A Grande idée[J]. Tourism Recreation research, 2007, 32(2): 83-85.

⑤ Olsen. Staged authenticity: A Grande idee[J]. Tourism Recreation research, 2007, 32(2): 83-85.

⑥ Olsen. Authenticity as a concept in tourism Research[J]. Tourist Studies, 2002, 2(2): 159-182.

⑦ Cohen. Authenticity and commoditization in tourism[J]. Annals of Tourism Research, 1988, 15(3): 371-386.

⑧ Cohen. "Authenticity" in tourism studies: Apres la Lutte[J]. Tourism Recreation research, 2007, 32(2), 75-82.

⑨ Reisinger, Steiner. Reconceptualizing object authenticity[J]. Annals of Tourism Research, 2006, 33(1): 65-86.

柯恩（1988）[①]也不认同麦坎内尔以客观性真实性为基调的舞台化真实性论述，柯恩认为真实性是由社会性建构而成，并不应该是"被给予的"，而是经过协调后产生的。也因为柯恩对真实性有不同的见解，造成日后学术界对真实性广泛的研究与重视。

麦坎内尔的舞台化真实性理论以高夫曼的前后台区域理论为基础，将前后台区域理论延伸，探讨西方现代化社会人们透过旅游方式追求心中失去的真实事物。麦坎内尔认为介于前后台区之间仍有许多社会情境被忽略了，于是他将前后台区间分为6种不同的舞台，然而此种区分过于细琐并且需有特殊的情境配合，并不是所有游客都可以感受到其中的差异。此外，在此理论被应用的过程中，许多研究忽略了此理论的背景——西方现代化社会。真实性具有西方社会的某种价值内涵，简单而言，那是西方已开发国家中才有的产物，于是有学者质疑将此理论用于其他背景的环境中可能产生谬误（Olsen 2007）[②]。

自从提出舞台化真实性理论，引发对真实性的探讨，舞台化真实性理论基本上强调的是舞台化，但却因麦坎内尔对真实性的说明较少，以至于意外地引起对真实性的探讨与思辨，其中最重要的人物为柯恩，其他重要学者则有皮尔斯、史坦那、莱新格等。什么是真实性？在众多学者的研究后仍无一定论，甚至有学者（Reisinger and Steiner）认为应该舍弃真实性概念，因为它过于多样化与不稳定。因此，舞台化真实性的探讨已由"舞台"移转至"真实性"，然而由于真实性定义无一定论所以此议题相关研究已面临瓶颈，或许也因此议题尚未被厘清，目前仍需学者继续投入研究。

第三节　完整性（Integrity）

一、对完整性保护原则的理解

何谓"完整性"？"完整性"一词来源于拉丁语，表示尚未被人扰动过的原始状态（intact and original condition）。对于自然景观，应该是自然景观的完整体现，要保护原始地貌，保护生态系统，使之世世代代都能享用。

有关"完整性"（Integrity）在景区保护方面的应用起源于《保护世界文化

[①] Cohen. Authenticity and commoditization in tourism[J]. Annals of Tourism Research, 1988, 15(3): 371-386.
[②] Olsen. Staged authenticity: A Grande idée[J]. Tourism Recreation research, 2007, 32(2): 83-85.

与自然遗产公约》(Convention concerning the Protection of the World Cultural and Natural Heritage，以下简称《公约》)，它是《公约》中的两个核心概念("真实性"与"完整性")之一，而且完整性原则主要应用于自然遗产保护，是自然遗产申请和保护的关键性依据。完整性原则既保证了世界遗产的价值，同时也为遗产的保护划定了原则性范围。①

加拿大的遗产管理中区分了生态完整性(Biological integrity)与纪念完整性(Commemorative integrity)。生态完整性强调一个生态系统并非完全独立，而是与邻近的生态系统相联系；所有这些生态系统都存在一个平衡之中，随时对外界各种纷繁的干扰做出调整。纪念完整性适用于自然遗产地与文化遗产地，要求关键的资源既未受损又未被威胁，将历史的发生和发展有效地呈现给公众，使遗产价值受到尊重。

加拿大公园局的保护区管理总原则之首就是生态完整性与纪念完整性。它强调在设立和管理自然保护区时要把生态完整性与纪念完整性放在首位。在执行任何一项政策时，此项原则最重要。保护区并非孤岛，而是一个更大的生态系统或文化景观的组成部分。因此，决策还必须基于对周围环境及其管理的充分了解。②

世界遗产委员会在《世界遗产公约实施行动指南》(1997)中对"完整性"(Integrity)有如下界定：对于构成代表地球演化史中重要阶段的突出例证来说，自然遗产应当包括自然环境中全部或大多数相关要素；对于作为重大的持续的生态和生物过程的重要实证的自然遗产，它们应当拥有足够大的范围，并且包括必要的自然环境；对于具有突出美学价值的自然遗产来说，应包括那些对于保持区域美学价值必不可少的相关地区；对于旨在保护生物多样性和世界级濒危物种的最重要和最有意义的自然栖息地来说，那些维持生物区或生态系统内绝大多数动物和植物物种特征的栖息地，应被考虑包含在内。它主要用于评价自然遗产，如原始森林或野生生物区等。完整性原则既保证了世界遗产的价值，同时也为遗产的保护划定了原则性范围③。

《世界遗产公约实施行动指南》中有关完整性的论述：

(1) 对于表现地球历史主要阶段的重要实证的景点，被描述的区域应该包括在其自然环境中全部或大多数相关要素。例如，一个"冰期"地区，应包括雪地、冰河以及切割图案、沉积物和外来物(例如冰槽、冰碛物、先锋植物等)。

---

① 张成渝，谢凝高."真实性和完整性"原则与世界遗产保护[J]. 北京大学学报(哲学社会科学版)，2003，2.
② 许学工，张茵. 加拿大的自然保护区管理[J]. 北京大学出版社，2000，12-13.
③ 张成渝，《世界遗产公约》中两个重要概念的解析与引申——论世界遗产的"真实性"和"完整性"[J]. 北京大学学报(自然科学版)，2004，1.

一个火山地区,应包括完整的岩浆系列、全部或大多数种类的火山岩和喷发物。

（2）对于陆地、淡水、海岸和海洋生态系统,以及动植物群落进化和演变中重大的持续生态和生物过程的重要实证的景点,被描述的区域应该有足够大小的范围,并且包括必要的元素,以展示对于生态系统和生物多样性的长期保护发挥关键作用的过程。例如一个热带雨林地区应包括一定数量的海平面以上的植被、地形和土壤类型的变化,以及斑块系统和自然再生的斑块。

（3）对于有绝佳的自然现象或是具有特别的自然美和美学重要性的区域,应包括具有突出美学价值并且对于保持区域美学价值起着关键作用的相关地区。例如,一个景观价值体现在瀑布的景点,应包括相邻集水区和下游地区,它们是保持景点美学质量不可分割的部分。

（4）对于最重要和最有意义的自然栖息地,景点应包括对动植物种类的生存不可缺少的环境因素。景点的边界应该包括足够的空间距离,以使景点免受人类活动和资源乱用的直接影响。已有的或建议的被保护区域还可以包括一些管理地带,即使该地带不能达到指南中提出的标准,它们对于保证被提名景点的完整性还是起着基础作用。例如,在生物储备景点中,只有核心地区能够达到完整性的标准,但是其他地区（如缓冲地带和转换地带）可能对保证生物储备的全面性具有重要意义,本着完整性的考虑,也应将之纳入景点范围之内。

完整性强调尽可能保持自身关键要素、面积、生态系统、生境条件、物种、保护制度的完整以及文化遗产与其所在环境的完整一体。任何在自然遗产内大兴土木、破坏地形地貌和自然生态,以及在文化遗产点周围私搭乱建、大搞娱乐工程、设立各类开发区的做法都违反了完整性原则。

《威尼斯宪章》附件中的《佛罗伦萨宪章》已明确规定:在对历史园林或其中任何一部分维护、保护、修复和重建工作中,必须同时处理其所有的构成特征。把各种处理孤立起来将会损坏其整体性,历史园林必须保存在适当的环境之中,任何危及生态平衡的自然环境变化必须加以禁止。所有这些适用于基础设施的任何方面,在未经彻底研究以确保此项工作能科学地实施,并对该园林以及类似园林进行相关的发掘和资料收集等所有一切事宜之前,不得对某一历史园林进行修复,特别是不得进行重建。在任何实际工作开展之前,任何项目必须根据上述研究进行准备,并须将其提交专家组予以联合审查和批准。

二、三种完整性及其管理含义

1. 自然完整

自然完整包括生态系统的完整以及生态过程的完整。国际自然资源保护联盟（IUCN）作为自然遗产"完整性"原则的发源地，认为对以自然环境见长的国家公园来说，最需要注意的还是排除人为因素的影响，如有优美景观、特殊生态或地形，有国家代表性，未经人类开采、聚居或建设；限制工业区、商业区及人类聚居开发，禁止伐木、采矿、设厂、农耕、放牧及狩猎等行为，以有效地维护自然景观及生态平衡；保护现有的自然状态，准许游人在一定条件下进入[①]。

（1）生态系统完整。遗产地资源不仅与其周围大环境组成一个整体，其内部也是一个有机的整体，包括植物、动物、水体、土壤、气候等，它们共生共存，每一元素都是这一整体中不可缺少的部分。另外，整个系统占有的生态空间愈大，组织结构愈复杂，其稳定性就愈强。因此，区域资源的组成及生态完整性是其保持良性循环的必要条件。相反，如果因子缺失愈多，无序性就会愈加显著，生存的危机就愈大。所以，在资源利用过程中，如果过度开发，常会造成资源完整性的破坏，如动物栖息地的缩减造成动物的灭绝，水体、土壤被污染，气候、土壤的变化又会造成植物的死亡，这些最终都有可能导致资源的衰退、消失。所以，资源的完整性是资源保护的一项重要内容，必须从生物多样性、遗产类型多样性及遗产视觉吸收力的提高等多方面加强遗产资源的完整性。

比如，植被的生态完整性至少应包括以下几方面的内容：①完整的植被结构、丰富的植被层次和充分的地表覆盖；②完整的生态循环系统和丰富的生态功能群体；③完整的生态（服务）功能和效益产出体系；④丰富的生物多样性。这些都是植被融入或者作为自然生态系统所必需的。完整的植被结构和丰富的植被层次以及充分的地表覆盖，意味着植被之间、植被与其他物种之间以及植被与非生命的生态要素和环境之间，有可能存在与天然植被相似的生存空间和生态关系，从而使得在天然植被中存在的生命活动、能量及物质循环、复杂的生态关系等不致被新的植被所阻碍或打断。同样，完整的生态循环系统和丰富的生态功能群体将可能使植被获得充分的营养和能量，以及完全的自我维持与自然演替的能力。而完整的生态（服务）功能和效益产出体系则要求在进行植被恢复工作时不能片面地追求某些功能或效益，否则即便达成目标，也将造成生态的破坏。最后，作为生态完整性的实现者和指标性要素，丰富的生物多样性将可以证实上述生存空间生态关系与循环过程的真实性、有效性和完整性，并且其本身就是一项最重要的生态功能和效益。

不仅要保护动物、植物本身，还要保护动植物的生态环境。比如，在美国

---

① 张成渝，谢凝高．"真实性和完整性"原则与世界遗产保护[J]．北京大学学报（哲学社会科学版），2003，2．

黄石国家公园，灰熊同大温泉、峡谷、奔腾的溪流和无限的风光一样，都是黄石公园重要组成部分。但是，灰熊在不断迁移，它们要求公园边界外有更好的生存空间，而随着外围人口的增长和生产的开发，灰熊失去了公园周围的缓冲地带。再如，位于佛罗里达南端的大沼泽地国家公园，曾是著名的水鸟世界，但是由于外围土地的开发，水鸟数量已减少了 90%。

（2）生态过程完整。保证生态过程的完整包括：自然系统循环过程的完整，如大气循环、水循环、动物迁徙等；遗产地的边界应该反映各种栖息地、种群、过程和现象的空间要求；遗产地的边界应有足够的空间，以使遗产免受人类活动和资源乱用的直接影响；遗产地的边界应该与现存的被保护区域保持协调，如国家公园或生态保护圈；现场的或建议的被保护区域可以包括一些管理地带，它们对于遗产地的完整性也起着基础作用。例如，生物圈保护区内只有核心区需要满足自然遗产评选的标准和完整性条件，但除此之外，核心区外的其他地区（如缓冲地带和转换地带），它们对于保证生物圈保护区的整体性也具有重要意义。

为了有效保护世界自然遗产，张家界武陵源景区扩大 133 平方公里。世界自然遗产武陵源"长大"了，从原来的 264 平方公里扩大到现在的 397 平方公里，新增面积达 133 平方公里。在经历了一段破坏性的开发后，遗产地的完整性遭到了严重的破坏，遗产"黄牌"使得张家界人意识到遗产资源完整性保护的重要性，面积的扩大使得原来一些处在边界地带的生态系统有了恢复完整性的可能了。新的保护规划突出了保护世界自然遗产的真实性和完整性。在保护区内要做到"草木不能动，沙石不能取，田坎不能烧，房屋不能乱建，污水不能乱排，垃圾不能乱丢"，以便恢复被破坏的生态环境。

在遗产地常见的几种破坏生态完整性的现象有：

①沿河筑坝。在河流上筑坝会阻断洄游鱼类的迁徙过程，如鲑鱼、大马哈鱼等。

②拉网圈鸟。一些遗产地为了增加自己的吸引力，在湿地建设大网把迁徙到此的天鹅、大雁、鹭等圈养，阻止了生物的正常迁徙从而不利于生态保护。

③徙途篱笆。在动物迁徙途中设置篱笆、铺设公路，导致动物迁徙路径改变或居住环境改变。

2. 文化完整

起初人们对完整性原则的认识只局限在自然遗产上，而现在人们越来越认识到文化遗产也存在完整性的问题。一是范围上的完整（有形的）。建筑、城镇、工程或者考古遗址等应当尽可能保持自身组成和结构的完整，以及其与所在环境的和谐、完整性。二是文化概念上的完整性（无形的）。如我国的明十三陵，作为中国陵墓文化的一组典型代表，它们具有文化概念上的完整性，以及相应地体现在地理位置上的相互关联性。所以，十三陵申报世界文化遗产，作为一个组团，十三处缺一不可。

要做到文化主体与载体的统一。遗产地整体"孤岛化"是目前遗产地普遍存在的问题。遗产地外违反外围保护地带的要求，商业化、城镇化现象严重，从而造成遗产地的"孤岛化"。比如代表北京民俗文化的东岳庙，目前就被高楼大厦包围。遗产地外围土地的过度开发或不合理使用（包括产业部门的不合理布局）、工业化、都市化的发展以及环境污染等使遗产地周围环境恶化、生态受损，遗产资源受到严重威胁。在我国，遗产地"孤岛化"现象早已存在且相当严重和普遍。如承德避暑山庄（与外八庙），由于城市用地的急剧膨胀、工业迅速发展、种植业和牧业的不合理发展导致遗产地外围森林景观衰败，武列河水源骤减，山庄内山泉枯竭，昔日"自有山川开北极，天然风景胜西湖"的避暑山庄，终于沦为现代城市所包围的"孤岛"。①

3. 体验完整

当今旅游体验的一个悲剧在于要素组合的拼凑性，就像西式快餐汉堡包一样，用面包把火腿、蔬菜包起来，远不如中式大餐，通过烹调将原汁原味融为一体。现在的旅游体验像拼图一样缝隙明显，而真正的体验应该像行云流水，是个完整的图画，要素之间无缝隙连接。

对于遗产地的旅游体验也存在完整性问题。索道是对许多遗产地旅游体验完整性的最大破坏。一个完整的体验有酝酿、发展、高潮与回味的过程，但现在许多遗产地过度重视游客享受或强调刺激，在遗产地设置索道、台阶减少旅游的难度。重视游客数量而忽视体验质量，从而导致体验质量下降。体验完整也包括要素的完整与过程的完整。比如，对泸沽湖走婚文化的了解必须要对摩梭人的母系文化有全面的了解。登山体验必须要对登山过程有全面的体验，要先有"山重水复疑无路"的体验后再经历"柳暗花明又一村"，才会真正有畅爽的感觉。泰山其文化价值体现在佛教、道教、封禅以及世代歌咏、吟诵文化的合为一体。结合登山线路格局的变换，泰山的封禅祭祀包括酝酿、登天和抵达

---

① 陈耀华，赵星烁. 中国世界遗产保护与利用研究[J]. 北京大学学报（自然科学版），2003，4.

仙境三个阶段，突出了文化遗产伴随实物而来的体验上的完整性。①

第四节 文化景观保护模式：
生态博物馆、文化大舞台与景观嘉年华

文化景观是一种独特的文化遗产，特别是乡村旅游可持续发展的命脉，合理开发与利用文化景观是促进乡村旅游可持续发展的动力。其保护模式也比较独特。保持乡村性的方式包括：小规模经营、本地人所有、社区参与、文化与环境可持续（Brohman，1996）。在乡村旅游的实践中，邹统钎、李飞概括了文化景观保护的生态博物馆、文化大舞台与景观嘉年华模式，如图 11-1 所示。②

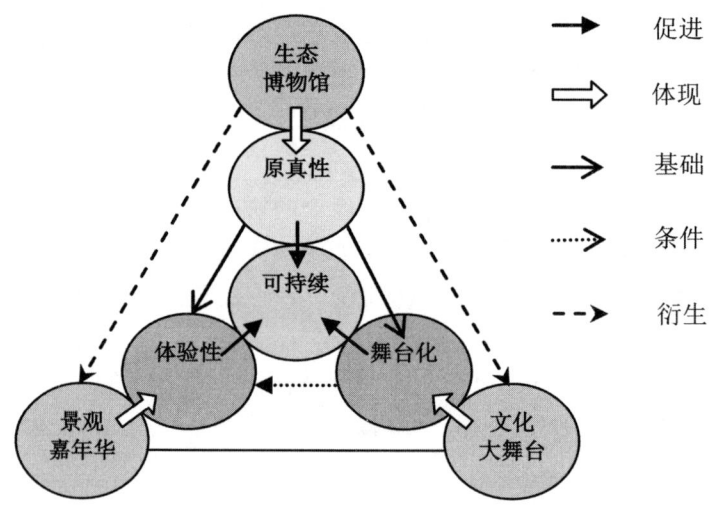

图 11-1 文化景观保护的三种模式

在借鉴国外民族地区原生态与文化多样性保护和乡村旅游文化景观发展模式的基础上，1997 年在贵州省出现了我国最早的生态博物馆，如今生态博物馆已经成为乡村文化景观保护与发展的有效模式。为了进一步保护和利用乡村

---

① 张成渝，《世界遗产公约》中两个重要概念的解析与引申——论世界遗产的"真实性"和"完整性"[J].北京大学学报（自然科学版），2004，1.
② 邹统钎，李飞. 社区主导的古村落遗产旅游发展模式研究——以北京市门头沟爨底下古村为例[J]. 北京第二外国语学院学报，2007，5.

文化景观，促进乡村旅游发展，在生态博物馆模式的基础上提出"文化大舞台"模式和"景观嘉年华"模式，它们作为衍生模式与"生态博物馆"模式共同构成一个完整的乡村文化景观发展模式体系。此三者分别对应于遗产的原真性、舞台化、体验性，从供需两个层面促进乡村旅游的可持续发展。

一、生态博物馆

生态博物馆是一种以村寨社区为单位，没有围墙的"活体博物馆"。它强调保护和保存文化遗产的真实性、完整性和原生性，其中"生态"的含义既包括自然生态，也包括人文生态。生态博物馆是人与自然融合的产物，它并没有统一的、固定的模式，我们将保护地域文化和原生态的一系列做法与途径统称为生态博物馆模式。它是乡村文化景观的一种表现形式，同时生态博物馆也是乡村文化景观保护的有效途径。

1. 生态博物馆的概念

1971年，国际博物馆协会第九次大会第一次提出生态博物馆的概念，之后世界上诞生了以法国"克勒索蒙特索矿区生态博物馆"为代表的第一批生态博物馆。传统的博物馆是静态的，将收藏品摆放在房间里，供专家研究和普通人参观。而生态博物馆超出了这个界限，强调社区本身就是被保护的对象，它要求里面的每个人都要小心保护文化遗产。

1981年法国政府对生态博物馆颁布了官方定义："它是一个文化机构，这个机构以一种永久的方式，在一块特定的土地上，伴随着人们的参与，保证研究、保护和陈列的功能，强调自然和文化遗产的整体，以展现其有代表性的某个领域及继承下来的生活方式。" 1985年国际博物馆协会自然历史博物馆委员会认为："生态博物馆是这样一个机构，通过科学的、教育的或者一般来说的文化的方式，来管理、研究和开发一个特定社区的整个自然环境与文化环境传统。"

生态博物馆保护模式的基本理念是以生态学为基础，以特定地域某一特定群体的全部文化内涵为展示内容。它是以社区为依托，以就地保护的方式进行原生态状况下"活态文化遗产"的保护和展示。建设生态博物馆最直接的目的是延缓文化的消失与变迁。如果不能扭转文化变迁的趋势，至少要研究、记录某一文化从繁荣到衰变的过程，让文化的持有者及研究者能更加清晰地看到文化变迁的详细过程。"将文化保留在其原生的环境中"这一生态博物馆理念的提出，得到了大多数国家和学者的支持。今天，全世界已有300多家生态博物馆，大部分分布在欧洲、拉丁美洲和北美洲。

2. 我国第一个生态博物馆：梭嘎生态博物馆

因居住在贵州省六盘水市六枝特区梭嘎乡石山顶上的长角苗族一直延续

着古老、完整的民族文化，1995年，由中国和挪威的文博专家共同撰写了《在贵州省梭嘎乡建立中国第一座生态博物馆的可行性研究报告》。报告在获得国家文物局和贵州省政府的批准后，正式列入了中挪文化交流项目。

1997年10月23日，中国博物馆学会与挪威开发合作署举办了《关于中国贵州省梭嘎生态博物馆的协议》的签字仪式，决定在中国建立第一座生态博物馆。遵照协议和国际生态博物馆的概念要求，梭嘎生态博物馆资料信息中心建设工程于1997年破土动工，挪威政府为此项工程提供无偿援助88万挪威克郎（折合人民币80万元），用于场馆建设和征集实物。

1998年10月31日，梭嘎生态博物馆正式开馆，并对外开放。1999年12月9日贵州省人民政府正式批准建立花溪镇山、锦屏隆里、黎平堂安三座生态博物馆。至此，形成了包括梭嘎在内的中国贵州生态博物馆群。

由挪威文物局专家、贵州生态博物馆项目科学顾问达格·梅克勒伯斯特与中方专家、村民代表等一起提出的"六枝原则"，已成为中国生态博物馆建设的一个积极成果和经验。

"六枝原则"包括：

（1）村民是其文化的拥有者，有权认同与解释其文化；

（2）文化的含义与价值必须与人联系起来，并应予以加强；

（3）生态博物馆的核心是公众参与，必须以民主方式管理；

（4）当旅游和文化保护发生冲突时，应优先保护文化，不应出售文物但鼓励以传统工艺制造纪念品出售；

（5）长远和历史性规划永远是最重要的，损害长久文化的短期经济行为必须被制止；

（6）对文化遗产保护进行整体保护，其中传统工艺技术和物质文化资料是核心；

（7）观众有义务以尊重的态度遵守一定的行为准则；

（8）生态博物馆没有固定的模式，因文化及社会的不同条件而千差万别；

（9）促进社区经济发展，改善居民生活。

二、文化大舞台

1. 文化大舞台的概念

生态博物馆保护了乡村文化景观的原真性和完整性，社区的自然发展没有被冻结，居民们可以决定他们自己的生活方式。为了不使乡村独特的文化景观因村落融入主流文化而遗失殆尽，就要帮助生活在那里的人们在温饱的基础上，利用自己的传统文化和生活方式，作为乡村旅游的吸引物，在生态博物馆之外搭建乡村大舞台，以舞台化的真实向游客展示传统工艺、表演艺术和民族风情，满足游客追求的旅游体验，使当地人从乡村旅游的发展中获得文化自觉和经济利益。只有这样，才能够实现乡村文化景观保护与利用的有机结合，既保护了原始生态和地域文化，又促进了当地的发展；既满足了游客的需求，又实现了社区居民发展。

贵州生态博物馆实施小组组长胡朝相认为，在改善寨民的生活生产环境后，可以以艺术团的形式，将商业演出与他们的生活剥离开，白天寨民各自生产生活，来访者可以看一看他们的建筑、他们的婚丧嫁娶，参观怎样纺布刺绣，晚上观看艺术团演出。这个演出则是要售票的，演员在长角苗里筛选训练，当然表演形式要经过一些提炼加工。这就是所谓的乡村大舞台。

文化大舞台的景观保护模式是把原生的乡村文化景观通过舞台化方式"再现"。国内的许多民族风情园，模拟的主题公园就是这种模式。比如湖南德夯的苗族风情园就是代表。舞台化既能最有效地保护原生的遗产，又能创造商机。经过舞台化的乡村往往更接近游客，更受游客欢迎。

2. 文化大舞台的内涵

舞台化与原真性联系紧密，麦坎内尔于1973年首先提出了"舞台化真实"的概念，即根据游客的需求对真实的自然与文化进行相应的改进。他指出，从某种意义上讲，这样的改进改变了传统文化的本来面目，游客追求的是文化的原真性，而目的地居民提供给游客的是舞台化的真实。[1]

罗伯特和艾琳（Robert and Erin，2003）认为，舞台化的原因有两个，一是文化从原生地向移入地转移时进行的替代，二是文化为了适应新的时空环境而进行舞台化的改变。人们在世界范围内迁移，他们的文化始终伴随着他们，然而原有的文化会随着时间的流逝而改变。舞台化不等于虚假，因为它饱含了原始文化的要素。[2]

目前许多文化大舞台概念过于狭隘，只是局限于对乡村非物质文化遗产，如歌舞、戏曲、工艺等方面的再现。其实，文化大舞台可以再现乡村的物质与非物质遗产。乡村文化景观的舞台化，尤其是民族非物质文化景观遗产资源的舞台化，是传承与保护文化遗产的手段之一，在避免文化同化、商品化、庸俗化的同时，利用舞台化展现民族传统文化、讲述历史故事，不失为一种有效的方法。

---

[1] MacCannell. Staged Authenticity: Arrangements of Social Space in Tourist Settings[J]. Australian Journal of Sociology, 1973, 79(3): 589-603.

[2] Robert, Erin. Staged Authenticity and Heritage Tourism[J]. Annals of Tourism Research, 2003, 30: 702-720.

三、景观嘉年华

1. 景观嘉年华的概念

嘉年华来源于英文单词 Carnival 的中文译音，Carnival 最初翻译为"狂欢节"，嘉年华是音译。现在嘉年华的概念变得有些泛化，许多活动都被冠以嘉年华字眼，环球嘉年华、汽车嘉年华、房产嘉年华、手机嘉年华、农业嘉年华等。对"嘉年华"概念的泛化使用，正迎合了嘉年华会的精神实质——"人们载歌载舞，举行各种狂欢活动，谁也不再在乎彼此真实的身份，而只追求那一刻时光里的快乐美好"。嘉年华强调的是巡回性、多元性、自主性、互动性，在嘉年华的世界里，人们不会追根溯源，不会计较移植照搬，在这里"变迁有理，造假无罪"，一切只为了游客获得"畅爽"的极度旅游体验。

我国乡村地区广袤，乡村文化景观众多，它们虽具有遗产性，但价值高低迥异，对各类文化景观进行全面的保护是不现实的。在乡村旅游发展过程中，应该按照"高低有别"的原则，对价值较高的稀有景观应该进行妥善的保护和适度的利用；对那些价值一般的文化景观则可以加大开发力度，或是模仿高价值的文化景观进行再造，创造未来的景观遗产，为后代人留下当代人的印迹，为保持景观遗产的连续性做出贡献。

景观嘉年华模式就是要把属于某一地域的乡村文化景观，包括物质文化景观和非物质文化景观，移植到新的环境中，并与其他移植来的文化景观构成一个欢乐的剧场。游客在这里可以尽情地享受多元文化的交融，每一个人都成为剧场中的演员，为他人进行着演出。在这里，文化景观的原真性得不到体现，而体验性得到了突出。通过对移植来的乡村文化景观的体验，游客可以感受到遥远乡村的文化魅力，提升他们对陌生文化认知，唤醒人们对乡村文化景观的保护意识。

2. 景观嘉年华的构建

嘉年华比大舞台模式更讲究组合、嫁接、创新。通过景观嘉年华模式，使得本土之外的人们对本土文化和文化景观有了一定的认识和了解，而后他们会产生一种"一睹真容"的旅游欲望。当这些游客到来时，再为他们展示处于保护状态下的"生态博物馆"，再为他们提供"文化大舞台"式的表演，使游客在感受文化景观真实性的同时受到教育和启迪。

第十二章　旅游影响

随着旅游的发展，旅游影响（Tourism Impact）研究逐步成为显学。人类学家、社会学家以及环境学家在这一领域扮演越来越重要的角色。瓦伦·史密斯（Valene Smith，1977）的《主人与客人：旅游人类学》（*Hosts and Guests: The Anthropology of Tourism*），贾法·贾法里（Jafar Jafari，1985）的《旅游系统：旅游研究的理论方法》（*The Tourist System: A Theoeratical Approach to the Study of Tourism*），彼德·墨菲（Peter Murphy，1985）的《旅游：社区方法》（*Tourism: A Community Approach*），以及丹尼森·纳什（Dennison Nash，1996）的《旅游人类学》（*The Anthropology of Tourism*）是这一领域的代表作。另外像埃里克·柯恩（Eric Cohen）、纳尔逊·格拉伯恩（Nelson Graburn）、杰弗里·沃尔（Geoffrey Wall）等人在这一领域也做出了巨大贡献。

第一节　旅游影响研究的演进

第二次世界大战结束后，旅游被普遍视为恢复和发展经济的手段。到了20世纪50年代中期，由于喷气民航客机的出现，使得跨越国界、大洋的旅行十分便利，出现了大规模游客流动的旅游现象。随着这种"大众旅游"的出现，世界旅游发展进入了"现代时期"。伴随着旅游的迅猛发展，有关旅游所造成的各种影响的研究越来越受到广泛的关注。

20世纪60年代，旅游影响研究在欧洲和北美兴起，并且成为旅游研究中一个范围广阔且意味深远的重要研究领域。威廉姆斯（Williams）将旅游的影响分为三类：经济影响、社会影响和环境影响。他的这种分类直到现在还有人在用。但是，有些学者认为旅游的社会影响和文化影响是不同的，应该分开来进行研究。如墨菲（Murphy）在1985年指出，社会影响包括"对社区的社会结构所产生的更直接的和对目的地的经济与产业的调整……而文化影响则是对社会准则和标准的更长期的改变，这种改变会逐渐体现在社区的社会关系和人造物品上"[①]。然而，更多的学者还是认为旅游的社会影响和文化影响不应该割裂开来，而应结合起来，合二为一成为社会文化影响，正如马西森和沃尔（Mathieson and Wall）在《旅游：经济、环境和社会影响》(*Tourism: Economic, Physical and Social Impact*，1982) 一书中指出：社会现象与文化现象之间没有十分清晰的界限；旅游发展对目的地社会所带来的正负面影响可以概括为经济、环境和社会文化三大类，本书也将采用这种分类方法。

不过，从历史上看，人们对旅游三方面的影响研究并不是并驾齐驱的，匹赞姆（Pizam）指出早期对旅游影响的研究着重于旅游的经济影响。在这个时期，学者主要是研究旅游带给目的地的经济效应，如增加外汇收入、增加就业机会和政府税收等，尤其指出了旅游所具有的乘数效应。虽然也有一些学者对乘数效应提出质疑，但总的来说，这一时期的旅游影响研究关注的是旅游的正面经济效应。

进入20世纪70年代，旅游活动在全球范围内得到了进一步的发展。随着旅游的发展，其对接待地社会产生了巨大的影响，如人口结构的变化、文化的商品化、价值观的退化等，这使得一批人类学家、社会学家、心理学家和环境学家，对旅游所产生的社会、文化、环境、生态等问题开始研究，取得了很显著的成果。在社会文化影响研究方面，出现了以瓦伦·史密斯（Valene Smith）为代表的旅游主客关系研究、以纳什（Dennison Nash）为代表的涵化理论等。在旅游环境影响研究方面，最突出的是旅游环境承载力理论和康林·亨特（Conlin Hunter）提出的旅游生态足迹等理论等。由于旅游所带来的负面效应主要发生在发展中国家，因此学者的研究重点就是发展中国家发展旅游所带来的各种影响。

到了20世纪80年代，学者开始系统地、公正地研究旅游现象。以旅游的社会影响为例，格林伍德（Greenwood）在重新审视先前对巴斯克人地区（Basque）发展旅游所带来的变化的研究之后，认为这些变化是有建设性意义的。史密斯（Smith）在她主编的《东道主与游客：旅游人类学》（1989）再版时，要求所有作者重新审视第一版（1977）中的内容，从而以一种更加公正的态度来对待旅游的影响问题。她自己则明确地在序言中指出："旅游并非是许多社会文化改变的主要因素。"而施吕特和华尔（Schluter and Var）于1988年对阿根廷居民关于旅游的态度进行研究后指出，尽管当地居民对旅游带来的经济效益没有强烈的感知，但是他们认为旅游带来了许多正面的社会文化影响。根据以

[①] Murphy. Tourism: a community approach[M]. London: Routledge, 1985.

上的介绍，我们可以看出旅游影响研究的历史脉络：20 世纪 60 年代的旅游影响研究着眼于旅游的正面效应，70 年代则关注其负面效应，而到了 80 年代就开始站在一个公平的角度系统地看待旅游的影响。

第二节 经济影响

人们对旅游现象的研究背景是 19 世纪 70 年代后欧美两地区间的游客流量增加，在目的地逗留时间和经济支出大幅增长推动了旅游地的经济发展，使旅游地发生了变化，对旅游带来的经济效益的关注也就顺理成章地成为旅游研究的焦点。

一、经济影响研究的发展历程

旅游经济影响方面的研究可以粗略地划分为两大阶段：

1. 第二次世界大战前的研究

意大利人尼切罗福（Niceforo，1923）发表了《外国人在意大利的移动》，贝尼尼（Benini，1926）发表了《关于游客移动方法的改良》，这种从统计角度对游客人数、逗留时间和消费能力等方面研究，反映了人们早期对旅游现象的经济层面的认知及取得经济利益的需要。第一次世界大战后，急于恢复和发展战后经济的欧洲各国更是将旅游普遍视为一种重要的经济活动。

1935 年柏林大学格里克斯曼（Gliicksmann）出版了《旅游总论》，论及旅游的经济和社会影响。他从研究的视野认为旅游经济影响是一个复杂的经济现象，并且需要多学科去研究，而不仅从经济学角度去研究。

2. 第二次世界大战后的旅游经济影响研究

第二次世界大战结束后初期，旅游同样被普遍看作恢复和发展经济的手段，更由于第二次世界大战后全球社会经济技术的发展推动了旅游活动的商品化、社会化程度不断提高，旅游业的经济地位进一步提高，对经济贡献率提高，就吸引了更多的学者参与其中，旅游对经济影响的深度和广度得到极大发展。第二次世界大战后直至 20 世纪 60 年代，学术界主要强调的是发展旅游对经济不发达的国家和地区及发达国家的边远地区所带来的显著经济利益。这期间的主要著作有：1955 年，意大利学者特罗伊西出版的专著《旅游及旅游收入的经济理论》，对旅游经济收入及旅游经济效益进行了比较深入的探讨。

旅游发展使一些接待地国家和地区的国际收支平衡，就业和税收都有了增长；旅游发展可以对一些国家的外汇短缺形成补救，可以代替面临危机的传统出口业。但旅游也造成了许多负面影响，由此出现了对旅游可以促进接待地经济发展的论点的批评，指出了诸如旅游经济乘数效应公共开支实际情况、漏损的存在，大量旅客涌入接待使得物价上涨，使预期经济利益落空等问题。

20 世纪 60 年代至 80 年代旅游经济影响是旅游研究的主题，国外学者普遍认为旅游经济乘数理论是评价旅游对接待地经济发展最有效、最有说服力的手段。

二、旅游乘数——放大旅游的经济影响

（一）乘数简介

"乘数"（Multiplier）是经济学中的一个重要概念，它反映了现代经济的特点，即由于国民经济各部门的相互联系，任何部门最终需求的变动会自动地引起整个经济中产出、投入、就业等水平的变动，后者的变化量与引起这种变动的最终需求变化量之比即是乘数。1882 年，经济学家贝兹浩（Bagehot）分析了紧缩产业对经济中其他产业所引起的负面效应。自此，不少经济学家对乘数理论展开了长期的研究。皮古（Pigou，1929）、博斯拉普（Boserup，1930）、吉布林（Giblin，1930）和瓦明（Warming，1929，1930）等经济学家均从不同视角提出了各自的乘数分析方法。其中，英国经济学家卡恩（Kahn）于 1931 年最早提出乘数概念。然而，现代乘数理论主要是沿着凯恩斯乘数模型和里昂惕夫投入—产出模型两大主线发展而来的。根据旅游业综合性强和涉及面广的特点，在一些旅游经济学的著作中往往对经济学家的乘数理论加以修正和发展，形成旅游乘数理论，并以此说明旅游"兴一业，旺百业"的产业关联，即具有促进国民经济各部门倍数增长的优势。马西森和沃尔（Mathieson and Wall）于 1982 年提出旅游乘数概念的雏形，即"旅游乘数是这样一个数值，最初旅游消费和它相乘后能在一定时期内产生总收入效应"[①]。对旅游乘数理论贡献最大的人是世界著名旅游学者、英国萨瑞大学的阿彻（Archer）教授。

（二）阿彻对旅游乘数的研究

阿彻从 20 世纪 70 年代初开始提出并完善了一套关于旅游业对区域经济影响的乘数效应模型的研究方法。

阿彻对旅游乘数进行了定义：旅游乘数是指旅游花费在经济系统中（国家或区域）导致的直接、间接和诱导性变化与最初的直接变化本身的比较。这个

---

① Mathieson, Wall. Tourism: economic, physical and social impacts[M]. London: Longman, 1982.

定义在一定程度上揭示了旅游乘数的本质。然而，仅仅将旅游乘数理解为旅游收入乘数，具有一定的片面性。

阿彻（1977）指出发挥旅游乘数效应的具体机制为：外源性旅游消费注入目的地经济后，有一部分将漏损出旅游目的地经济系统的循环，余额则在旅游目的地经济系统中渐次渗透，依次发挥直接效应（direct effect）、间接效应（indirect effect）和诱导效应（induced effect），刺激目的地经济活动的扩张和整体经济水平的提高。换句话说，在一定的前提条件下，入境旅游花费最终会引致国民经济一定数量单位的增长。而一国入境旅游花费是由两个变量决定的：一是入境旅游者的人均花费，二是入境旅游者的人次总数。而对两者的不同偏好恰巧代表了两种不同的发展思路与发展方式。前者是以数量增长为中心的粗放型发展方式，后者则是讲求效率优先的质量发展道路。

由于旅游经济影响是全方位的、多方面的，所以旅游消费量增量或旅游收入增量能引起诸多经济量如国民收入、就业量、产出、销售额等的变化，并形成种类繁多的旅游乘数。其中，阿彻的分类较普遍用于衡量旅游经济影响。阿彻（1977，1982）指出，旅游乘数包括销售或交易乘数（Sales or Transaction Multiplier）、产出乘数（Output Multiplier）、收入乘数（Income Multiplier）和就业乘数（Employment Multiplier）。弗莱彻（Fletcher）和斯尼（Snee）则把旅游乘数分为6种，除了前面提到的4种，还有政府收入乘数和进口乘数。

阿彻提出了目前旅游乘数分析常用的3种模型[①]之一——"特定模型"，着力说明最初旅游消费通过当地居民在本地经济系统内各种消费支出所带来的总收入效应，从而估算出旅游消费的收入乘数。

阿彻不仅在理论研究方面做出了贡献，也进行了大量的实证研究。他对尼德地区的旅游饭店和非洲塞舌尔群岛的旅游发展[②]进行了细致的调查，验证了旅游经济乘数效应。同时，他还利用乘数理论调查并研究了这个地区不同类型住宿业的就业情况，在直接、间接、诱导三种就业乘数效应方面取得了可靠的数据，验证了乘数理论在旅游就业现象研究中的作用。

（三）对旅游乘数理论的评价

运用旅游乘数理论评估旅游业对接待国家或地区的经济影响，具有以下优势：信息量大，可以找出经济部门关联中存在的问题；揭示旅游的收入和就业效应与最大可能效应间的距离，减少漏损的努力方向；确认各经济部门中需要

---

① "投入—产出模型""经济基础模型"和"特定模型"。

② Archer, Fletcher. The economic impact of tourism in the seychelles [J]. Annals of Tourism Research, 1996, 23(1).

采取刺激和鼓励政策的领域，以及一些由于旅游收益大而值得进一步扩展的部门和行业。

同时，旅游乘数理论也存在以下 5 方面的局限性：

（1）乘数理论不以分析旅游接待国家或地区的产业结构、经济实力为基础。实际上，不同的经济背景可能产生不同性质和不同量值的乘数。

（2）乘数理论的前提条件之一是要有一定数量可被利用的闲置资源和存货，以保证需求扩张后供给能力可相应增长。然而，在实际中，由于需求过度膨胀或原有供给存量所剩无几，要满足需求的增长要求，就必须从其他经济活动中借用资源（从而减少其他活动的产出），或从外部进口产品或服务。否则，乘数效应的发挥就会受阻。

（3）旅游乘数是一个宏观的概念，用来计算它的边际消费倾向、边际储蓄倾向以及边际进口物资倾向等具体数据的可获得性较差。

（4）旅游乘数是指旅游消费增量或旅游收入增量和由其引起的其他经济量变化的最终量之间的倍数关系，由此可知旅游乘数理论关注的是变化的最初原因和最终结果的关系，而变化的中间过程并不在它的研究视野内。

（5）旅游乘数理论忽视了收入分配因素在旅游乘数理论中全部居民的消费倾向是单一的，也就是说全社会各个阶层之间的收入分配差距对乘数的大小没有影响，这与实际情况不符合。

三、旅游卫星账户

近年来，旅游卫星账户[①]（Tourism Satellite Account, TSA）已经逐渐成为旅游区域经济影响评价研究最重要的工具，在西方发达国家和部分第三世界国家得到广泛应用。加拿大在 1994 年于世界上首次开发出综合性的旅游卫星账户。TSA 是指在国民账户之外，按照一国国民经济核算体系所要求的国民账户概念和分类要求单独设立的一个虚拟账户。它通过将所有旅游消费引致的产出部分分离出来单列入这一虚拟账户，以便准确地测度旅游业的经济影响。它可以通过提供国际通用的、具有说服力的关于旅游业产出的确凿事实与数据，提高人们，尤其是政府部门对旅游业的重视程度，为政府的相关公共决策提供依据，并与其他产业部门产出情况相比较等。

一般来讲，一个完整的 TSA 将提供宏观经济变量、旅游消费的详细数据、

[①] 卫星账户是由联合国开发的一种专门工具，用以衡量在国民账户中没有被定义为产业部门的经济部门的规模。建立卫星账户的目的是在不过分加重国民经济核算体系负担的前提下，针对所选择的社会关心领域，以充分灵活的方式扩大国民经济核算的分析容量。

旅游业的详细生产账户等。

TSA 重点考察旅游消费、旅游供给和它们的连接。因此，编制旅游卫星账户的方法就是设计一组旅游产品和旅游活动的定义与分类，即旅游特征产品和旅游特征活动，将它们综合在各表或账户之内，并以逻辑上一致的方式编排它们以使人们能从供求两个方面来审查旅游业的经济重要性。TSA 在核算方法上要求遵循 SNA93[①]中的相关传统和基本原则，并与编制国的国民经济核算方法相一致，从而也允许有一定的灵活性和适应性。TSA 可看作旅游业特制的国民经济核算。从整体看，TSA 没有改变传统经济核算的基本核算范围，其主要目的是要在"旅游"这一主题下汇集数据。此外，由于 TSA 描述了旅游活动和旅游消费所产生的对服务和货物的需求与它们供给的总体关系，从经济学理论上看，TSA 也描述了一个与旅游经济活动相关的事后的局部市场均衡。

TSA 重新进行了产品分类和产业分类，扩大了传统的旅游消费核算，并与 SNA93 的消费核算概念和方法基本一致，TSA 对旅游消费是从使用者和使用目的来进行定义的，如图 12-1 所示。

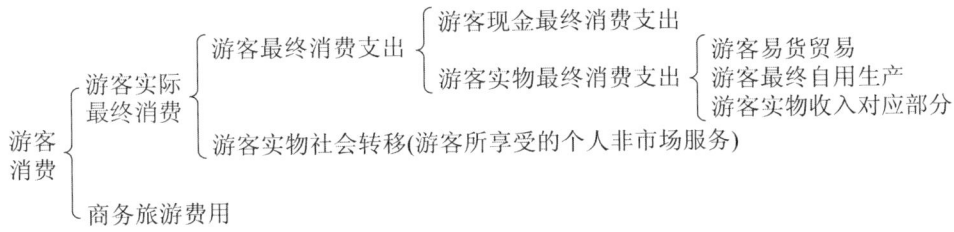

图 12-1　旅游卫星账户（TSA）中的游客消费的构成与分类

TSA 也有其不足之处。TSA 在研究旅游消费和需求对产出的贡献上只考虑了旅游业的直接效应，而不考虑旅游消费或需求所引致的经济体系内的间接和引致联系。这样，旅游业的间接影响和引致影响就不能直观显示。此外，受 SNA93 中心账户基本概念体系的限制，TSA 也未考虑旅游活动与资源和环境的相互影响。而事实上，旅游活动与资源环境有着十分密切的关系。因此，TSA 也需要与其他的旅游业经济影响评估方法相互补充。

四、旅游政策与预测模型（TPF）

旅游政策与预测模型（Tourism Policy and Forecasting，TPF）是由英国学者布莱克（Blake）等提出的，适用于旅游规划、政策分析与预测等工作，对政府

---

① 是指 1993 年版国家账户体系（1993 System of National Account，SNA93）。

决策者和业界分析人士而言都是一种辅助预测的有力工具。使用 TPF 模型时,需要大量旅游和旅行消费方面的专门数据,也需要旅游行业部门生产结构方面的数据,较之 TSA 模型可以让人们获得更为微观和深入的相关认识。TPF 模拟分析了在 TSA 面临不同极限条件下的指标应变过程,从而获取相应的政策导向。但应该引起注意的是,单一的极限条件只是突出表现了某一种影响因素的变化可能导致 TSA 模型整体的变化,但并没有表达在不同因素共同作用下可能促发的变化,因此也只能作为政策导向来提供参考而不能成为形成政策的既定规则。但是应该肯定的是:从 TSA 向 TPF 的发展,反映了旅游经济影响评价研究从解释现状向指导决策迈进的一种趋势。几种评价工具的对比如表 12-1 所示。

表 12-1　几种旅游经济影响评价工具的对比分析

评价工具项目	乘数	TSA	TPF
目前应用范围广	很弱	强	很弱
适用于国家和地方两种层次	很弱	强	强
完全依赖正式的国民经济统计数据	强	弱	弱
主要分析宏观经济指标	强	强	强
采用抽样调查资料	很弱	强	强
不同国家和地区的研究结果可以互相比较	弱	很强	弱
成本高昂	很弱	很强	强
可以直接或间接地提供有效的决策支持	很弱	强	强

第三节　社会文化影响

较之旅游经济影响研究,旅游的社会影响研究开展稍晚,但发展却较快。旅游社会文化影响方面的研究以贾法里(Jafari)的四个平台说、史密斯(Smith)对主客关系的研究、纳什(Nash)的涵化理论以及柯恩(Cohen)和麦坎内尔(MacCannell)对真实性的研究最具代表性。

一、贾法里的四个平台说

贾法里对历史上旅游思想的转变进行过大量的研究,把几十年来的旅游学术研究归纳成 4 种他称之为"平台"(platform)的研究倾向。

1. 鼓吹平台（Advocacy Platform）

主要是从那些个人或者与旅游既得利益有关的公司、组织，包括商业团体角度出发的一种基本态度，其中自然涉及明确的利益成分。不论是具体的商业团体，还是与旅游经济收入有关联的组织或者部门，会很自然地从某一个方面对旅游加以鼓吹。他们从经济利益方面列举出旅游活动带给社会的诸多好处，包括：增加社会中的劳动密集型就业机会（包括常年性工作、季节性工作、部分时间工作和非技术性工作），增加外汇收入，有利于扩大基础建设，有利于发展地方生产，扩大其他经济方面的活动，提供多层次的社会服务体系，扩大教育的层面，提高国际间的相互理解等。总之，鼓吹平台集中展示的是旅游中好的、积极的一面，单向度地强调旅游的经济贡献较少考虑其他问题。

2. 警示平台（Cautionary Platform）

随着旅游的发展，一些观察家和旅游的研究人员——包括有组织的和个人的研究——发现早期的旅游发展在保护传统文化和自然环境方面存在消极因素，并对旅游的这种情形发出警示。他们从社会利益的角度进行分析，得出与"鼓吹者"完全不同的情形，包括：环境污染、社会污染、季节性失业增加、文化艺术商业化等。总之，警示平台集中描述了旅游在环境、社会文化等方面一系列不好的、消极的、负面的影响，甚至对旅游的经济贡献也提出质疑，并对这些影响提出"警示"。

3. 适应平台（Adaptancy Platform）

由于在鼓吹平台和警示平台之间存在着多种争议，而且这些争议也都同时在旅游发展的过程中表现出来。所以，从20世纪80年代开始，人们就不再局限于各执一词的无休止的"好/坏"讨论，而是更理性地、策略性地将问题转移到如何适应旅游发展这样一个背景中去考察。他们尤其关注东道主社会与它们的社会文化建设以及如何在环境保护方面更积极地进行探讨。适应平台是在探究如何减少旅游的消极影响中出现的，其代表性概念是"可替代旅游""生态旅游""可持续旅游"等，它旨在从更积极的方面去适应旅游发展。

4. 以知识为基础的平台（Knowledge-based Platform）

在前面三种平台的基础和条件上发展出一种更加全面的、综合性的知识体系。首先，站在一个更高的层面去看待和认识旅游中存在的各种复杂因素，把旅游看作一个巨大的全球化产业，它必须面对广大游客的日常生活并与之长期相处。其次，注意旅游发展中的需求性和非需要性之间的关系，特别注意消耗与获得利益之间的平衡。再次，集中注意前面三个"平台"的发展形式以及"部分"或"限制性"的视野。最后,把旅游看作"一个整体"(a whole)或"一个系统"(a system)去理解其自身的结构与功能,进而在这一领域建立起"知识体系"。总之,以知识为基础的平台是从如何积极应对的角度认识和理解旅游的(Jafari,2001)。

从"鼓吹""警示""适应"到更深一步地建立"以知识为基础的平台",这一理论在20世纪80年代已经被完整地建构出来了,既反映了旅游在半个世纪发展过程中的实际情况,也反映出人们在这一过程中对旅游有了越来越科学的认识。

二、主客关系

主客关系研究向来是旅游社会影响研究的重要关注点之一。虽然在主客交往中,旅游者与当地居民之间的影响是相互的,但更显著的是这种交往过程对当地居民产生的影响,这也是旅游主客关系研究的主要内容。有许多旅游人类学家在旅游主客关系研究方面做出了重要贡献,其中最有影响的是瓦伦·史密斯(Valene Smith)。

史密斯在20世纪70年代主编的《主人与客人:旅游人类学研究》(*Hosts and Guests: The Anthropology of Tourism*,1977)中首次表明了人类学对旅游业的深刻关注。这本书的出版,使旅游业研究在美国学术界得到了正式承认。书中提出的重要理论观点及案例分析受到了读者的广泛欢迎和好评。该书于1989年第二次出版。第二版既保留了原版研究中的重要观点,又在新的田野调查和新的理论研究基础之上进行了增补和完善,为旅游本质的研究提供了一个总体的框架,对旅游业进行比较研究,甚至把它作为人类学中的重要领域之一来进行研究。第二版中的每一个案例都被重新审视,作为结论性的观点也得到了若干修正。"该书也被旅游学术界的《旅游研究纪事》(*Annals of Tourism Research*)称为旅游人类学的里程碑"。

在《主人与客人:旅游人类学研究》一书中,史密斯指出,不同的游客类型对目的社会造成的影响是不一样的,因为他们融入目的地社会、文化、生活的情况不一样。史密斯根据游客融入情况对游客进行了分类,提出7种旅游者类型以研究旅游者类型、数量与其对社区影响的关系,如表12-2所示。

史密斯(1977)把旅游通过主客交往对目的地产生影响的机制归结为示范效应、社会分层与社会化、自尊、文化复兴和憎畏感[①]。

[①] Valene. Smith. Host and guests: the anthropology of tourism[M]. Philadelphia: University of Pennsylvania Press, 1977.

表 12-2　不同类型旅游者与对社区影响强度的关系

旅游者类型	旅游者数量	对社区影响
1. 探索者	非常有限	弱 ↓ 强
2. 社会名流	极其少见	
3. 非常规游客	不普遍但可见到	
4. 特殊游客	偶尔可见	
5. 小团体游客	客流量稳定	
6. 大批量游客	不断涌入	
7. 包机游客	大批量抵达	

1. 示范效应

旅游者以其自身的意识形态和生活方式介入旅游地社会中，引起旅游地居民的思想变化，产生各种影响，这种作用称为示范效应。麦克菲特斯和斯特朗（McPheters and Stronge，1974）发现，在美国佛罗里达州的迈阿密，旅游人数的变化与谋杀、强奸和其他暴力犯罪事件的变化之间，存在强烈的相关关系。旅游者在旅游区内所表现出的生活方式和消费习惯，绝不会在他们回家以后继续保持下去，因此示范效应是个颇具辛辣讽刺意味的现象。麦洛伊和阿尔布尔克（McElory and Albuuerque，1986）曾指出，有学者将示范效应称之为"新殖民主义"（Neo Colonialism）[①]。纳克斯（Nurkse，1962，1970）、泰勒（1975）和格林伍德（Greenwood，1976）等人对这一现象进行了初步研究。

2. 社会分层与社会化

旅游的发展可能会引起社会集团间关系的变化。青年人容易接受由旅游带来的新的价值观念，而家庭中的老年成员多仍坚守旧的传统观念不放，这时代沟就会出现。这些变化的长期走向，取决于个人和社会的价值观。不管是变化的发生，还是对变化的理解，都不是一蹴而就的事。普雷斯（1969）、麦基恩（McKean，1973）、格林伍德（Greenwood，1976）和约翰逊（Johnson，1978）曾撰文对上述问题进行了讨论。

3. 自尊

旅游投资商，尤其是那些非目的地国家居民的投资商，常常对当地传统文化的认识不足。在寻求有利可图的旅游产品时，宗教信仰、传统服装、世俗庆典，以及其他许多传统文化，都可以转变为旅游商品。遗憾的是，伴随着某种

---

① McElory and de Albuuerque. The tourism demonstration effect in the Carribben[J]. Journal of Travel Research, 1986.

文化和人类精神的商品化，产生自尊的丧失。这不仅是旅游的副作用，而且是对整个民族的侮辱，甚至会触发暴力事件。在旅游评价研究中，对自尊丧失的科学分析和科学测定是很重要的，但要做到这一点并不容易。萨顿（Sutton，1967）、安朱拉-贝当古特（Anzola-Betancourt，1972）、史因斯基（Schwinsky，1973）、约翰逊（Johnson，1978）和布尔特（Bulter，1979）等人对此进行过研究。

4. 文化复兴

成群结队的游客来到异国他乡，并不意味着必然对当地人的尊严造成损伤。通过建立和再现对他们自己历史的骄傲感，可以刺激当地的手工艺品、文学、舞蹈、音乐、戏剧、礼仪、风味食品、服饰等的复兴。文化的复兴，也会导致对纪念建筑物、普通建筑物的修葺，以及对重要景观的保护。

5. 憎畏感

憎畏感，即对陌生人的畏惧，是随旅游所造成的社会变化而产生的，因为这些社会变化使当地老百姓难以容忍。从更普遍的角度说，憎畏感可能是由不能掌握自身命运的失落感引起的。外国投资附加的各种约束条件也会引起当地人的无助感。萨顿（1967）、安朱拉-贝当古特（1972）、史因斯基（1973）、贾法里（1974）以及布尔特（1979）等曾对憎畏感问题进行过阐述。

三、涵化：旅游导致文化趋同

涵化一词最早出现于1880年。"涵化"意指文化传统不同的社群遇到一起时所出现的种种变化。一个社会与另一个经济文化上都比较强大的社会中有很多文化要素，由于两个社会的强弱关系而产生的广泛的文化假借过程，即为涵化。

当两种不同文化接触时，不论时间长短，双方都可以通"借鉴过程"使两者差距缩小。但是，这种借鉴过程并不是对等的，在很大程度上要受到接触时处境的性质、接触双方的社会经济状况和双方人口数量差异等因素的影响。

旅游人类学者使用的涵化概念是指旅游过程中一切由文化接触导致的社会文化变迁，不管这种变迁是否是人们想要的[①]。探讨这一问题的社会科学研究大会（The Social Science Research Council）夏季研讨会把"涵化"界定为"由两个或两个以上不同文化体系间由于持续接触和影响而造成的一方或双方发生的大规模的文化变迁"（SSRC Seminar，1954）。

在20世纪20年代末，就有人类学学者专门从事涵化研究。最早的三种研

[①] Dennison Nash. Anthropology of Tourism[M]. Pergamon, 1996: 26.

究成果都于 1932 年出版：一是比尔斯（Beals）的《马约文化中的土著遗存》，着重讨论文化接触问题；二是图恩瓦尔德（Thurnwald）的《涵化的心理学》，首次提出涵化的心理学问题并对其概念与过程进行了系统分析；三是米德的《一个印第安部落的变迁中的文化》，描述一个北美印第安部落安特勒人与白人的文化接触从开始到最终的结果。海尔什科维茨（Herskovits）于 1938 年出版的《涵化——文化接触的研究》是最早的涵化研究，对当时已有的研究成果进行评论，讨论了涵化研究的方法论等。许多人类学者都对涵化发表过自己的见解与主张，最终形成完备的涵化理论，纳什（Nash）的理论最具影响。

人类学家丹尼森·纳什（Dennison Nash）在其代表作《旅游人类学》（Anthropology of Tourism，1996）一书中，将旅游作为发展和涵化对旅游现象做出理论解释，并从文化人类学的角度探讨旅游可持续发展的道路。

纳什（1975）的研究表明，不发达的旅游目的地国家被发达的工业强国当作了"快乐边缘"，并依附和受制于后者。发达国家的游客则是新的"殖民者"或"游牧部落"，他们带来的异样文化导致目的地的文化被严重同化和破坏甚至消失，冲击着接待地传统的伦理道德观念，使其社会和家庭的凝聚力减弱，环境和生态遭到不同程度的破坏，这些都动摇着接待地社会的基础[①]。有学者称旅游已经成为一种新的"帝国主义"，或者成为受大都市支配与控制的"新殖民主义"。

纳什在论文《作为帝国主义的一种形式的旅游》（Tourism as a form of Imperism）中明确指出，旅游在本质上是帝国主义的一种形式，游客是某些强权势力的不明智的代表。以前的帝国主义以强迫、强加为主要特点，由于种种原因，现在人们已自愿甚至积极地接受外来影响，其中的主要原因是旅游接待地的人们把发展旅游当作一种获取经济利益的方法，所以他们按照游客的好恶来进行开发。纳什进一步指出以这种旅游服务来满足游客们的需要的客观存在，实际上是一种非公平的现实。因此，纳什认为当今的旅游必定是帝国主义的一种形式。

涵化一般有下列几种常见模式：

1. 同化现象——指当一个族群进入另一个主流族群中，外来文化适应主流文化，逐渐合并到支配性文化中，不再作为一个分开的文化单元。

2. 整合现象——指保持了原有文化的特征，又吸收异文化因素，把两种文化融为一体。

---

① Turner Nash. The golden hordes: international tourism and the leisure periphery[M]. London: Constable, 1975.

3. 混合现象——指不同文化接触和交流过程中的文化混生状态。
4. 分化现象——指拒绝接受异文化的传播，保持原有文化要素。
5. 边缘化现象——指既无意保持原有文化，又没有吸收异文化，处于两种文化的缝隙中。

在旅游活动这种跨文化沟通中，外来旅游者在目的地一般只是短暂停留，使得两种不同文化的沟通只能局限于肤浅的表层。与此同时，单体旅游者一次旅游停留的时间虽然短暂，作为由众多旅游者组成的整体而言，却形成了一个规模庞大的新的社会群体——旅游者社会（客人社会）。在不同社会文化发生接触时，双方都可以通过"借鉴过程"（borrowing）使二者间的差异缩小（Nunez，1977），但这种"借鉴过程"并不是对等的，在很大程度上要受到接触时双方关系的性质、双方的社会经济状况以及双方人口数量差异等因素的影响。位于经济不发达地区的旅游目的地多是出于提高经济收入和解决就业等方面的需要而开发旅游的。在目的地为适应外来旅游者的需要而对自身采取各项改造措施时，不可避免地要屈从于外来旅游者的态度和价值观，这种貌似自发的行为中实际上隐含着一种压力和无奈。所以，在外来文化的冲击下，当地的文化被外来的强势文化所同化。许多案例研究都表明，在发展旅游的不发达地区常会出现传统文化日渐衰微并逐渐发展出受外来文化强烈影响的"可口可乐文化"现象（Shiriji，1993）。

四、社会交换理论

社会交换理论是 20 世纪 50 年代兴起于美国进而在全球范围内广泛传播的一种社会学理论。由于它对人类行为中的心理因素的强调，也被称为一种行为主义社会心理学理论。这一理论主张人类的一切行为都受到某种能够带来奖励和报酬的交换活动的支配。因此，人类一切社会活动都可以归结为一种交换，人们在社会交换中所结成的社会关系也是一种交换关系。社会交换理论由霍曼斯（Homans）创立，主要代表人物有布劳（Blau）、爱默生（Emerson）等。

（一）霍曼斯的交换行为主义（Exchange Behaviorism）

霍曼斯是交换理论的创始人，于 1958 年提出的交换行为主义指出社会互动其实就是一种交换行为，个人在交换时必定会考虑可能牵扯的利益和报酬。换言之，在交换过程中，个人对于他人互动所可能产生的利益，必先加以估量。如果在交换过程中双方不能得到满意的结果和报酬，则没有交换的必要。[①]

霍曼斯认为，人际间的互动行为是一种过程，在这种过程中双方参与者执

---

① Homans. Social Behavior as Exchange[J]. The American Journal of Sociology, 1958.

行与对方有关的活动，且交换有价值的资源。社会交往的过程可以被设想为：一种至少在两人之间的交换活动，无论这种活动是有形的还是无形的，是多少有报酬的或有代价的。在这种互动过程中，双方其实就是在交换报酬，人们只有觉得这个交换关系有吸引力，才会继续与对方互动。

（二）布劳的交换结构主义（Exchange Structuralism）

布劳（1964）[①]社会交换理论所关注的焦点在于人际间的互动行为，提出了两个很重要的概念——信任与承诺。在社会的过程中由于信任、互惠的影响，会吸引并促进双方交换有价值的资源，并持续维持良好的互动关系。布劳的结构交换观点主张个人之间的交换行为并不能推导所有的群体行为，同时认为"对等性"只能解释部分社会交换，而"不对等性"也可以解释另外一些社会交换。因此，在结构交换理论中，巨视结构的分析焦点在于社会组织之中，小团体的形成、权力和地位的分化、团体规范的运作，以及更高层次的集体行为，与微视结构的个人交换行为一样，假设人们总是遵循着理性、互惠、信任、公平和边际效用等原则来进行各种结构层次的社会交换，以维持社会关系的稳定，并促成社会整合。布劳（1964）和霍曼斯（1958）皆是关注于相似的过程，人们基于种种理由而彼此相互吸引，这些理由将他们结合在一起建立社会。

布劳（1964）认为，霍曼斯（1958）交换行为主义理论的重点是从报酬与成本代价的角度解释社会行为，其研究单位是"个人"，"互惠"与"报酬"是其理论的基础，强调人与人之间的社会互动，是一种理性的、会计算得失的资源交换。交换的内容可能是金钱、礼物等具体的物品，也可能是抽象的声望、赞同，甚至是精神安慰。社会交换的过程由于互惠的结果，彼此间会产生感激、责任感和信任。

（三）爱默生交换网络理论（Exchange Network）

继布劳之后，对交换理论做出重要贡献的还有爱默生等人。爱默生运用严密的数理模型和网络分析，阐述社会结构及其变化、社会交换的基本动因和制度化过程，在方法论上进一步充实了交换理论的理论体系。

爱默生（1981）将社会交换关系分为3种：（1）对等型：在谈判或协商交易时，双方在特定条件下进行交换行为，并各取所需。（2）不对等型：在进行某一项利他行为或赠送物品时，较强调一方的贡献，而另一方是否有回报行为则只能取决于对方。（3）合作型：双方无法单独或分开获得报酬，只有在彼此互动的过程中都有贡献时，双方才能同时获得利益。一旦初步的联系形成，他们各自提供的报酬就能够维持和强化彼此的联系。

[①] Blau. Exchange and Power in Social Life[M]. New York: John Wiley and Sons, 1964.

爱默生（1981）着重于行动者之间的交换关系，由一个行动者注意到交换机会的存在，主动交换及交换行为是相互有利的来往。至于其中所交换的报酬，可以是内含的（intrinsic），例如爱、情感等；或是外加的（extrinsic），例如金钱、体力劳动等。因此，互惠必须是个体双方在较长时间的交换过程中，扮演潜在的利他主义者以及互惠的角色。

（四）理论评价

霍曼斯的社会交换理论是基于个人层次上的，对于日常生活中的某些行为，对于初级群体中的某些行为，它可以做出一定的解释。但是，对于宏观社会中的种种重大问题，如社会制度的产生、变迁等，就缺乏解释力。所以霍曼斯的理论只适用于直接的人际互动关系的小群体，即只能解释非制度化的社会行为。社会是由人构成的，但是社会一旦构成，就有了它自身的特性，这些特性是不能简单还原到个人的。霍曼斯试图用个体运动的心理学命题去解释社会组织、社会制度、社会结构，这是注定要失败的。

布劳的理论从社会学的角度改进了霍曼斯的理论，但是由于其理论本身的缺陷，也遭到了一些批评：（1）布劳理论的最大弱点是它依赖于一个很重要的前提，即人类行为是以交换为指导的。这种过程是既定的，不能进行充分的证明和解释。如果一个人愿意接受关于交换在社会关系中重要性的前提，他就会追随布劳的理论。相反，如果一个人不能接受这个重要前提，要接受布劳的理论是不可能的。（2）布劳对集体组织的定义过于宽泛，以致囊括了从小群体到复杂组织的全范围现象。除了社区研究之外，社会学的大多数领域都落入了布劳集体组织的范畴之中。（3）布劳的社会学立场要比霍曼斯更为坚定。他力图去分析集体与集体之间以及集体内部的差别。这种努力是值得称赞的，但是他的理论没有达到这个目标。布劳提出了一些重要的差别，但却没有对这些差别进行深入分析。

而爱默生社会交换网络分析的重点在于提供一个结构严谨的理论，特纳评价说："爱默生以列举心理学的基本命题开始，然后他从这些命题的推论中派生出一系列定理，以说明不同社会模式的运行。从基本操作命题进行推论，以及从这些命题和推论发展出定理时，爱默生从未玩弄逻辑游戏，可是比起霍曼斯，爱默生的学说更为有力，社会学理论极少达到如此严格的程度。"[①]这种理论不仅能应用于小型单位的分析上，而且也能解释大型复杂的社会结构，并且回避了微观和宏观的关系问题。

---

① 乔纳森·特纳. 现代西方社会学理论[M]. 范伟达等, 译. 天津：天津人民出版社, 1988.

五、社会文化影响调控的前台后台理论

如何调控旅游对旅游地的社会文化影响，高夫曼提出了著名的"前台后台"理论。该学说强调通过居民与游客之间的划界隔离，为保护社区文化提供有效的工具。

（一）起源：社会互动论

高夫曼（1922—1982）是美国当代著名的社会学大师，他以戏剧论（dramaturgy）为中心的学说论述对现代社会学界影响极为深远。高夫曼1956年出版（1959年再版）的《日常生活的自我表演》（*The Presentation of Self in Everyday Life*）是社会学领域的经典著作，美国社会学杂志称此书是"对这一代社会心理学最有力的贡献之一"。

高夫曼主要是承袭符号互动论（Symbolic interactionism）学派之思想。符号互动论最初是由欧洲传到美国，而后经乔治（George）及其学生赫伯特·布鲁门（Herbert Blumer）将此理论精细化并加以传播（Goffman，1959，1992）。该学派着重个人的行动与意识，强调主体性与特异性（许殷宏，1997）。符号互动论的概念主要可分为符号（symbol，包括语言、文字及符号）、自我（self）、心灵（mind）和扮演他人角色（taking the role of the other）。这四个基本概念是相互关联的，缺少其中任何一个，都可能使人们的社会互动产生问题（Charon，1989）。高夫曼则进一步以戏剧概念来解读分析人们日常的生活互动，并以此作为其学说架构。

高夫曼从早期博士论文研究谢特兰群岛（Shetland Islands）居民互动的情况开始，到戏剧论（dramaturgy）分析印象管理（impression management）的技巧，自始至终都是以互动秩序（interaction order）为关切焦点（许殷宏，1997）。他认为人与人交往时都是在试图给对方一个印象，人们就像演员一样，不断地关注着他们所接触的各式各样的观众以及有关他们的印象（Goffman，1959）[①]。此外，曼宁（Manning，1991）[②]指出高夫曼在《日常生活的自我表演》第二版中增加了二节篇幅，企图重新界定"自我（self）"。他放弃了原先的"两个自我观（I、me）"，而改采"多元自我观"。

（二）前台与后台

高夫曼将人们日常生活之行为模拟成戏剧演出，人们在观众面前扮演各种

---

① Goffman. The Presentation of Self in Everyday Life[M]. New York: Doubleday Anchor, 1959.

② Manning. Drama as life: The significance of Goffman's changing use of the theatrical metaphor[J]. Sociological Theory, 1991(9): 70-86.

不同角色。"自我"随着不同情境的改变而呈现多种面貌，不同的观众将挑战或强化"自我"的演出，个人也会随着情境与观众的要求而调整形象（许殷宏，1997）[①]。高夫曼（1959）[②]将表演（performance）定义为"一个体在某特定场合所表现出来的所有活动，这些活动会以各种形式来影响每个参与者"，并将日常生活的表演区域分成"前台"（front）及"后台"（backstage）区域。前台和后台是由一条有人监控的通道（guarded passageway）联结，而"前台"及"后台"两种区域以外的所有地方，则称为"局外区域（the outside）"。日常生活中一场成功的表演往往不能单靠个人，而是由一组剧班（teams）共同完成。剧班在"前台"区域表演，在后台预演、休息和隐藏，剧班共同分享了风险和秘密。高夫曼似乎认为地点（location）会影响行为（Manning，1991）[③]。

根据高夫曼（1959）[④]的定义，"前台（front）"及"后台（backstage）"两区域的组成如下。

"前台"一词是指"个体表演时故意或不知不觉使用的标准表达装置"（Goffman，1959）[⑤]。而个体的"社会前台（social front）"由"外部布景（setting）"和"个人门面（personal front）"两大部分所组成。

外部布景（setting）指的是表演设施中与景色有关的部分，一般而言，外部布景是固定不动的。外部布景为人们的表演提供必要的场景及舞台道具，包括舞台设备、舞台装饰、舞台布局等。人们一离开外部布景，则表演亦随之结束。

个人门面（personal front）指的是人们能深入辨识表演者的其他成分，并期待这些成分会与表演者如影随形，包括代表官位阶级之标志、衣着、性别、年龄、种族特征、身材容貌、姿态、说话方式、脸部表情、身体姿势等。有些是相对固定的，有些是不稳定的（或过渡性的）。个人门面是由两类外在刺激所组成：

（1）外表（appearance）。人们可以由此得知表演者处于什么社会地位，亦可得知个体正在从事正式的社会活动工作，或是从事非正式的游憩活动。

（2）举止（manner）。人们可以由此预知表演者在即将到来的情境中扮演什么样的互动角色。因此一个高傲具侵略性的举止，可能会让人觉得表演者期望能在言语互动上取得主控权。反之，一个谦卑退缩的举止，可能会让人觉得

---

① 许殷宏.高夫曼戏剧论在学校教育上之蕴义[J]. 教育研究集刊，1997, 39: 149-168.
② Goffman. The Presentation of Self in Everyday Life[M]. New York: Doubleday Anchor, 1959.
③ Manning. Drama as life: The significance of Goffman's changing use of the theatrical metaphor[J]. Sociological Theory, 1991(9): 70-86.
④ Goffman. The Presentation of Self in Everyday Life[M]. New York: Doubleday Anchor, 1959.
⑤ Goffman. The Presentation of Self in Everyday Life[M]. New York: Doubleday Anchor, 1959.

表演者希望能跟着别人的话题走。

人们常期待外表与举止间具有明确的一致性（consistency），但二者常有互相矛盾的时候。此外，人们也期望外部装置、外表与举止间有某种程度的连贯性（coherence）。这种连贯性会引起人们对例外情形的注意并产生兴趣。高夫曼（1959）[①]就举了一个纽约杂志人物专访例子说明这一现象：一个策划帝国大厦拍卖的房地产代理商，竟只拥有一栋小房子及一间简陋的办公室。

高夫曼（1959）[②]提出"后台"的概念。在后台，前台表演所培养的印象必然会受到故意的否定。在这里表演者不拘小节且轻松随意，可以暂时放下自己的门面，不按台词说话，甚至可以跳脱出自己所扮演的角色，所以后台控制在"工作管理"程序上扮演着非常重要的角色。工作区和娱乐区代表了后台控制的两个区域，另一个区域则是人们满足生物需要的地方。工作人员如不能有效控制后台区域则将产生许多问题。饭店餐厅的厨房区域就是最好的例子。

由于在后台可看见一场表演的重要秘密，因此服务人员自然会想将通往后台的通道封闭或将整个后台区域隐藏起来，这就是一般常用的印象管理（impression management）技巧。而表演者往来前台后台之间，是观察印象管理最有趣的时机之一，人们可察觉到表演者是如何奇妙地上演及卸下他的角色。

（三）麦坎内尔对前台后台理论的修正

高夫曼学说的主要代表人物，首推20世纪70年代社会学家麦坎内尔。麦坎内尔（1989）[③]根据高夫曼的理论进一步发展旅游行为的"舞台化真实性（Staged Authenticity）"论点。他根据"前台后台"理论提出旅游环境（tourist settings）结构共分为六个舞台形式：

舞台一：相当于高夫曼的前台区域。

舞台二：称旅游前台区域，经过修饰后呈现出后台气氛。

舞台三：一个完全被组合成像后台的前台区域。

舞台四：一个对外来者（outsiders）开放的后台区域。

舞台五：经过整理和些许修饰的后台，因为游客可偶尔来短暂参观。

舞台六：相当于高夫曼的后台区域。

麦坎内尔的舞台化真实性理论被许多旅游文献引用，但柯恩（1979，引自陈莹育，2007）[④]认为麦坎内尔的模式缺乏效度，也认为旅游情境中的游客体

[①] Goffman. The Presentation of Self in Everyday Life[M]. New York: Doubleday Anchor, 1959.
[②] Goffman. The Presentation of Self in Everyday Life[M]. New York: Doubleday Anchor, 1959.
[③] MacCannell. The Tourist: A New Theory of the Leisure Class[M]. New York: Schocken Books, 1989.
[④] 陈莹育. 舞台化真实性理论应用于观光意象之研究——以台南安平老街为例[D]. 逢甲大学景观与游憩研究所硕士论文, 2007.

验应该被意识到，因此他也根据高夫曼的"前台后台"理论，修正出 4 种游客在旅游情境中的体验：游客看到环境是真实的（Authenticity and seen as such）；游客认为环境是真实的，但实际上是假造的（Faked but perceived as authentic）；游客怀疑环境的真实性，但实际上是真的（Authentic but suspected as faked）；游客认为环境和实际体验是假造的（Faked setting recognized as such）。

（四）评述

高夫曼将人们日常生活中的行为模拟成戏剧演出，他的"前台后台"概念引起相关领域学者的广大回响，并成为文化旅游真实性最重要的理论基础。然而仅以舞台语言来解释人们日常生活中复杂的互动行为是不足的，例如有些互动可能没有目的，不同地区的人面对相同情景时可能有不同反应等。如同曼宁（Manning, 1989）[①]所述，高夫曼自己可能也承认把日常生活中的人际互动用舞台语言来解释是有限制的。许殷宏（1997）也指出高夫曼的戏剧分析模式虽然充满丰富的观察与想象，对人类行为发展过程的认识有重大贡献，但却没有考虑主体对世界的看法，缺少对主体内心感受的陈述。虽然如此，"前台后台"理论不仅是旅游研究的重要学说，也广为各相关领域（如营销、网络和学校教育）探讨及应用。

第四节 环境影响

20 世纪 60 年代以来，随着现代旅游的兴起，旅游已成为一项大众化的活动，由于对环境依存度较高，旅游快速发展不可避免地带来一系列环境问题，引起了人们对旅游环境影响研究的关注。可持续旅游的提出让人们从更深的意义上理解和思考旅游发展与环境的关系，旅游环境影响已成为旅游环境研究中最为突出的一个研究主题。有关旅游环境影响的研究可以追溯到 20 世纪 20 年代，但严格意义上的旅游环境影响研究直到 20 世纪 60 年代才产生，70 年代进入研究活跃期，并创立了第一个长期研究项目。一些有影响的学者如科尔（Cole）、利德尔（Liddle）、贝菲尔德（Bayfield）等是在这 10 年开始了旅游环境影响研究。此后数十年旅游环境影响研究成果迅速增长，研究的主要进程如表 12-3 所示。

[①] Manning. Drama as life: The significance of Goffman's changing use of the theatrical metaphor[J]. Sociological Theory, 1991(9): 70-86.

表 12-3 旅游环境影响研究主要进程

时间	进程	特征
1920s	研究开始	早期问题的观察与描述
1930s	英国早期的践踏研究	实验研究开始
1940s—1950s	美国最初的科学研究	更严格的和定量的研究
1960s—1970s	研究快速增长阶段	大量研究资料积累，研究内容扩充，基本研究主题确定
1980s 以后	平稳发展阶段	研究地域扩展，管理框架的综合，方法提炼，成果概括

资料来源：根据 Leung Y F and Marion J L.Recreation impacts and management in wilderness: A state-of-knowledge reviews[A]. 2000, 23-48 整理。

一、环境承载力

（一）概念的提出及其发展

旅游环境承载力（Tourism Environmental Carrying Capacity，TECC）这一概念是由承载力的概念派生而来的。1921 年美国社会学家帕克（Park）和布格斯（Burgess）在有关的人类生态学杂志中提出了承载力的概念，即"某一特定环境条件下（主要指生存空间、营养物质、阳光等生态因子的组合），某种个体存在数量的最高极限"。1953 年，奥多姆（Odom）在《生态学原理》（*Fundamentals of Ecology*）中，赋予承载力概念较精确的数学形式。后来这一术语被应用于环境科学中，环境承载力又称环境容载力、生态承载力、环境负载定额、环境承载能力、资源承载力等。环境具有与环境污染相对应的环境纳污能力，即"环境容量""环境自净能力"。旅游环境承载力的概念没有一个统一的标准。目前主要有以下几种：（1）马西森（Mathieson）和沃尔（Wall）从旅游业对旅游目的地环境影响和游客体验出发把旅游环境承载力定义为：在游客体验和旅游目的地的环境没有出现不可接受的变化之前，旅游地能够接纳的最大游客数[1]。（2）欧赖利（O'Reilly）从两个不同方面分别阐述了旅游环境承载力。其一，在旅游地的居民没有感受到旅游对他们产生的负面影响之前，旅游目的地接受旅游的能力。其二，从循环理论出发，在旅游地对游客的吸引力降低，游客没有选择替代旅游地之前的游客水平[2]。（3）巴克利（Buckley）认为旅游环境承载

---

[1] Mathieson and Wall. Tourism: economic, physical and social Impacts[M]. New York: Longman, 1982.
[2] O'Reilly. Tourism carrying capacity- concepts and issues[J]. Tourism Management, 1987, 7 (3): 154-167.

力主要是一个生态学的概念,给出的生态学定义为:旅游目的地的生态系统在产生不可察觉的,至少是能够恢复的生态变化之前的旅游数量[①]。(4) WTO/UNEP 给出的定义为:在满足游客高水平体验以及没有对旅游地资源产生影响的情况下的旅游地游客水平[②]。几种概念都认为旅游环境承载力是指旅游地在发生某种改变前的游客水平,主要集中在最大游客数量的计算上。只是对于具体是什么样的改变和游客水平的认识上有不同见解。本书中生态承载力的概念重点强调其生态学意义,即关注点是旅游对自然环境的影响,即有些学者所说的生态环境承载力。

《增长的极限》较早把人类发展的环境承载力问题摆到现代科学的面前,使人类对工业社会传统发展模式的不可持续性进行理性思考,最终达成寻求可持续发展的共识。1995 年,诺贝尔经济学奖获得者阿罗(Arrow)与其他国际知名的经济学家和生态学家一起,在《科学》(Science)上发表了《经济增长、承载力和环境》一文,在学界和政界均产生了极大的反响,进一步引起了人们对环境承载力相关问题的关注。此后大量的环境承载力理论及实例研究的成果不断出现。2000 年,萨弗里艾德斯(Saveriades)对塞浦路斯(Cyprus)东海岸的旅游承载力进行了研究[③]。国外很多国家一直在用环境承载力的理论来指导本国的社会经济活动。如 2002 年,美国环保局(United States Environmental Protection)进行了 4 个镇区环境承载力研究,具体计算了 4 个湖泊的环境承载力,并提出了保护和改善湖泊水质的建议。2003 年,弗罗亚(Furuya)进行了日本北部水产业环境承载力的研究。由此可见,环境承载力从概念的提出到现在,在不到 30 年的发展时间里,已广泛地应用于国内外的环境管理与环境规划中。环境承载力概念的提出是人类对其自身发展过程中出现的环境问题所做出的反应,但由于其本身的复杂性以及影响因素的多样性,人们对环境承载力尚未取得公认的定义和认识。

(二)环境承载力的计算模型

1. 指数法

选取一些发展因子和制约因子作为生态承载力的指标,包括自然资源变量

---

① Buckley. An ecological perspective on carrying capacity[J]. Annals of Tourism Research, 1999, 26 (3): 705-708.

② WTO/ UNEP. Guidelines: Development of National Parks and Protected Areas for Tourism[R]. Madrid: World Tourism Organization, 1992.

③ Alexis, Saveriads. Establishing the social tourism carrying capacity for the tourist resorts of the east coast of the republicof Cyprus[J]. Tourism Management, 2001 (21): 147-156.

（水资源、土地资源、矿产资源、生物资源的种类、数量、开发量）、社会条件变量（工业产值、能源、人口）、环境资源变量（水、气、土壤的自净能力），用各要素的监测值或限值与标准值或期望值比较，得出各要素的承载率，然后按照权重法得出综合承载率。如果承载率大于1，表明已超过区域承载力，要限制发展；如果承载率小于1，表明还未超过该地区的承载力，还有一定的发展空间。各要素之间的权重由层次分析法或专家咨询法得出。公式如下：

$$I = \sum_{i=1}^{n} W_i I_i \tag{12-1}$$

式中，I 为综合承载力，I_i 为单要素承载力，W_i 为相应要素的权重。

2. 矢量法

把承载力作为 n 维空间的一个矢量。对于同一地区，这一矢量随人类旅游活动的方向和大小的不同而不同，当人类社会旅游行为的方向和大小相同时，该矢量随地区的不同而不同。故比较不同地区环境承载力时，只需比较矢量的大小即可。

3. 线性规划法

线性规划模型也称线性最优化，它可以定量解决大型和复杂的决策问题。它可以只对一个目标进行优化，也可以同时对多目标进行优化。线性规划模型的解具有重要意义，它代表问题的最佳决策和活动的最佳策略。线性模型的理想目标由决策者的希望或愿望确定，现实目标或约束条件可由有限的资源和其他加在决策变量选择上明显的或隐含的约束确定。处理具体问题时，可先根据研究的问题确定范围，把其作为一个系统。在该系统中确定对输入、输出有重大影响的几个变量，由这几个变量构建现实目标或约束条件。

4. 差值法

研究区域现有的各种资源（Pi）与当前社会经济对各种资源的需求量（Qi）之间的差量关系，即(Pi-Qi)/Qi。该地区现有的生态环境质量（CBQ Ii）与当前人们所需求的生态环境质量（CBQ Ij）之间的差量关系，即(CBQ Ii-CBQ Ij)/CBQ Ii。如果该差值大于0，表明研究区域的环境承载力在可承载范围内；该差值等于0，表明研究区域的环境承载力处于临界状态；该差值小于0，表明研究区域的环境承载力超载。该方法需要建立一套指标体系，包括社会经济系统类和生态环境系统类（包括环境资源与环境质量）指标。

5. 状态空间法

状态空间法是欧氏几何空间用于定量描述系统状态的一种方法，通常由表示系统各要素状态向量的三维状态空间轴组成。在研究环境承载力时，三维状态空间轴分别代表人口、旅游活动、区域资源环境，空间中的点为承载状态点，不同的点表示不同情况下的承载状态。由承载状态点构成承载曲面，高于承载曲面的点表示超载，低于承载曲面的点表示可载，在承载曲面上的点表示满载。假设承载状态点为 D，则 D 与坐标原点 O 构成 OD，表示该条件下的区域承载力，其数学表达式为：

$$CC = |M| = \sqrt{\sum_{i=1}^{n} X_{ir}^2} \quad (12\text{-}2)$$

上式中，CC（Carrying Capacity）为环境承载力值的大小，$|M|$ 为代表承载力的有向矢量的模，X_{ir} 为区域旅游活动与资源环境处于理想状态时在状态空间中的坐标值（$i=1,2,\cdots,n$）。以上各计算模型各有自己的优缺点，如表 12-4 所示。

表 12-4　生态承载力计算模型优、缺点比较分析

名称	性质	优点	缺点
指数法	定性静态	定性判断某区域环境承载力状况	不能定量反映区域承载力状况，故只能进行现状评价，不能估计未来发展
矢量法	定性静态	定性判断某区域环境承载力状况	不能定量反映区域承载力状况，故只能进行现状评价，不能估计未来发展
线性规划法	定量动态	把复杂的系统用一系列变量和目标来表示，使问题简单	动态性只能由不同时间段的不同变量值来反映，有一定的人为因素，故存在一定误差
差值法	定性静态	根据资源存量和需求量以及生态环境现状和期望状况之间的差量来确定环境承载力状况，此方法简单	只能判断区域承载力状况，不能定量表示，且不能表示研究区域的社会经济状况及人民生活水平
状态空间法	定性、定量静态	较准确判断某区域某时段的承载力状况	定量计算较为困难，构建承载力曲面较为困难，所需资料较多

从以上可以看出，指数法、矢量法、差值法状态空间法从定性静态的角度分析区域的环境承载力，状态空间法用定量和定性静态的方法来分析研究区域的环境承载力，线性规划法则从定量动态角度计算研究区域的环境承载力。对

于旅游景区而言，所要研究的环境承载力是为可持续发展服务的，应从长期动态的角度来研究区域的环境承载力，所以不能停留在一个定性静态或者是定量静态的角度，应从研究区域可持续发展的目的出发，以定量动态的方式来研究、计算区域的生态承载力，故计算区域环境承载力较好的模型是线性规划法。

（三）理论的不足及措施

作为科学理论，旅游环境承载力对旅游地的发展发挥了积极作用。同时也存在一些明显不足。

首先，对一种理论来讲，旅游环境承载力最大的不足在于缺乏一个明确的概念。

其次，旅游资源使用水平与其所产生的影响之间的关系并不那么简单。许多因素都与使用水平和影响关系相关，如游客行为、旅游地资源特征特点、管理措施等。它们之间的关系非常复杂，是不能预测的。

最后，旅游环境承载力是一个科学、客观的概念。然而，它的每一个标准都存在着无法避免的主观性。旅游环境承载力研究的重点一直局限于使用水平与影响关系、游客数量计算上，忽略了它作为管理目标的作用[①]。帕帕耶奥尔尤等甚至认为旅游环境承载力作为一种理论是不完善的，应用是不切实际的，科学的计算是不可能的[②]。

随着对旅游环境承载力作为科学理论的质疑的加深，旅游环境承载力作为管理工具得到旅游地管理者和学者们的重视。主要管理工具有游憩机会谱系（Recreation Opportunity Spectrum，ROS），游客影响管理（Visitor Impact Management，VIM），可接受改变的极限（The Limits of Acceptable Change，LAC），游客体验和资源保护（Visor Experience and Resource Protection，VERP）与游客活动管理程序（Management Process for Visitor Activities，VAMP）。不同的管理工具虽然在机构设置、政策、程序上千差万别，但却有一些基本要素是共通的：它们都描述了一种自然资源和游客体验的"令人向往的未来状态"，都建立了反映旅游体验质量和资源条件的"指标"体系，都确立了最低可接受条件的"标准"，都提出了为保证相应区域的状态满足上述标准如何适时而恰当地采取管理手段的"监测技术"，都开发了确保各种指标维持在特定标准内的"管理措施"。其中应用最广的是可接受改变的极限（LAC）与游客体验和资源保护（VERP）。

---

① Stankey. Rethinking carrying capacity[J]. Research Notes and Reports, 1999: 461-465.

② Brotherton. Management planning framework based on ecological, perceptual and economic carrying capacity: The case study of Vikos-Aoos natural nark, Greece[J]. Journal of Environmental Management, 1999(56): 271-284.

二、杜伊姆和卡尔德斯（Duim and Caalders）的概念模型

虽然旅游环境承载力以及生态足迹理论都能用于衡量旅游活动对自然环境产生的影响，但它们都没能更多地说明旅游活动是如何对自然环境产生影响的。

生物多样性（biodiversity）是一个政策性的概念（Musters，de Graaf，Keurs，2000），于1985年被第一次使用，后来在1988年华盛顿举行的生物多样性国家论坛上出现。《生物多样性公约》于1992年对其做出如下定义：生物多样性是指所有来源的活的生物体的变异性，这些来源包括陆地、海洋和其他水生生态系统及其所构成的生态综合体，包括物种内、物种之间以及生态系统的多样性。生物多样性是衡量自然环境状况好坏的主要标志。为了更清楚地了解旅游对自然环境的影响机制，杜伊姆和卡尔德斯通过大量的研究，于2002年建立了旅游对生物多样性影响的概念模型，全面分析了旅游对生物多样性的影响机制，如图12-2所示。

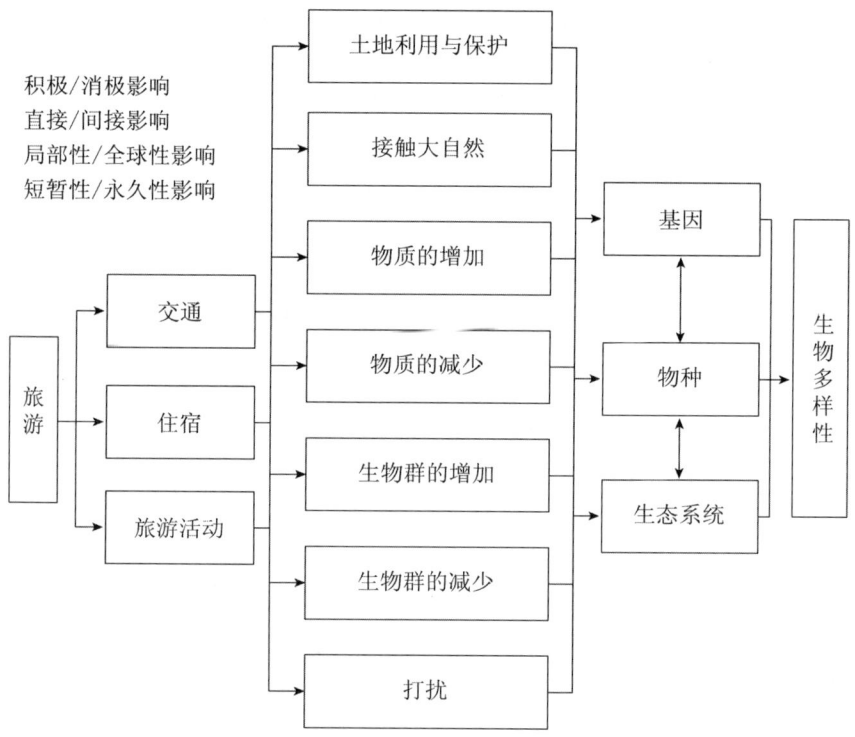

图12-2 旅游对生物多样性影响的概念模型

资料来源：Rene Van Der Duim, Janine Caalders. Biodiversity and Tourism Impacts and Interventions[J]. Annals of Tourism Research, 2002, 29(3): 747.

由于生物多样性是一个复杂的概念,包括生态系统、物种和基因。因此,要同时达到生态系统、物种和基因多样性的最佳状态是不可能的。这样就需要在保护哪种多样性方面做出选择(Musters,de Graaf,Keurs,1999;Sprengers,Flipphi,van Leeuwen,1995;WCMC,1995)。另外,测量生物多样性面临着一个困难,即对自然系统的功能及其动态性要进行深入了解。这种了解的缺乏涉及许多方面,主要表现在以下三点:第一,有关生态系统功能知识的缺乏,比如说,不清楚生态多样性的变化在多大范围内可以看作一种自然现象;第二,对于哪个物种在维持生态系统的稳定方面发挥关键作用不太清楚;第三,毫无疑问,生态环境当前发生的变化在很大程度上和人类活动有关,但很难确定哪些变化是由人类导致的,同时也不容易找出造成生物多样性递减的原因主要有哪些(Sprengers,1995;Keurs,Musters,de Graaf,1997)。由于上述问题还没有完全解决,使得人们不能确定应当监测哪些物种以获得当前整个生态系统状况的准确信息[①]。这也会使得确定所采取的保护生物多样性措施是否有效变得困难。因此,学者们还需要对这方面倾注更多的精力。

然而,即使在旅游与生物多样性变化之间建立起一种对应关系,这些变化是否可接受的问题依然存在。这就需要进行价值判断(van der Duim,Philipsen,1995),确定一个边界值(boundary value),超过这个边界值的变化被视为不可接受,即确定了可接受变化的极限。这是一个价值判断的问题,而不是一个技术问题(Beckers,1980;Korthals,1994;Manning,1986;Shelby,Herberlein,1984;Sidaway,1996;Sidaway,Voet,1993)。

第五节 旅游影响评估

在国外,有关目的地居民对社区旅游业发展的认知态度研究早在 20 世纪 60 年代就开始了,从多克西的"愤怒指数"理论(1976)到兰克福德和霍华德的 28 个变量因子的确定(1994),研究案例层出不穷,研究方法和推导步骤不断成熟。到了 20 世纪 90 年代,学术界在旅游影响的衡量尺度方面的研究有所突破。最早提出旅游影响尺度的是基姆(Kim)、阿普和康普顿(John Ap and Crompton,1998)。他们在 1992 年发表了关于居民对旅游影响

---

① Rene Van Der Duim, Janine Caalders. Biodiversity and tourism impacts and interventions[J]. Annals of Tourism Research, 2002, 29(3): 743-761.

的认知研究成果，提出了两因子的评估尺度结构，即积极因子和消极因子。1993年马瑞格尔（Madrigal）进行了类似的研究，他提出了积极、消极、不动产价值的三因子结构（John Ap and Crompton，1998）。虽然金姆和马瑞格尔在旅游影响的衡量尺度的研究方面进行了开拓性的工作，但在当时并没有产生很大的影响。

一、多克西的"愤怒指数"

就整体而言，居民对旅游的态度在旅游相当发达阶段、旅游开发阶段乃至开发之前等阶段会呈现出不同的阶段性特征，许多学者都是从动态发展的角度来研究居民对旅游所持态度的演变过程，从而总结出每一阶段居民对旅游所持的总体态度。多克西（1976）根据自己在巴巴多斯（Barbados）和尼亚加拉湖区（Niagara-on-the-lake）的案例调查，发表了题为 A Causation Theory of Visitor Resident Irritants: Methodology and Research Inferences 的文章，提出了著名的"愤怒指数"理论，最早提出在旅游发展的过程中，居民的态度会经历以下 4 个阶段：兴高采烈（euphoria）、冷淡（apathy）、恼怒（annoyance）以及对抗（antagonism）。后来又在此基础上增加了排外（xenophobia）阶段。如图 12-3 所示。

这一理论认为，当地居民对旅游者的态度改变来自旅游者数量的不断增加以及他们的到来给当地原有的生活方式所带来的威胁。随着旅游业的结构性转变和目的地社会受旅游开发影响的范围及时间的变化，旅游对目的地的社会文化影响也会发生相应的变化。

目前，人们并不认为随着旅游的深入发展，目的地居民对旅游的态度一定都经历从兴高采烈到排外 5 个阶段。米利根（Milligan）对葡萄牙格恩西地区（Guernsey）进行了研究，把多克西提出的发展阶段修正为：好奇－接受－恼怒－对抗。赫纳德斯、柯恩和盖西亚（Hernadez, Cohen and Garcia, 1995）在对波多黎各的伊莎贝拉镇（Isabela）进行案例研究后，明确提出其结果不支持多克西的发展阶段理论。对新加坡进行的一项有关旅游的社会文化影响的研究中（Teo，1994），对其适用性未进行明确的判断。对于多克西和米利根提出的阶段理论，学术界尚存在争议，如保罗·布伦特（Paul Brunt）明确指出东道社区的居民并不是理想均质的社会群体，这是多克西理论的主要缺陷。

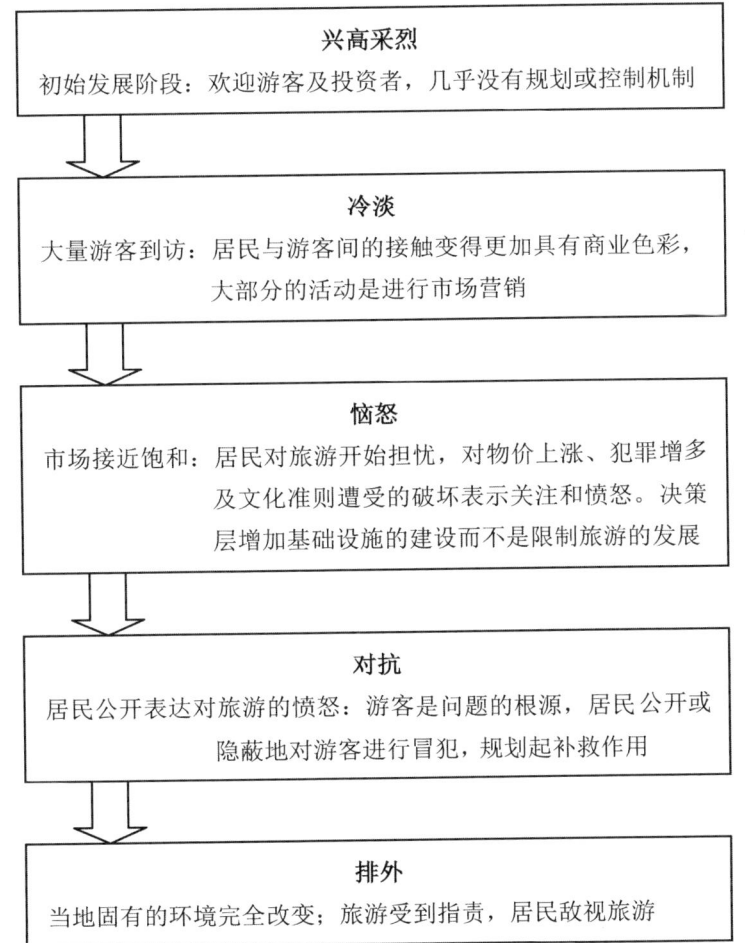

图 12-3　旅游发展的五个阶段（多克西）

资料来源：Kerry Godfrey and Jackie Clarke. The Tourism Development[M]. Handbook, Continuum, 2000.

二、居民态度"生命周期"

与多克西不同，艾伦（Allen）、哈弗特尔（Hafter）、朗（Long）和柏杜（Perdue）等（1993）则根据旅游、经济的发展状况，划分了以下4个阶段：（1）旅游不发达，经济不发达；（2）旅游不发达，经济发达；（3）旅游发达，经济不发达；（4）旅游发达，经济发达。随后，分别研究在不同阶段下居民的不同态度。研究表明，在旅游和经济均不发达的地区，居民期望值很高，对未来旅游的发展充满期待；在经济发达而旅游不发达的地区，由于当地的经济稳定，因此居民认为没有必要发展旅游业；而在旅游发达、经济不发达的地区，居民对旅游最感到失望，因为旅游的发展并没有带来所期望的经济效益；与之相反的是，在旅游发达且经济发达的地区，由于人们看到了旅游发展所带来的切实益处，人们对旅游发展是持支持态度的[①]。表12-5列出了艾伦、哈弗特尔、朗和柏杜根据旅游与经济之间的相互关系所划分的居民态度的"生命周期"。

表12-5 居民对旅游态度的"生命周期"

旅游发展状况＼经济发展状况	不发达	发达
不发达	居民期望值高	居民认为没有必要发展旅游
发达	居民对旅游很失望	居民支持旅游

资料来源：Allen, Hafter, Long, Perdue. Rural Residents' Attitudes Toward Recreation and Tourism Development. Journal of Travel Research, 1993, 31(4).

这一理论已经被许多旅游地区的发展所证明。比如，杰里·约翰逊（Jerry Johson）、大卫·斯尼彭格（David Snepenger）和塞弗斯·艾克斯（Sevgin Akis，1994）[②]对美国爱达荷州肖肖尼县（Shoshone）居民在不同阶段对旅游态度转变的研究就对这种"生命周期"理论进行了很好的证实。

三、旅游影响评估尺度

塞缪尔·兰克福德（Samuel Lankford）和丹尼斯·霍华德（Dennis Howard）设计了一种科学评估居民对旅游态度的量表。通过对文献中所提及的影响居民对旅游态度的变量在美国哥伦比亚河谷地区（Columbia River Gorge Region）的测试，经过多元回归分析，有以下7个独立变量通过了测试，即有7个因素影响居民对旅游的态度[③]。

1. 对当地户外休闲活动的影响。当居民觉得他们不得不与游客争夺当地的休闲资源和设施时，他们对游客就会有敌对情绪。

2. 进行旅游决策时居民的参与程度。居民所感知的其对当地旅游发展的控制力，对居民的态度有很大的影响力。

3. 与游客接触的程度。游客与居民接触的程度越深，频次越多，双方就

[①] Allen, Hafter, Long, Perdue. Rural Residents' attitudes toward recreation and tourism development[J]. Journal of Travel Research, 1993, 31(4).

[②] Jerry, Johson, David, Snepenger, Sevgin Akis. Residents' perceptions of tourism development[J]. Annals of Tourism Research, 1994, 21(3).

[③] Lankford, S. V., Howard. Developing a tourism impact attitude scale[J]. Annals of Tourism Research, 1994.

越容易建立一种友善的关系。当一位当地居民对游客有了一个具体的印象，而不是泛泛的印象时，他就不容易对游客产生仇视心理。因此，这也就从一个方面解释了为什么可替代性旅游或生态旅游一般不会引起当地居民的敌对情绪。

4. 对当地主要经济的了解程度。对旅游业和当地经济的了解程度，会影响居民对旅游的态度。如果居民对当地经济有更多的了解，他们就会更加支持旅游的发展。

5. 居民居住的年限。居民的居住年限越长，其对游客及旅游业就越持有否定的态度。不过，这一因素的重要性常常被其他更重要的变量减弱。也就是说，如果居民对旅游的依赖程度很高，且他们对社区的发展具有影响力，那么当地居民，尤其是土生土长的当地人，对发展旅游的忧虑和担心就会减弱。

6. 对旅游的依赖程度。居民对旅游的依赖程度越高，他们就越对旅游持有支持的态度。兰克福德和霍华德设计的模型证明，对旅游持赞成意见的人，最有可能是旅游从业者。匹赞姆（Pizam，1978）也指出，旅游从业人员对旅游者的欢迎程度比从事其他行业的人要高。

7. 社区发展的速度。这也是一个涉及当地居民从旅游中受益的因素。如果社区随着旅游的发展而发展，当地居民就会持有积极的态度。

经过一系列的程序，该项研究最终得出一套由28个变量因子组成的、衡量旅游影响的态度尺度。经过分析，这些数据适合两因子分类方法。因子一是"对当地发展旅游的关心"，因子二是"个人和社区利益"。前者主要是关于当地推动旅游发展的水平和程度、所感知的影响，以及政府在规划和控制影响中充当的角色；后者主要讲社区基础设施、公共服务、个人休闲的机会、旅游在个人和社区发展中所起到的作用。

兰克福德和霍华德对旅游影响态度尺度的研究成果是目前唯一的、有效的、可靠的旅游影响尺度，但是其两因子的分类方法与现有文献中常见的、普遍认同的旅游影响范围的分类方法不一致[①]。现有的大部分文献和教科书中，旅游影响范围的划分大都采用马西森（Mathieson）和沃尔（Wall，1982）提出的经济、社会文化和环境三分法，这种分类方法已经得到了广泛的认可。

---

① John Ap and Crompton. Developing and Testing a Tourism Impact Scale[J]. Journal of Travel Rescarch, 1998, 37(11): 120-130.

第六节 旅游影响研究评价

一、理论成果

经济影响研究起步最早,出现了不少成熟的理论,这些理论大多说明了旅游给当地社会带来的正面的经济效益,指出旅游的脱贫致富功能,在早期促进了旅游的发展。

旅游的社会方面的影响较多地受到旅游人类学家和社会学家的关注,其中研究最多的是旅游中的主客关系与旅游活动对东道主社会文化的影响及涵化问题,阐释了旅游与东道主社会文化之间的互动关系。20 世纪 60 年代以来,旅游社会影响的研究方法、理论在不断完善、深入。20 世纪六七十年代的人类学案例研究虽然或多或少的存在价值偏向问题,但是这些研究揭示了目的地社会文化受到的广泛影响,引起人们对这一问题的关注。20 世纪 80 年代以后的社会调查研究揭示了影响人们旅游态度(感知)的各种因素。而 20 世纪 90 年代以后的研究中,学者们越来越重视结合旅游自身特点分析说明问题,有助于相关研究的深入和完善,也产生了更有学术价值、实践意义的研究成果。正如皮尔斯(Pearce)所言,与日新月异的消费、信息等领域的研究不同,回顾早期的旅游影响研究对于今天的问题、观点和方法仍然十分有用[①]。

随着环境问题越来越受到世人的关注,关于旅游对环境产生的影响也出现了不少理论和学说,比如旅游环境承载力理论、生态足迹理论、可持续旅游等。以上这些理论都在发展旅游获得经济效益的同时,为最大限度地保护当地生态环境做出了突出的贡献。

二、研究展望

经济影响方面的理论虽然已经相对成熟,但是这些理论大多关注的是旅游正面的经济效益,而较少地注意旅游对当地经济的负面影响,比如物价上涨等问题还没有得到足够的关注。

20 世纪 90 年代中期以后,一些学者对旅游社会影响研究的方法、理论进

---

① Pearce et al. Tourism community relationships[M]. Elsevier Science Ltd. UK: Oxford, 1996.

行了反思。其中影响较大的是沃尔的《旅游影响的反思》[①]和皮尔斯等人的《旅游社区关系》[②]。沃尔认为，过去几十年的研究使人们清楚地了解了一般情况下旅游对目的地的社会文化影响，但是人们对造成这些后果的旅游活动情况以及目的地的社会背景知道得很少，这使得研究案例之间无法对照比较，阻碍了相关理论体系的建立。为此，今后的研究应该对旅游类型、游客类型、目的地社区特点、主客关系的特点以及文化中介者的作用等进行更详细的说明、研究。为了更好地了解旅游带来的问题，沃尔还提出应该把研究视角从"影响"转移到"变化"，虽然两者含义相近，但是前者内含了一种消极意味，忽视了旅游常常是目的地居民期待的、需要的，也忽视了目的地居民在旅游开发活动中的积极主动性。沃尔还指出，研究者应该同时具有主位和客位、内部和外部的视角才能更客观、准确地说明问题。

虽然已经有学者构建出旅游对生物多样性影响的概念模型，但是目前还是不能准确地区分出哪种旅游活动以及旅游活动到何种程度会对环境产生超出环境自我修复能力的影响，为了在更好地保护环境的同时发展旅游业，这个问题有待于旅游学家和环境学家们进一步探讨。另外，当前对旅游资源开发的生态与环境影响评价研究还不充分。国内外关于旅游环境影响的理论主要集中在旅游资源开发和旅游发展对生态与环境的消极影响方面。旅游资源开发和旅游发展与生态、自然环境之间的关系是相互的，一方面表现为旅游开发与发展对生态、自然环境的影响作用（包括消极和积极影响），另一方面也表现为生态、自然环境对旅游开发和发展的制约性。现有关于后者的研究一直较为薄弱。关于生态敏感地区旅游资源开发的生态与环境影响，现有研究也尚处于探索阶段，研究内容多集中在资源环境特点分析与资源经济学分析等方面，而以生态敏感区域单元为研究对象、运用适度评价手段定量阐释生态与自然环境条件对旅游资源开发制约作用的研究，还鲜有所见。

旅游影响以及居民对旅游发展认识的衡量尺度问题已经引起国际旅游学术界的高度重视，但是形成共识而普遍使用的方法与尺度尚未出现。因此，对于在西方国家已经开展了将近半个世纪的旅游影响研究成果，采取何种规范的衡量方法与尺度，对其进行归纳、总结和理论升华，使之有效地推动学术进步、贡献于人类知识，仍然是当今摆在旅游影响研究者面前的核心课题。

[①] Wall. Rethinking Impact of Tourism[J]. Progress in Tourism and Hospitality Research，1996 (2): 207-215.
[②] Pearce et al. Tourism community relationships[M]. Elsevier Science Ltd. UK: Oxford, 1996.

第五篇：人物篇

第十三章 旅游学术大师思想综述

第一节 社会学派

一、迪安·麦坎内尔（Dean MacCannell）

（一）个人简介

迪安·麦坎内尔，美国加州大学戴维斯分校风景园林专业教授，旅游社会学研究组织成员，国际旅游科学院成员，国际社会学协会成员。

加州大学伯克利分校人类学学士，加州大学伯克利分校农村社会学硕士，康奈尔大学农村社会学博士。

主要研究领域：应用行为科学、符号学、结构主义和社会文化的变化、社会变革理论、社会学、批判理论、旅游社会学、城市规划、环境设计和景观设计。

（二）主要学术思想和理论观点

麦坎内尔在1973年发表了 *Staged Authenticity: Arrangements of Social Space in Tourist Settings*，提出舞台化真实性理论。舞台化真实性的探讨延续了高夫曼（1959）的前后台区域（front and back regions）理论，但是麦坎内尔认为在现代社会将旅游布景只分为前后台区是不够的，而他也成为第一位将高夫曼前后台理论进行较完整理论性延伸的学者。他认为在前后台间应该有不同的社会情境，而且由前台至后台是连续性的过程，这过程中共有6个阶段或舞台[①]：

（1）为高夫曼的前台区，游客在此社会空间内可能会想进入后台区。

（2）为旅游的前台区，它被装饰成后台区，产生了一种特殊氛围。例如，一海鲜餐厅以渔网点缀墙壁，或超级市场角落里的肉品铺用塑料的奶酪或香肠装饰门面。

---

① MacCannell. Staged Authenticity: Arrangements of Social Space in Tourist Settings[J]. American Journal of Sociology, 1973, 79(3): 589-603.

（3）为前台区，但是完全被设计成后台区的模样。例如，月球漫步的模拟场景、活生生的性爱秀。

（4）为后台区但是开放给外人。例如，杂志报道名人的私生活，官方将外交谈判机密档案解密。此阶段不同于前两个阶段的后台区，因为它是不对游客开放的。

（5）为后台区，不对外开放或只允许游客偶尔偷瞄一眼。例如，厨房、工厂、交响乐团的预演等。

（6）为高夫曼的后台区，一种可以使游客产生旅游意识的社会空间。

1976年，麦坎内尔（MacCannell）率先提出旅游的符号意义，他在《旅游者：休闲阶层新论》一书中，从全新的角度系统地提出了旅游吸引物的结构差异、社会功能、舞台化的本真性（staged authenticity）、文化标志以及旅游吸引物系统中的象征符号等观点。在该书的思想内容和理论框架中，作者把"旅游者"描述成附属于无处不在、无时不有的旅游吸引物系统之下，对旅游吸引物系统的符号意义进行"解码"，并追求早已失去的真实意义的现代圣徒。他说："全世界的旅游者都在阅读着城市和风景文化，把它们看作符号系统。"麦坎内尔花了大量的笔墨在旅游吸引物的符号意义研究上，然而最受瞩目的还是书中提到的舞台化的本真性问题，在他之后很多学者对旅游中的本真性问题展开了热烈的讨论，当然他提出的旅游吸引物符号系统的观点也被后继者屡次引用。

（三）代表性论文和著作

1. 论文

（1）MacCannell D. The tourist and the local. Tourist Studies, 2015, 1, 8.

（2）MacCannell D. The tourist: A new theory of the leisure class. Contemporary Sociology, 2013, 6(2), 200.

（3）Dean MacCannell. Why it Never Really was About Authenticity. Society, 2008, Vol. 45 (4), p334-337.

（4）Dean MacCannell. The Ego Factor in Tourism. Journal of Consumer Research, Jun 2002, Vol. 29 Issue 1, p146-151, 6p

（5）Dean MacCannell. Geographies of the unconscious: Robert F. Heizer versus Alfred Kroeber on the drawing of Indian territorial boundaries. Cultural Geographies, 2002, Vol. 9 Issue 1, p3-14, 12p.

（6）Dean MacCannell. Staged Authenticity: Arrangements of Social Space in Tourist Settings. American Journal of Sociology, 1973, Vol.79(3): 589-603.

2. 著作

（1）MacCannell D. The tourist: A new theory of the leisure class. Univ of

California Press, 2013.

（2）MacCannell D. The ethics of sightseeing. Univ of California Press, 2011.

（3）MacCannell D. Naked City: The Death and Life of Authentic Urban Places-By Sharon Zukin. Oxford University Press, 2010.

（4）Dean MacCannell. Empty Meeting Grounds: The Tourist Papers. London and New York: Routledge, 1992.

（5）Dean MacCannell. The tourist: A new theory of the leisure class. New York: Schocken Books, 1976.

二、贾法·贾法里（Jafar Jafari）

（一）个人简介

贾法·贾法里教授，美国康奈尔大学酒店管理硕士，美国明尼苏达大学文化人类学博士，西班牙莱巴利阿里群岛大学名誉博士。现任中国旅游研究院第一届学术委员会委员，美国威斯康星大学斯托特分校旅游与酒店系教员，国际著名学术期刊《旅游研究纪事》主编。曾于2005年获得联合国世界旅游组织尤利西斯奖。

《旅游研究纪事》（Annals of Tourism Research）创刊人，《旅游社会学丛书》（Tourism Social Science Series）主编，《创新与旅游丛书》（Innovation and Tourism）主编之一，《旅游百科全书》（Encyclopedia of Tourism）主编，《信息技术和旅游业》（Information and Technology and Tourism）创刊人之一，旅游研究信息网络（TRINET）的创办人之一，国际旅游科学院创办人。

（二）主要思想和理论观点

贾法里从旅游学术研究出发，提出了四个"平台"，分别是鼓吹平台、警示平台、适应平台和以知识为基础的平台[①]。这四个"平台"按时间顺序先后出现，每一个"平台"是对前一"平台"的直接响应，然而今天它们作为四股潮流并存着，而不是此消彼长的关系。这四个平台的动态变化反映了研究导向和应用导向人类学之争。

贾法里将第一个平台——"鼓吹平台"，定位于20世纪60年代。这一平台主要是从那些个人或者与旅游既得利益有关的公司、组织，包括商业团体角度出发的一种基本态度，其中自然涉及明确的利益成分。不论是具体的商业团体，还是与旅游经济收入有关联的组织或者部门，会很自然地从某一个方面对旅游加以鼓吹。他们从经济利益方面列举出旅游活动带给社会的诸多好处，包括：

---

① Jafari J, Research and scholarship: The basis of tourism education[J]. Journal of Tourism Studies, 2003: 6-16.

增加社会中的劳动密集型的就业机会（包括常年性工作、季节性工作、部分时间工作和非技术性工作），增加外汇收入，有利于扩大基础建设，有利于发展地方生产，扩大其他经济方面的活动，提供多层次的社会服务体系，扩大教育的层面，提高国际间的相互理解等。总之，鼓吹平台集中展示的是旅游中好的、积极的一面，单向度地强调旅游的经济贡献，较少考虑其他问题。

第二个平台是"警示平台"。20 世纪 70 年代，人类学家和其他领域的学者开始质疑"鼓吹平台"表达的过度肯定的观点，贾法里称之为"警示平台"。他们从社会利益的角度进行分析，得出与"鼓吹者"完全不同的情形，包括环境污染、社会污染、季节性失业增加、文化艺术商业化等。总之，警示平台集中描述了旅游在环境、社会文化等方面的一系列不好的、消极的、负面的影响，甚至对旅游的经济贡献也提出质疑，并对这些影响提出"警示"。

第三个平台是协调前两个针锋相对的"适应平台"。持此观点的研究者认为可以找到一种能够替代现有旅游模式的新型旅游，从而减轻旅游带来的冲击。生态旅游和社区旅游都是从"适应平台"派生而来。这种观点认为，通过加强旅游者对旅游地社区的责任感、提高其对环境和文化因素敏感性，可以找到不同于大众化、商业化这种"硬"的旅游模式的替代。

但是，以上三个平台都不是根植于实证的研究。现在很多旅游研究人员都意识到，只有把旅游当作一个整体去研究，理解它的基本功能和结构，才能不断地完善和发展其理论体系。因而，当相关的研究成果积累到一定量后，就出现了第四个"以知识为基础的平台"。归属这个平台的学者，宣称这个平台有别于其他平台，坚持用科学的态度研究和理解旅游，提倡旅游或相关方面的研究和论断应基于调查研究而非主观看法和个人情感，呼吁旅游院校的旅游课程应该以这个平台为基础。总体来看，跨学科的"知识库平台"以客观分析为目标，以田野调查为基础，着重对旅游的整体把握。正是这一平台的出现，促使许多人类学家开始涉足于旅游领域的研究，这也意味着单纯研究人类学和运用人类学之间矛盾的渐渐消解。

（三）代表性论文和著作

1. 论文

（1）Jafari, Xiao. Encyclopedia of tourism. Annals of Tourism Research, 2015, 29(3), 885-886.

（2）Jafari, Scott, Muslim world and its tourisms. Annals of Tourism Research, 2014, 44(1), 1-19.

（3）Jafari, Scott. Tourism in the muslim world. Annals of Tourism Research, 2012, 39(1), 511-513.

（4）Jafari. Bridging out, nesting afield: Powering a new platform. Journal of Tourism Studies, 2005, 16(2), 1-5.

（5）Marin, Jafari. Sustainable hotels for sustainable destinations. Annals of Tourism Research, 2002, 29(1), 266-268.

（6）Jafar Jafari. Tourismification of the profession: Chameleon job names across the industry. Progress in Tourism and Hospitality Research, 1998, Volume 3, Issue 2, pp. 175-181.

（7）Jafar Jafari and Pizam. Tourism management. International Encyclopedia of Business and Management, 1996, Vol. 5, pp. 4903-4913.

（8）Jafar Jafari. William Way, Multicultural strategics in tourism. Cornell Hotel and Restaurant Administration Quarterly, 1994, Vol. 35, No. 6, 72-79.

（9）Pizam, Jafar Jafari and Milman. Tourists' attitude change: U.S. students visiting the USSR. Tourism Management, 1991, Vol. 12, No. 1, pp. 47-54.

（10）Jafar Jafari. Tourism models: The sociocultural aspects. Tourism Management, 1987, 8(2), 151-159.

（11）Jafar Jafari. On domestic tourism. Journal of Travel Research, 1987, Vol. 25, No. 3, 36-38.

（12）Jafar Jafari. Tourism and the host community. Journal of Travel Research, 1982, Vol. 20, No. 3, 26-27.

（13）Jafar Jafari. Limit to tourism development: An AIEST Conference Report. Journal of Travel Research, 1981, Vol. 19, No. 3, 25-26.

2. 著作

Jafar Jafari. Encyclopedia of Tourism. Routledge, 2003.

第二节　心理学派

一、约翰·康普顿（John Crompton）

（一）个人简介

约翰·康普顿，美国得克萨斯农工大学休闲、公园、旅游科学学院的教授。1966年他毕业于拉夫堡大学，获得物理教育与地理双学位。1968年，他在伊利诺斯大学获得休闲与公园管理的硕士学位。1970年他又获得拉夫堡大学的企业管理的硕士学位。1977 年，康普顿教授在美国得克萨斯农工大学获得休闲与资源发展专业的博士学位。

康普顿教授曾于 1984 年获得国家休闲和公园联盟的国家文学奖，于 2000—2009 年担任科尼利斯·阿米里·帕格斯利奖章委员会主席，并因此在 2009 年获得公园与休闲局的总统奖。现在是美国国家休闲基金会理事会理事之一，同时他还是公园与休闲局和休闲科学院的一名学者。

（二）主要学术思想和理论观点

康普顿教授在营销、旅游服务和融资方面的学术研究举世闻名。通过文章和演讲，康普顿教授把工商管理领域中的营销、定价和经济分析的技术带到了休闲和公园的研究领域。他所研究的如何支付休闲服务，成为在过去十几年降低公共税收支持的一项重要研究。他所做出的贡献不仅是高质量的，同时他能够将这些学术研究在实践中大量应用。

康普顿教授的研究广泛而深入，例如他已经在营销战略规划与评估、定价与营销、税收、休闲趋势以及游客旅游旅行的态度与期望等方面进行研究。除此之外，他还致力于休闲服务典型发展、趋势预测、经济影响研究、设置费用和汇率平等在公众休闲和公开/隐私在休闲服务中所起到的作用等方面的研究。

康普顿教授在 1977 年将"目的地形象"定义为一个人对目的地的信任、意见及印象的总和。1991 年，康普顿和拉夫（Love）用推论的方法研究了节庆活动价格上涨的可能反应，他们在文中用了 6 种相关分析：（1）该节庆在未来的唯一性；（2）主要竞争节庆和它们的价格；（3）持续的长度；（4）个体花费的比例；（5）目标市场的收入水平；（6）参与者所认为的节庆的价值。

1997 年，康普顿和麦凯（McKay）对参加节事活动的旅游者动机进行了研究。他们将动机分为文化探索、新奇自然的回归、放松舒适的环境、可以和朋友相聚、拓展社会关系、参加群体活动六大类。通过问卷调查，他们得出在五种不同类型的节事活动（游览、食物、球类、音乐和表演）中表现的动机强烈程度有所不同，同时群体活动（群体去嘉年华比独自去更有意思）这一动机总体表现不是很明显，或者可以将其归到拓展社会关系的领域中去。其余的动机表现得比较明显。

同年，康普顿和柴尔德里斯（Childress）对七种衡量节庆运作质量的方法做了比较研究，同时还分析了供给方的运作质量和游客满意的相关性以及差异性。康普顿（1997）也研究了节庆旅游中的主客关系问题，从旅游者的角度出发，对节日演出的表演质量问题进行了探讨，提出了一个基于旅游者满意基础上的演出质量评价标准框架；康普顿教授的实证研究表明，不是所有的形象因素都会影响旅游决策；旅游形象的感知属性，可以通过感知的目的地之间的类似性，识别旅游目的地形象相对于其他目的地形象的优势与劣势。康普顿认为通过 RG 方法对旅游感知形象进行评估，避免了其他方法所产生的固有偏见，使旅游感知形象更利于解释旅游者或潜在旅游者各自特有的旅游环境结构，更有可能成为决策的相关因素。游客旅游动机的关系与角色如图 13-1 所示。

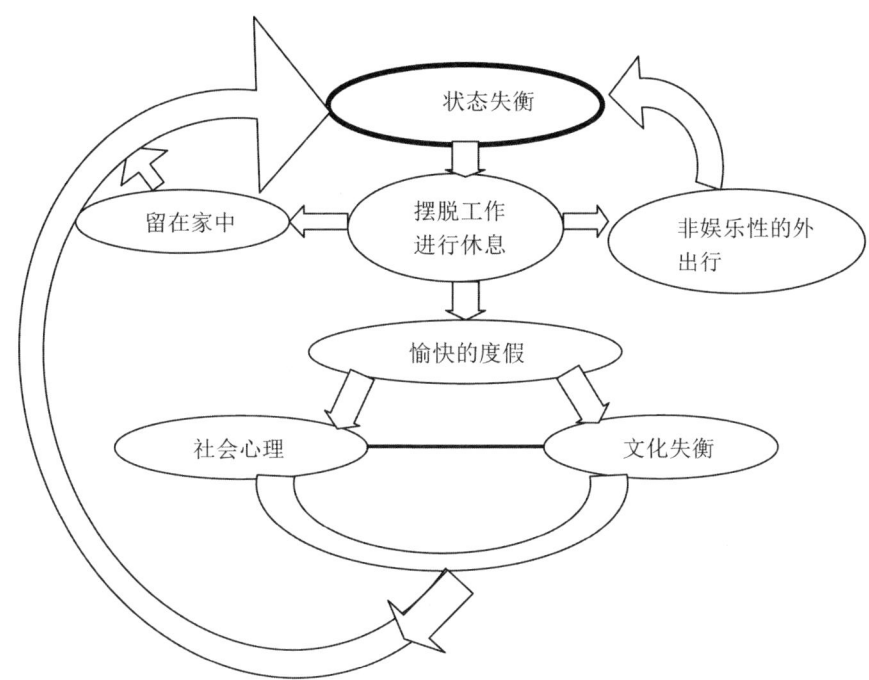

图 13-1　游客旅游动机的关系与角色概念图

这一概念图主要明确了四部分的构成。第一，状态失衡。第二，摆脱日常的生活和工作，休息是对状态失衡最直接的表现。第三，三种行为选择：待在家中进行休息、外出度假或者探亲访友和商务旅行。第四，特殊的动机，这决定了游客对自然或者是文化型旅游目的地进行选择。游客的动机会对目的地的类型和度假的时间产生影响。一旦游客度假的欲望形成，他们的关注就从潜在的动机转变为指令性的动机，这一动机影响游客对目的地类型的选择。多数的出游决定都是由多种动机共同作用所决定的。

丹恩（Dann）、康普顿（Cromptom）、伊索阿赫拉（Iso-A-hola）、乌伊萨尔（Uysal）和朱洛夫斯基（Jurowski）则根据推拉理论认为旅游者以及潜在旅游者的旅游动机，从本质上受制于旅游者对旅游目的地的感知形象，理解旅游者所感知的旅游目的地形象能够更好地研究旅游者以及潜在旅游者行为动机以及相关因素。

甘恩（Gunn）把旅游者或潜在旅游者形成的旅游感知形象概括为原生形象和诱导形象，原生形象指潜在旅游者还未到旅游目的地之前所形成旅游感知形象，而诱导形象则在旅游者实地旅游之后形成。弗克伊（Fakeye）和康普顿在此基础上，进一步把旅游者和潜在旅游者所形成的旅游感知形象概括为原生形象、诱导形象和混合形象。纽尔（Lue）、康普顿和费森迈尔（Fesenmaier）关于多目的地旅行的感知行为模式研究，以及纽尔、康普顿和斯图尔德（Stewart）对特定地区的多目的地旅行的感知行为模式的实验性研究，证实了许多因素与多目的地旅行的感知行为模式有关。

1998年，阿佩（Ape）和康普顿在《旅行研究杂志》上发表了一篇名为《建立与测试旅游影响的评估尺度》的文章，提出了一套衡量旅游影响的评估指标体系，该体系分为社会与文化、经济、交通通达度、环境、服务、税收以及社区态度七大类，35个项目。其中，社会与文化领域包括：（1）对历史活动的需求；（2）对文化活动的需求；（3）社区文化设施及活动的多样性；（4）学习其他文化的机会；（5）当地文化和遗产的认知度；（6）该区域娱乐的多样性；（7）保护历史建筑的机会；（8）遇到有趣的人的机会；（9）当地人对不同游客及文化的理解程度；（10）社区的生活以及重要性。经济领域包括：（1）对当地经济所带来的税收；（2）为社区带来的就业；（3）当地居民的人均收入；（4）当地企业的总收入；（5）该区域不同的购物设施；（6）当地投资与发展的总金额；（7）该区域餐厅的多样性。交通通达度领域包括：（1）该地区交通的拥挤程度；（2）游客参加公共活动所限制的人数数量；（3）影响游客在公共区域游览心情时的人数数量；（4）社区噪声程度；（5）游客所带来的交通危险数量。环境领域包括：（1）自然环境；（2）野生动物在当地的生存环境；（3）该地区城市化发展程度。服务领域包括：（1）当地警察、消防、医疗的服务能力；（2）服务质量；（3）当地服务的经济来源。税收领域包括：（1）当地税收总数；（2）当地地税总收入；（3）当地消费税总收入。社区态度领域包括：（1）当地居民对游客的积极态度；（2）当地居民的社区精神；（3）当地居民的自豪感。

康普顿倡导公园休闲区域建设的预算应从"成本中心"转为"利润中心"，同时研究发现，公园的建立对于乡村房产价格的影响比传统城区的影响更为明显。在城市化的过程中，大片未开发的开阔地对房产价格的影响相对较弱。同时发现，一些房产价值也因为公园以及保护区等设施有所提升。从某种程度上说，房屋销售者并没有通过广泛的税收来支付公园或者保护区的费用，但是他们却能获得"意外的收获"。

(三) 代表性论文和著作

1.论文

(1) Crompton. Potential negative outcomes from sponsorship for a sport property. Managing Leisure 2014,19(6), 420-441.

(2) Crompton. The health rationale for urban parks in the nineteenth century in the USA. World Leisure Journal, 2013, 55(4), 333-346.

(3) Crompton. Estimates of the economic benefits accruing from an expansion of Houston's bayou green way network. Journal of Park & Recreation Administration, 2012.

(4) Crompton. A theoretical framework for formulating non-controversial prices for public park and recreation services. Journal of Leisure Research, 2011, 43(1), 1-29.

(5) John. Crompton. Using External Reference Price to Reduce Resistance to Leisure Service Pricing Increases. Managing Leisure. 2011, 16, 207-215.

(6) Crompton. An Analysis of Parkland Dedication Ordinances in Texas. Journal of Park & Recreation Administration, 2010, Spring28 (1), 70-102.

(7) Crompton. Strategies for implementing repositioning of leisure services. Managing Leisure, 2009, 14(2), 87-111.

(8) Crompton. Evolution and implications of a paradigm shift in the marketing of leisure services in the USA. Leisure Studies, 2008, 27 (2), 181-205.

(9) Crompton. The Role of the Proximate Principle in the Emergence of Urban Parks in the United Kingdom and in the United States. Leisure Studies, 2007, 26 (2), 213-234.

(10) Crompton. The Genesis of the Proximate Principle in the Development of Urban Parks in England. Annals of Leisure Research, 2006, 9 (4), 214-244.

(11) Crompton. The impact of parks on property values: Empirical evidence from the past two decades in the United States. Managing Leisure, 2005, 10(4), 203-218.

(12) Crompton. Conceptualization and alternate operationalizations of the measurement of sponsorship effectiveness in sport. Leisure Studies, 2004, 23(3), 267-281.

(13) John Crompton, Paul Fakeye & Chi-Chuan Lue. Positioning: The Example of the Lower Rio Grande Valley in the Winter Long Stay Destination

Market. Journal of Travel Research, 1992, 31(2), 20-26.

（14）John Crompton. Structure of Vacation Destination Choice Sets. Annals of Tourism Research, 1992,19(3), 420-434.

（15）John Crompton. Motivations for Pleasure Vacations. Annals of Tourism Research, 1979, 6(4), 408-424.

2. 著作

（1）John Crompton. Sponsorship for Sport Managers. Morgantown, West Virginia: Fitness Information Technology, 2014.

（2）John Crompton. A Memoir: College Station City Council 2007-2011. College Station, Texas: Self-published, 2013.

（3）John Crompton. Parkland Dedication Ordinances in Texas: A Missed Opportunity. College Station, Texas: AgriLife Extension, 2010.

（4）John Crompton. Measuring the Economic Impact of Park and Recreation Services. Ashburn, Virginia: National Recreation and Park Association, 2010.

二、克里斯·瑞安（Chris Ryan）

（一）个人简介

克里斯·瑞安博士是新西兰怀卡托大学管理学院酒店与旅游专业教授，从1998年开始在怀卡托大学任教，此前他曾任北领地大学旅游专业教授。作为《旅游管理》的主编，他是一个全球公认的世界顶尖的旅游理论学者。他在世界顶尖的旅游三大刊物《旅游研究纪事》《旅行研究杂志》和《旅游管理》上发表的论文数排名第二。同时克里斯·瑞安教授还是多种知名旅游国际期刊的编委及评委，亚太地区多个国际旅游组织、遗产旅游组织的专家。

此外，瑞安教授还是威尔士大学的名誉教授，迪拜阿联酋学院、北京第二外国语学院和香港理工大学的访问学者。

（二）主要学术思想和理论观点

瑞安教授专注于旅游研究方法和认识论，对旅游行为及其对社会、心理和环境的影响很有研究。同时，他对形成这些旅游体验的商业组织也十分感兴趣。他拥有经济学和心理学等方面的社会科学背景，取得了伦敦大学、诺丁汉大学、诺丁汉特伦特大学和阿斯顿大学的学位。

1. 旅游体验偏好聚类分析

在研究旅游者行为时，许多学者将动机视为旅游者行为的一个重要决定因素，大多数动机理论的核心内容是需要的概念。一些旅游研究者将马斯洛需求模型应用于旅游体验的动机研究上。最初，皮尔斯（Pearce，1985）在马斯洛需求模型的基础上提出了"旅游生涯阶梯"。在这个模型中，包含了5个层次的旅游需要：放松、刺激、关系、自尊与发展和自我实现。而瑞安（1998）却对从风险和安全的维度来理解刺激需要提出了质疑，因为安全动机包括关注他人的安全和关注自己的安全，这两种安全动机存在本质区别。他认为旅游需要应该分成智力需要、社会需要、能力需要和规避刺激需要[①]。

瑞安教授通过市场抽样调查，将旅游者动机分为心灵放松、发现新地方和新事物、改善忙碌混乱的生活、身体放松、寻找安静的地方、增加知识、和朋友度过美好时光、和别人一起出行、增进友谊、发挥想象、获得归属感、挑战自己、参与体育活动、发展亲密关系14项，并将这些动机归类为4个维度。①社交维度，主要表现为在旅游中建立和维持某种关系。②放松维度，主要表现为远离生活压力、追求平静等。③智力维度，主要表现为在旅游中获取知识，发现新事物。④控制维度，主要表现为挑战自我。此外，瑞安教授根据旅游体验偏好对旅游者进行了聚类分析，得出了11种类型的旅游者，不同类型旅游者由于旅游动机的不同对目的地属性的偏好也存在很大差异。

2. 对民族旅游原真性的质疑

原真性（Authenticity）概念是美国人类学家麦坎内尔（MacCannell）最先提出的。他认为旅游体验是旅游者用来回应现代生活的方式，一种寻找生活真实性的体验。原真性可以理解为旅游者对旅游情境的主观判断或者赋予它的一种价值。由此，原真性和民族旅游之间的联系也成为讨论的焦点，尤其是在民族旅游过程中关于具象、静态的交流方式（工艺品、建筑等）与动态、抽象的表演交流方式（舞蹈、戏剧等）之间的差异研究。

但瑞安（2002）对旅游原真性提出了质疑，他指出许多后现代的旅游者崇尚享乐主义，旅游是为了从紧张的工作中解脱出来，是否符合原真性并不影响他们对旅游质量的评价。而且，对外展演的民族文化和真正的民族文化之间是有区别的。因此，旅游经营者在旅游促销中，应该诚实地说明短暂的旅游经历不可能体验到原真性的民族文化，只能提供一个基于某类文化背景的娱乐氛围。

---

① Ryan, Glendon. Application of leisure motivation scale to tourism[J]. Annals of Tourism Research, 1998, 25(1): 169-184.

3. 期望理论

瑞安教授（1991）试图把影响旅游体验质量的各种因素（包括先在因子、干涉变量、行为和结果）纳入旅游期望与旅游体验满足之间的关系模型中。他认为期望能否达到将最终影响旅游体验的质量。

（三）代表性论文和著作

1. 论文

（1）Ryan. Tourist experience and fulfillment: Insights from positive psychology. Annals of Tourism Research, 2015, 52, 195-196.

（2）Prayag, Ryan. Antecedents of tourists' loyalty to Mauritius: The role and influence of destination image, place attachment, personal involvement, and satisfaction. Journal of Travel Research, 2012, 51(3), 342-356.

（3）Cui, Ryan. Perceptions of place, modernity and the impacts of tourism–Differences among rural and urban residents of Ankang, China: A likelihood ratio analysis. Tourism Management, 2011, 32(3), 604-615.

（4）Ryan. Ways of conceptualizing the tourist experience: A review of literature. Tourism Recreation Research, 2010, 35 (1): 37-46.

（5）Ryan, Rao. Holiday users of the Internet - ease of use, functionality and novelty. International Journal of Tourism Research, 2008, 10, 329-339.

2. 著作

（1）Hyde, Ryan, Woodside. Field Guide to Case Study Research in Tourism, Hospitality and Leisure, 2012.

（2）Ryan. Battlefield Tourism: History, Place and Interpretation. UK: Elsevier, 2007.

（3）Ryan. Encyclopedia of Leisure and Outdoor Recreation. London: Routledge, 2003.

（4）Ryan. Recreational Tourism: Demand and Impacts. Clevedon: Channel View Publications, 2003.

（5）Ryan. The Tourist Experience. London: Continuum, 2002.

（6）Ryan, Hall. Sex tourism: Marginal peoples and liminalities. London, UK: Routledge, 2001.

（7）Ryan. The Tourist Experience: A New Introduction. London: Cassell, 1997.

第三节 地理学派

一、迈克尔·霍尔（Michael Hall）

（一）个人简介

迈克尔·霍尔现为新西兰坎特伯雷大学商务和经济学院管理系教授，主要研究领域有旅游和人类的流动、地方品牌与营销、葡萄酒旅游等。

霍尔1982年于西澳大学取得学士学位，1984年于加拿大滑铁卢大学取得硕士学位，1990年于西澳大学获得博士学位。

霍尔于2007年成为新西兰坎特伯雷大学商务和经济学院管理系教授。同时，他也是芬兰奥卢大学地理系讲师、瑞典林奈大学商学院客座教授、英国谢菲尔德商学院客座教授。他也是瑞典于默奥大学社会和经济地理系的常客，并在这里获得了名誉博士学位。在此之前他曾任奥塔哥大学旅游学教授、惠灵顿维多利亚大学旅游与服务管理专业教授、苏格兰斯特灵大学市场营销系名誉教授。

（二）主要学术思想和理论观点

霍尔从2004年起就将旅游研究与流动、网络、制度、权力、空间等主题和问题紧密结合在一起，改进和修正了已有的旅游研究范式，引起了全球旅游研究者越来越多的关注与积极回应[1]。

霍尔按照时代变化区分了旅游及休闲的主体变化，也按空间分布研究了主体差异。以关联性寻找成员，以整体性建立结构，从而让旅游地理学的主体研究有了结构性的动力机制。人类居住地社会的丰富程度与复杂程度，要高于暂时性与异地性的旅游，所形成的概念系统也相当稳定，将居住地作为不间断汲取知识的来源，不能因为崇尚旅游就否定居住地社会的存在价值。这种理由无疑开辟了旅游主体研究的新视野。

霍尔与佩奇在其书中还提出了一些新的概念与观点，如流动性、时间扭曲、主动与被动、LAC（limit of acceptable change）等[2]。他们立足于对个体流动性

---

[1] 张敦福，阿克巴尔. 旅游研究：以问题为中心，而非以学科为分界[J]. 旅游学刊，2012，27（10）：6-7.
[2] 迈克尔·霍尔，斯蒂芬·佩奇. 旅游休闲地理学：环境·地点·空间（第3版）[M]. 北京：旅游教育出版社，2007.

深层意义的理解，提出一种将旅游与其他流动形式相关联的思路，涉及迁徙、第二居所、到国外散居、跨国界流动、时间地理、地理隔离等。时间扭曲是指高速的交通压缩了时空，扩大了旅游的范围。他认为被动休闲占据了人们大量的时间，主动休闲区里有娱乐设施、体育中心等，被动休闲区包括野炊场所、步行路径、骑马路径、自行车路径、草地等。LAC 为可接受的改变限度，认为人们虽不能精确地确定承载力，但是可以在其可能存在的范围内确定关注点以及观测指标。

霍尔还从四个方面分析了旅游作为国际关系基本组成部分的表现形态：第一，旅游是国际外交、国家对外政策议程和国际贸易的一部分；第二，旅游成为取得国际合法性和尊重威权制度的一种工具；第三，旅游被当作满足领土要求的一种手段；第四，旅游是和平的动力。

霍尔教授对葡萄酒旅游也有一定的研究，霍尔等（2000）将葡萄酒旅游定义为"对于旅游者来说，是以游览葡萄种植园、葡萄酒酒庄，参加葡萄酒节（Wine Festivals）和品尝与体验本地区葡萄酒品质为目的的葡萄酒展示（Wine Shows）活动"。

霍尔（1989，2003）提出葡萄酒节可以促进葡萄酒地区旅游发展，强调了在葡萄酒节和葡萄酒旅游之间的联系。

（三）代表性论文和著作

1.论文

（1）Adie, Hall, Prayag. World Heritage as a placebo brand: A comparative analysis of three sites and marketing implications. Journal of Sustainable Tourism, 2017, 1-17.

（2）Hall, Page. Following the impact factor: Utilitarianism or academic compliance?. Tourism Management, 2015, 51, 309-312.

（3）Hall. Hospitality industry responses to climate change: a benchmark study of tourist hotels. Asia Pacific Journal of Tourism Research, 2013, 18(1-2), 92-107.

（4）Hall. A typology of governance and its implications for tourism policy analysis. Journal of Sustainable Tourism, 2011,19(4-5), 437-457.

（5）Hall. Beach management principles and practice. Annals of Tourism Research, 2010, 37(3), 871-873.

（6）Hall. The tourist and economic significance of antarctic travel in australian and new zealand antarctic gateway cities. Tourism & Hospitality Research, 2000, 2(2), 157-169.

（7）Michael Hall and Richard Mitchell. Wine Tourism in the Mediterranean: A Tool for Restructuring and Development.Thunderbird International Business Review, 2000, 42: 445 - 465.

（8）Michael Hall, Brock Cambourne, Niki Macionis and Cary Johnson. Wine Tourism and Network Development in Australia and New Zealand: Review, Establishment and Prospects. International Journal of Wine Marketing, 1993.

（9）Michael Hall and Richard Mitchell. Wine Tourism in the Mediterranean: A Tool for Restructuring and Development. Thunderbird International Business Review, 2000.

2. 著作

（1）Cooper, Hall. Contemporary Tourism: An International Approach (3rd ed.). Oxford: Goodfellow Publishers, 2016.

（2）Hall. Tourism and Social marketing. New York: Routledge, 2014.

（3）Hall, Page. The Geography of Tourism and Recreation: Environment, Place and Space (4th ed.). Abingdon: Routledge, 2014.

（4）Lew, Hall, Timothy. World Regional Geography: Human Mobilities, Tourism Destinations, Sustainable Environments. Phoenix: Kendall Hunt, 2011.

（5）Hall, Sharples. Food and Wine Festivals and Events Around the World: Development, Management and Markets. Butterworth Heinemann, Oxford, 2008.

（6）Michael Hall. Tourism: Rethinking the Social Science of Mobility. Prentice-Hall, Harlow, 2005.

（7）Michael Hall & Tucker. Tourism and Postcolonialism. Routledge, London, 2004.

（8）Michael Hall. Wine, Food and Tourism Marketing. Haworth Press, New York, 2003.

（9）Michael Hall. Tourism and Politics: Power, Policy and Place. John Wiley & Sons, Chichester, 1994.

二、彼德·墨菲（Peter Murphy）

（一）个人简介

彼德·墨菲教授是澳大利亚拉筹伯大学（La Trobe University）法与管理学院的副院长，运动、旅游及服务业管理学的奠基人之一，主要研究领域集中在旅游社区、战略管理及旅游景区。

（二）主要学术思想和理论观点

旅游学界对旅游社区的研究始于1985年墨菲在其著作《旅游：社区方法》中首次提出的"社区参与"这一概念，并正式地、系统化地从社区的角度来研究旅游发展过程中的社区居民参与性问题。

在旅游社区研究上，墨菲建议应把焦点放在以下4个方面：环境、社会、经济和企业。个人和社区都要把社区旅游发展看作一架引导旅游业承诺通往旅游业现实潜力的桥梁。环境和社会因素应把重点放在旅游目的地的自然吸引物以及社会、居民的反应上。连同自然环境中本地的动物、植物，共同为潜在的旅游者营造了完整的生态系统和旅游吸引物。企业因素等同于那些来体验旅游吸引物并和居民存在互动关系的旅游者。在自然环境中，旅游者被看作捕获物，他们以自然环境为生并融合到当地居民中去，在这个过程中把自己奉献给旅游业。经济因素是为旅游者服务和提供旅行经历的旅游业，它被看作食肉动物，而旅游者就是它们的猎物。当然，这样分析并不是要消灭旅游者，相反是要让他们满意而归，并成为回头客或者是景点的友好使者。

在 Strategic Management for Tourism Communities: Bridging the Gaps（2004）一书中，墨菲除了从多个方面补充完善了前书，更侧重于企业管理理论，还提出了协同决策程序，可以确保众多利益者指导、评价旅游计划和战略，从而在实现各自目标的同时，也实现了整个社区的发展目标。

此外，墨菲等人（2000）还详细分析了旅游目的地产品的构成要素，构建出用于分析旅游产品竞争力的"旅游产品综合概念模型"，该模型认为旅游产品质量受两个方面因素的影响，即旅游目的地的宏观环境和服务基础设施，并选取加拿大的维多利亚旅游地加以论证，认为旅游目的地竞争力强弱越来越集中于旅游者对于旅游产品质量、价值的感知[①]。旅游产品综合概念如图13-2所示。

[①] Murphy, Pritchard, Smith. The destination product and its impact on traveller perceptions.[J]. Tourism Management, 2010, 21(1), 43-52.

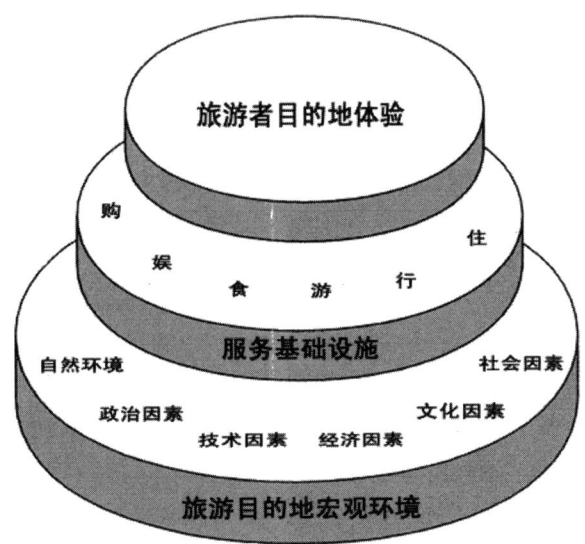

图 13-2　旅游产品综合概念模型

（三）代表性论文和著作

1. 论文

（1）Murphy, Rosenblood. Tourism: An exercise in spatial search. Canadian Geographer, 2010, 18(3), 201-210.

（2）Peter Murphy. Supply-chain considerations in marketing underdeveloped regional destinations: A case study of Chinese tourism to the Goldfields region of Victoria. Tourism Management, April 2009, 30(2): 278-287.

（3）Julie Jacksona & Peter Murphy. Clusters in regional tourism: An Australian case. Annals of Tourism Research, October 2006, 33(4): 1018-1035.

（4）Peter Murphy. Community driven tourism planning. Tourism Management, June 1988, 9(2): 96-104.

（5）Peter Murphy. Tourism as a community industry: An ecological model of tourism development. Tourism Management, September 1983, 4(3): 180-193.

（6）Peter Murphy, Mark. Pritchard & Brock Smith. The destination product and its impact on traveller perceptions. Tourism Management, February 2000, 21(1): 43-52.

（7）Peter Murphy. Response to "Review". Tourism Management, June 2007, 28(3): 947-950.

（8）Perter Murphy, Mark Pritchard & Brock Smith. The Destination Product and its Impact on Traveler Perceptions. Tourism Management, 2000, 21(1): 43-52.

2. 著作

（1）Murphy. Tourism: A community approach. Routledge, 2014.

（2）Peter Murphy & Ann Murphy. Strategic Management for Tourism Communities: Bridging the Gaps, 2004.

（3）Murphy. Tourism: A community approach, 1985.

（4）Peter Murphy. Tourism in Canada: Selected Issues and Options, 1984.

第四节　人类学派

一、尼尔森·格拉伯恩（Nelson Grabunn）

（一）个人简介

尼尔森·格拉伯恩现任加利福尼亚大学伯克利分校人类学系教授，北美民族学馆长，加拿大研究计划"托马斯巴恩斯明德花园"主席。他是国际旅游科学院创始人，是世界著名旅游人类学家。

他从 1959 年开始在加拿大、阿拉斯加州以及格陵兰岛研究因纽特人的民族志学，先后就读于剑桥大学和芝加哥大学，并取得博士学位。

1964 年起，他在加利福尼亚大学伯克利分校任教，所教授的课程涉及旅游、日本旅游与观光、艺术与现代性。1974 年以来在日本以及东南亚地区进行相关研究。

他的研究领域为社会学、人类学、旅游学。最近的研究侧重点于艺术、旅游、博物馆以及身份的表达和代表性，重点研究领域是亚洲（主要是中国和日本）。现在还在加拿大魁北克地区因纽特文化组织工作，主要进行因纽特文化保护和自治的研究。

（二）主要学术思想和理论观点

1. 旅游与旅游者。在过去 20 年间，许多研究者曾从多学科领域来研究旅游业。格拉伯恩把重点放到了旅游业对东道国人口的影响以及游客自身的研究上。他提出了这样一种观点：旅游是具有"仪式"（ritual）性质的行为模式与游览的结合。他把旅游中的各种行为模式看作一种具有"仪式"性质的活动。人们的精神状况早已在日常生活中变得麻木，经过这种"仪式"，人们从这种麻木的精神中解脱出来，并创造出一种新的精神面貌。所以这种仪式是"神圣"

的。这样，旅游者摆脱了日常现实社会生活的单一行为模式，主动进入另一种新鲜的生活之中。这样的生活把精神需求和文化需求放在"首位"。他认为这种活动是一种新生活的开始，是一种"充电"，这对人类的身心健康来说是极端必要的。关于旅游者所具备的条件，格拉伯恩提出了"可供自由支配的收入"及"文化自信"两个观点。他认为经济收入是一个重要的因素，它决定了人们是否能进行一系列的旅游，因为旅游的消费是昂贵的，不论是远距离的旅游，还是一般的离家旅游。而文化自信的关键不在于收入，而在于所属的阶层，特别在于旅游者受教育的程度。根据旅游者的社会、经济、文化背景来进行旅游研究，研究其行为模式，无疑就要涉及心理学、经济学、社会学、地理学、语言学等。而这些研究都属于现代文化人类学的研究范畴，也需要采取文化人类学的研究方法。所以，旅游人类学与其他人类学一样，要研究宗教、亲位关系、地理分层现象、法律等。以上这些，也是旅游人类学家所应当研究的主要内容。

2. 旅游与朝圣。旅游与朝圣的关系是格拉伯恩在他的文章中探讨的又一重要内容。实际上，人类学家在研究旅游史的时候不难看到，早期的旅游与朝圣之间有着非常密切的联系。早期的人们怀着虔诚的心情去朝圣，一路上进行各种各样的活动，与各种人交往。早期的人们在进行朝圣的"旅程"中，原来的纯粹宗教意义上的一切活动，都构成了有旅游性质的一种"礼仪"。人们进行的不单纯是朝圣活动，一路上还有其他的活动，这些活动实际上就是早期的旅游，这表明朝圣与旅游是结合在一起的。不同的游客在进行旅游时追求不同的"神圣"的东西，因而表现出了不同的旅游活动。所以对于朝圣与旅游的关系，格拉伯恩认为值得进行深入、细致的研究，因为它们也涉及了旅游者的目的及动机问题。

3. 模式和行为模式逆转的分析。格拉伯恩在分析不同阶层的行为模式的时候重点分析了中产阶级。格拉伯恩认为，旅游人类学主要就是要研究旅游者，这样才能开发出高层次的旅游资源，满足不同层次、不同阶层游客的要求，不断扩大客源市场。格拉伯恩在他的文章中还提出了一个旅游行为模式中有趣的现象——逆转。逆转是指在一些仪式或旅游活动中，有些所谓"常见行为"的意义和规则发生了变化，有些消失了，有些甚至完全发生了反向的转变。格拉伯恩指出，旅游方式的逆转或变迁不是盲目的，而是阶层之间的竞争，与声望、等级制度、生活方式的转变及一些外在的因素如费用、交通方式等都有联系。当然，旅游变迁的动因，还有许多其他因素，还可以从多方面去研究。

（三）代表性论文和著作

1. 论文

（1）Graburn. Key figure of mobility: The tourist. Social Anthropology, 2017,

25(1), 83-96.

（2）Leite, Salazar, Graburn. Locating imaginaries in the anthropology of tourism, 2014.

（3）Graburn. Ancient and modern: The alaska collections at the hearst museum of anthropology. Museum Anthropology, 2012, 35(1), 58–70.

（4）Nelson Graburn, Aaron Glass eds. The Invention of Authentic Inuit Art. In Beyond Art/Artifact/Tourist Art: Social Agency and the Cultural Value(s) of the Aestheticized Object. Special issue of Material Culture, 2002, 9(2): 141-59.

（5）Nelson Graburn. Learning to Consume: What is Heritage and When is it Traditional. Consuming Tradition, Manufacturing Heritage, 2002, 268-69.

（6）Nelson Graburn. Saranip and Tenki: The Basketry of the Ainu, in relation to the baskets of Siberia and Alaska. Spirit of a Northern People, 1999, 301-308.

（7）Nelson Graburn. Work and Play in the Japanese Countryside. The Culture of Japan as Seen Through Its Leisure, 1998, 195-212．

（8）Graburn, Nelson. Recreational Tourism: A Social Science Perspective. Anthropological Quarterly, 1993, 66(2), 105-106.

2. 著作

Nelson Graburn. Japanese tourists: socioeconomic, marketing and psychological analysis. Edit ed by Kaye Chon, Tsutomu Inagaki and Taiji Ohashi. Haworth Press, Binghampton, NY, 2000.

二、埃里克·柯恩（Eric Cohen）

（一）个人简介

埃里克·柯恩是以色列希伯来大学社会学和人类学学系教授，主要研究方向为文化人类学、社会学理论等。

（二）主要学术思想和理论观点

柯恩对旅游体验的考察有两个基点：（1）旅游者对文化、社会生活和自然环境的兴趣与理解对自身有何意义；（2）旅游者在何种程度上体现出对中心的追求，以及"中心"的本质是什么。

柯恩指出，不同的人渴望不同模式的旅游体验，并从宗教人类学的角度将旅游者的体验分为5种主要模式：娱乐型模式（The Recreational Mode）、转移型模式（The Diversionary Mode）、体验型模式（The Experiential Mode）、实验型模式（The Experimental Mode）、存在型模式（The Existential Mode）[1]，如图 13-3 所示。

这些模式依次占据了旅游者体验连续带上两端之间的位置，两端分别为旅游者的体验（追求奇异和陌生环境中的纯粹体验）和朝圣者的体验（前往他人的中心寻求体验）。

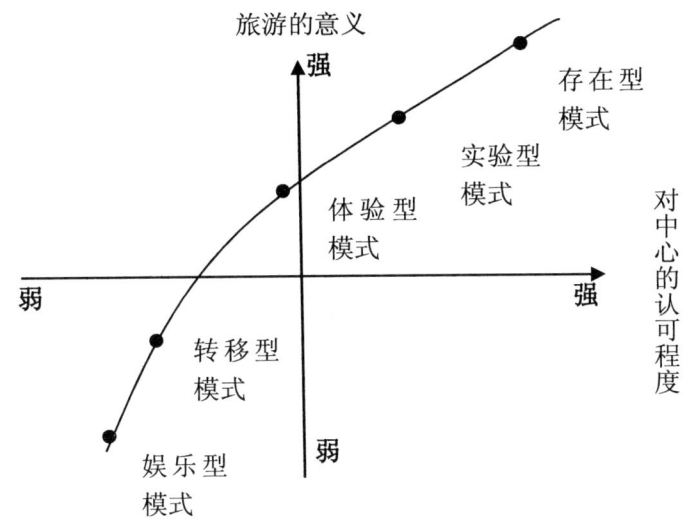

图 13-3　柯恩的旅游体验连续带模型

（1）娱乐型模式

旅游作为一种娱乐体验，本质上和其他形式的娱乐诸如看电影、观赏戏剧、看电视是类似的。与传统的朝圣者在"中心"获得新生相比，旅游者仅仅获得了身心的愉悦，在以放松和娱乐为目的的旅行中，宗教旅行的意义被淡化了。尽管旅游者觉得此次旅行是有趣的，但是对于个人却没有重大意义。由于此类旅游者只追求愉悦，娱乐型体验也最容易实现。

（2）转移型模式

旅游成为转移注意力的一种方式，逃离乏味无意义的日常生活，藏匿于假期带来的忘却当中，这也许能够治愈身体、抚慰心灵，但却不能让人振作起来。

（3）体验型模式

真实性对体验型旅游者尤其重要，这群人力图从体验他人的真实生活中获得审美体验。与他人的真实接触所获得的体验是审美的，这可能会让旅游者增

---

[1] Cohen. A phenomenology of tourist experiences[J]. Sociology, 1979, 13(2): 179-201.

加信心、情绪高涨，但是不会给他的生活赋予新的意义和指导。与朝圣旅游相比，体验导向的旅游者即使留心观察别人的真实生活，仍能意识到他们的"他者性"，直到旅行结束之后也保持着这种态度。旅游的"体验型模式"尽管比"娱乐型模式"和"转移型模式"更为深刻，却仍然无法产生真正的宗教体验。

（4）实验型模式

这种模式下的人不再依附于他们自身社会的精神中心，转而去四面八方寻求替代中心。实验型模式下的旅游者参与了那种真实的生活，但是自身拒绝完全投入其中，相反，他更愿意尝试比较不同的选择，希望最终能找到一种符合他特殊需求和愿望的生活方式。他本质上是一个宗教探索者，但自由散漫，没有一个清晰的预设目标。

（5）存在型模式

这种模式下的旅游者参与到他者的文化当中，去亲身实践与体验，而不仅仅满足于旁观。"存在型"旅游者选择的中心不是他所在文化的中心，而是旅游者自己选择并且皈依的一个中心。这种中心有可能与他的本民族文化、他所在社会的历史或他的自身经历完全无关，也有可能是他、他的祖先或同胞在过去曾经依附过的传统的中心，但后来又疏离了它。存在型旅游者对于真实性的要求最高，处在连续带的最顶端。

在这 5 种模式之外，柯恩认为还存在某种人文主义者、二元论者和多元论者。人文主义者乐于将他们的文化打造成一种特别宽泛的东西，将任何人类性的东西都纳入他们的文化。"二元论者""多元论者"同时依附于两个异质性的"精神"中心，每个中心都可能赋予其真实但又不同的生活方式。他们既能不疏离自己的中心，又能够享受在其他中心的"存在型"体验。

（三）代表性论文和著作

1.论文

（1）Cohen E & Cohen S A. Current sociological theories and issues in tourism. Annals of Tourism Research, 2012, 39(4), 2177-2202.

（2）Cohen E & Cohen S A. Authentication: Hot and cool. Annals of Tourism Research, 2012, 39(3), 1295-1314.

（3）Cohen. Globalization, global crises and tourism. Tourism Recreation Research, 2012,37(2), 103-111.

（4）Cohen. Medical travel—A critical assessment. Tourism Recreation Research, 2010, 35(3), 225-237.

（5）Cohen. Tourism, leisure and authenticity. Tourism Recreation Research, 2010, 35(1), 67-73.

（6）Cohen. The changing faces of contemporary tourism. Society, 2008, 45(4), 330-333.

（7）Cohen. Authenticity, equity and sustainability in tourism. Journal of Sustainable Tourism, 2002, 10(4), 267-276.

（8）Cohen. Pilgrimage centers: Concentric and excentric. Annals of Tourism Research, 1992, 19(1), 33-50.

（9）Cohen. The sociology of tourism: Approaches, issues, and findings. Annual Review of Sociology, 1984, 10(10), 373-392.

（10）Cohen. Authenticity and commoditization in tourism. Annals of Tourism Research, 1988, 15(3), 371-386.

（11）Cohen. A phenomenology of tourist experiences. Sociology, 1979，13(2), 179-201.

2. 著作

（1）Cohen. International Academy for the Study of Tourism. Springer International Publishing, 2014.

（2）Cohen. Medical Travel and the Quality-of-Life. Handbook of Tourism and Quality-of-Life Research. Springer Netherlands, 2012.

（3）Cohen. Contemporary tourism diversity and change: Collected article. Elsevier, 2004.

第五节　生态学派

一、戴维·韦弗（David Weaver）

（一）个人简介

戴维·韦弗，澳大利亚格里菲斯大学教授，主要研究方向为可持续旅游、邮轮旅游、生态旅游以及旅游管理等，担任7个学术期刊的编委。

由于其在可持续发展旅游、邮轮旅游以及生态旅游研究领域做出的杰出贡献，戴维·韦弗教授获得国际旅游会议组委会授予的旅游研究终身成就奖、澳大利亚格利菲斯大学授予的个人杰出研究成就奖等荣誉称号，并被世界顶级旅游学术组织——国际旅游学术研究协会吸纳为会员（该协会在全球范围内只接受 75 名最杰出的旅游研究学者成为会员）。

（二）主要学术思想和理论观点

戴维·韦弗认为生态旅游包括了范围较广泛的活动内容，其形式可根据人们的行为、活动内容与要求，从主动的严格意义上的硬生态旅游（hard ecotourism）过渡到被动的软生态旅游（soft ecotourism），如表 13-1 所示。

表 13-1　生态旅游的范围

硬生态旅游 ←——→	软生态旅游
强烈的环保责任感	适度的环保责任感
可持续性得到加强	可持续性维持现状
单一旅行目标	多种旅行目标
长途旅游	短途旅行
小规模	大规模
主动参与	被动参与
对旅游服务要求很少	要求提供相关旅游服务
强调个人体验	强调旅游解说
自己安排旅行	依靠旅行社或旅游经营者

资料来源：Weaver. Ecotourism as Mass Tourism: Contradiction or Reality[J]. Cornell Hotel and Restaurant Administration, 2001(4): 106.

实际上不同的生态旅游者其动机和需求是多种多样的，软的生态旅游者也可从某个时空点上从事硬的生态旅游者所进行的活动，反之依然。因此，不同的生态旅游者细分市场所需要的基础设施和需要提供的生态旅游产品也是不同的。

持严格意义硬生态旅游观点的专家学者对软生态旅游项目贴上"生态旅游"标签感到担心，害怕由此对自然环境造成破坏，所以极力反对各种假借"生态旅游"名义大行大众观光旅游的行为。[①]

（三）代表性论文和著作

1. 论文

（1）Weaver, Lawton. A new visitation paradigm for protected areas. Tourism Management, 2017, 60, 140-146.

（2）Weaver. The Sustainable Development of Tourism. The Wiley Blackwell Companion to Tourism. John Wiley & Sons, Ltd, 2014.

（3）Weaver, Lawton. Resident perceptions of a contentious tourism event.

---

① 张建春. 生态旅游研究[M]. 杭州：杭州出版社, 2007.

Tourism Management, 2013, 37(3), 165-175.

（4）David Weaver. Can sustainable tourism survive climate change?. Journal of Sustainable Tourism, 2011, 19(1), 5-15.

（5）Weaver. Contemporary tourism heritage as heritage tourism: Evidence from las vegas and gold coast. Annals of Tourism Research, 2011, 38(1), 249-267.

（6）Weaver. Geopolitical dimensions of sustainable tourism. Tourism Recreation Research, 2010, 35(1), 47-53.

（7）Weaver. Towards sustainable mass tourism: Paradigm shift or paradigm nudge. Tourism Recreation Research, 2007, 32(3), 65-69.

（8）David Fennell & David Weaver. The ecotourium concept and tourism-conservation symbiosis. Journal of Sustainable Tourism, 2005, 13(4), 373-390.

（9）Weaver. Ecotourism as mass tourism: Contradiction or reality. Cornell Hotel & Restaurant Administration Quarterly, 2001, 42(2), 104-112.

2. 著作

（1）Weaver. The Sustainable Development of Tourism. The Wiley Blackwell Companion to Tourism. John Wiley & Sons, Ltd, 2014.

（2）Gössling, Hall, Weaver. Sustainable Tourism Futures, 2008.

（3）Weaver. Ecotourism 2nd edition.

二、拉尔夫·巴克利（Ralf Buckley）

（一）个人简介

拉尔夫·巴克利，博士，教授，澳大利亚格里菲斯大学国际生态旅游研究中心主任，知名生态旅游专家，中国科学院访问教授，多次到访中国并与中国学者进行合作研究。主要研究方向为生态学、生态旅游、探险旅游等。

（二）主要学术思想和理论观点

澳大利亚联邦旅游部1994年在制定《澳大利亚国家旅游战略》时候，由拉尔夫·巴克利将生态旅游定义为以自然为基础的旅游、可持续发展旅游、环境保护旅游和环境教育旅游的综合，指出"生态旅游是以大自然为基础涉及自然环境的教育、解释与管理，使之在生态上可持续发展的旅游"，并制定了含义广泛的生态旅游概念框架。

拉尔夫·巴克利1994年在 *A Framework of Ecotourism* 一文中指出，旅游与环境有四方面的主要联系：（1）自然环境因素，这是构成旅游吸引物及产品的基础；（2）旅游管理以减少活动对环境的影响；（3）旅游业对环境保护的支持或贡献；（4）游客对环境的态度及从业者对旅客实施的环境教育①。据此，他得出一个生态旅游框架。但在他的框架中使用了这样四个词，同时也是对上述四种联系的概括，即 nature-based tourism、sustainably managed tourism、conservation supporting tourism 和 environmental educated tourism。而这四种旅游方式（目前还未有更准确的表达方式）的交集就构成了严格意义上的生态旅游。虽然他比较了上述四种旅游方式的各种描述因素，但并没有完全说明这四种旅游方式与生态旅游之间的关系或隶属问题。假如这四种旅游方式是生态旅游的标准或者内容，那么就不应再使用 tourism 一词。尽管如此，这一框架依然是对过去有关旅游、环境及生态旅游各种不同研究主题的总结。

拉尔夫·巴克利（Ralf Buckley）在 2008 年至 2010 年进行了访谈，调查了两种类型的旅游者，分别是空闲时间少钱多的富人和空闲时间多钱少的穷人。通过半结构化访谈，巴克利证实超过一半的受访者认为，慢旅游可能是对双倍机票价格的最好回应，这说明慢旅游在未来是一种值得考虑的旅游方式②。这表明，旅游目的地、旅游运营商、交通和住宿提供商以及试图解决气候变化问题的政策制定者应该更加详细地考虑与慢旅游相对应的移动模式。巴克利认为，如果慢旅游成为主要趋势，那么便会出现这样一些旅游者：他们会定期外出旅游，且在目的地停留很长时间，并在旅游过程中继续工作。而且，还会产生一类专门为他们提供住宿、食物、通信和生活设施的人们，这段时间既不像旅馆住宿那么短，也不像典型的住宅租赁那么长。如果是这样，慢旅游可能会成为一个重要的社会现象，更普遍地与人类流动的模式相联系。

（三）代表性论文和著作

1.论文

（1）Buckley. Outdoor tourism in china: A foreigner's 30-year retrospective. 地理科学进展, 2016, 35(6), 665-678.

（2）Buckley, Mossaz. Decision making by specialist luxury travel agents. Tourism Management, 2016, 55: 133-138.

（3）Buckley, Morrison, Castley. Net effects of ecotourism on threatened species survival, PLOS ONE 11(2): e. 0147988, DOI: 10. 1371/journal. pone. 0147988.

（4）Du, J., Buckley, R.C. and Tang, Y. Cultural differentiation in product choice by outdoor tourists. Tourism Recreation Research, 2016, DOI: 10.1080/02508281. 2016.1147212.

---

① Buckley. A framework for ecotourism[J]. Annals of Tourism Research, 1994, 21(3): 661-665.
② Buckley. Tourism Under Climate Change: Will Slow Travel Supersede Short Breaks?[J]. AMBIO, 2011, 40(3): 328-331.

2. 著作

（1）Buckley. Conservation Tourism CAB International. Wallingford, 2010.

（2）Buckley. Adventure Tourism Management. Elsevier, Oxford. 2010.

（3）Buckley. Ecotourism: Principles and Practices. CAB International, Wallingford, 2009.

第六节　其他代表人物

一、丹尼尔·费森迈尔（Daniel Fesenmaier）

（一）个人简介

丹尼尔·费森迈尔，美国佛罗里达大学休闲及运动管理学院教授、艾利克·菲利德海姆旅游研究所主任、美国国家旅游电子商务实验室主任，主要研究方向有旅游营销、广告评估、旅游发展、智慧旅游等。

费森迈尔博士在旅游研究领域和教学领域获得了很多卓越奖项，2007年获得"杰出学术成就奖章"，2010年获得德拉瓦大学颁发的迈克尔·奥尔森研究奖，2013年获得了旅游研究协会（TTRA）的终身成就奖，同年获得汉斯·韦特纳旅游与科技终身成就奖。

（二）主要学术思想和理论观点

为了更好地理解旅行者如何创造旅游体验，基姆（Kim）和费森迈尔提出了一种以人为中心的方法，利用各种可穿戴的人类特征传感器来提取语境信息[①]。

捕捉旅行者的感官体验是一种挑战，这有很多原因。旅游体验的动态性是捕捉旅游者感官体验的主要障碍之一。旅游者的情绪和认知反应不是对特定情境或特定产品的简单反应，而是"连续的感官体验"（Williams，1954）。因此，研究应该尝试捕捉这些情绪和认知变化发生时的波动时刻（Nold，2009）。此外，研究方法严重依赖于主观和上下文相关的测度。目前可用的生物生理传感器只能检测特定的外部感官能量，而不是感知过程（Resch et al.，2015）。环境条件的意外改变可能导致一些测量误差（Teixeira et al.，2010）。

---

① Kim, Fesenmaier. Measuring Human Senses and the Touristic Experience: Methods and Applications [M] // Analytics in Smart Tourism Design. Springer International Publishing, 2017.

为了解决这一缺点，他们建议通过可穿戴生物生理传感器测量多种感觉形态来捕捉旅行者的感官体验。他们认为，综合包括游客的移动在内的多个传感数据，为研究旅行者与空间的交互作用打开了新的视野。他们提供了一个解决框架：（1）收集大量的低成本的运动数据；（2）放置一个少量的固定相机在关键接触点；（3）利用移动技术。新技术的进步产生了设备和技术，这使得对不同的传感参数进行客观评价，从而可以更有效地测量。

现在，我们可以通过各种不同感官的传感器来实时调查旅游体验，这就说明了旅游研究中的大数据时代已经到来。捕捉大量的人类感知数据并分析"人类感觉"大数据，有可能改变旅游研究者使用测量旅行者的经验和设计有意义的旅游体验方式。

另外，克洛伊和费森迈尔从当今可穿戴技术如何将日常生活与旅游体验联系起来讨论了量化自我的概念，并提出了一个框架来评估量化自我概念（和可穿戴设备）的潜在应用，并且讨论了这些技术在智能旅游开发中的作用[1]。

该框架由对从量化自我的设备收集的个人大数据进行编码的组件组成。通过解释这些数据，加上不同的语境信息（例如本地信息、天气），可以被推荐系统加以利用和探索。如图13-4所示，新兴系统的各种支持功能可以表现在两个坐标轴上，它们支持个人与地点的对比，并且每天都对各种测量方式进行监控，或者仅监控与旅行相关的。例如，为健康而收集的数据是从每天和个人方面收集的，酒店或活动预订的情况与地点和旅行有关。此外，图13-4还说明（请参阅连接的路线）日常生活的一些方面，如就餐偏好、与家人和朋友的交流等都可以很容易地扩展到使用新兴移动技术的旅行体验中。此框架也可以映射出许多其他的联系。

并且，他们还列出量化旅游者的概念在智能旅游开发中的一些潜在的应用。例如，一个有说服力的推荐系统、自动化和个性化的酒店服务、自动化的旅行相册、实时反馈系统等。

"大数据"在旅游者的日常生活和旅行过程中产生，基于这些数据的潜在商业智能，可以作为智能旅游目的地开发的基石。据说，旅游业正处在一场新的革命的边缘，它不仅会改变计划旅行的工具，改变我们创造旅游体验的方式，而且会改变旅游业本身的性质。

---

[1] Choe, Fesenmaier. The Quantified Traveler: Implications for Smart Tourism Development[M]// Analytics in Smart Tourism Design. Springer International Publishing, 2017.

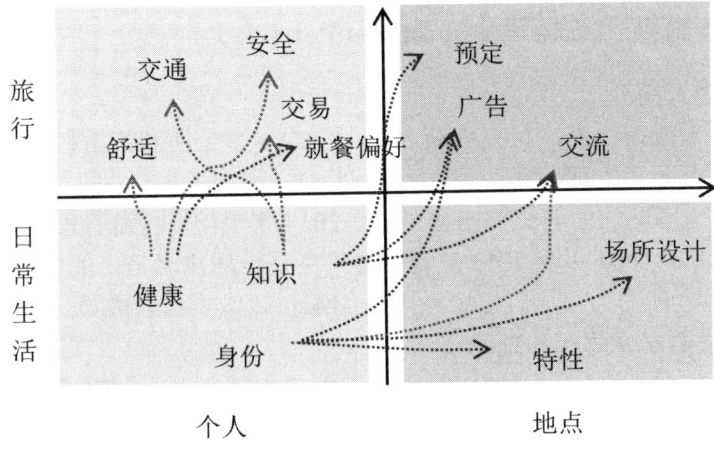

图 13-4 量化旅游者的框架

（三）代表性论文和著作

1.论文

（1）Kim, Fesenmaier. Designing tourism places: Understanding the tourism experience through our senses, 2015.

（2）Kim, Fesenmaier. Measuring emotions in real time. Journal of Travel Research, 2014, 54(4), 419-429.

（3）Wang, Sangwon, Fesenmaier. The role of smartphones in mediating the touristic experience. Journal of Travel Research, 2012, 51(4), 371-387.

（4）Fesenmaier, Lieber. Evaluating the stability of outdoor recreation participation models. Professional Geographer, 2010, 37(1), 15-21.

（5）Fesenmaier, Cook, Zach, Gretzel, Stienmetz. Travelers' use of the internet, 2009 edition.

（6）Gretzel, Fesenmaier. Persuasion in recommender systems. International Journal of Electronic Commerce, 2006, 11(2), 81-100.

（7）Fesenmaier, Jeng. Exploring the travel planning hierarchy: An interactive web experiment, 2000.

2. 著作

（1）Zheng, Fesenmaier. Analytics in smart tourism design. Tourism on the Verge, 2017.

（2）Benckendorff, Sheldon, Fesenmaier. Tourism information technology (second edition). Cabi International, 2014.

二、詹姆斯·彼得里克（James Petrick）

（一）个人简介

詹姆斯·彼得里克，得克萨斯农工大学娱乐、公园和旅游科学系教授，主要研究内容有服务管理、旅游营销、品牌管理、消费者满意、邮轮旅游等。2009年，他被评为国际旅游研究院杰出学者。2014年美国《旅游管理展望》发表的一项研究指出，2004年至2013年，彼得里克是全球排名第二的旅游研究人员。2015年，他被任命为《旅行研究杂志》的编辑政策委员会成员。

（二）主要学术思想和理论观点

彼得里克对于服务质量的研究主要集中于实证研究，探索了服务质量、感知价值、态度忠诚、重游意愿等之间的关系。

彼得里克在2002年开发了有25个问项的量表，用于测量旅游环境中感知到的服务价值。其中的5个维度为：质量、情绪反应、货币价格、行为价格和声誉。

彼得里克和康普顿等人研究了质量和中介变量在决定节日参与者行为意向方面的作用[1]。该研究是对游客感知服务质量、感知服务价值、满意度和行为意向之间关系的考察。回答者是在得克萨斯州的康罗伊参加鲶鱼节的游客，他们是系统挑选出来的。调查结果显示：（1）一种将感知服务质量作为一组属性进行操作的结构模型，它比另一种通过访问者对服务整体优势的判断来衡量质量的替代模型更好地预测了游客对节日的访问意愿；（2）在分析的构想中，感知服务价值似乎是行为意向的最佳预测因子；（3）在节日服务质量的四个维度中，一般特征和舒适设施对感知服务质量的影响最大。

李想（Xiang Li）和詹姆斯·彼得里克于2010年将投资模型应用在休闲服务中，并将质量和价值包含在模型当中[2]。他们认为质量和价值作为满意的前因，将以满意度为中介来影响忠诚度，如图13-5所示。他们提出了3个假设，（1）满意度（部分或完全）调解服务质量对态度忠诚的影响；（2）满意度（部分或完全）调解感知价值对态度忠诚的影响；（3）服务质量显著且正向影响感知价值。这项研究的数据来源于美国邮轮乘客的在线调查，调查结果验证了这些假设。这项研究提供了忠诚度建立模型，可能会对忠诚度研究产生新的认识。

---

[1] Lee, Petrick, Crompton. The roles of quality and intermediary constructs in determining festival attendees' behavioral intention[J]. Journal of Travel Research, 2007, 45(4): 402-412.

[2] Li, Petrick. Towards an integrative model of loyalty formation: The role of quality and value[J]. Leisure Sciences, 2010, 32(3): 201-221.

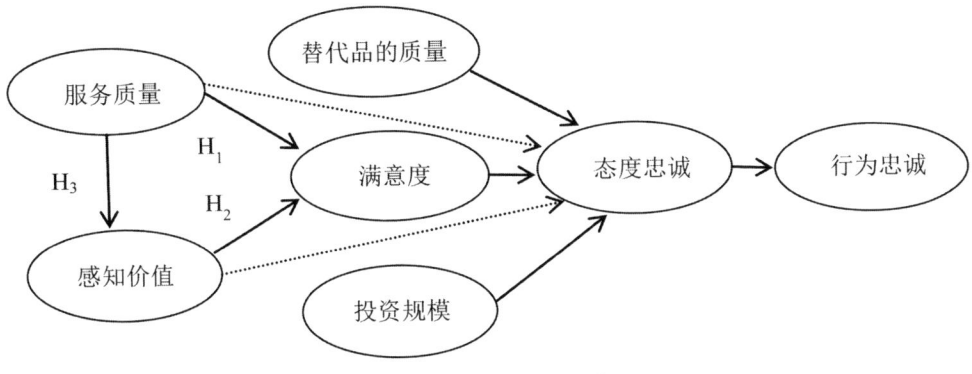

虚线表示部分调节

图 13-5 忠诚建构过程

2016年，赖（Lai）、朱（Chu）和彼得里克以主题公园的游客为研究对象，考察了感知价值、服务质量、满意度和主题公园重游意愿之间的关系[①]。本研究采用克罗宁（2000）的研究模型对关系进行检验，并采用结构模型（SEM）来检验假设的关系。结果表明，服务质量对感知价值和满意度有直接影响，感知价值对满意度有直接影响，满意度与游客重游主题公园的意愿密切相关。

（三）代表性论文和著作

1.论文

（1）Lai, Chu, Petrick. Examining the relationships between perceived value, service quality, satisfaction, and willingness to revisit a theme park, 2016.

（2）Li, Petrick. Towards an integrative model of loyalty formation: The role of quality and value. Leisure Sciences, 2010, 32(3), 201-221.

（3）Lee, Petrick, Crompton. The roles of quality and intermediary constructs in determining festival attendees' behavioral intention. Journal of Travel Research, 2007, 45(4), 402-412.

（4）Kim, Petrick. Residents' perceptions on impacts of the FIFA 2002 World Cup: The case of Seoul as a host city. Tourism Management, 2005, 26(1), 25-38.

（5）Petrick. The Roles of Quality, Value, and Satisfaction in Predicting Cruise Passengers' Behavioral Intentions. Journal of Travel Research, 2004, 42(4), 397-407.

（6）Petrick. Are loyal visitors desired visitors. Tourism Management, 2004,

---

① Lai, Chu, Petrick. Examining the relationships between perceived value, service quality, satisfaction, and willingness to revisit a theme park[R], 2016.

25(4), 463-470.

（7）Petrick, Backman. An Examination of the Construct of Perceived Value for the Prediction of Golf Travelers' Intentions to Revisit. Journal of Travel Research, 2002, 41(1), 38-45.

（8）Petrick. Development of a multi-dimensional scale for measuring the perceived value of a service. Journal of Leisure Research, 2002, 34(2), 119-134.

（9）Petrick, Morais, Norman. An Examination of the Determinants of Entertainment Vacationers' Intentions to Revisit. Journal of Travel Research, 2001, 40(1), 41-48.

2. 著作

（1）Petrick, Durko. Cruise tourism. Springer International Publishing, 2016.

（2）Petrick, Li. Cruise ship tourism. CABI, 2006.

后 记

本书为海峡两岸学者两代人历时 10 多年合作的结晶。2008 年由我发起，联合中国台湾静宜大学高中教授，组织学者们共同开启了《旅游学术思想流派》的撰写，旨在为大学教师、硕士研究生、博士研究生提供国外旅游学术理论著作，系统评介最前沿的旅游思想。2013 年修订后出版了第二版，补充了利益相关者、旅游目的地竞争力、危机管理、节事管理、旅游新业态与旅游学术大师思想等内容。张传统、胡晓晨、刘军、李涛、郑春晖、张芳、王淑芳、万志勇等对第二版做出了很多贡献。第三版修订按照总论、需求、发展、管理与人物分篇，重点补充了旅游学最新的理论，特别是分享经济、黑色旅游、旅游枢纽等新思想，较为系统地介绍了地格理论，同时对中国轰轰烈烈开展的智慧旅游、全域旅游的理论进行了评介，我们的旅游产业实践开始为世界旅游产业治理提供可供借鉴的中国方案。

本书第三版修订的写作分工：序，邹统钎；第一章，邹统钎、韩慧林、陈芸；第二章，邹统钎、赖梦丽、刘修祥；第三章，邹统钎、刘柳杉、张宏政；第四章，邹统钎、李长斌、王畅；第五章，邹统钎、钟林生、晨星；第六章，邹统钎、赵英英；第七章，邹统钎、刘溪宁；第八章，邹统钎、杨丽端；第九章，邹统钎、韩慧林；第十章，陈刚、刘倩倩；第十一章，邹统钎、高中；第十二章，邹统钎、林文嫔、王小方；第十三章，邹统钎、张一帆。邹统钎负责全书总统稿，韩慧林负责全书的文字与格式统稿。

本书出版得到北京旅游发展研究基地的资助。在撰写过程中得到了格里菲斯大学的诺尔·史葛（Noel Scott）教授、伯恩茅斯大学的苍爽教授、夏威夷大学马诺分校的朱卓任（Chuck Gee）教授的指导。本书长期作为北京第二外国语学院的旅游管理专业硕士研究生、留学研究生、中美联合培养博士研究生的教材使用，近 10 年来，学生的意见与建议大大改变了本书的框架与内容。特别感谢在昆士兰大学和伯恩茅斯大学学习期间所得到的两校在校博士生的大力支持与资料提供。感谢南开大学出版社孙淑兰老师、王冰主任的大力帮助与精心编辑。

邹统钎

2018 年 1 月于北京朝阳定福庄